文景

Horizon

社 科 新 知　文 艺 新 潮

希腊的

[英] M. I. 芬利 主编

张 强 唐 均 赵沛林
宋继杰 翟 波 译

The Legacy of Greece

A New
Appraisal

M. I. Finley

上海人民出版社

目 录

推荐序

《希腊的遗产》和《罗马的遗产》是两本讨论古典文明与现代西方文明之间的源流或承继关系的书。古典文明包括两个先后呈递的文明——古希腊文明和古罗马文明。书名《希腊的遗产》和《罗马的遗产》表明作者所属的20世纪后半叶的西方学人与14世纪以来的西方人一样，并没有因为现代世界的新说迭起、漫无定准，便拒绝承认自己是希腊罗马历史文化遗产的传人。[1]

既然是继承人，就需厘清自己获得了哪些物质与精神文化资产，不能稀里糊涂地泛泛而论。为此，作者制订了辨识遗产的分类标准，把古代遗产细分成具有决定性影响、从属性影响和装饰性影响的三种类型。

1 《希腊的遗产》和《罗马的遗产》分别出版于1981年和1992年。部分现代西方学者对自身文明的起源有了新解，认为现代西方文明是近代新兴的文明，与古典关系不大。

所谓决定性影响就是没有甲就没有乙，古典文明的组成部分是其所影响对象产生的必要条件。比如没有古典哲学就没有近代哲学，没有古典建筑就没有文艺复兴时代的建筑，不一而足。所谓从属性影响是指没有甲可以有乙，但甲对乙的形成提供了支持或有利于其完善，如西塞罗哲学或新斯多葛学派对启蒙时代英国社会政治思想的作用之类。装饰性影响则是修辞意义或比较意义上的作用，如现代演说中引用古典的格言成语，现代论述中援引古典的范例等等。

类似这种抽丝剥茧般地整理“家底”的著作，自文艺复兴以来便不断有人写过。为什么 20 世纪末叶的西方人还需要重新整理呢？《罗马的遗产》主编之一理查德·詹金斯对此做了解答:“时代似乎要求对二者从不同的角度进行研究”,[1] 他的意思是以往的整理已不能满足现代人的需求。所以两本书的封面语都特别强调这是一次“新的评估”（A New Appraisal)。至于新在哪里，细心的读者也许会在阅读中得出自己的理解，至少在对罗马文明成就的估量上，新评估要比旧评估多了许多肯定。

阅读这两本书的读者或许会发现，作者把更多的注意力赋予了非物质文化遗产。遍布欧洲各地甚至西亚北非的不可移动文物以及收存于博物馆和私人收藏家手中的巨量可移动文物，在书中只占了很小一部分。在按门类列出的清单中，这些物质文化遗产仅在建筑与城市及形象艺术章节中得到了展现，其余约十之有八九的篇幅给了诗歌、音乐、戏剧、史学、哲学、希腊哲学与基督教、政治理论、教育与修辞、

1 见《罗马的遗产》“前言”。

科学与数学、神话、传统、语言、法律等非物质文化遗产。这可能和作者的价值取向有关。物质文化遗产主要给人以视觉触觉的感知，当然也触动人的心灵。但能够抵达西方文化灵魂深处的东西，更多的还是非物质文化遗产。如果我们把整个西方价值观比作层累的考古文化层，那希腊罗马的这些非物质文化遗产可以看做是最底部的第一、二两层。这部分对西方人来说是奠基性或根本性的，构成了价值观的基础，其意义更为深远和重大。

对于缺少西方古代中古史知识的一般读者，有一点还需加以说明，就是古典文明与现代西方文明之间的源与流关系具有特殊性，和血脉相承的中华文明有所不同。打个比方，现代中华文明与古代中国文明之间是亲本关系，古典文明与现代西方文明之间则是嫁接关系。这一点颇值得玩味。

今天西方文明的主体民族，如盎格鲁－撒克逊人、高卢人或凯尔特人、日耳曼人、斯拉夫人等，在古典文明时期的希腊人和罗马人眼里，均属语言不通、文化低下的蛮族人、异族人。现代西文中的蛮族（barbarian）一词，最初在古希腊语中是一个拟声词 βάρβαροι，拉丁文对拼作 barbarous。它源于希腊人模拟异族陌生语言的发音“吧勒吧勒”（bar-bar），意指含糊不清的说话声。起初它的复数形式 βάρβαροι 是指希腊人对外族人（非希腊人）或不讲希腊语的人的一种没有褒贬意义的通称。公元前 5 世纪，希腊人在取得希波战争胜利之后，思想上开始产生政治、经济、文化的优越感，蛮族一词随之有了贬义。后来古罗马人征服地中海周边地区，接受了包括蛮夷概念在内的希腊文化。他们把自己和希腊人之外的异族人统称作蛮族。所以，在古希腊和古罗马时代，现今西方文明的主体民族属于语言、宗教、习俗殊异的其他民族。虽然在罗马帝国中后期，北部的蛮族或多或少地被“罗马化”，但随着西罗马帝国灭亡，已经式微的古典文明也随之消亡，人本主义为主的古典书籍被封被毁被藏，希腊罗马文化在欧洲基本断了传人，取而代之的是神本主义的基督教文明，长达近千年之久。

后来资本主义兴起，西欧首先开始了社会转型的进程。新兴的资产者为了寻找批判现实的思想武器，从尘封的故纸堆中首先找出了古罗马文明，再顺藤摸瓜找出了古希腊文明，这就是历史上有名的文艺复兴运动。所谓文艺复兴，就是复兴希腊罗马文化。及至启蒙时代，古希腊罗马著作已被西欧人奉为学习和模仿的经典，小学都要开设古希腊拉丁语课程。懂古希腊文和拉丁文以及熟读古典文献，是判断一个人学识教养程度的基本依据。我们读启蒙时代思想家们的著作，无论是哲学之父维科，还是启蒙思想家孟德斯鸠、伏尔泰、卢梭、洛克等人的作品，古典文献不仅是他们的材料来源，而且是他们的思想源泉。譬如孟德斯鸠的《论法的精神》一书，不仅布局近似亚里士多德的《政治学》，而且不少论点与亚里士多德雷同。这种古典文明遗产为文化教育基本教材或读物的现象一直持续到20世纪初。所以那个时代的饱学之士即使未达到言必称希腊罗马的程度，却也八九不离十。古典文明的遗产就是这样与近现代西方文明紧密结合在了一起。

由此可见，近代西方人把古典文明作为自己的历史基础，完全是因古典文明适应近代西方的需要，从而引起他们主动选择或主动认亲的结果。在这种“嫁接”的过程中，同期的希腊人并没有参与，因为他们沦入土耳其奥斯曼帝国的统治之下，被隔离于文艺复兴运动和启蒙运动之外。因此现代希腊古典学的学术带头人，反而多是欧美高校培养出来的博士。这使历史充满了戏剧性。

还需指出，现代西方文明并非只有一个古典文明源头，它还有另一个来源即基督教文明，可谓“文化层三”。基督教原本从犹太教脱胎而来。倘若圣经《新约全书》可信的话，耶稣被钉上十字架的时候，还是犹太教的一个小派别——拿撒勒派的精神与组织领袖，他并没有另组新教的雄心。但客观历史吊诡的是，当事人原想进这个房间，他的门徒却把他抬进了另一个房间。当然，基督教能够成为独立的宗教并广泛传播，还有赖于罗马帝国对地中海周边世界的统治和对基督教的接受与改造。这即是说，现代西方文明的根——古典文明加希伯来文明，对于今天西方文明的主体民族、亦即古希腊罗马人眼里的蛮族来说，都不是土生土长、一脉相传的文明，而是外来的文明。

顺便再说一句，古典文明是否还有自己的源头呢？这是西方学界一度热烈讨论的课题。1978 年，美国巴勒斯坦裔学者萨义德发表《东方主义》一书（中译为《东方学》），提出西方的自我中心论始自古希腊的荷马时代。他的这一解释带动了西方史学面对后殖民主义时代的现实问题而寻求古代解释的新方向。随后一些学者提出希腊东方化与东方化革命的命题，认为古典文明不是原生文明，而是深受近东文明影响的派生文明，大煞了根深蒂固的西方中心论的风景。其代表人物是美国康奈尔大学的教授伯纳尔。1987 年起，他陆续发表《黑色雅典娜：古典文明的亚非之根》一书共三卷，认为古希腊文明源自古埃及与腓尼基文明，现代流行的古典文明系希腊人创造的说法出自 18 世纪以来西方学界制造的幻象。

时过境迁，东方化的观点虽然因证据不足未被西方学界普遍接受，但问题的提出至少引起人们对历史发展不平衡性和关联性的思考。

对于古典遗产，我们东方人虽不是继承人，却也不是瞧热闹的看客。我们在一定程度上通过近现代西方文明的传播也分享了这份遗产，比如拉丁字母和拼音文字、装饰性的建筑形式、西式舞台剧、奥运会、体育场馆、剧场等公共文化空间，当然还有受益良多的哲学、历史学、政治学、修辞学、逻辑学、文学、教育学、法学等学术思想。举个具体例子：我国医学院校的学生入学后通常要宣读希波克拉底的从医誓词。希波克拉底是古希腊人，西人称之为“医学之父”。他制订的医生职业道德规范纯粹是古希腊的回声，但在我们亚洲人心中也能引起共鸣。所以，这两本书的引进不只有助于读者更准确更深入地了解西方文明，还有助于我们更深刻地认识自己。如果我国学人再进一步，像芬利等人一样，认真梳理一下我们继承的古代遗产，那一定是惠及现在和后世读者的善举。

是为序。

郭小凌

2015 年 7 月 7 日于首博

新版译序

在译界，常说的一句话叫做“翻译是一门令人遗憾的艺术”。愚一直以为，所谓“遗憾”，更多的应该是译者在这种艺术实践中力有未逮所致。

在《希腊的遗产》第一版译序中我们谈到，“本书各章的作者均为西方古典学界的著名学者，对希腊遗产各个领域的研究均有着颇深的造诣”，故而“我们与学有专长的同仁分别承担本书的译事”。尽管如此，出版后我们还是翻检出诸多不尽如人意的移译，虑所不及者，则幸赖读书界指谬。

此番再版，我们得以对译稿进行较为全面的订正，但“遗憾”定难免，尚祈学界同道继续赐教。

张强

识于2015年仲夏

译者序

在西方古典学界，除了这部由芬利主编的《希腊的遗产》以及理查德·詹金斯主编的《罗马的遗产》外，以“遗产”为题探讨希腊罗马文化的还出版过多种各具特色的学术著作，尽管内容有简有繁，论述方法上或就文化论文化，或旁及文化在历代传承中的意义，但均注意到了这样一个事实：希腊遗产与罗马遗产本身所提出的不同问题以及我们认识上的差异，其中之一便是如何理解、移译与希腊遗产密切相关的“hellenism”一词。

我们知道，自从德国历史学家J. G. 德罗伊森1831年首次提出“hellenism”的概念以来，由于其著述并未对这一从古希腊语推演而来的学术用语在时间与空间上予以明确的界定，致使西方学者在引用时多生歧义：有以“希腊语方言或结构”界说的；有翻译成“仿效希腊人”或“希腊化”的；也有解释为“希腊文化”或“希腊民族”的。

英国历史学家 A. J. 汤因比对这一概念前后亦有着不同的说解。[1] 翻译伊始，我们虽已注意到这种概念上的混用，并试图把“hellenism”一词统一移译为“希腊文化”，但在后来的通读中发现，本书在具体论述“希腊遗产在欧洲文化史上的意义”时，该词所蕴涵的并不仅仅止于“希腊文化”，在不同的章节中，在“希腊文化”这一大的概念之下还有着细微的差异，还另含有“希腊民族”之义。甫至书成，我们又不得不根据不同的语境在“希腊文化”与“希腊民族”之间重新做出了适当的选择。

事实上，无论是“希腊文化”还是“希腊民族”，其本身所关乎的无非是希腊人的界定问题，也就是说，希腊人是否曾作为分而自治的实体存在过？希腊人这一称谓是否指诸多不同社会的一个整体？针对“hellenism”一词的概念以及由此而引发的这些问题，芬利在本书的“引论”中把“希腊文化”以及创造此种文化的“希腊民族”合而观之，宏观上提出了自己的独到见解，并在时间上予以明确界定。他认为，“hellenism”是一种抽象的概念，其本身所具有的多样性与创造力始于史前时代初期，历经四五个世纪的繁荣后衰落。继亚历山大之后，“hellenism”便成为遗产问题，并一直存在于它所滋养或产生的文化与社会的内部，存在于罗马世界以及其他相关的文化之中。

“hellenism”作为遗产，[illegible]种芬利所强调的“双重意义”上的“存在”，接续而来的便是历代的继承问题，这也是本书作为新编的意义

1 参阅 Wolfgang Zeev Rubinsohn, “Hellenism in Recent Soviet Perspective”, in *East European History*, edited by Stanislav J. Kirschbaum, Slavica Publishers, Inc., 1988, p.41; Victor Ehrenberg, *Polis und Imperiun,* Artemis, 1965, pp.41—49。

所在（见本书第一章）。博尔加在“希腊的传统”[1]一章（见本书第十六章）中，对该遗产经罗马、早期基督教、中世纪早期的西部、拜占庭、阿拉伯文化、中世纪晚期的西部的传承以及文艺复兴时代的“复兴”逐一进行了描述，进一步阐明了希腊遗产在各个不同历史时期、不同文化中的“存在”及其影响。这种“存在”或遗产，无论它是物质上的还是精神上的，历代均有着自己的选择，也就是说，有继承也有扬弃，“在几个世纪过程中从一个领域转移到另一个领域”，也就使得希腊在不同时期呈现出“不同的面貌”；但就整体上的西方文明而言，“hellenism”在被有意识地选择过程中虽然经历过所谓的“黑暗时代”，但其影响并未完全中断，至于文艺复兴时代所“复兴”的“不是对全部古典文化的重新发现，因为其中大部分并未亡佚，更确切地说”，这种复兴“是对基督教传统在其开始时所排斥的那部分古典文化的重新发现”。要言之，希腊遗产的这种特征作为一种文化现象，如若在概念上对遗产与传统加以比较、区分的话，如若把“hellenism”在亚历山大之后的“存在”视为一种遗产的话，那么它对西方文明一以贯之的影响便可理解为一种传统，一种意识形态上的直接或间接的影响。博尔加在“希腊的传统”一章中所概述的正是这种影响在文化上的延续性，这也是为什么我们把该章的篇名移译为“希腊的传统”的原因所在。

荷马史诗作为西方文学史上的开山之作，“Ilias”与“Odysseia”这两部史诗的大题，中文通常根据英文中的“Iliad”与“Odyssey”

---

1 该章的英文篇名为“The Greek Legacy”，有别于本书的大题“*The Legacy of Greece*”。

音译为《伊利亚特》与《奥德赛》。我们知道，西方古典著作初无大题，亦无小题，从荷马的《伊利亚特》、《奥德赛》到赫西俄德的《神谱》、《田功农时》，再到希罗多德的《历史》、修昔底德的《伯罗奔尼撒战争史》，这些早期史诗与散文体史论的大题均为后人编订而成。校勘学上言之，西方古典著作大小题的出现盖始于亚历山大城图书馆建立之后，时在公元前3世纪。荷马史诗在古典时代作为开启青少年心智的教科书，“Ilias”与“Odysseia”的名目也许是出自雅典教书先生的笔下。[1]中文若从英文把“Iliad”音译为《伊利亚特》尚可理解，但把“Odyssey”这一大题译为《奥德赛》、把诗中主人公“Odysseus”译为“奥德修斯”或“俄底修斯”便难以说解了，因为希腊文中的“Odysseia”系源自“Odysseus”。较为理想的翻译是把“Ilias”与“Odysseus”分别意译为《特洛伊的故事》与《奥德修斯记》。但是，考虑到荷马这两部史诗的大题在国内学界已广为袭用，我们在行文中权且保留了传统的译法，只是把《奥德赛》中的“Odysseus”也译作“奥德赛”，以求内容与大题的统一。

另外，本书中常见的人名、地名等专名，我们采用的是国内通行的译法；至于那些中文中不常见的，则根据古典语文的发音遵循“名从主人”的原则译出。

除了上述翻译上的问题外，在这里还需一提的是，本书各章的作者均为西方古典学界的著名学者，对希腊遗产各个领域的研究均有着

1 Hesiod, *Theogony*, Edited with Prolegomena and Commentary by M. L. West, Oxford University Press, 1966, p.150.

颇深的造诣；如何翻译这样一部权威著作，如何较为准确地“传递”著者的观点，殊非易事，因为我们对西方古典文明的认识与了解不仅仅涉及西方现代语文，如英语、法语、德语，而且还涉及西方古典语文，如希腊语、拉丁语。东北师范大学世界文明史研究中心作为国家教育部人文社科重点研究基地，在从事世界文明史研究的过程中，尤为重视国外史学名著的译介（设有《世界文明史经典译丛》项目），强调古典语文的研习。作为中心的成员，我们与学有专长的同仁分别承担本书的译事，目的就是希望能够较为准确地把握希腊遗产在各个不同历史时期、不同文化中的影响及其意义，但是，作为一种理想，我们是否真正做到了这一点，尚祈读者诸君有以教正，以匡不逮。

在翻译过程中，我们得到了诸多师友的关注与支持。在此，特别要感谢世界文明史研究中心主任王晋新教授、徐家玲教授、郭春雨先生以及李晓东博士，承蒙他们在百忙之中拨冗阅正本书译稿的部分章节，并提出了很多宝贵的修改意见。让我们始终难以释怀的还有本书责任编辑孔令琴先生的耐心与信任。

最后需要说明的是，本书译文的通读工作由我承担，所有考虑不周、权衡失当之处亦由我负全责。

张　强

癸未年末　记于凯撒花园新居

前　言

由理查德·利文斯顿爵士主编的《希腊的遗产》出版于1921年，至今仍广为流传。倘若出版一种新编，更新信息不是唯一的原因，甚至不是主要的原因，真正的原因似乎是值得去尝试另外一种不同的研究方法。理查德爵士及其十位杰出的同仁摭拾“遗产”一词之本义——先人的遗物，在以吉尔伯特·默里对“光荣属于希腊”的赞颂开篇之后，他们在宗教与哲学、艺术与建筑等各个领域对古代希腊文化逐一进行了描述。新编在保留这一原则的基础上（篇幅较之旧版多有缩减），继而在每一章中对后来几个世纪迄今人们从希腊人那里所继承的东西进行了探究。简言之，可以说旧版论述的是希腊文化，而新编关注的则是希腊遗产在欧洲文化史上的意义。

本书各章的论述重点及谋篇布局由论者自行选定。主编的介入不外乎限定各章的篇幅，注意避免论述的简单化以及史料的罗列，并删除过分的重复（不过为数不多的赘述在所难免）。除了要求考虑到遗产这一概念的双重意义外，我们对不同的观点并未强行协调一致。但在引述方法（由于牛津大学出版社编辑的襄助）与注重英文阅读书目上还是做到了形式上的统一。篇末所举英文阅读书目，主要是为了满足读者的根本需求，并非我们误以为英文著述在对希腊世界及其遗产的研究方面具有某种优势。

本书的编撰前后历时七载。那些及时交稿的合作者所表现出的耐心令人钦佩，在此，我谨向他们表示特别的谢意；马鲁教授——交稿中最及时的一位——在本书付梓前谢世，我们皆为他的离去而修哀。

M. I. 芬利

1979年6月识于剑桥达尔文学院

第一章　引论

M. I. 芬利 撰　张强 译

一

何谓希腊？何谓希腊人？抑或，摭拾希腊人自己惯用的术语，何谓赫拉斯（Hellas）？何谓赫拉斯人（Hellene）？如今，赫拉斯业已成为一个国家的名称，有如法国或意大利。而古代，无论在地理上还是在政治上，它与现代国家均无任何可比之处。“我们都是赫拉斯人，”希罗多德在其《历史》中（8.144）伪托一雅典人在希波战争行将结束前称，“我们有着同样的血缘，同样的语言，共同的神庙、仪式与相近的习俗。”值得注意的不仅是此种评论全无政治内涵，而且还有引发评论的原委——雅典在抵抗波斯入侵中几近变节的传闻。希腊人的这种民族认同感从未阻遏他们去征战、去奴役其他希腊人，亦未阻遏他们为此而役使异邦雇佣军。然而，在“赫拉斯”这一抽象概念的背后，存在着一种不容忽视的实在，一种堪与中世纪基督教世界实在相比的意识形态上的影响力。

希罗多德著述之时，从黑海东岸的费西斯到马赛，希腊共同体遍布其间。希腊半岛本身以及环绕其周遭的海岛均为希腊人所有。小亚细亚西岸（现今之土耳其）、西西里大部分海岸、意大利南端从那不勒斯起基本上归属于希腊人，尽管非希腊的大批居民也包括在内。在斯奇提亚人、色雷斯人、利比亚人、凯尔特人以及其他约几十个民族的异地他乡，希腊共同体大致上趋于互不相邻的小群体。此种地理格局是持续移民的产物，其规模一般不大，时间可追溯到公元前 1 000 年左右。后来，继亚历山大大帝征服之后，又一波截然不同的移民潮使希腊的统治精英、希腊的生活方式深入到当时的大部分未及之地：小亚细亚中部、叙利亚和埃及；并以一种较为零散的方式深入到美索不达米亚乃至于伊朗和阿富汗。

这一有着伟大创造力的时期——至少就组成希腊文明遗产主体的因素而言——在亚历山大时代结束。若干个例的出现为时已晚（本书的个别章节将予以阐述）；但从荷马到亚里士多德近四百年左右的时间里，所有主要的思想、文学与艺术形式几近完备，并为后世及诸多文化所传承。只需列举出那些在诗学、史学或哲学领域仍广为人知的男人们的赫赫大名（其中萨福是女性）便足以证明。除科学家而外，希腊化时代的名人屈指可数——波利比阿、塞奥克力图斯、卡里马库斯、芝诺、伊壁鸠鲁、普鲁塔克——且大多生活在亚历山大之后的一个世纪里[1]。“公元前 3 世纪的观察家，” E. R. 都德斯写道，“当其得知希腊

1　希腊历史分期的现状不容乐观，一方面是因为处理方法有歧异，另一方面是因为基本原则（或至少术语）前后矛盾。我们在此仅做简单的划分：古风时代截至公元前 500 年；古典时代截至亚历山大时代；希腊化时代以及希腊—罗马时代。我们对迈锡尼时代不予考虑：希腊人并未意识到其存在，他们对远古前希腊人的概念也模糊不清，与昔日真正希腊（转下页）

文明进入……一个迟缓的知识衰落期——伴随着欺人的几度振兴以及强弩之末的些许辉煌，一直持续到土耳其人占领拜占庭——也许会痛感意外；当其得知希腊世界在整整16个世纪间未出现过一位像塞奥克力图斯那样优秀的诗人……一位像阿基米德那样优秀的数学家，或许会惊奇万分；当其得知唯一一位伟大的哲学家普罗提诺所阐述的亦不过是一种被视为绝迹了的先验的柏拉图主义的观点时，也许会备感吃惊”[1]。

有鉴于此，本书各章对流传下来的遗产及其创造者的论述，实际上仅涉及古风与古典时代的希腊人。对于他们首先必须说明的，就我们的论题而言，地点或地区其实无关要旨。本书所讨论的主要数据只需绘制在一张地图上，问题便会一目了然。当然也有例外，譬如，人们会想到彩陶、妇女的财产权，或者至关重要的政治机构。然而，在任一特定的十年或半个世纪，任何一个希腊人都会发现自己处于一个或多或少相似的物质世界，从黑海北岸的奥尔比亚到色萨利、西尔那伊卡及马赛的任何一地[2]。首先，这是因为几乎所有的城市均位于海边或其附近——“从费西斯到赫拉克勒斯列柱（直布罗陀海峡），我们居于大地之一隅，”柏拉图记述道（《斐多篇》，109B），“傍海而生，有如蚁蛙之于池塘”——而有着相同的外观。虽然并非每座城市都有卫城，亦非其他任何一座城市都像西西里的塞里努斯那样，把其中央高地三

（接上页）的“英雄时代”混为一谈；无论如何，迈锡尼时代未留下任何直接的遗产。罗马对希腊世界的征服，虽然有其政治意义，但对该文明并未留下任何印记。

1 参见 *The Greeks and the Irrational* (Berkeley and Los Angeles, 1951), p.244。

2 这一事关斯巴达的特殊问题属于例外，在此存而不考，尽管或许应注意到公元前4世纪早期在对色诺芬的“斯巴达错觉”抨击之前希罗多德或修昔底德对此曾有所论及。

分之一左右的面积用于建造大型神庙建筑群，不过这一切显然都是例外。希腊城市就是希腊城市，而不会是别的什么，对此的辨别不会出现任何问题。现今的废墟在这方面也不会带有欺骗性。一些较明显的变化出现在较长的不同时期，但这并非取决于地点。城市，而非乡村，是处理公务之地，是大部分宗教中心所在之地，是大型建筑与雕塑坐落之地，是开展教育、军事训练以及各种形式的文化活动之地。

这种物质上的一致性乃是希罗多德所说的更深层次的一致性的反映与结果。希腊语，无论是口头的还是书面的，令人惊奇地存在了近千年而未曾有变，与英语的沿革（从乔叟到德莱顿仅仅三百年的时间）恰成比对。曾有过变化，这是肯定的，而且不同方言的存在影响了发音、拼写、词法以及词汇。在诗歌方面，此种变化更为复杂。但总体而言，任何希腊人彼此之间都能相互理解。教育或城乡对立所造成的差异与地区间的差异同样重要。在阿提卡喜剧中，偶然出现的对“滑稽的”方言的嘲笑即揭示了这一点，这也说明希腊人在沟通上从不存在问题。后来，在希腊化时代早期，一种共同的被称作“koine”（形容词 koinos 之阴性形式，意为“共同的”）的方言成为通用语，这也许是我们最为了解的希腊语，因为《新约》所使用的即是这种希腊语——在诗歌方面以及像阿基米德坚持用母邦叙拉古的多利亚方言撰写科学论文的古怪之人除外。字母的情形也是如此：希腊人于公元前 8 世纪初移用腓尼基人的字母，经过必要的修改并在较短时间的试用后便固定下来，基本未曾有变。铭文专家可依据字母的写法为铭文断代（误差在几年上下），而任何一个略通希腊文的人都能毫不费力地辨认出一篇保存完好的碑文。在这方面，同样可以看出教育本身的差异，尤其表现在那些“家庭刻制”的墓碑上，但只不过是拼法或语法的错误以及明显非专业的刻制。

希罗多德接续列举的是神庙与祭礼的类同，其措辞耐人寻味：他未言“信仰”或“信条”，抑或“神学”；虽然就柏拉图的神学曾有过论述（姑且为例），但也没有并且不可能有一部论及前基督教希腊神学的著述。希腊人的虔诚、希腊人的宗教以及不可胜数的书文主题似乎表现的是仪式、节日、游行、竞赛、神谕或者献祭（简单地说是行为），而且其传说与神话的主题是关于诸神活动的实例，而非抽象的教义。即使是阿波罗在德尔菲的神谕也从未予以宗教上的指令或规定教义上的信条。当然，每一个希腊人都有某些“宗教”观念，尤其坚信神会介入人的日常生活，而且神之所为很大程度上是依据人类对他们的态度。因此，这种态度是为宗教之核心，是通过令人迷惑、形式各异的行为表现出来的。除了很少几个对民众毫无影响的思想家外（诸如柏拉图与伊壁鸠鲁），希腊人所缺少的是一套系统规范出来的信条，一种教义和信仰。于是也就可能出现亵渎神明的言辞或渎圣——如果不对此加以惩罚，就会招致神谴——但不会是正统，亦非异端。

所有这一切在经合并而发展、历经世纪沧桑而壮大的多神教中是固有的；与此相伴的是无数超自然的存在（或力量）：神、半神、神灵、魔鬼和“英雄”，其职责与角色虽各有说法，但常常是相互交叠甚至相互冲突的。无人能悉数列举出他们的名称，更不用说加以描述了：在赫西俄德《神谱》中神名有350多个，在一部关于前希腊化时期的宗教导读中（尼尔森的《希腊宗教史》，第1卷）所出现的神名则是其三倍。亦非所有的人或所有的共同体都对这些神尽心供奉。每一共同体都有自己的一个或几个保护神作为其主要的公共祭拜对象；每一个家庭都信奉赫斯提娅——女灶神；几乎每个人都遵从神谕，因为这是神明干预的一种方式，其中阿波罗最为突出，但并非独一无二；对生殖女神得墨忒耳的祭拜有着专门的仪式；水手们措意平息波塞冬的愤怒；温泉以及其他神秘之处都有神龛守护这些神；每一个雅典人都可以自由加入或者组织地方、私人的宗教团体（数以万计），或者发展同个别神的私人关系，甚至可以宣称有特殊的占卜和预言的能力。在某种意义上，其结果是一团糟；但有关奥林匹斯众神的观念和论述却有着高度的一致性："冥府的"（亦即下界的）诸神，其中得墨忒耳最著名；各种超自然能力的特征和行为；以及祭祀本身的性质——简言之，凡此种种才使得希罗多德有理由称"共同的神庙、仪式"。在这一方面，希腊人同样会感到无处不在其所熟悉的环境里。

大凡宗教活动均在户外举行，并由国家出面组织。在我们眼里，神庙是其明显的象征，然而，历经世纪之更迭、遍布希腊世界之方圆的柱式神庙单一而未曾有变——即使是多利亚与爱奥尼亚柱式之间的差异也毫无变化——这在其他文化中简直难以想象。当然，共同体本身为其石庙慷慨付出了最大的精力和物力。然而，神庙与其说是祭神之地，毋宁说是神的居所。在下锁的庙宇之内，存放的是神像和财宝，而不是祭坛，亦非祈祷席位，或是与中世纪或现代教堂意义相似的"神龛"。所以，在户外进行宗教活动是必要的，因为人们参加的主要活动是祭祀和游行。祭坛，而不是神庙，是宗教活动最普遍的活动所在。祭坛无处不在，牺牲则是每一次重要活动的固定特征，无论是公共的还是个人的活动[1]。

这种一致性与中央集权没有任何联系。在宗教领域，严格地讲没有“教堂”。也就是说，不存在一批肩负神职或被认可的人，因为不存在任何启示（神谕和神的其他启示——往往并不属于宗教范围——只是针对特定的形势而给予指令）。希腊语中的“hiereus”一词移译为“祭司”，一般是指官员——负责管理公共祭祀的俗人——或者是世代掌管当地神龛的家族或是几个家族中的某个成员，像在阿提卡地区埃留西斯的得墨忒耳神庙那样。于是，在雅典，负责祭祀的最高官员是年执政官之一，有趣的是，他被赋予“basileus”（“王”）这样一个基本上过时了的头衔。在短暂的任期内（一般为1年），他必须服从一系列的行为准则，同时，任何干预他履行职责的人都要受到渎神罪的控告，但他决不会被神圣化，有如英语中“祭司”和“圣令”通常所蕴涵的那样。[2]此外，还有地方性的专家，他们关于神规和祭礼的知识得到广泛认同，甚至得到国家的官方认可。但是，无人能够在他居住、活动的共同体之外，强令其信仰或付诸实践；泛希腊化时代的各个中心（对此后文有所详及）也从未试图如此行事。

政治上言之，整个希腊从未出现过任何一种中央集权。希腊化时代出现的一些区域性国家，主要是在被征服的东部而非古老的希腊中心地区。在此之前，希腊世界是由自治性很强的小共同体组成，它们一般自称为“poleis”（尽管不准确），习惯上被误译为“城邦”。间或

1　显然，希腊宗教活动并不能留下任何“遗产”。这即是为什么本书的部分章节包括对神话的论述以及希腊哲学对基督教的影响，但对希腊宗教却未置一章的原因。

2　鲜有例外，对此我们存而不考。

出现的“同盟”，如伯罗奔尼撒同盟与阿卡狄亚同盟，或彼奥提亚同盟以及公元前5世纪组织严密的雅典帝国，从不同方面削弱了这种自治，如发动战争的权利，但从未发展到在文化上对习俗或观念施以影响的程度。我们无论如何不能由此辨认出前面所强调的那种一致性。

诚然，有人提出，没有中央集权的存在有助于在行为与思想上保存诸多共同的方式，准确地说是因为帝国与臣民或正教与异端间不存在可引起反抗与对立的矛盾。十分不幸的是，“殖民地”一词习惯上被现代史家们用于希腊在地中海西部和东北部地区新建的共同体。除若干无关紧要的情况外，这些共同体无论在理论还是在实际上都是独立的城邦，与其各自的“母邦”有着心理上和感情上的联系，而非政治和经济上的联系。这些联系被加强并被更为广泛地延伸到希腊人的“宗主国”，因为如此众多、分散的共同体位于非希腊人的土地内，也正因为这样才激发起他们在市政规划、建筑、语言、文学以及宗教上保持希腊特征。现代艺术史家们也许会谈到“乡土观念”，比如说，西部希腊人的陶器，但我们从现存的证据来判断，这种细微的差异在“外省希腊人”中显然并不存在。新的文化实践与思想在广袤的希腊共同体间迅速传播，以致成为古风和古典时代的一个特征：字母、精雕细刻的银币以及多利亚式神庙也许是最明显的例证。

此种传播得益于遍及希腊世界各地经常性的大宗贸易。环地中海、爱琴海、黑海定居点的集中——构成了交通要道——为出游与商贸提供了便利。移民、客商、走乡串户的工匠、过客等普通民众是为文化传播的主要媒介。尽管独特的泛希腊节庆、职业教师和哲学家都作出过贡献，但也并非不可或缺。独特的泛希腊节庆不仅使来自十几个、有时上百个或更多希腊共同体相对多的人直接接触，而且为诗人、音乐家、演说家、建筑家和雕刻家提供了舞台（或表演场地）。此种庆典偶或为区域范围内的一般节日，偶或为真正泛希腊规模的大庆——可能会有四五万人赶赴奥林匹亚赛会，这一人数超过所有城邦人口的总和（其中不包括10个或12个城邦）。当然，在专门知识以及哲学的层面上，普通的外行当然不是新思想的承载者；但在这一层面上也存在着较为明显的流动性，在一定程度上是由于长期的政治动荡以及个别城邦内部争端所导致的频繁流放。对此，人们会想到毕达哥拉斯，他被迫离开萨摩斯，移居克罗顿（地处意大利南部）；或希罗多德，他从哈里卡尔那苏斯被驱逐到萨摩斯，后到雅典，最后止于图里伊（也在意大利南部）。这两个例子强调的要端是：这样的人不同于现在的难民，因为他们是从一个希腊共同体移居到另一个。除被流放的人之外，诗人、剧作家、行医的人和艺匠，或以智者闻名的职业教师，他们为赚钱而自由地出游远行。所以，他们既是共同的希腊文化得以保存的受益人，又是为之作出了贡献的人。

最后，在列举"我们都是赫拉斯人"的因素时，希罗多德所提及的"我们有着共同的血缘"指的是什么呢？这是个难题，其原因不止一个。生物学上的事实不成问题：古代希腊人即完全为杂交的结果。初期，史前几个世纪的杂交现象在迈锡尼时代以前即已开始。而后，经过历史混杂的希腊人在迈锡尼衰落后很快以男性为主的小股移民开始迁徙，他们在新的家园迎娶当地的女子为妻，计有色雷斯人、卡里亚人（希罗多德自己为该族人的后裔）、"利比亚人"、西塞尔人、康帕尼雅人，等等。但这一切都无关紧要：关于"种族"，社会学上言之，继而历史学上言之，起作用的不是科学而是信仰。古代学者从错综复杂的希腊神话中最终整理出一套谱系：普罗米修斯的儿子丢卡利翁，有一子名赫楞，始创希腊一族；其子多鲁斯、克苏图斯（伊翁之父）和埃奥鲁斯则成为多利亚人、爱奥尼亚人和伊奥利亚人各自的祖先。从词义上探究希腊人是如何接受这一谱系的，既徒劳无益，也无从对证。但是，社会各阶层对希腊人与所有其他民族（所谓“蛮夷”）之间存在着本质的鸿沟却广为采信。“蛮夷”一词常带有轻蔑的意味，是指所有的非希腊人，并未措意其文化程度或事实如何：也许无人会否认埃及人或波斯人比斯奇提安人或西塞尔人先进。希罗多德曾竭力坚持从波斯人那里有重要的事情要学习，甚至于在德行方面；柏拉图对惟有希腊人具备理性思维能力的观点（赫拉克利特，后来亚里士多德，大概还有伊壁鸠鲁均持有这种观点）提出了挑战。对这一论题还有其他认识上的分歧。无论在希腊人相互间的态度上还是在希腊人与蛮夷的关系上，人们从未合乎逻辑地或严格地、全面地或个别地得出实质性的结论。但“我们都是赫拉斯人，我们有着共同的血缘”却是一种被普遍接受——若未经思考——的信念，大多数是下意识地而非有意识地为人们所坚持，同时也是我们一直讨论的那种一致性的实质。

这一问题自古便困扰着赫楞的后裔。把希腊方言分为爱奥尼亚语、多利亚语和伊奥利亚语这种旧的分类——语言学家对此进行了明确的修正——早期与希腊“种族”的细微划分有关，这一对种群的混淆至今还较为常见。因此，操爱奥尼亚语的移民在小亚细亚沿海的定居地便得名爱奥尼亚；两种最早的建筑风格也被称为多利亚式与爱奥尼亚式，等等。不可避免地，以此种混淆为基础的价值判断随之出现。诸如此类的例子还很多，但我们注意到希罗多德大概就够了，他是说多利亚话的哈里卡尔那苏斯人，公开憎恶小亚细亚的爱奥尼亚人，尽管他在《历史》中所使用的是爱奥尼亚方言。导致这种混乱的另一大的诱因源自“斯巴达错觉”，因为现代学界普遍错误地把多利亚人概称为斯巴达人。多利亚式和爱奥尼亚式甚至成为表述不同“种族精神”的一种方式，尽管最为著名的多利亚式神庙帕特农坐落在雅典——传说中爱奥尼亚人的宗主国。此类谬误在现代那些与雅典罪恶相比而崇尚斯巴达德行的人中遗毒仍在[1]。本书对此存而不考。

二

在希罗多德所强调的内涵繁复、文化意义上的希腊的背后——正如他以及其他希腊史家业已证明的——存在着根本性的内在分裂与冲突。希腊城邦可根据所选标准，以不同方式作出划分。首先一点就是我们业已提到的环境标准，也就是说，希腊大环境中既存的那些城邦与那些在域外新建的城邦之间的区分。另外便是经济标准：尽管农业生产为大部分人口的主要活动，但当真正的城邑中心——具有实质性的商业与制造业——兴起后，便出现了明显的差别，如米利都、雅典、科林斯或叙拉古，而其他地区如色萨利、阿卡狄亚或埃利斯则处于农耕或畜牧状态。希腊历史的黎明，即所谓的“黑暗时期”以及古风时代早期，城邦尚处于萌芽阶段，其行政管理有着巨大的一致性，因为

1 参见 Edouard Will, *Doriens at Ioniens*, Paris, 1956。

贵族家族或多或少地协力依习惯法行事，并把持着决策、作战以及司法大权。寡头政治与民主政治的基本区分历经几个世纪极为不稳定的发展进程，约公元前 500 年初见端倪，而后即遍及整个赫拉斯[1]。

但是，希腊人所使用的 poleis 意指所有城邦，并未考虑其差别，因为就广为接受的思想意识而言，所有自治城邦，或大或小，或城或乡，或寡头政治或民主政治，均为“koinonia”，一种确切意义上的“共同体”。这也反映在词语的用法上：古希腊语中，“科林斯决定”或“雅典向斯巴达宣战”会用“科林斯人决定”或“雅典人向斯巴达人宣战”这样的表述方法。雅典、科林斯、斯巴达是为地理上的名称，而非政治上共同体的名称。由于雅典人视阿提卡领土的全部为其所有，所以当我们说“雅典曾行此事或彼事”、“阿拿克萨高拉斯去过雅典”时多少有点模棱两可，而希腊语的习惯用法在这一点上是准确而清楚的。就我们的论题而言，更为重要的是心理学以及政治学上的精确。

另外，我们的翻译尚有一些术语上的困难。譬如，现代英语中的“公民”一词首先具有政治上的内涵：它界定了具有投票权与担任公职权的男性或女性。在古代希腊，一个公民事实上可能没有任何政治权利（在寡头治下是常有的事），尽管他保有公民权的其他主要特权，即拥有土地与房产的权利、内部通婚的权利，以及参加外邦人禁入的一些公共祭祀。至于那些或多或少永久居住在一个共同体内的非公民，怎样来称呼他们呢？称之为“过境希腊人”？乔治·格罗特指出，现代语文“以其表达方式不足以描述希腊的政治现象。我们大概

1　僭主在历史中的地位不在本篇简述的范围之内。

可以说一个雅典公民当他作为过客抵达科林斯时是为外人（alien），但我们却不能称他是一个外来人”[1]。今天，在“外来人”与“外邦人”之间还存在这种区别，令人置疑。按照惯例，称外来的居住者为“侨民”（metic），我们是从雅典人那里借用来的（尽管他们自己对其寓意亦不清楚，尽管我们对它在其他地方是怎样应用的亦一无所知），我们至少要找到区分一个希腊外人与非希腊人的形容词。没有善策来避开这一难题。激增诸如“侨民”这样的术语势必会出现匪夷所思的不规范语言，而此类语言需要一部古语疑难大词典。我们只能权且袭用“城邦”、“公民”、“共同体”等术语的概念，并措意于其细微的差异。

确切共同体意义上的城邦，一个必要的条件是规模小，无论是领土上的还是人口上的。亚里士多德曾表达出这一普遍的观点，尽管是以其自己的哲学术语加以阐述的。他称（《政治学》，1326a35-b24）：

> 城邦如万物——动物、植物、无生物……——有其等级。过多人组成的城邦……不是一个真正的城邦，因为它可能难于拥有一个真正的政治体制。谁能成为这般人众的将军？除声音洪亮的传令官，谁又能为其传递消息？……一个城邦最适度的规模是其人数最多时能自给自足，且人人都生活在相互可望及之地。

绝大多数城邦事实上均符合亚里士多德所提出的标准，或低于最适度的界限。关于人口的所有数字充其量是学术上的推测，因为前希

1　参见 *A History of Greece*, vol.ii (London, 1862), p. 40。

腊化时代的希腊国家除了重武装步军名录外，并未进行过人口普查，也未有过任何记载。公元前431年伯罗奔尼撒战争爆发前，雅典人口（时为其鼎盛期）约25万到27.5万，其中包括自由人、奴隶、男人、妇女及儿童。也许除叙拉古（出于各种原因它根本不具可比性），其他任何一个希腊城邦在罗马时代之前均未达到这一数字。科林斯约9万人，忒拜、阿哥斯、科尔居拉以及西西里的阿克拉卡斯有4万人到6万人。余者远远低于这个数字，大多为5 000人甚至更少。所以，称大部分希腊人生活在“相互可望及之地”（现代政治学家则称之为“面对面的社会”）不过是个隐喻而已。有两种行为方式可为之旁证：一方面，农村人口乐于留居乡下（或住在城里，若其占有的土地离城较近）而非边鄙；另一方面，人们业已习惯于户外的社会生活以及公共事务的处理。在几个幅员较为辽阔的大城邦里，城邦范围内的很多人不可能生活在“相互可望及之地”，但是，共同体的面貌因在城邦——或如雅典等地的德莫（deme）——内的进一步划分而得以保全。

尽管共同体的概念根深蒂固，但它却从未包含平等主义或是对此的追求。至多，一些城邦（以古典时期的雅典与斯巴达为例，方法各有所异）曾采取措施以保障其公民出任公职并行使政治权利的同等机会；在饥馑或城邦被困期间，甚至更多地采取紧急措施以保护那些弱势群体。但是，共同体成员财富、能力及生活方式的不平均却是一种普遍的情形，而且被普遍地视为“自然的”。在独特的希腊通俗语言中，最为重要的划分是“hoi oligoi”与“hoi polloi”，逐字可移译为“少数人”和“多数人”，或用“富人”和“穷人”来表述。在寡头政治的共同体里，这种形式上的区分是把享有主动政治权利的公民与那些不享有或享有所谓“被动政治权利”的公民分离开来。在民主政治的共同体中同样存在着明显的界限，至少在服兵役方面：马兵与重武装步军须自备行囊及武器，而且一般说来，固定财产的限制决定了一个公民是否可以进入这两个等级。另外，大致而言，即使严格地说不存在完全意义上的均等，“多数人”是为谋生而劳作，其中绝大多数为自主的农民、工匠以及店主，而“少数人”则靠他人的劳作过活，在大部分情况下，如食利者，他们甚至不为经营而劳心。

除了若干可忽略的个例，一个城邦不仅是城邑的中心，而且是其乡村的腹地。在以农耕为主的小共同体中，公民人数居多，除在斯巴达或色萨利外，那里的农村劳力是由被奴化的人口（黑劳士[penestae]，无论其称呼如何）构成的。另外，随着人口数量的增加以及城市化的发展，平衡发生了变化，以至于在城市化最高、最富有、最强大的城邦里（雅典大概排序在先）公民的人数极少。[1] 在其等级制度中，公民之下的是为数众多的侨民以及为数更多的奴隶。奴隶与黑劳士劳役之间的复杂区别无关乎我们的论题。一种或他种奴隶劳动的普遍存在及其不可缺少性（至少对精英来说）被视为当然的事，并且成为从喜剧诙谐的场面到形式哲学所有文化活动的组成部分。然而，就我们的遗产背景而言，奴隶制的直接影响微乎其微，除在特殊的情况下，当奴隶制重又出现在现代美洲时被用作一种历史的辩护。

其时生活水平普遍低下：诸如阿尔西比亚德般的夸耀及奢华的用项

1 如果只把男人计算在内，公民的比例甚至会更小。本篇对社会结构的概述中，我们对妇女地位不予考虑。政治上言之，无处不在的“公民权”或“非公民权”在等级与财产传到下一代方面是必不可少的。

反映出过度的超消费。希腊人从其迈锡尼祖先与近东古文明那里继承的主要技术有农业、石工、陶冶及冶炼。他们自己所作出的成就除造船与航海外，值得注意者鲜见。这并不意味着低估希腊人在精美彩陶、在石造庙宇或是在雕刻方面的技艺；这些尽管可以满足人们审美上的需要，但却未能增加社会财富。在以能源作为动力（而非人力或畜力）的机械发明和希腊人最初的继承水平之间，其技术进步的空间又有多大呢？值得注意的是，他们从未想到过使用风车；而约在公元前 1 世纪发明的水车也鲜有应用。

由此而导致的社会（或政治的）后果是经常性匮乏的威胁，特别表现在粮食供给方面。亚里士多德（如前所述）以及其他社会学理论家都极为强调自给自足（autarkeia）这一标准，实际上、特别是对于规模大的城邦来说不可能达到。古典时代开始之前，这些城邦业已超过其内陆的生产能力，而且被迫年复一年地进口粮食[1]。即使是在和平时期已实现自给自足的伯罗奔尼撒也不得不在大战期间到域外寻找粮食。谷物为饮食之本，灾年歉收或进口中断，加之有限的粮食储备技术，所以饥荒十分频繁。任何一个城邦对饥荒均不能等闲视之。“多数人”对此不可能忍受；共同体的理念——他们的感受是——可与不平等兼容，而不能与饥饿共存。换言之，“多数人”认为自己享有获取个人利益的权利，而不仅仅是抽象的权利，因为他们是共同体的一分子。此种权利是为特权之一例，而没有任何人道主义的因素。由是，公元前

1 即使对这一问题了如指掌的理论家也承认，真正意义上的自给自足就某些需求而言绝对不可能实现，尤其对金属，还有对皮革和奴隶的需求。

445 年，雅典一次谷物（由非洲一君王提供）公开发放引了对公民名册的清查，因为有人抗议一些非公民为享受免费谷物而非法注册为公民[1]。

亚里士多德（《政治学》，1302a32）把这种经常性的公民内部冲突（statis）归结为对 kerdos（收益、好处或物质利益）的渴望，而且更多的是对 time（荣誉）的渴望。显而易见，“多数人”意在前者，“少数人”则兼而有之；这两个阶级为达到其各自目的瞬间便会走向暴力。statis 一词含义极广，从“正常的”政治程序到内战的爆发无所不包，但总是限制在公民群体（当 statis 迫在眉睫，他们不会有丝毫迟疑去寻找其他联盟，甚至奴隶）有限的范围之内。古典时代的雅典与斯巴达内战相对鲜见，各有其特殊的原因，但这不应使我们视而不见赫拉斯其余各处同类事件的频繁发生。战争是希腊生活中经常性的现象，不仅仅是以世纪或半个世纪计，而且对大多数城邦来说是三年两头的常事，尽管人民并不情愿在领土内交战，但边衅依然不断，疆界形同虚设。确切意义上的共同体的悖论是，在一个经济薄弱而又实质不平等的世界里，恰恰是共同体的概念导致了那种有时可能把共同体带入毁灭的要求，至少是一时的。

1 至于细节，我们只有不完整的资料。参阅 A. W. Gomme, *The Population of Athens in the Fifth and Fourth Centuries B. C.* (Oxford, 1933), pp.16—17。

三

在这样一种不平等的社会里，精英组成了一个单一的群体，他们控制着所有的政治、军事、竞技以及文化活动。这并不是说，同一些人在若干个领域同时扮演着领袖角色（尽管对一些人来说是这样），但要强调的是，他们均来自同样极少数富有的家族，不可避免的个例除外。“多数人”接受“少数人”的永久统治在古典希腊历史上，乃至于在从伯里克利到亚历山大大帝时代民主政治鼎盛时期的雅典，都是一个值得注意的事实。无论这一事实的政治寓意如何，较为隐微的（也是常常被忽略的）文化上的寓意却并非不重要，我们所关注的正是它们，而不是政治。遗产实质上是个高雅文化的问题，是观念与价值对哲学与科学、社会与政治理论、文化与艺术的影响与左右，所有这些问题在精英的圈子里提出并发展。宗教仪式与礼仪、乡村舞蹈、服饰、语言以及词汇的残存，一旦追溯起来，其本身即不失为一个有趣的题目，但这是与高雅文化遗产截然不同的东西。

“高雅文化”无疑是一种蹩脚的表达方式，而且会造成误导，其中原因是我们惯于用现在的判断与道德标准回顾过去。高雅文化与通俗（或大众）文化之间的对立难以厘清，难以简单化，而且在不同的历史时期而有所差异。希腊悲剧的例子足以引起我们注意：单一庄重的主题、语调以及语言，就是当时的观众甚至也难以透彻理解。今天，难以想象会有一出戏可以吸引 14 000 名观众蜂拥到剧场；当时的条件远谈不上舒适，而且大部分观众往往要连续勾留数日。普鲁塔克报告称（《名人传·尼西亚斯传》，29.2），1 000 名雅典兵士继公元前 413

年兵败叙拉古被囚之后，只有少数人背得出几句欧里庇得斯喜剧中的说白而免于非命：这一故事不管是真实的还是无关痛痒的闲篇（ben trovato）都意味深长。“西西里的希腊人，”普鲁塔克解释道，“对欧里庇得斯诗句的偏爱无人可及。他们常把来访者带给他们的短篇、佳句烂熟于心”。

剧本自然可录为文本；到西西里灾难之时，即有某种意义上的书市。零乱的证据还显示，相当比例的自由人（尽管难以计数）识文断字，尤其是城市居民。书吏作为所有古代近东社会以及希腊化时代东方君主政体的特征，并不见于希腊城邦。雅典约从5世纪中叶起习用石刻铭文并且向公众刊布大量各类官方文告：条约、法律及法令，盟金录以及阵亡将士名录等。其他少数城邦亦有类似的做法，尽管有必要强调雅典人在这一方面的特殊性。

所有这一切，连同一个不可避免的事实——我们对希腊文化的了解取决于文献与实物——造成了一种错觉。事实是，有如普鲁塔克在记述叙拉古战败中所暗示的，古典希腊文化实质上是一种口头文化，其观念及文字上的表述首先是通过口述的形式来传递与讨论，无论公共的或是个人的。当柏拉图对书籍表示怀疑（《费德罗篇》，274—8）或其哲学论著采用对话形式时，他并非是标新立异。柏拉图有其自己的推论——哲学上探究概念的逻辑结论，但同代人对他的异议鲜见。柏拉图所处的年代，雄辩术是一种成熟的文学形式，是诗体文学中最为重要的一种形式；而修辞在伊索克拉底的影响之下则成为高等教育的主要科目。历史学家很少引经据典，他们更喜欢叙述自己的见闻；修昔底德在叙述其研究方法时（《伯罗奔尼撒战争史》，1.21—2）甚至未提到文献。大概更为令人惊奇的是（对于我们），口头证词同样被惯用于商贸合同或法庭；甚至连一块作为收据的简单纸头都不常见；这种情况的改观一直要等到希腊化时代君主制官僚需要的介入。

在某种程度上，有一种简单的技术性解释，至少在文献方面。在纸发明前的任何一个时期，可用于流传的一部著作的卷数极受限制，每卷均为手抄而成。一部著作最终失传的可能性因同样的原因而增加：在亚历山大城托勒密所建的图书馆里（古代世界最大的图书馆），欧里庇得斯的约十二种剧本在其死后不到两个世纪即已佚失。于是在私人的小圈子里或公共场合，吟咏盛行，这无疑加强了记忆。著作家常凭借记忆来引证，原文精确度也相应地丧失了，这均有据可查。除文学外，该社会的性质本身——强调面对面的关系——促进了各种形式的口头交流。在政治方面，陶片放逐法与放逐的重要性便不难理解了：共同体某一个人的身体迁移有效地阻止了他与其同胞思想上的交流。

所有这些给现代学者的判断与理解提出了一些难题。如何评价 14 000 人观看埃斯库罗斯或阿里斯托芬戏剧时的反应，或约 6 000 人出席雅典（或他处）公民大会的辩论？他们的反应会有诸多的变化，这显而易见，但对我们却没有多大帮助。坚持他们缺乏知识的主张——希腊著作家不绝于口的抱怨——也并非像乍看上去那样是一种可以接受的指责。生活和成长在这样一种社会里，本身就是一种教育。表面上，无论如何，诸多被视为属于精英（高雅）文化的东西均有其普遍性，因而也具有通俗性——当然，不是科学或哲学，而是文学与视觉艺术。

所谓“公共的”，不仅是指国家的发起、财力支持和组织，而且还有公众的参与。每年初春在雅典举行狄奥尼苏斯大庆或邦际狄奥尼苏斯节的喜庆日子里，不仅在雅典卫城下连续五天的剧场演出之前，每天有14 000名固定的和大批不定期地加入到行进的游行、舞蹈和歌咏活动中的人，而且还有700人和500年轻人（全部为公民）登台亮相；其中1 000人参加赞美酒神的合唱比赛，其余的或为演员或为合唱队员参加悲剧或喜剧比赛。同样的情景在希腊各地也会出现，只是范围较小且内容有别，尤其是在开始有悲剧比赛的地方。除奥林匹亚赛会这一个例外，泛希腊大庆（另外一种庆典，其名称因混乱而令人生疑）在体育竞赛之外，还包括音乐、舞蹈与诗赋等节目。要之，大部分希腊居民以一种或他种方式直接接触到高雅文化的主流，无论人们对此种文化的评价如何。另外，有必要考虑到建筑与雕塑，这两者均与节日与举行庆典的中心密切相关。博物馆以及私人艺术收藏属于未来，而非当时的世界。

高雅文化与宗教的紧密联系显然是上述行为方式的核心，今天的学者能否真正领悟到如此陌生的现象，令人置疑。希腊宗教仪式的习惯做法在气氛与基调上变化极大，这可与从斋前狂欢的最后一日或更为狂热的节庆到新教严肃的表现形式相比。但是我们在此不关心诸如此类的极端行为。奥林匹亚赛会——目的是拜祭奥林匹斯宙斯（其神殿因奥林匹斯山而得名）——理应称之为“泛希腊大庆”。然而，庆典的核心内容——与祭祀与祈祷以及现存的最精美的建筑和雕塑的通常背景相反——是一系列的身体较量：不仅仅有赛跑、赛马和两轮车赛，而且还有激烈的pankration（拳击与角力相结合的一种竞技）和拳击，后者在希腊人看来甚至更为粗野，胜者的唯一目的就是要战胜所有对手。大错而特错的是，把宗教的背景揶揄地视为竞技比赛的一种借口或是参以现代的比喻而为“体育宗教”。同样奇怪的是雅典狄奥尼苏斯大庆的情况，其时，人们以《安提戈涅》严肃崇高的悲剧和粗俗猥亵的喜剧来歌颂狄奥尼苏斯神。

文化活动中的竞争精神（包括与祭礼与节日密切相关的竞争）——正如可以提出证据予以证明的那样——是其最为独特之处。“竞争”一词希腊语为“agon”，“agonia”所表达的是其情感上的细微差别，英语中的“agony”便是由此而来。诚然，竞赛的规则繁多，且严禁舞弊，但人们显然还是背离了体育精神的基本理念。从品达如何祝贺一个在德尔菲角力比赛中获胜的年轻人的诗句（《仳提娅》，8.81—7）中便可看出这一点：

> 四度角抵在上，
> 君意把人伤。
> 仳提娅庆凯旋，
> 他人哪得享！
> 败者回到娘亲旁，
> 亦无笑语欢声扬。
> 局促一隅避顽敌，
> 任凭惨败情伤。[1]

1 该诗系采自 Penguin Classics 丛书中 C. M. Bowra 的译本。（中译者在比对希腊语原文的同时，还参阅了《比代古典丛书》中 P. 布埃克的法译本。——中译者注）

品达是歌颂竞技胜者的最伟大诗人之一。他的凯旋颂揭示了 agon 精神及其坚韧不拔的主要方面。尽管其活动跨越了公元前 5 世纪前半叶，但他的价值观却是古风时期以及贵族精英的价值观。可能会有反对意见称，与他的赞歌或神颂不同，品达的凯旋颂没有任何标准，因为它们并不具备高雅文化中通俗的一面；他是受雇于富有的胜者（自认为精英的人），为他们私人的庆祝写凯旋颂。这是事实，但 agon 的精神业已完全表现出来，这在荷马史诗中，特别是《伊利亚特》中，的确无处不在；而荷马作为“诗人”独一无二的地位，有助于在古典希腊文化乃至最为民主的共同体中保持贵族政治潜移默化的影响。柏拉图曾有过抱怨（《理想国》，606E），因为一些希腊人认为，荷马“教育了赫拉斯，值得在人类事件与文化中被奉为良师，而且一个男人应该以这位诗人的箴言规范其全部的生活”。对此，应避免逐字逐句来理解，但难以否认的是，许多受荷马史诗熏陶的希腊人的价值观所强调的正是 agon 这样一种因素，即超越其他所有人的渴望，这不仅表现在竞技或戏剧赛事，而且表现在最大的 agon——战争中。

要之，品达是一位职业诗人，就是在我们今天意义上也是如此：他受雇而赋诗，其酬金大概是很可观的。然而，报酬相对还是次要的问题，柏拉图激烈而不停地抨击智者收受酬金是个例外，因为在他看来这是道德堕落的一种标志。古代希腊语中没有与我们所说的“业余爱好者”相对应的一个词；最为接近的是 idiotes, 意为“未经训练的、没有能力的、无知的”人（英语中的 idiot 一词即由此而来），或者，在不同的上下文中，也可以指百姓或平民。与这些 idiotai 相反，希腊高雅文化的创造者在各个领域都是完全职业性的；他们受过必要的训练，并且或多或少地把全部精力倾注在诗学、科学、哲学或史学上。另外，他们常常能得到资助，如果不是薪水，那就是馈赠、奖金或补助金。

四

前文业已谈过，构成希腊遗产的大部分文化产生于古风和古典时代。其必然的结果是，这一遗产的传播历史始于亚历山大死后留下的世界，而非某一后来的时代——罗马人对赫拉斯的征服或罗马帝国的结束（古代结束的惯用年代）。希腊语言的延续并不意味着什么。首先，词汇可以彻底地改变其意义：strategos（将军）一职依旧普遍见于罗马时代的希腊，但已不同于公元前5世纪城邦中的strategia（十将军委员会成员），其差别相当于20世纪的英国男爵领地之于大宪章的男爵领地。其次，在很长一段时间里，希腊遗产是以拉丁文为载体或通过拉丁著作家来传播的；即使在文艺复兴时代对希腊的复兴后，罗马著作家在史话方面依旧保持着领先地位，以奥维德以及希腊神话为例便足以说明问题。

思想与制度的传播——遗产是时间上而非空间上的一种传播形式——从来不只是机械地为了模仿而模仿。遗产蕴涵着价值观；它永远具有选择性，也就是说，也有对非遗产的扬弃，也有不断的改变、修正及歪曲。本书大部分内容所包括的即是对这些变化及扬弃的论述。欧洲文明的制度与社会结构继希腊古典时代结束后的2 000多年间发生了根本性的变化，这种变化不是一次而是数次。因此，除了偶然旨在复古的徒劳借口外，或者，除了更为经常的针对制度与制度变化毫无根据地倚靠古人的权威之外，就“遗产”的全部词义而言，不存在制度上的遗产。曾有人以可原谅的夸张说法国大革命“依次披着罗马共和国和罗马帝国的外衣”。罗马共和国的也好，罗马帝国的也好，显然都不对，这是一个意识形态上古为今用（或滥用）的极好例证。然而，确实存在着一个内容宏富、名副其实的文化遗产——是为老生常谈——其整体化的复杂性在依次不同的环境中也许是最引人措意、最令人棘手的一个方面。

第二章 政治

M. I. 芬利 撰 张强 译

在雅典，智者普罗泰哥拉解释道：“当雅典人所议之主题含有政治睿智……会倾听每一个人的见解，因为他们认为所有人都应拥有这一美德；否则，便不会有城邦。”（柏拉图：《普罗泰哥拉篇》，322E—323A）欧里庇得斯在约公元前420年上演的《哀求的妇女》（Ⅱ. 438—41）中表达了同样的观点：他引用的是公民大会会议上传令官所言：“何人有良策献予城邦并希望表达出来？”提秀斯评论道：“这即是自由。渴望者可享誉；无欲者则默默无闻。对城邦来说，有什么比这更公平的？”

普罗泰哥拉与欧里庇得斯立论之成，惟仰赖希腊人一项根本性的创新，那便是政治。至于政府则另当别论：任何复杂的社会都需要一个制定法则并付诸实施、保障共同体的兵役与行政以及调停争端的机构。任何一个社会同样都需要对这些法则及其机构、司法观念的认同。而希腊人则完成了根本性的一步，甚至于两步：他们把权力植根于城邦乃至于共同体本身之内，并且通过公开辩论，最终以投票计数的方式来决策。这即是政治，而公元前 5 世纪的希腊戏剧与史学所揭示的正是政治如何最终主宰希腊文化的。

当然，周边及较早的社会——譬如，在埃及、亚述和波斯国王的宫廷圈子中，或者在较低层波斯总督的帐内以及荷马笔下的“英雄们”的圈子里——也曾就政策问题有过讨论。但诸如此类的讨论并不能构成政治，因为它们既不公开，亦无约束力。国王或总督听取建议，但对此，他们并非有义务去措意，或去要求。其近臣制订计划、耍花招、有时还阴谋左右其决定，他们的此种做法被称之为“候见厅统治”（而非“议院”统治）。希腊僭主如出一辙，因此他们的存在即是对城邦理念的否定；在僭主统治之下，政治不复存在。

应当承认，早期在腓尼基人及伊达拉里亚人中间至少也出现过某些较早的非希腊人的政治共同体。但不能否认，实际上是希腊人“发明了”政治。在西方传统中，政治史始于希腊；以“城邦（polis）”为其词根的“政治（politics）”一词本身就表明了这一点。另外，近东任何一个社会均未有过像希腊人那样的被政治化了的文化。

在此之前，同样没有一个社会像希腊人将其政治管理的各个方面——无论是实践上的还是意识形态上的——世俗化。以《汉谟拉比法典》为例，任何事情均避不开它。该法典的序言开篇冗长：“为了人民的昌盛，阿努姆与伊里尔称我为‘汉谟拉比’，虔诚敬神的君王，为的是正义降临我们大地，为的是消除邪恶与恶人，为的是强不凌弱。”相反，雅典的梭伦经敌对双方的同意出面调停两派的关系时，他既未宣称受神所使，亦未自诩得到启示或身为“王室血统”。

此种对公共生活世俗性质的强调似乎忽略了希腊人普遍存在的虔

诚。祭坛无处不在；公共活动以及为数不多的重要私人活动事先都要举行献祭；誓言是为公共协议中标准的认可方式；人们可通过神谕或其他方式求教于神；与神共享成功的欢愉；如同对不敬神与亵渎的惩罚一样，主要的宗教节日也由国家负责安排。但是，无论是在古典时代还是在希腊化时代，这些频繁的宗教仪式活动从未对政治决策有过一般或重大的影响或妨碍。一场战役有时会被推迟若干天，因不敬神被定罪也可毁掉一个人的前程；但没有见证表明德尔菲神谕可以左右一个国家的行动方针（在此需区分开对败绩所提供的回顾性解释）。继亚历山大之后的希腊化时代的东部，埃及与叙利亚的国王以一种大概更说明问题的方式而成了神；他们在祭礼、在钱币上有时甚至在其称号上（如 Epiphanes, 意为“神的启示”）刻意强调其神性，然而，他们的法律及法令一贯是以人而非神的名义颁布的，而对犯法也从不视之为渎神。

在法庭上也一样：证人在发过誓后再接着作证，但发誓变成了一种仪式，而非从前那样的正式证言（荷马:《伊利亚特》，23.581—5）。此后便是说服法官与陪审员；伪誓会引起神的愤怒，这一威胁本身不再具有说服力。那么，如何界定和确定正义与非正义？诚然，这一问题贯穿于古风及古典时代的希腊文献，而在以智者为开端的哲学中表现得更为尖锐。然而，这在实际事务方面也是个问题，它所涉及的不是抽象或泛泛的术语，而是公民大会、行政官、法庭日复一日的决定。既然希腊宗教从其可追溯的年代起就已缺乏启示因素——神谕和来自超自然的力量的其他形式沟通只涉及特定的行为而非道德标准——甚或不包括可以称之为汉谟拉比般“准启示”的因素，人只有倚赖自己或其祖先（传统或是习俗）以寻求答案。在关键时刻，希腊人会求助于“法律界人士”使恰当的答案系统化，但此种做法违背了人类自信的法则。

这样的社会为运行而不至于分崩离析，绝对需要广泛的一致性，需要一种对共同体的认同感以及共同体成员依照某些传统法则生活、接受立法权威决定并只有通过公开辩论、达成进一步的共识而再行改变的真正意愿；一言以蔽之，须接受希腊文人赞不绝口的“法治”。该进程于是便产生了新的法则以及对它们的认同，有如前述，这即是政治。另外，在一个不平等显见、甚至存在于共同体成员间（不包括那些完全被排除在外的人，比如奴隶）的世界里，在一个不仅人口而且幅员（结果相对显见）均不足为道的共同体的世界里，争端相对显而易见，倾轧常常激烈。希腊语“政治冲突”一词为 stasis, 一个令人困惑至极的术语，因为它包括了从日常的“党派之争”（用一个现代错误的表示方法）到宣布内战的全部含义，而内战则标志着一致性的最终破裂以及对政治的放弃。古典时代的城邦内战频仍，杀戮、放逐以及掠夺相伴其间，雅典与斯巴达则是两个明显的例外。大政论家修昔底德、柏拉图以及亚里士多德流传下来的著述对此均有论及，以至于使我们出现判断错误。只有乌托邦才会是一个在重大问题上没有异议的社会；在政治社会里，“党派之争”是其继续存在以及良性运转的根本所在，而轻蔑地评价希腊城邦中的这些例证则有如以同样的办法诋毁现在的政治党派一样，都是错误的。

可以理解的是，我们的资料主要是关于体制上的 stasis，是关于寡头政治与民主政治之间的冲突——激烈内战的主要诱因。但这些资料所提供的寡头宗派间 stasis 的例证足以提醒我们：政治并非只限于民主政治。寡头政治同样承认法治，也同样缺少一种来自外部的特许或认可；因而，寡头政治亦是政治社会。参与者的范围以及政治活动的手段有别，而政治的基本作用则无异。

现今，投票权被广泛地视为公民最根本的特权（及义务），而在罗马共和国时代，其情形在某种程度上亦是如此。但在希腊的城邦，尽管这是一种重要的权利，但也只是其他诸多绝对权利之一——拥有财产的权利，与另一公民合法结婚的权利，参加各种大型祭祀活动的权利——而只有在民主政治下全体公民才能享受投票权，其他权利则是普遍存在的，即使在僭主政体之下。所以，“主动公民”的成员与“全体公民共同体（koinonia）”意义上的成员常常并不相关；同样，旨在获得政治权利的 stasis 常常会引发内战。

政治权利——人们为此而斗争——包括但也超出了遴选官员及选择立法机构的权利。待议的就是直接参与（通过发言及投票）表决及司法过程（对此的理解范围之广足以包括对文武官员履行职责的评价，如有必要还有对他们的惩罚）。换言之，投票权首先意味着在立法或司法机构投票的利权，而不仅仅是在选举时的权利。这即是为什么古典希腊政体，无论是寡头政治还是民主政治，均以“直接的”来分类，而与“代议制”[1]形成对照的原因。当每一个公民——如同在雅典及其他民主政治下——都成其为成员（少数被认定违法的个人除外）时，“庶

1　现代一些著作在这一点上存在着混淆，如把雅典的议事会（boule）称之为一种代议机构。没有一个同雅典一样复杂的共同体可以不把政府与行政的日常工作托付给个人或是小群体而能运行的。真正的问题是权力问题。在“代议制”民主政治下，民众的“监督”限于对官吏以及司法机构的选择，随之而来的才是在以后选举中的否决权；在“直接的”民主政治下，不仅仅有“间接的”监督，而且还有民众直接的主权。在决定宣战时，这一差别显而易见。

民统治”最终成为一纸空文，这在西方历史上从未有过相同的表述。

但是，即使是最为“彻底的”民主派，也无人希望冲破男性公民的传统“共同体”——一个封闭的诸多家族组成团体，其成员代而有序地繁衍下来。按照希腊人的习惯，雅典人（而非雅典）是向斯巴达人（而非斯巴达）宣战。倘或并非生而为雅典人的人，他只有通过拥有最高权力机构的正式法令才得以进入共同体。不仅仅妇女、儿童以及奴隶被排斥在共同体外（这没什么可惊异的），而且还有被释奴（不同于罗马的做法）、从希腊其他城邦或“荒蛮”之地移民来的自由人及其子女——在他们出生、成长的城邦里被视为外人。在古典时代，授予外人以公民权的情况鲜见，而且常常是出于特殊的行动或形势。古典时代末期，亚里士多德在其著述中称，较为宽容的政策是人力严重不足时即采取临时性措施，而且危机过后则弃之不用（《政治学》，1278a26—34）。值得一提的是，民主政治在授予公民权方面似乎显得特别吝啬。

共同体在政治上享有绝对的权力。这也就是说，在“法治”（无论这一术语意义如何）及若干宗教与性关系的禁忌所强行规定的范围内，最高机构决策时绝对自由。在一些人类行为领域或方面，此种权力一般并不介入，其中唯一的原因是其不愿意或不想去如此行事。没有任何个人的天赋权利可以阻碍国家的运转，也没有任何不得转让的权利不受一种更高权威的承认与认可。

诚然，理想上言之，全面参与表决意味着在最高权力机构中可以通过发言及投票来左右决定之全权，无论是寡头政治还是民主政治，其情形如出一辙。而且，还是从理想上讲，全权不仅意味着成员之间在这一点上的平等，而且还有畅所欲言的权利。希腊公民大会并非只适用于民主政治：公民大会在荷马的史诗中已有所载记，不过那时的普通民众仅仅是听众而已。据亚里士多德记载（《政治学》，1272a10—12），在克里特与斯巴达，普通民众的权利只限于对元老院及官员事先讨论过的提案投票。然而，在雅典民主政治的最终形式中，以及可能在希腊其他民主政治的最终形式中，每一个与会公民原则上都有提案或修正议案以及支持或反对他人所提动议的权利。这即是传令官所问之内涵：“何人有良策献予城邦并希望表达出来？”

实际情形却并非如此。雅典公民大会通常在一个名为普尼克斯的山丘上举行，圆形会场依山就势；在这样一个露天场地，数以千计的人众在没有现代扩音装置的大会上，又须在当日完成繁复的议事日程，难以相信一个普通公民会愿意或敢于发言，若有，谁又能听得见。我们无需被迫相信一件难以置信的事，因为文献与铭文中的证据毋庸置疑地表明：诸多演说及政策与建议的具体形成为“少数政治派”（我们可这样称谓）所垄断，当修昔底德抱怨说，西西里惨败被证实后，人民“转而反对支持远征的演说家，似乎他们自己并未曾投过赞成票”（8.1.1.），此时萦绕他脑际的正是这些人[1]。

因此，任何有关城邦内政治的论述均要措意于神话与现实、理论与实践之间的平衡。我们只针对雅典作这方面的尝试，鉴于我们掌握的史料所限，平衡此种关系并无大碍，因为只有雅典才是典型的政治城邦。紧接下来的也只与雅典有关，尽管这在重要方面大概也适于其

1　修昔底德的评论同样明显地反映出政治责任问题，对此我们稍后会论及。

他民主政治，但并非全部。

实现这一重在平等的政治理想的最大障碍源自公民间的诸多不平等。只需注意到财产上的差别就足够了。倘若没有获得适当教育的办法与空闲，倘若不能始终密切关注财政、外交以及其他公共事务，很难指望一个公民能够在决策过程中发言并为人所知。他甚至会认为参加公民大会例会（全年累计四十天）费用过高而且难以承受，那些住在阿提卡边远乡下的村民更是如此。所有这一切本身即已表明为什么要采取一些措施（尤其在公元前5世纪50年代）来人为地使公民平等。几乎所有公职人员，包括五百人议事会成员，均由抽签选出并定期轮换，这样不仅使得公共职务对那些鲜有或没有机会入选的人开放，而且也保障了日常政治事务的直接经验普及到大部分公民中去。任职于行政与司法机构的公民每日要有适度补贴酬报的原则也得以采纳。

自相矛盾的是，公元前4世纪初继三十僭主被推翻后，出席公民大会乃是酬以日薪的诸义务中的最后一项。出席大会平均人数的多少始终是个有争议的问题。考古发掘表明：公元前5世纪的普尼克斯不可能容纳六千多人；会址在公元前4世纪初有所扩大；公元前330年左右其接待能力大概翻了一番。曾有过似乎可能的假设称，会务酬劳的实施使得此种轮换成为可能，而且在公元前4世纪六千人到会是一种正常现象，而事关重大议题的公民大会，出席的人数还要增加[1]。15%~20%的合法公民多少有规律地出席会议，应视为人多还是人

1 这一数字高出大部分现行的估计数；我所引述的是M. H. 汉森在其《多少雅典人出席公民大会？》（《希腊、罗马、拜占庭研究》，XVII［1976年］，第125—134页）一文中的详尽分析。

少，这是个不易得出令人满意答案的主观判断问题。而更为客观的问题——这 15%~20% 有多大代表性？——鉴于证据不足而无从作答，尽管人们曾无数次试图从各个方面解释原始资料。唯一一个不容否认的事实，那就是居民中或较富或较穷的人曾数度因军事原因而不可避免地未充分体现其代表性；前者如公元前 462 年，当西蒙统帅四千名重武装士兵襄助斯巴达镇压黑劳士在麦西尼亚的暴动之时，而后者则是在公元前 411 年，其时雅典船队泊于萨摩斯。可以相信，似乎是四千重武装步军的缺席才促进了由艾菲亚尔特发起的民主改革的进程；无疑，一千名雇佣军（thetes）的缺席对公元前 411 年寡头暴动起着决定性的作用。

同样毋庸置疑的是，机敏的政治家重视出席公民大会人数的这类波动的意义，并将它们囊括在其谋略之中。雅典政治活动这一不可或缺的方面——日复一日的草案、筹划与部署——从可资利用的资料中几乎无迹可寻，与西塞罗的书信毫无可比之处。公民大会关注的焦点是辩论，这为修昔底德所概括，为阿里斯托芬与柏拉图所夸张讽刺，或在德谟斯提尼与埃斯奇奈斯现存的演讲中被实证化。显然，其重要性超过了今天的国会辩论。同样明显的是，政治领袖们并未愚蠢到把他们的决策与仕途仅仅赌在演说技巧上。

政治是一种残酷的游戏。德谟斯提尼及埃斯奇奈斯的演讲，发表前无论怎样被篡改，其刺耳的口吻比之修昔底德庄重朴实的描述（全部是以其自己的语言“表述”）不失为一种更确切的指南。它们告诉我们政治家是如何面对公众讲话、是如何运用论辩的，但不幸的是，除了公民大会会议、议事会或外交谈判外，关于日常政治活动的暗示并不多见。譬如，关于选举游说的唯一具体明证是在连续发掘一处制陶工作坊过程中偶得的：属于公元前5世纪的一万一千多件陶片上刻有确切的名字。那是些陶制的投票筹码，用于陶片放逐法——一种投票放逐某一政治人物十年的程序，赞同票超过六千时则放逐法生效。在这些遗存中，一些人的名字经常出现在陶片上，底米斯托克利多达三百次，这显然同样是由少数人刻泐而成。换言之，这些陶片中的大部分事先准备已毕，而后再行发放——投票战的一种基本形式。

此类活动缺乏稳定的机制，陶片的发放不过是个次要的例证而已。特别是，仅仅出于资助匮乏的政治党派并不存在。政府机构不可能提供工作，因为既无选举职位也不存在行政官僚体制。在当时的经济制度中，公共契约、垄断、执照或补助金等形式还未出现。政治家于是不得不求助于家庭关系、（小团体）或志同道合的一干人等，用当时的话讲，这些人被称为“与某某一起之人（或某某周围之人）”——一种无论在私下还是在政治场合，无论在寡头政治下还是民主政治下反复出现的说法[1]。这一术语反映出该集团的个性化与易变性，尽管其有着非正式及无常的本质，但依然是行之有效的，而且是必不可少的。

希腊语中hetaireia与synomosia这两个常用词指的即是这样一群人，移译成英语有时是苍白无力的“俱乐部（club）”一词；同希腊文一样，“club”一词至少有突出其社会方面的价值，因为从本质和起源上讲它们并非政治组织（公元前411年起而准备寡头政变的阴谋团伙

1 对此，《奥克西林库斯希腊志》论及忒拜时提供了一个极好的例证，这部史著的作者（无名氏）在第12章中明确指出，政治目的与个人利益在政治等级中是不可分割的。

除外)。通常而言，即非一概如此，它们是由一伙在十八九岁时曾一起初服兵役者组成的聚餐俱乐部，其成员资格限于居民中较富有的那一半，即那些可作为步军以及重武装步军从军的人；社会中的这同一部分人在雅典历史上垄断了政治领导权并或多或少垄断职业政治活动；领导权的改变始于伯罗奔尼撒战争期间，发生在那一受限制的圈子里，即“新政治家”，例如剧作家和哲学家所憎恨和嘲弄的克里昂等人，这些人与世袭贵族地主一样富有，并与他们争夺政治权力，但却从未能彻底取而代之。没有一个人所共知的政治家出自贫民阶层。在社会底层也没有过这一类的“俱乐部”。

难以评价多数民众怎么会把政治主动地拱手交给少数由上流社会亲朋支持的富有公民。但对此不应简单地归之为民众对政治的冷漠。其时与现在一样，政治对大多数人来说是一种工具，而非一种利益或目的。一方面，政治上的流言蜚语及笑谈为人们所津津乐道，政治变成了永久的话题；另一方面，把拟定议案并使之在行政管理机构获得通过，这一劳神的、或多或少全时性的工作托付给了少数人，他们不仅有能力、有空闲，且获得大多数公民的信任。

对该体制的一个有效的检验是，在较长一段时间内其政策有多大程度的连续性。综观公元前5世纪雅典帝国史，还有公元前4世纪雅典第二次联盟及与马其顿腓力王朝的复杂斗争，可以看出雅典在这一方面的成就是显著的。虽曾有过分歧与失败(哪个社会没有)，但这一切与雅典人对远大目标的机智追求相比就无足轻重了。无论现代史学家和道德家赞成这些政策，还是因为古代充满敌意的批评者的引导而反对这些政策——例如对“蛊惑民心的政客(demagogues)”常见的谴责一样——均与我们所关注的问题无关。“至于雅典政治体制，”一个公元前5世纪末鼓吹寡头政治的作者写道，“我不喜欢它。但是，既然他们决意变为民主政体，在我看来他们对该制度维持得很好。”（伪色诺芬，《雅典政制》，3.1.）

政策的连续性不仅仅意味着领导能力；就我们所探究的社会类型而言，这一连续性在政治责任普及不到广大公民中的情况下无法实现。责任，一种难以界定的概念，在此有着若干要义。其中之一显然是“服从法律”，不仅仅服从一般的法律，而且接受统治阶层通过合法程序所作出的所有具体决定，无论他们个人有多少痛苦或厌恶。柏拉图在《克里同篇》中巧妙地论证了这一观点。责任的第二个要素表现在“主动政治阶层”（政治首脑）与其余公民之间的关系上。因此，公民责任可以说就在于选举那些反过来对其行动与政策负责的首脑。

雅典人所反对的“演说家”不是官吏，亦非罗马人所称的“法官”，这就意味着官吏等政界人士在希腊人讨论政策及政治责任时所起的作用无足轻重。西塞罗在其《法律篇》卷3开篇中无疑已意识到这一差别，他强调imperium本质上对公正与秩序的存在而言是必不可少的，无论是家庭还是国家事务。imperium一词的本义为“命令”、“指挥权”，尽管罗马人曾论及过“罗马人民之统治权”（imperium populi romani），但他们所想到的通常是大法官的行政权力，而这也正是西塞罗所鼓吹的：“可以确切地说，法官为能言之法律（lex loquens），而法律则是无言之法官。”因而，服从法官是公正社会的必要条件。服从法律与服从法官（或君主）之间的界限似乎并不清楚，但对古典时代的希腊人与罗马人来说，这两种重要性之间的鸿沟是不可逾越的。对于后来大部分欧洲历史提供了主要政治遗产的，是罗马人，而非希腊人。

政治责任的分崩离析可导致混乱，但在古典希腊，则通常会引发内战。我们业已注意到，雅典的抵抗能力异乎寻常，尽管不是唯一的，因为斯巴达在一段时间里亦异乎寻常，尽管原因不同。为什么会如此呢？更进一步讲，为什么希腊的城邦常常不能通过政治手段来解决其内部纷争？这必定涉及另外一个问题。为什么希腊城邦之间战事频仍？对此难以一言以蔽之。就本文而言，我们可满足于这样的假设：希腊城邦缺少人力、土地及物质资源，这一切可以使国家保障其公民的“美好生活”，而这恰恰是国家公开承认的目标。人们只能依靠自己公民本身或其他国家的供给来克服经常性的匮乏。无须以希腊人不得不摆脱困境为前提来探究公元前 4 世纪无休止的 stasis（冲突）可能的结果，因为来自外部——始于马其顿的腓力以及其子亚历山大——更大的力量给出了答案。

亚历山大卒于公元前 323 年，次年亚里士多德去世。他们身后的希腊化时代的世界是以君主统治为特征的。若干独立的城邦——如罗德斯——作为政治上的共同体继续存在着，及至罗马人的征服才退出历史舞台。但它们不过是些例外，且处于君主持久的压制之下。尽管“城邦”一词还在广泛使用，但事实上，它在狭义上比之古典时代更接近“城市”一词的含义。城市在希腊化时代具有更大的重要性，其数量由于在亚历山大征服的东方领土上的新建而得以扩大：亚历山大城与安条克是最好的例证。在这些城市里，仍可寻觅到政治活动的踪迹：为获得公职的激烈竞争、政治纷争以及党争。然而，在君主治领内的大多数城市，真实的政治成为泡影。外交与军事事务完全掌握在他们手里，而国王若有意，也只是干涉内政而已。例言之，在公元前 4 世纪末，马其顿的安提戈努斯一世曾下令合并特奥斯与莱贝多斯这两座小亚细亚城市，而且还详尽制定了合并条件及法律制度[1]。

毋庸惊异的是，诸多城市的最高行政职位成为与宗教和娱乐相结合的产物，取代了执政官与 strategoi（将军）——古典时代城邦的政治与军事职位。自相矛盾的是，“民主政制”一词获得了一种全新的意义，一种光环：在希腊化时代的希腊人那里它意味着“共和政体”；在罗马皇帝治下的希腊人那里，它甚至可以被用作对专制皇帝的一种颂词：“世间一般的民主政治业已建立，它受制于一人——最优秀之人，他制定并操纵法律，而所有人均聚集前来，有如在普通城市的中心，每个人均获其应得之权益。”（埃里乌斯·阿里斯提德斯:《致罗马》，60）

希腊化时代的君主不同于早期希腊的僭主，他们力求使其地位制度化、合法化，但他们并非“立宪”的君主。在制度上，他们依靠官僚政治——希腊历史上一种新的现象；至于政策的制定，他们依靠“友生”的建议，或孤注一掷地凭借其绝对的权力决策。这是一种前庭政治。“公众意见”无疑可以表达，但再不会像从前那样通过公开的讨论，因为用于公论的广场已不复存在。政治亡矣；作为政治有机体的城邦在亚历山大之后的希腊世界亦未留下任何遗产。

诸如此类的遗产在历史上的以后若干时期亦无踪迹。也就是说，

1 参见 C. B. Welles, *Royal Correspondence in the Hellenistic Period* (New Haven, Conn., 1934), nos.3—4。

漫长而繁复的希腊文化遗产的沿革了然如是：没有制度上的遗产相伴。斯巴达足以为证：几个世纪里赞美斯巴达者不乏其人，最近的要数纳粹德国，除斯巴达人的“勇武”与“性格”外，没有迹象表明斯巴达可以作为楷模或其制度可供效仿。雅典除了较小但有趣的例外也是如此，我们稍后还要论及到这一点。政治本身是一种公共行为方式，可以存在于形形色色完全不同的社会。“遗产”的概念只有着眼于政治发生的环境而非政治本身时才有意义。原则上，部分或全部借用一种管理机构或一种法律制度是可能的，一如在拉丁美洲所广泛发生的那样。不难理解的是，人们从未尝试过任何与希腊制度——雅典的或斯巴达的，民主的或寡头的（尽管它们不受限制地相互借鉴）——相比而去之甚远的其他制度。对此解释的主要部分直接源于这样一个事实，即希腊政治是以小的、面对面的共同体为先决条件；其所有主要的制度均源于这一基础，并且不能移植到更为辽阔的领土单位。在后者中，如果决策是建立在讨论与赞同基础之上的话，那么某种代议制形式便是不可避免的。而代议制又需要希腊城邦诸形式（尽管古老党派的标记有时尚存）保留不同的机制以及公民（无论其定义如何）与“主动阶层”之间不同的关系。

这与罗马共和国显然没有任何联系；当然，罗马共和国原本即是一个城邦，而且在成为领土大国后事实上长期保留着城邦的面貌。罗马共和国作为一个彻底的政治社会则是不争的事实；我们所关心的是其制度方面有无继承希腊遗产，这与是否受到希腊政治哲学影响的问题完全不同。相对年代学提出了一个直接的警示：在公元200年之前（或在古典希腊城邦衰亡后的一个世纪，抑或在罗马政治制度形成后的很长一段时期），罗马人对希腊著作家与理论家毫无兴趣。这一点本身并不排除希腊对早期罗马影响的可能性：人类无须求助于书籍来了解近邻。尽管我们可以不去理会哈里卡尔那苏斯的大学问家“色雷斯的”狄奥尼修斯（奥古斯都时代著作家）把与梭伦有关的明显杜撰视为公元前5世纪的一个元老所为（《罗马的古代》，5.6.5.I），但希腊共同体业已存在于南意大利，而罗马当时不过是伊达拉里亚人治下的一个原始村落。对此我们拥有一份似可研究与借鉴的原始资料。我们应从其制度本身加以判断，此外没有任何别的标准。我们可以发现某些平行的发展，但这些发展只是对这样一些小共同体——它们在相似的生态与技术条件下存在并发展，而且在更为遥远的过去（史前时期）有着相同的渊源——类似问题的独立反应吗？如是，当君主制被推翻时，其他人势必控制共同体，这些人无疑都是拥有权势的人，即那些支配着土地和基本资源的贵族家族的首领们。当我们论及管理机制的结构和政治行为的构架等细节时，差异如此之大，以至于我们不得不得出这样的结论：罗马在这一领域不存在任何重要的希腊遗产。所有这些疑问随着奥古斯都帝国的建立已不复存在。

因此，迄今为止，希腊政治制度的影响范围有限，仅仅存在于中世纪末及文艺复兴时期的公社（尤其在意大利）这样一个较小的范围之内。但是，这些公社诞生在完全不同的政治经济背景之下，带有在各个层面上——或农民的或封建贵族的——都不同于城乡的关系，以至于不可能在制度上有所借鉴，即使它们对古典希腊城邦了解甚多（而事实上并非如此）。另一阻碍因素是对民主政制的长久敌视，而民主政制却与古典时代的雅典有着本质的关联。伍德沃德在其1794年的一封私人信函中说“我属于人们所称的那种令人厌恶的民主派阶层”[1]时，是一种挑战，而非讽刺。只须阅读一下纪利、米特福德或迪沃尔所著的希腊早期政治史即足以说明问题。格罗特对此的响应是功利主义者的哲学：他们所参考的都是例外，而且他们对雅典政治经验所赋予的价值是狭义上的教育。“除了社会制度以及古代道德理想的缺陷外，”斯图尔特·米尔写道：“经常参加听讼与公民大会的习惯提高了中等公民的文化水平，这远远超出了其他人群（古代的或是现代的）堪为楷模的任何东西。”[2]修昔底德在《伯罗奔尼撒战争史》“葬礼演说辞”中的暗示显而易见：人们应在政治理论领域而不应在制度领域来寻找可能的遗产。

---

1 转引自 R. R. Palmer, ‘Notes on the Use of the Word “Democracy”, 1789—1799’ *Political Science Quarterly*, lxviii（1953），203—26。

2 参见 *Considerations on Representation Government* (Every Library edn.), p.216。

第三章　政治理论

R. I. 温顿　彼得·加西恩 撰　张强 译

希腊人创造了政治；他们同样创造了政治理论，而且在他们所创造的这两个基本要素之间存在着一种明显的联系。理想上言之，polis（城邦）是个体间平等的共同体，其公民（politai）是在公开、有组织的辩论中决策。这样辩论的本身很可能引起与辩论起因相关的评论与反思；譬如在"米提林辩论"中（修昔底德:《伯罗奔尼撒战争史》，3. 36—49），克里昂与狄奥多图斯对雅典公民大会的性质所作出的评论。希腊人政治理论可以被看作是这一内在反思倾向的抽象化：希腊人的政治理论核心是对城邦本质的反思，作为一种自觉的智力活动，它截然不同于对特定政治问题的讨论，而且是在更为普遍的层面上进行的。由是，就其阐述问题的层面而言，政治理论是一种二阶活动；但这么说并不意味着从一阶活动发展而来的政治理论缺乏一阶活动服务于时政的要素。

就现存的著述而言，希腊的政治理论就是柏拉图与亚里士多德的理论。但是，就我们所提出的意义上讲，政治理论出现的时间显然更早。即使我们了解所掌握的证据及问题本身的性质，我们也不可能提出任何确切的年代，然而，如果我们对毕达哥拉斯学派政治早期理论中含糊证据弃之不论，对城邦最早的分析尝试应始于公元前 5 世纪。

更早的先驱性论述也曾有过：梭伦的诗篇即是明证。但梭伦主要关心的是个别城邦特殊的危机，而且其政治性诗篇所提供的是特定的政治论争的资料。脱离个别政治论争背景对城邦加以分析，作为一种独特的智力活动形式，首次出现在希波战争与伯罗奔尼撒战争之间的那一时期。正是在这一时期，悲剧达到顶峰；而反思这一时期留存下来的戏剧特点，可以帮助我们了解出现在当时的政治理论特征。这些戏剧本身主要涉及的是政治主题，如公正的性质或作为个体的公民与其他公民之间的关系；但把埃斯库罗斯的《奥瑞斯特斯》三部曲视为政治理论著作则是荒谬的：埃斯库罗斯无意对柏拉图《理想国》中出现的正义概念提供一种有力的分析。悲剧家的作品可以被视为我们所区分过的那两种层面的政治理论的过渡阶段：剧作家本身就是雅典城邦正式制度生活中的组成部分，他们对观众（这些观众的另外一种角色就是组成雅典公民大会）展示的是人寻求了解自身经历的场面。他们的努力引发了最抽象层面上的反思；但是这类抽象反思的焦点始终是特殊问题与特殊情形下的个体。悲剧作家对政治主题的处理方式与公元前 5 世纪中叶前后发展而来的更为有力的分析方法之间的区别，是显而易见的。后者的出现标志着希腊政治理论本身的开端。

智者（Sophists）与苏格拉底是真正最早的城邦政治理论家。他们的经历代表着他们赋予城邦的新型关系：在试图理解抽象意义上的城邦时，无论是智者还是苏格拉底均不像普通公民那样处世。智者一生远离故土的时间居多，他们的行踪遍及整个希腊；苏格拉底虽然始终留居雅典，但他却尽可能少地介入政治生活。这种与其城邦政治的自我疏离也许是他们准确分析城邦的必要条件。

任何评价这些人政治思想的尝试首先要极为注意所使用的资料。智者是多产的著作家，但除了高尔吉亚两篇演说短论外，他们直接留传下来的著作不过是些残篇，大部分只有一句话，有时是一个词。如果要重建他们的思想，就不得不寻找间接的论据，其中最为重要的是柏拉图所提供的，尤其是他的早期对话。不幸的是，这一证据极不可靠。柏拉图把各种各样的观点及论辩归诸个别的智者和作为一个群体的智者，因此我们始终有必要追问，这种做法是否符合史实；因为，除其他的考虑外，柏拉图从根本上是敌视智者的。至于苏格拉底，柏拉图还是我们最重要的资料来源，其次是色诺芬与亚里士多德。苏格拉底述而不作，但却出现在柏拉图的几乎所有对话中，这就使得对苏格拉底记述的真实性问题比之对智者记述的更大。柏拉图的观点使问题进一步复杂化：对智者的敌视与对苏格拉底的仰慕并行不悖。

智者最初是些提供全新正规教育的教师。例如，普罗泰哥拉教授的是政治之术（politike techne），亦即为民之道，其本身即意味着一种对城邦的分析态度；而智者作为教师的活动以及他们对城邦性质试图提出理论上的论述之间的关系似乎是清楚的。如果想吸引愿意付费跟他们学习的学生，他们得提供一些在别处得不到的东西，亦即系统化和理论化了的政务知识与技能。此前，年轻人依靠的是与城邦其他年长成员（通常是至亲或世交）的非正式、非概念化的交流。智者的教育构成了双重的革新：由某一个与其学生不是同一城邦的成员所提供的以理论为基础的正规教育。智者所遇到的敌视，可以解释为是对上述背离传统的一种反应。

智者理论活动的一个基本方面就是他们创建了修辞学——一种在公民大会或法庭上对论辩方法的分析——并确立了修辞学在教育中的核心地位[1]。另外，智者还致力于对城邦所蕴涵的各种概念提供理论解释，至少普罗泰哥拉就曾致力于使人明白城邦总体上是什么。这些尝试在主要观点上暴露出的条理缺乏或不确切不足为怪，阿尔西比亚德与伯里克利之间关于法律概念的对话（色诺芬:《值得纪念的人》，1.2.40）即是一例。同样不足为怪的是，智者的活动招来了责骂：在推理辩论基础上发挥作用的共同体成员很难接受那些在他们概念体系中缺乏逻辑的论证。只有普罗泰哥拉一人似乎完全注意到这一敌对的反应（柏拉图:《普罗泰哥拉篇》，316C–D），另外，此种敌对的反应含有智者与其学生间的经济因素，而且，大概也含有这样一种感觉，即他们的关系令人联想起同性恋的卖淫。色诺份在其《回忆苏格拉底》（1.6.13）中援引苏格拉底的话称：“对我们来说，……关于体美与智能所给予的，什么是高尚的，什么不是，我们的观点并无二致。一个向需要他的人有偿出卖其色相的男人被称为以淫谋利之人……同理，那些向需要他们的人以高价出卖其智能的人被称之

---

1 普罗泰哥拉的“每一问题均有两种截然不同的论证”这一著名的论断也许会出现在一篇修辞学的论述中；但人们无疑也可以把它视为一种政治与司法实践的表达。

为智者；但是，如若有人通过传授其所掌握的启发性知识与他所了解的有天赋的人交友，我们认为他之所为应是一个优秀、高尚公民之所为。”

所有这一切并非暗示着对智者的反应是一种直接的反感或完全的排斥：事实上，他们获得了相当的成功，而这毋庸置疑地说明他们所提供的有其所长，一如苏格拉底在驳斥阿尼多斯对他们的指控时指出的（柏拉图:《美诺篇》，91C–92A）。我们由此可以得出这样的结论，即人们是从两种截然不同的矛盾心理来审视智者的：如若由于他们的教学革新而构成了一种威胁的话，他们的作用便会被认知，也会被利用；如若他们对城邦运行概念的分析反映出普通公民中智识的不足，这也可能（在指出城邦特点的情况下）作为一种刺激性的挑战被接受，而不会作为一种颠覆性的分析被排斥或仅仅被忽视。

智者作为政治理论家，虽然其活动的确切性质，乃至其智能不可推测，但我们却能够确定其所关注的问题。焦点便是城邦——被视为从遍布于希腊世界众多自治城邦中抽象出来的概念。这些城邦在其制度方面表现出诸多的差异，但其基本框架同属一类而有别于其他社会。我们大概可以把智者的政治理论描述为一种尝试，即界定、分析希腊众多城邦的共同点并阐明其中显著差异的尝试。

城邦的差异，最明确的方面之一在于哪些成员享有完全意义上的公民权。民主政治的出现对公民权的性质提出了质疑，即取得公民权所需要的品质、能力以及获取的途径。当 demos（狭义上的“民众”）开始要求全权公民资格时，传统的（精英主义的）意识形态的权能同样成了问题：一度明确了的东西成为讨论的议题。其焦点为，arete[1]——成功地参与处理城邦事务所需的能力（与遗产的传承相反）——是否可以通过教育获得？若是，如何获得？又能达到什么程度？这一问题是为公元前5世纪政治讨论的核心。在柏拉图《普罗泰哥拉篇》“伟大的讲演”（321C–328D）中，这位智者宣称，雅典人允许所有公民参加政治辩论是合理的，因为所有公民具有必要的能力；这即是社会化进程的结果，这一进程始于公民的孩提时代并贯穿其一生。正像所有公民均把为民之道（politike arete）付诸行动一样，所有的人也均有教授它的能力；智者仅仅比普通公民（polites）做得出色而已。由是，普罗泰哥拉不仅为民主政治而且为智者的教育提供了一个基本原理，而且他所发起的争论问题成为柏拉图与亚里士多德政治理论的核心。

虽然希腊城邦在其公民行使完全公民权的比例方面差别很大，但均相信全权公民间相互关系的真正特征是基于nomos，一种规定人人平等参与城邦生活的准规。公民间的这种关系形式，希腊人称之为“法权平等”（isonomia）；其反面便是僭主政治，即某一特殊公民成功地把其意志强加给同胞公民而对这一准则的践踏。希腊人对僭主政治的态度是矛盾的：僭主既是最幸运的人又是最不义的人。在提出为什么公民要遵守nomos、僭主政治在何种意义上不公或不义以及何为nomos的性质这些根本问题的同时，智者竭力对城邦的分析表明了这

---

1 在希腊传统文化中，“arete”一词的内涵清晰可辨。现代西方语文通常移译为“virtue”（德行），但实际上它与“止于至善”密切相关。在荷马时代，它是指一个人处世的真实能力，包括力量、勇敢、机智等；在古典哲学家的笔下则关乎人的知识，这种知识是为人的最大潜能。——译者注

种矛盾的心态似乎是清楚的。当时的意识形态不可能提供融贯的答案。极为重要的一点——对 nomos 具有神性认可的假设——与宗教作为城邦制度中一个组成部分的这一事实相悖，因此它不能作为充分分析城邦理论的思想基础。如果考虑到希腊宗教的这一特征，那么对传统诸神的信仰与作为城邦的一个方面以及城邦一起便成了问题。

在措意于这些问题的同时，某些智者发明了一种后来的政治理论以为依据的概念区分：人类社会中必然的东西与偶然的东西之间的区分。这一对比所采取的形式之一是 nomos（约定）与 phusis（自然）的对比，即人自己可以决定的东西与不可抗拒的东西之间的对比。这两种概念均始于古风时期，但作为一种分析方法，对它的一并应用则最早出现在公元前 5 世纪。但应明确的是，这一特殊的二分法只是用来分析人类社会中必然的与偶然的东西的方法之一：它并不见于普罗泰哥拉关于城邦是社会一种必然模式的论辩中，相反，他的论辩依据是一种有关城邦如何起源的理论。

在智者与苏格拉底之间作出截然的区分是人们的传统习惯。但是，在本文的前后关系中，给人留下的深刻印象却是他们之间的紧密联系。诚然，苏格拉底旗帜鲜明地拒斥教师的角色，所以他也不要求与之对话的人偿付任何报酬。然而，阐述城邦运行所依据的那些概念却是他与智者共同关切的。与智者不同的是，苏格拉底似乎并未对这些概念提出任何实质性的分析；他满足于引起那些在政治活动中无力针对所使用的概念给出融贯解释的普通雅典人的注意。苏格拉底的实质性贡献毋宁是一种有关政治概念应该如何进行分析的理论。他相信，对某一概念的真正理解只有借助于每一阶段都能自我证成的论辩才能实现。

为确保这一点，分析应采取与他人讨论的方式，在此，没有什么可被视为理所当然的，而且要保证双方在论辩过程中的每一阶段均达成一致的意见。苏格拉底对概念解释所提出的这些要求使他发现智者所发展的理论本身不充分：智者缺少基本分析的严格性。由是，苏格拉底对自己及他人提出了较之智者更高的理性要求。但是，普通雅典人视苏格拉底与智者所从事的是同一类的活动也是正确的：他们都是从崭新的角度来考察城邦。

政治理论的出现往往具有一种近乎18世纪“启蒙运动”那类运动的特点。这一比拟在我们看来似乎无益，因为公元前5世纪的希腊没有任何近似于18世纪启蒙思想家所面对的那种系统明确的教义。宗教对希腊人有着极大的重要性，城邦是人与诸神的共同体；但是涉及神明问题时，讨论的方式与其他问题的讨论方式并无二致。这即是为什么智者在这方面同样是“颠覆分子”，并非与业已建立起来的思想体系有关，而在于他们试图阐明社会以为依据的假设并使之系统化。苏格拉底亦如此。

苏格拉底的经历在柏拉图的知识发展中十分重要。柏拉图笔下的苏格拉底是一个好人的楷模，与恶人的典型——僭主——相对立，而且他对柏拉图的重要性在于，柏拉图在其早中期对话中均以他作为主角。苏格拉底的确出现在柏拉图的全部著述中，只有最后一部著作《法律篇》是唯一的例外。苏格拉底专注于对道德及政治概念的分析，这些概念是使人明白他所认为的“幸福生活”是根本的观点。苏格拉底关心的是个体；他尽可能地规避卷入政治，他借助于个体间的对话寻求对他自己及其对话者道德上的升华。柏拉图详尽阐述了苏格拉底针对道德知性在以下两个方面的贡献：首先，他发展了相的理论；其次，他把分析的范围从个体延伸到城邦，最终认为美德需要一个制度框架，此种制度框架即使不能在实践中实现，也应该可以在理论上予以构建。这一理论的发展在阿卡德摩学园的教育中得以实现，该学园是由柏拉图于公元前380年前后所建，至少部分地是为了提供一种严格的知性教育，而不是用来培养政客。

在柏拉图早期与中期的对话中，各种政治性主题趋于陷入一系列复杂的问题；后期对话内容的分类则清晰可辨，如《政治家篇》与《法律篇》显然都是"政治性的"。柏拉图全部著作的特点变化在其政治思想中尤为明显，但是，有个一以贯之的特点一开始就值得注意。除《申辩篇》外（柏拉图对苏格拉底受审时讲演的描述），其余著作的形式均为对话，而柏拉图自己从未介入其中。这是一种值得注意的反常现象：一个以坚持自己政治主张而闻名的思想家在其一生中采用的却是从一不二的写作方式，而此种写作方法却又从未限制他表达政治上的或是其他方面的观点。对这一避免抛头露面的方法可以作出不同的解释；综观柏拉图的政治思想，可视为一种与城邦关系的表述。作为政治共同体，城邦的本质在于将讨论制度化；柏拉图认为，政治上的种种和解，使得城邦业已完全蜕化变质，其政治领袖利用修辞术作为一种追逐名利并予以掩饰的手段，所以他主张改革，由客观的哲学对话来取代政治家的诡辩，他的著述方法便是例证。这两种讨论形式之间的关系构成了柏拉图政治思想中不变的中心议题。

《普罗泰哥拉篇》以及《高尔吉亚篇》这两部绝妙的早期对话，表达了柏拉图对当时的理论与政治实践的批评。在《普罗泰哥拉篇》一书中，普罗泰哥拉被赋予最早的机会来详尽阐明其城邦理论：作为共同体，其成员在 arete 方面至少具有基本的能力，而智者的角色就是极具天赋的教授 arete 的教师；苏格拉底随后的诘问揭示出普罗泰哥拉实际上并不能够说清什么是真正的 arete。《高尔吉亚篇》的篇幅更长，修辞演说与苏格拉底辩证法之间的对比再度成为焦点。苏格拉底接受高尔吉亚在其优美讲演结尾所提出的挑战——可回答任何主题的任何问题——的同时，又把高尔吉亚引入关于其主题（修辞术）性质本身的讨论。高尔吉亚很快发现自己理屈词穷，便彬彬有礼地退出辩论。于是，他的门徒保罗取而代之对修辞术进行辩护，但最后也不得不承认，尽管修辞术可以成为通往权力的一种手段，但通常所谓的最大权力带来最大幸福的观点根本上是错误的——僭主事实上是最悲惨的人。

正在这时，他们的雅典客人卡里克莱斯跳出来，以坚实有力的论据来论证强权即公理的主张。他接着受到苏格拉底的诘问，最后也不得不承认他的观点在智识上站不住脚。卡里克莱斯所代表的是想望政治的雅典人：苏格拉底热爱的是哲学，卡里克莱斯热爱的是雅典民众（demos）[481D]，卡里莱克斯的论点很难说是一个诚实的民主人士的观点。柏拉图的用意——我们可以推测得到——是在暗示雅典政治的真正原动力正是卡里克莱斯所鼓吹的冷酷、自私的野心（应注意的是，苏格拉底褒扬卡里克莱斯乐于公开表明他人拒不接受的观点）。此外，苏格拉底论证称，卡里克莱斯“政治家为民之主”的观点与事实相悖：就当时情形而言，政治家惟服务于民众、从其所变才能获得成功。一个真正的领袖人物不在于迎合民众的要求，而在于使民众尽可能地向善；苏格拉底是雅典名副其实的政治家，而卡里克莱斯却嘲笑他“在角落里与三四个少儿耳语”（485D），渴望成为哲学家。

《高尔吉亚篇》得出的结论是，只有表面上无用的哲学家才具备从事政治活动的条件；柏拉图以此作为其第一部具有创造性政治理论的鸿篇巨作《理想国》的核心观点。在这部对话中，柏拉图将其以前著作中所探讨的论题集中在一个大的范围之内，计有政治、伦理、美学、教育、心理学及认识论。《理想国》的肯綮在卷 5 之篇末（约该书的中间部分）："除非哲学家成为我们城邦的王或我们称之为王为首领的那些人开始认真而充分地研究哲学，且政治权力与哲学理解两者相结合，就不会出现无尽的烦恼……对我们的城邦，抑或，窃以为，对人类。”苏格拉底提出的这一观点是为了回应卷 2 至卷 5 中所论及的如何实现理想城邦的问题。关于何谓理想城邦以往曾有过论述，苏格拉底的观点是，对此应有一种可以证明其主张的方法，即 dikaiosune——通常译为“公正”但并不达意——一种自身（per se）的善；他还认为，假如我们就个体而且是在城邦范围内考察 dikaiosune, 其本质便更容易辨别，因为它在城邦表现得更为明显。于是，苏格拉底创立了一个由三个主要成分组成的理想城邦：统治者、兵士及农夫。既然城邦在定义上（ex hypothesi）就是善的，它就应具备四种公认的美德：智能、果敢、节制（又一个对“sophrosum”不达意的移译）及 dikaiosune。前三种被认为本属于统治者、兵士与农夫，dikaiosune 则尚需进一步解释。这一反思使苏格拉底联想到 dikaiosune 在于人之所为为其本性可为之事：理想城邦倘若使每一阶层的人都履行自己的职责，便可表现出 dikaiosune。

对 dikaiosune 的这种分析适用于个体吗？苏格拉底的回答是肯定

的：个体的灵魂（psyche）包括三种类似于城邦的成分——理性、情绪及欲望；dikaiosune 另方面在于每一成分各司其职。由于理性的职责明显是统治，这一定义意味着只有理性支配其他两个成分时，dikaiosune 才会存在于灵魂之中；同样，在城邦里，只有拥有智能的阶级统治其他阶级时，dikaiosune 才会存在。但难点是，统治与被统治者之间的关系应为和谐与友爱；与所有现存的城邦相反，这些城邦中事实上至少有两类相互敌对的公民，一类富有，另一类穷困，理想城邦的特点表现在两个低等阶级的自愿服从与统治者的无私行使职权，后者关心的不是其本阶级的利益，而是所有城邦的利益。这一信诺由于剪除了两种可导致滥用权力的主要影响而得以加强：统治者无权拥有私产，亦无权拥有属于自己的僚属。

城邦与灵魂之间的类似是柏拉图这篇对话的中心议题。它所涉及的难点在此不能予以讨论；它们主要源于这样一个事实：灵魂作为这一模拟的一个要素，其本身对于作为另一要素的城邦来说是必不可少的。由此引起的问题就第三等级来说大概最为尖锐；这些问题未能强烈影响到柏拉图的原因，是他的兴趣明显集中在两个较高的等级上，特别是最高等级，即现在被视为哲学王的那一等级。柏拉图对这一等级的讨论集中在有关其教育的问题上。《理想篇》对狭义上的政治制度未置一词；柏拉图偶尔论及法律，他认为统治者会感到采用法律的必要，但是他显然不关心体制结构的详尽阐述。这是可以理解的，因为在理想的城邦里，一般意义上的政治不复存在：构成政治的成分之间不会产生利益或观点的冲突。修辞与哲学间的冲突通过社会的建立迎刃而解，这个社会的基础是哲学，修辞没有地位。

如同我们所注意到的，柏拉图后期对话的特点表现在主题的更为专门化;《政治家篇》与《法律篇》是两部致力于政治问题的专著。《政治家篇》总的来说是柏拉图最为枯涩乏味的著作之一，尽管在分析当时的政治实践方面不乏惊人的讽刺。柏拉图通过利用不断重复出现在其政治论著中的一种模拟，描绘了这样一个城邦：其公民拒绝承认那些具有专业知识人的权威，并强调使后者服从法律不过是普遍无知的表现而已。这就是真正政治家在当时城邦的命运；柏拉图并未明确哪一个城市，但无疑指的是雅典。这一批评出现在该篇对话有关理想的统治者可以废除成文法的章节中，而且，在对柏拉图政治思想的研究中,《政治家篇》所表现出的重要性是其明确指出了柏拉图依旧信奉绝对哲学王的理想。

据说，柏拉图在《理想国》的开篇颇费了一番心思。《法律篇》却没有任何此类逸闻，但这部鸿篇巨作（最长的一部）开篇的第一个字为“神”（theos）定然不是巧合。三位老者，一个克里特人、一个斯巴达人、一个雅典人从克诺索斯步行到迪克特山上的宙斯神殿，一边继续着他们断断续续的话题。在卷3篇末那个克里特人似乎成为负责为一个即将建立的城市制定法律委员会的成员。他建议他的旅伴与他一起——就像继续旅途的团体一样——建立一个法律机构。这部著作的其余部分是描述这一计划的实施。

雅典人控制着讨论的走向，有时甚至连他人对话的请求也全然不顾。雅典人对土地分配（被永久分为5 040份）、公民权、家庭、教育、政治与司法制度、尤其对新城市的法典作了特别的详述。《法律篇》与《政治家篇》的对比显而易见。柏拉图在《理想国》中忽视了制度上的细节，但在《法律篇》中则对此阐幽发微（尽管作者对公民是否有权利参加公民大会这一关键问题的态度不够鲜明）。最重要的是，柏拉图至此放弃了哲学王统治的理想。他认识到不可赋予任何人以绝对的权力；体现在城邦制度与法典中的法律取代了哲学而成为社会的基础；修辞学作为法典的根本要素而得以重述：每一部法律开篇的序言，其目的在于说服（persuade）公民遵守法律。法律例示理性是《法律篇》的中心议题；法律是统治万物的神授理性的人类化身。传统希腊宗教对这样一个主题未能从知性上提出令人满意的证明；柏拉图在卷 10 中所提出的明证即驳斥了人类法律不过是人类发明的论据："神，而非他们所称的人，是万物的尺度"（716C）。

《法律篇》乍一看（prima facie）便知是部悲观之极的著作；不仅仅因为柏拉图放弃了哲学王这一不切实际的理想，而且由于字里行间充满着对人生的这一总的看法：人不过是神的玩物；人的忧虑并无任何意义，尽管我们不得不接受它们（803B）。然而，倘若把柏拉图在《法律篇》中的观点视为对这个世界的蔑视，将会是一种谬见。柏拉图承认其早期政治理想认识的不足，但其结果不是放弃，而是远大的使命——构想另外一种更好的生存方式。哲学不再是至高无上的；但人的理性及人在政治事务中的能力依然是必要的：立法者的任务在于规定，"对处于人类灵魂堕落的整个城邦来说什么是善的、有利的，与之相对的是致命的欲望，而且除自身而外，无人相助，惟有遵循理智。"（835C）。

亚里士多德的政治哲学与其道德哲学及自然哲学密切相关，并深受影响。但是，在著述《政治学》时，亚里士多德常常以详尽而专门的方法研究政治题目，这一事实本身即已表明了他的观点，即政治哲学本身值得彻底地研究。《政治学》是亚里士多德唯一一部系统的政治哲学论著。然而，为了准备这部著作，他研究了不少于158个特殊的政制形式。这大概不会令我们低估亚里士多德对政治及政治哲学所赋予的重要性。亚里士多德关注的核心是“理论科学”，但应注意到，他把政治称之为“建筑般的艺术”（architectonike techne），这一艺术是“实践科学”的一部分，支配、辖制着包括伦理学在内的所有其他科学。

比较亚里士多德的《政治学》与柏拉图较为政治性的著述（特别是《理想国》）势必要左右接下来的讨论。在《政治学》及其伦理学著述中，亚里士多德常常会批评柏拉图的论辩，这反映出两位哲学家之间在学说与方法论上的重大区别。然而，在学园研习了二十年之久的亚里士多德却既是柏拉图的批评者又是其继承人。例言之，亚里士多德在其著作中明确而广泛地强调目的论：《尼各马可伦理学》与《政治学》这两部著作均以对目的学说的阐述开篇。而目的论的假定也是柏拉图学说的基础。这两位哲学家把人的目的分别描述为对人来说的善、活得好以及幸福（eudaimonia）[1]。eudaimonia是亚里士多德更喜欢的字眼，在《尼各马可伦理学》中，他就什么才是幸福的（eudaimon）提出了第一次的系统分析。这一概念亦是柏拉图的中心论题——在《国家篇》中eudaimonia被描绘成理想国必不可少的成分——而亚里士多德的讨论并把eudaimonia界定为与美德相符的灵魂活动，其中并无任何冒犯柏拉图或令他惊奇的东西。

1 Eudaimonia不同于“幸福”，它包含“感觉好”与“做得好”两层意思。

人对善或幸福的追求需以城邦为背景。个体与城邦有着相似的目的，这在《尼各马可伦理学》中得以阐述，并为《政治学》所重申。在《政治学》卷1中，该问题在讨论城邦发展的背景下得以详尽阐述，从中得出的结论是：人天生为政治动物（zoon politikon）——天生适合并需要生活在城邦里。这一著名论断出自亚里士多德，但其内容却是古典时代所有希腊人的共同财富；这是希腊社会优越性的必然结果，因为它拥有城邦。对此，柏拉图完全赞同，因为对他来说，好人与好公民是一回事。

根据亚里士多德对城邦目的论的阐述，城邦生活的目标比之任何个体的生活要完满得多。这一点《尼各马可伦理学》在界定政治以 architectonike techne 为特点时已暗示过；对此的解释是："即使共同体的善与个体的善相吻合，但无论就获得与保持而言，共同体的善显然是更重要、更完美。这并不否认个体的善是一种有价值的善；然而对一个民族或一个国家来说，善的东西却有着更高、更神圣的地位"（1094b6ff.）。在《政治学》中，亚里士多德通过进化论的方法——旨在证实城邦是人类成功的顶点——进一步发展了这一论断。城邦源于村落，村落源于家庭，家庭则植根于男人与女人及奴隶的关系之中。这一进化过程的终极目标是城邦，与其他社会形式不同，城邦是自给自足的社会。因此，城邦是自然社会中的最高形式。由此，借助于整体与部分的学说可以得出个体从属于国家的结论。这一以生物学为模式的学说经常出现在《政治学》里，并与人体联系在一起，以下便是一例：

此外，邦或国高于家庭或我们中的任何个体。因为整体大于部分。把手或脚与人体分开，它们便不再是手或脚，只剩下名称……。无论脚还是手，经如此一动，脚与手的能力或功能便不复存在……。那么，国家天然地胜过个体便清楚了。因为，如同个体在被肢解后完全不能自给自足，一如整体之于部分的关系。(1253a19.)。

城邦的机体性概念、国家高于个体的学说均见于柏拉图的《理想国》。这一带有极权主义的学说可能会冒犯现代人的思想，但它却能被希腊人作为完全适于本性的学说而接受。古典时代希腊国家的权威原则上是无限的，甚至会延伸到道德领域。而且，民主派与寡头一样也承认这一点。此外，这一学说与有关国家之特性和目的明确的观念相关，常常不变地出现在希腊的政治理论中。

这些概念在讨论理想国的背景下得以详述：国家特性的确定以及国家所依据的基本原则。《政治学》的卷 7 与卷 8 全部用于讨论这一主题，前面的卷次对此也有过某些简短、准备性的讨论。对于理想城邦的基本原则，柏拉图与亚里士多德有着一种根本的一致性。本文所论：亚里士多德视这些原则彼此之间相对独立，柏拉图则倾向于将它们统一起来，都无关紧要。首先，在好的城邦里，公民富足，生活美满，这对亚里士多德来说是城邦的现实目的。其次，好的城邦是“正义的”城邦。dikaiosune 是两个哲学家的主要思想，即使他们的分析相左。最后，在运行正常的城邦里，政治布局合理有利，同时为公共利益和个体或团体的利益服务。

柏拉图与亚里士多德讨论 dikaiosune 的途径并不相同（稍后将做

简论），这与他们关于目的相同假设及利益（sumpheron）在其理论中的相似作用形成了鲜明对照——后者构成了制度稳定性的条件之一，构成了他们对不稳定性原因的成见（整个希腊政治思想所有传统的特性），也构成了他们所关注的稳定性——在他们看来应由谁来掌握权柄——的后果。在《理想国》中，哲学家是唯一能够以共同体所有阶层的利益来统治、从而也能够维持一个稳定国家的统治者。及至柏拉图在著述《法律篇》时，他已经认识到所需要的这些品质在普通人那里是找不到的——“现在我们论及的是人，而非神（732F）”——而且他转而依赖于一小群人，从5 040公民名录中选出的法律监护人。亚里士多德在卷3篇末称，至善的国家将由拥有至高美德的一个人或这样的个人组成团体来统治。有人曾认为，当亚里士多德谈到一个有资格“以绝对而非轮流方式（1288a28）”统治的人时，他所想到是他以前的门生亚历山大大帝。这未必确实，不仅仅是因为亚里士多德对马其顿的君主政体（可以认为他对此蔑视）几乎未曾论及，而且是因为他似乎认为“超人”只是一种理论上的可能性。亚里士多德并不欢迎超人。在卷1中，亚里士多德把超人归于不适合城邦（apolis）的一类，而在卷3中对超人的认同他表现出近乎同样的审慎。我们猜想，亚里士多德在内心深处仍是宪政与法治的信奉者。无论如何，他给予政治形态以更大空间，其最好的政体，是由财产适度但美德超群的人组成的“中间阶级”统治，这些人既不会厚爱过穷的人，也不会偏袒过富的人。

亚里士多德玩弄超人观念，是因为他允许先验的甚至演绎的论证方法与一种更趋归纳性的或常识性的方法并存。人们常常比较亚里士多德与柏拉图，因为前者信赖严格经验论的科学方法，而且放弃了一种由永恒、绝对的理念所组成的并只能通过理智去把握的实在观点。但是，亚里士多德在知识论上或政治和社会理论方面决非怀疑论者或相对论者。他认为他在自然（或本性）中找到了政治理论的客观基础。然而，亚里士多德对自然（或本性）以及符合自然（或本性）的东西的观察并不是单纯描写性的：这些观察同柏拉图任何更为明显的形而上学的观点一样，充满着先验的假设。这是因为它们通常是关于目的的命题。把“自然的（或本性的）”的定义作为“最终的”阶段而非“最初的”阶段是决定性的。亚里士多德在谈到城邦时这样说道：

> 此类联系是其他事物的目的，而其本性本身即为一种目的；因为，无论任何一种事物的完善过程的最终结果如何，我们均能道出其本性，譬如人、马、家庭或任何以存在为目的的本性。另外，目标与目的只能是最好的，即至善；而自给自足既是目的又是至善（1252b31ff.）。

对本性（或自然）的这样一种界定，可用来证明亚里士多德本人对社会、经济以及政治生活的保守观点。譬如在卷1论家庭一节中，我们不期地看到这样的讨论：宣称妇女的卑微、证明奴隶的被征服地位以及反对获取超出自给自足所需的财产——所有这些均基于对本性（或自然）的要求。同样，在卷1中，城邦高于其他组织及个体的地位得以确立，在卷3中，在不平等的人中如何实现dikaiosune的问题，借助于以本性（或自然）为基础的论证也得以解决：例如，财产及荣誉的分配应与美德联系在一起。这与增进善的生活而存在的国家目的是一致的。

在《政治学》中频繁出现、由本性（或自然）所规定的另外一种规则是“毋过”——中庸学说。亚里士多德引入该学说，是为支持“分配”dikaiosune（其结果不总是美满的）的观点并为其偏爱折中路线的政策辩护。

亚里士多德似乎过于坚持一种建立在先验推理基础上的由一种理论支持的政治分析，以至于人们会对更为经验主义的论证方法留下多大的空间提出疑问。亚里士多德对柏拉图未把其学说与人的经验联系起来进行了严厉的批评。亚里士多德称（卷2），倘若理想城邦如此之优越，那它早该被发现。所有好的东西均被发现，即使它们尚未被系统地证实。另外，柏拉图的城邦是完全不能实现的——至此，亚里士多德提出了许多关乎实践本性的思考。同样，他还应用实用主义的论辩来反对柏拉图的保障其城邦稳定的办法：财产共有、家庭的废除以及不同社会阶层间子女的重新分配。

亚里士多德在其关于政治制度的研究中，一开始便格外注意希腊政治实际与具体的现实性：“但是，有必要对每一政治体制是什么稍加解释”（1279b11–12）。即使是一般地被视为否认立宪政府的僭主政治也成为被分析的对象，而且是一种异常客观的分析。他以一种多少有点类似的精神强调，寡头政治与民主政治的二分法应简化为阶级的不同（1279b34ff）[1]。有关寡头政治与民主政治的讨论，为亚里士多德本

---

1 该论证似乎表明，统治者的人数——无论寡头制的少数还是民主制的多数——纯属偶然，因为无论哪里都是富者寡而贫者众。由是……民主制与寡头制的真正区别在于贫与富。无论哪里，人因其财富而统治，无论哪里，无论人寡还是众，即为寡头政治，而贫者统治之地，则为民主制。

人所喜好的对群及子群的分类提供了生动的例证，此种喜好源自其科学知识以及对科学的兴趣。亚里士多德不会接受简单的二分法：相反，他认为主要有五种民主政治与四种寡头政治。这是继政治多元性的一般观察之后得出的结论。每一个城邦都有许多“部分”，亦即各种各样的阶级或团体，并且由于城邦的不同，这些部分“部分”也各异。“由此可见，根据等级以及‘部分’间的区别，有多少政体形式就有多少安排形式”（1290a12–13）。

亚里士多德是古代世界所造就的最接近政治学的人，在此，政治学指是的对政府功能描述性的解释[1]。然而，亚里士多德还是喜欢“政治哲学家”的称号：“但是，有必要对每一政体是什么稍加解释；因为该问题有若干难点，而且是那些以哲学角度而非仅仅以实际观点角度从事任一论题研究的人的特点，所以他们不会忽略或遗漏任何细节，而是要对每一细节阐明真相（1279b11–16）。”亚里士多德在此提供了决疑法的初步定义，这一定义在于提出困惑（aporiai），即与政治理论主要概念相关的困惑。《论理学》卷 7 对这一方法进行了明确的阐述。第一步在于确定假象或似是假象的东西（ta phainomena）；第二步是提出困惑；第三步是通过确证全部已有的意见（ta endoxa）——或至少它们中的大部分，或它们中最具权威性的——尽可能地解决困惑。“因为倘若我们驳斥异议并避免搞乱业已普遍流行的观点，我们将会足以证明事实”（1145b–17）。这一方法还被直接用于削弱苏格拉底（与

1　亚里士多德及其学派在这方面对 158 个政体的研究应予以关注。这一浩瀚的、不同寻常的研究计划硕果仅存的论著只有一部《雅典政制》。

柏拉图）基于智识上的无知而非道德上的缺陷而对人的行为之恶的解释。亚里士多德宣称，这是与“似为事实的东西”（1145b28）明显矛盾的（1145b28）。

在《政治学》中，亚里士多德在论述 dikaiosune 时使用的也是同一方法。他没有公开批评柏拉图，但无疑抛弃了柏拉图对 dikaiosune 基本的重新定义——关于城邦及灵魂各组成因素之间的适当协调——因为它与日常用语及人们的见解没有牢固的关联。相反，亚里士多德的出发点是被普遍认可的、代表着平等与公平的正义观念（1280b12）。关键问题是如何鉴别平等。亚里士多德关注的是主要矛盾的论题，即使他并未对它们一味地赞同。对全体自由公民人人平等的民主主义信念很快被放弃了，因为这与亚里士多德在道德领域人是不平等的坚定信念相冲突。亚里士多德接受了寡头政治的论辩——贡献愈大者获益份额也愈大。然而，当考虑到这种贡献的类别时，亚里士多德放弃了经济、出身及生而自由（寡头、贵族以及民主派分别主张的基础）的标准，目的是有利于高尚的行为。亚里士多德的“政治形态”[1]比上述选项更为公正（dikaois），因为那些置身其间并从财富与荣誉的分配中受益的是具有最高美德的人，他们的生活与国家的正确目标一致。

尽管亚里士多德在此援引了目的论原则与中庸学说以支持其对政体的选择和对 dikaiosune 的定义，但这并非是亚里士多德运用不妥协

1 亚里士多德的“政治形态”被视为君主政治、贵族政治及政治形态这三种“正确的”政体，其中僭主政治、寡头政治及民主政治是堕落的形式。亚里士多德随后讨论了“政治形态”的本质及其运行方式。参见 1293b32–94a25（民主政治与寡头政治的混合体），1295a25–96a22（“中间阶级”的统治）。

方法的情形之一。无论是品质卓越的个体还是一群有德性的人万一不可得，他还有一种甚至两种备用的解决方法。政体准确的形式应反映出美德、财富、高贵的出身及生而自由（均为城邦必不可少的属性）在共同体成员中间分配的方式。没有一种政体是无懈可击的。另外，假如统治权威以公共利益为目标进行管理，那么几种政体中的任何一种均有 dikaiosune 的特征。因此，在某种意义上可以说，决疑法止于某种并不十分完善的解决办法——如果不算是严格的苏格拉底意义上的困惑（aporia）的话。

值得强调的是亚里士多德在政治理论的主题与功能的方法及假设问题上的多元主义。譬如，他关心理想国，同时也致力于分析政体的真正类型并且提出实际的政治建议；他自己关于自然（或本性）的理论遍见于他的著述，但他一般还是参照公认的意见；他对极具理论性的解释框架有一种偏好，但他仍倚重于常识；他对涉及城邦的若干评价与假设的态度清楚而直截了当，但却随时准备放弃问题的解决；最后，为了强调他本人可能未认识到的区分，他使用了道德标准，如 dikaiosune、美德及好的生活，同时也承认利益（sumpheron）的绝对实用主义标准。这类对比有助于确定《政治学》的独特性。

早期希腊化时代[1]是哲学活动的活跃时期，尤其在雅典，它作为来自所有希腊语地区的哲学家的集会与研究中心的地位未变。但是，对于政治哲学来说，这却是一个不足为道的时期。证据的不全严重限制

---

1 此处所及的年代系指从公元前 323 年亚历山大大帝之死到公元前 2 世纪中叶这一时期。此后，罗马对希腊哲学家活动的影响越来越大，这便使得他们不可避免地失去了独立性与生命力。

了我们对这一时期的了解；但似乎准确的是，从亚里士多德到西塞罗（惟斯多葛派的克里西布斯独享 750 本书的著作权），这段时间出现的数以千计的哲学论著无一算得上是对城邦性质及其相关概念的实质性探讨。芝诺的《理想国》与克里西布斯的同名著作，倘若从题目判断似乎是严肃而系统的政治论文，但却无关宏旨（参见下文）。亚里士多德的《政治学》后学无人。当时，《政治学》业已从人们的视线与思想中消失，13 世纪在意大利与法国重新被发现前，它在政治辩论中并未发挥出实质性的作用。

相反，道德哲学盛行。但犬儒学派、怀疑论者、伊壁鸠鲁学派以及斯多葛学派——当时最为独特的哲学运动——彻底背离了古典传统，因为他们并未以城邦为中心。早在柏拉图与亚里士多德在世时，犬儒学派的西诺贝人第欧根尼——“一个苏格拉底狂”（柏拉图语）[1]——就曾鼓吹城邦与所有的政治体制均不相关，他认为智者的美德足以治天下。犬儒哲学对早期斯多葛派哲学影响极大。就我们而言，从公元前 3 世纪中叶起在学园便占有一席之地的怀疑论的主要的影响在于，其不懈的否定性批评迫使斯多葛派学者修正并发展了他们的学说。

早期或“古典的”斯多葛派哲学晦涩之极。这在很大程度上归因于刚刚提到的几个因素——证据的匮乏以及斯多葛派政治理论学说上明显的多变性。有理由把年轻一代反传统时期的成因归之于芝诺与克里西布斯。这是既成的事实，至少芝诺是这样：在投到帕勒莫所掌管的声名显赫的学园之前，芝诺曾在犬儒学派克拉太斯的门下学习（他

1 参见 M. I. Finley, *Aspects of Antiquity*, ed. H. von Arnim (4 vols., reprint Stuttgart, 1964)。

也曾师从于他人）。芝诺的《政治学》显然是其早期著述。他的理想国是犬儒哲学的天堂。那是一个城邦，但却失去了一个城邦所有的特征。社会、经济以及政治制度荡然无存，以性别、出生、种族起源以及财产为基础的区别一概不被承认。在那里，人们与自然（或本性）和谐并存，犬儒学派的这一准则是对传统观点的极端蔑视，而这大概会取悦于第欧根尼。在克里西布斯的同类相食的国度里，与娼妓同居或以淫媒为生、弃尸不殓均习以为常（SV, iii.745, 751, 755）。[1] 无疑，这些著述含有若干实证学说的痕迹：智者的自信、友谊的价值、共同体内的和谐与平等，但却没有人类兄弟般的关系，因为该理想国仅仅是由智者组成的。至于实质性的政治理论，在此显然无迹可寻。

芝诺关于城邦成熟的见解或许是城邦为人类生存提供了一个合适的环境。克里西布斯明显接受了亚里士多德的信条，即人天生适于城邦生活（SV, iii.314）。但他们无一视城邦为人类成功的顶峰或是人类潜能的实现。因为斯多葛学派的最终目标是个体灵魂与宇宙的和谐："幸福之人的美德以及一帆风顺的生活所包含的是，所有行为均以其自身精神和宇宙主宰者的意志之间的和谐原则为基础。"（拉尔修的第欧根尼:《名哲言行录》, 7.88）城邦生活正如财富、好的身体以及其他"所爱之物"一样，有着"某种"等级（无论是好还是坏），但对德行的发展并无任何意义。斯多葛学派对于参与政治有着类似的评价，这种评价局限于参与政治的积极一面。斯多葛派思想在同一种精神下继而告诫，对

1 SV, *Stoicorum Veterum Fragmentua* 的拉丁文之缩写，意为《斯多葛往事残篇》，由 H. von Arnim 编辑整理，4 卷本，1964 年重印于斯图加特。

同胞公民要表现出本能的oikeiosis（该词难于移译，大致指“忧虑于”，“易受制于”），但只是继关心自己家庭、其他的亲戚特别是在自己之后。

就我们所知，斯多葛学派没有任何一种概念含有明显的政治内容。Oikeiosis一词可以说具有政治性的蕴涵，但也只是暗含在古典斯多葛学派的思想中。后期斯多葛学派的oikeiosis实际上是从dikaiosune引伸而来的。没有迹象表明，古典斯多葛学派把dikaiosune视为除个体美德的一个方面以外的任何其他东西（cf. SV, iii.264）。其组成部分——怜悯、仁善、同情以及忠诚左右着人际关系（怜悯除外）——却未在政治背景下被特别或从根本上界定。诸如“自然正义”与“自然法”那样的概念隐含在克里西布斯的一些残篇中：一方面，人们强调“公正”（dikaion一词在此大概难与dikaiosune区分）、法律以及正当的理性是因自然（或本性）而非惯例存在（SV, iii.308）；另一方面，所有业已存在的法律及政体因“未及目标”而被拒斥（SV, iii.324）。对所有人有效的“普遍公义”与“万民法”的概念直至罗马时代才得到重视。普及这些概念的是西塞罗，他从逍遥学派“中期”哲学家、特别是帕拿埃提乌斯那里得到了启示。同样，katheton（应译作“适于什么”而非现代意义上的“义务”）的纯道德概念也直到罗马贵族接受它时才获得明确的政治色彩，同样又是帕拿埃提乌斯的作用。katheton（译成拉丁语为offcium）与constantia（稳定性）合而观之，意味着应当始终如一地遵循人在生活中被注定的地位及所需的品行，这些影响可在罗马政治生活中的著名人物（如小加图、特拉塞阿·帕埃图斯、赫尔维迪乌斯·普里斯库斯以及马尔库斯·奥列里乌斯）的经历中辨认出来[1]。

伊壁鸠鲁哲学主要受到爱奥尼亚自然哲学的影响，他曾师从于德谟克利特的门徒拿乌西帕奈斯及拿乌西帕奈斯的私交、怀疑学派的皮浪。伊壁鸠鲁从前者那里学到的是，人为原子在虚空间运动偶然结合的产物；从后者学到的是出世的可欲性和对 ataraxia（灵魂的安宁或摆脱纷扰）的追求。[2] 结果是产生了一种与柏拉图、亚里士多德以及斯多葛学者的基本预设截然对立的学说体系。

关于城邦，伊壁鸠鲁采取的是一种敌视的立场。与斯多葛派学者相反，他拒斥亚里士多德的人天生适于城邦生活的论断（fr.523 U）。对伊壁鸠鲁而言，国家存在的理由仅仅是可以使哲学家达至灵魂的安宁。同样，成文法的作用是保护智者免受伤害而非阻止智者伤害于人（fr.530 U）。

伊壁鸠鲁对 dikaiosune 的思考明显类似于智者们对正义起源问题的观点，在《理想国》卷 2 中格拉乌孔利用这一论据来反驳苏格拉底：

> 他们所言，即是我们出于自然本能制造痛苦或伤害，并避免忍受痛苦或伤害，但是忍受弊端超出了制造痛苦与伤害的益处；经对这两种的体验，人们于是决定……最好是彼此相互理解并避免制造或忍受痛苦与伤害。他们于是通过相互的协议着手制定法律，

1 参见 P. A. Brunt, "Stoicism and the Principate", *Papers of the British School at Rome*, xliii (1975), 7—35。

2 D. L. Sedley argues for the positive influence of Pyrrho; *Etudes sur l'épicurisme antique*, ed. J. Bollack and A. Laks (*Cahier de philologie*, i, 1976).

并制定法律所规定的、他们称之为“合法的”及“正义的”东西。这即是 dikaiosune 的起源与本质（《理想国》，358e3–359a5）。

伊壁鸠鲁对此种社会契约理论的看法可以概括为如下的准则：“从来就没有什么绝对的 dikaiosune，但无论何地何时，人与人之间达成的总体一致有助于保护他们免受不公的伤害。”（拉尔修的第欧根尼，《名哲言行录》，10.150，no.33）这一理论在以下的准则中受到一种与众不同的伊壁鸠鲁式的曲解，根据这一理论，尽管 adikia（不正义）本身并不坏（正如 dikaiosune 本身就是好的），但其结果却是坏的，因为它畏于曝光在法律与秩序的威慑之下。这即是对智者安提丰所说的无人证即无需 dikaios（正义的）的反驳（fr. 44 Diels-Kranz）。

然而，把对 dikaiosune 的正确定义归因于伊壁鸠鲁（或安提丰）想必是种错误。大体上，把伊壁鸠鲁哲学看作是重申了公元前 5 世纪哲学理论的价值以及对柏拉图与亚里士多德学说的巨大影响是合理的，但这也并不意味着伊壁鸠鲁学派提出过任何可以称得上系统的政治理论方面的东西。

希腊化时代政治理论的贫乏是一个不可避免的事实。任何一种解释都必须从政治背景入手。放弃以自我为中心的哲学——强调独立于外部环境的个体幸福以及美德的完美——从根本上是对幅员大国的建立及自由城邦终结的反应。对这些变化一种极为不同但同样可预见的反应是有关王权论述的激增，这些逢迎之作，全无严谨的分析，因此也全无半点亚里士多德精神。最易理解的王权理论源自新毕达哥拉斯学说的门徒，倘若我们承认蒂奥多哥奈斯、埃克梵图斯及斯特尼达斯（均为罗马帝国时代著作家且有大量断篇传世）著述的主要内容源于希腊化时代的早期著述，那么这一理论同样也是最为过分的，因为它通过宇宙与政治社会之间的模拟而得出王即法的学说（nomos empsuchos, 或 lex animata）。早期斯多葛学派至少有三个人——克勒安泰斯、波尔萨埃乌斯及斯法埃鲁斯——写过王权方面的论述，但无一传世。这些著作的论调未必是消极的。波尔萨埃乌斯与斯法埃鲁斯做过国王的谋士——斯法埃鲁斯的师长克勒安泰斯及弟子克里西布斯谢绝了埃及国王的邀请，他便取而代之。但克里西布斯曾建议，智者应成为君王或为王者谋（SV, iii.691），而在别处他又认为君王的统治是无责任的（拉尔修的第欧根尼:《名哲言行录》，7.122），显然抛弃了亚里士多德在绝对君王与立宪政体君王之间所作出的区别。伊壁鸠鲁也曾写过一篇有关王权方面的论述（对此我们几乎一无所知），采取的大概是较为批评性的态度。无论如何，据说他曾建议规避与君王“紧密结合”（fr.6U）。另外，他也可能鼓吹若有机会可向君王献殷勤（fr.577U）。据莫米里亚诺称，伊壁鸠鲁本人“在希腊化时代的君王中间如鱼得水”[1]。

古典时代政治理论的衰落同样也是可以预见的。对于城邦的分析大概在一定程度上是针对柏拉图演绎性的道德体系与亚里士多德目的论反应的一种巧合；对这两位哲学家而言，植根于城邦的美德乃是公理。一种较为实用主义的观点是，柏拉图与亚里士多德大部分核心学说具有非现实主义和不符合时代的特点。柏拉图从未想过要使其理想的城邦与现实相吻合，亚里士多德的城邦理想似乎勉强可行，但也远

1 A. Momigliano, in a review in *Journal of Roman Studies*, xxxi (1941), 156.

离当时的世界。值得注意的是，用希腊文化时代的术语来阐明古典时代政治理论的尝试尚付阙如。亚里士多德的门徒及继承者除阐述其导师的理论外，并无更远大的抱负。

没有任何迹象表明马其顿君王有意识地加速了古典政治理论的衰亡。古典政治理论所提出的问题——核心是 dikaiosune 处于何种社会或政治框架内以及如何实现人的目的——及其依据城邦形式所提供的答案，都不会令马其顿的君王们满意。但这并不意味着古典学说被视为在政治上具有颠覆性。亚里士多德所谓的城邦是获得幸福必要条件的学说，或许还可以被看作是一种对其他政治结构的隐秘性攻击。但与此相反，《尼各马可伦理学》卷 10 中的寂静主义的学说则认为，对人来说最高的至善乃是哲学的沉思。如果希腊城邦的精英们赞同这一观点，君主专制制度便会有长久存在的保证。无论如何，雅典民主政治对亚里士多德的敌视是唯一有据可查的。亚里士多德死后，他的思想被塞奥弗拉斯图斯所继承，马其顿人默认了他的思想（他们首先把雅典委托给亚里士多德门徒之一——法勒鲁姆的德莫特里乌斯）。斯特拉东约在公元前 287 年接替塞奥弗拉斯图斯，但他却别有志趣。亚里士多德的政治理论在其执掌吕克昂期间可以说已经寿终正寝。

希腊人创立了一门新的学科——政治哲学并辅之以恰当的词汇、概念和主题，而且他们通过辩论、施教及著述系统地从事这方面的研究。此外，他们所创作的大量专题著作至少有两部被视为经典，一部是柏拉图的《理想国》，另一部是亚里士多德的《政治学》。

这两部著作以及希腊政治理论总体上的历代影响很容易被夸大。在欧洲哲学与宗教思想史上，柏拉图主义实际上即是柏拉图的形而上学以及受其启发而引申出来的各种各样的哲学体系。古代末期以还，《理想国》中的政治主题曾在两个时期极大地影响了哲学家及政治思想家，一是在文艺复兴时期，诸如在埃拉斯穆斯、波丹以及穆尔等人文主义者的著述中均留有其烙印；另外就是我们今天的民主主义与极权主义的意识形态与社会制度之间的现代冲突时期。在这场论战中与柏拉图个人观点联系在一起的异乎寻常的重要性——其观点能在一部具有强烈乌托邦特征的著作中被分离出来——其本身即证明了柏拉图的权威性及其著作在大学课程中被赋予的主要地位。

亚里士多德的政治理论所引起的影响在中世纪晚期得到更进一步的证实。《政治学》的重新发现是北部意大利共和党人在保卫其城市自治、反抗基督教会控制斗争中的重要武器。更为普遍的意义是，《政治学》在亚里士多德其他失传的著作中的再现，导致一种社会世俗观念与占主导地位的基督教学说的对抗，并逐渐侵蚀着其理论基础。文艺复兴以还，正如《理想国》一样，《政治学》可以说在受过教育的人当中广为流传，但对现代政治哲学发展的直接影响却微乎其微：马克思赏识亚里士多德（而路德对他则肆意谩骂）不过是历史的影响使然。无论如何，亚里士多德在传统上赢得的敬慕与所招致的非议，是因其对科学与逻辑的贡献而非因其政治哲学。

尽管诸如正义、法律、人的本性、国家的起源与目的及其衰落的话题一直是政治哲学论题的一部分，但现代哲学家所关注的其他论题，希腊人甚至未曾触及。例言之，个体自由与个体公民权的概念未见于希腊思想。相反，政治责任与义务概念只见于初期的形式。一般而言，希腊政治哲学中的指示性因素微乎其微。柏拉图有关 dikaiosune 界定为灵魂健康而使得所有对追求 dikaiosune 的劝戒变得毫无意义；同样，亚里士多德认为我们渴望实现由本性所规定的目的，因为这样做对我们有利；而斯多葛派哲学通过义务（kathekon）的概念只是告诫我们要与本性协调同步，去完成上帝赋予我们的角色。我们所论及的这些希腊政治理论相对忽视的东西，反映出后来的思想家远离了其古代前辈的偏见与方法，而这反过来也映衬出古代社会与现代社会的区别。

Further Reading

Sources: Recommended Translations

Aristotle and Xenophon on Democracy and Oligarchy, trans. with commentary by J. M. Moore (London, 1975).

Plato—*Gorgias*: W. Hamilton (Penguin).

Republic: F. M. Cornford (Oxford).

Protagoras: W. K. C. Guthrie (Penguin).

Statesman: J. B. Skemp (Routledge).

Laws: T. J. Saunders (Penguin).

Aristotle—*Politics*: E. Barker (Oxford).

Ethics: J. Warrington (Everyman).

E. Barker, *From Alexander to Constantine, Passages and Documents Illustrating the History of Social and Political Ideas 336 B.C. – A.D. 337* (Oxford, 1956), an anthology with detailed running commentary.

Politics

V. Ehrenberg, *The Greek State* (Oxford, 1960), with excellent bibliographies, has long been the standard introduction to the subject. The latest edition is the French translation prepared under the supervision of Ed. Will (Paris, 1976).

On special topics:

W. R. Connor, *The New Policicians of Fifth-Century Athens* (Princeton, 1971).

M.I.Finley, *Democracy Ancient and Modern* (London, 1973), and Policics in the Ancient World (Cambridge, 1983).

Y. Garlan, *War in the Ancient World: A Social History*, trans. J. Lloyd (London, 1975).

H. M. Jones, *Athenian Democracy* (Oxford, 1957).

Claude Mosse, *La Fin de la democratie atheneinne* (Paris, 1962).

E. S. Staveley, *Greek and Roman Voting and Elections* (London, 1972).

R. Thomsen, *The Origin of Ostracism* (Copenhagen, 1972).

The fundamental synthesis of Hellenistic political history is Ed. Will, *Histoire politique du monde hellenistique* (323-30 av. J.-C.), 2 vols. (vol. i in 2nd edn., 1979; vol. ii, 1967, Nancy).

W. W. Tarn & G. T. Griffith, *Hellenistic Civilisation* (3rd edn., London, 1952), chs. i-ii.

Political Theory

W. K. C. Guthrie, *A History of Greek Philosophy*, vol. iii (Cambridge, 1969), pt. I (also availably separately in paperback) on the Sophists; I. M. Crombie, *An Examination of Plato's Doctrines*, 2 vols. (London, 1962—3); G. E. R. Lloyd, *Aristotle* (Cambridge 1968);

J. H. Randall, Jr. *Aristotle* (New York, 1960); A. A. Long, *Hellenistic Philosophy* (London, 1973); F. H. Sanbach, *The Stoics* (London, 1975).

The more general studies just mentioned all discuss political philosophy. The following specialized inquiries may also be recommended: G. Vlastos, 'The Theory of Social Justice in the Polis in Plato's *Republic*', in *Interpretations of Plato*, ed. H. F. North (Leiden, 1997), pp. 1—40; B. Williams, 'The Analogy of City and Soul in Plato's Repulic', *Phronesis* Supp. i (1973), pp. 196—206; M. Defourny, *Aristote, Etudes sur la 'Politique'* (Paris, 1932); the relevant chapters in *Articles on Aristotle*, ed. J. Barnes *et al.*, vol. ii (London, 1977), with detailed bibliographies; two chapters in *Problems in Stoicism*, ed. A. A. Long, (London, 1971): ch. Vi, 'Oikeiosis', by S. G. Pembroke, and ch. x, 'The Natural Law and Stoicism', by G. Watson; G. J. D. Aalders, *Political Thought in Hellenistic Times* (Amsterdam, 1975).

On the later impact, the following books deserve special mention among those that may be profitably consulted: A. MacIntyre, *A Short History of Ethics* (London, 1967); M. Wilks, *The Problems of Sovereignty in the Later Middle Ages* (Cambridge, 1967); Q. Skinner, *The Foundations of Modern Political Thought*, 2 vols. (Cambridge, 1978); R. Tuck, *Natural Rights Theories: Their Origin and Development* (Cambridge, 1979); K. R. Popper, *The Open Society and Its Enemies*, vol i (5th edn., London, 1966); R. Bambrough, ed., *Plato, Popper, and Politics* (Cambridge, 1967); F. Novotny, *The Posthumous Life of Plato* (Prage, 1977), a compilation.

第四章　荷马与史诗

K. W. 格兰斯登 撰　唐均 译

普遍的观点认为,《伊利亚特》和《奥德赛》标志着欧洲文学的滥觞。人们大概以为一种文化中留存下来的最古老著作会是些残篇断简,不成体例或显稚嫩;然而,《伊利亚特》和《奥德赛》却是结构缜密的杰作、博大精深的长篇叙事史诗,异常生动而清楚地表现了希腊的英雄时代,在某种程度上一直被视为信史。在古典时期的希腊,人们即已普遍把这两部巨著归之于铁器时代的一位天才诗人的名下,但除了其名叫荷马之外人们对他一无所知。这两部史诗树立了诗歌艺术的最高典范,自古以来就是希腊文化和教育的基石。不过柏拉图在《理想国》中却对这两部史诗颇有微词,因为他觉得诗歌应杜绝“杜撰”。希腊人的确难以区分虚构和谬误,但令柏拉图甚感不安、也是以前就惹恼过多位道德家的,主要还不是荷马笔下的众英雄,因为这些英雄大体上行为理智,在紧要关头临危不惧;令人惹火的主要是荷马笔下行为乖张的众神,他们互相欺骗和争吵,参与偷情和暴力。不过柏拉图对荷马名为抨击，实为赞扬。荷马具有最难以抗拒的影响力，因为他是最优秀的诗人；他的“杜撰”已经成为经典，并且越来越难以抗拒。而在柏拉图的另外一篇对话录《伊翁篇》里，歌人（职业的史诗吟诵者兼评论者）伊翁便说到，荷马史诗是他所演绎过的作品中唯一从未令其反感的诗篇。

希腊英雄史诗的时代大致和丰碑式“荷马史诗”文本的出现相始终。公元前 8 世纪，书写字母的发明使希腊英雄史诗的传承——大概通过口述，约在其亡佚前——成为可能。这两部分别有 16 000 行和 12 000 行的鸿篇巨制，并非像雅典娜全副武装从宙斯的脑袋中蹦出一样来自荷马的头脑，即便是荷马的头脑八面玲珑。生活在希腊初史时代的荷马是一位爱奥尼亚诗人，他的诗作依据的是长期、纷繁而又特别丰富的口述传统，这种口述传统可以追溯到公元前 12 世纪。长久以来，史前希腊的传说被目不识丁的游吟诗人们根据记忆进行充满诗意的口述，以飨同样目不识丁的听众。口述史诗并不鲜见，但相比其他口述传说，荷马史诗无论在质还是量上都是无与伦比的。

在柏拉图以及其后的时代，还遗存着其他吟唱英雄时代的传统史诗。人们一直认为这些史诗较为低劣，甚至怀疑此类作品究竟能够流传多久。一切都已灰飞烟灭，留下的只有残篇、概要、引述和模仿。荷马时代以降，只有赫西俄德（这位诗人大致创作于公元前 8 世纪末）篇幅较短的教谕诗和神话诗流传下来。这些诗歌也呈现出口头传说的特征，但叙事并不连贯，无法展现出一幅英雄主义的画卷。[1]

1　参阅后文。

那些佚失的英雄史诗看来是荷马之后三个世纪内的诗人们写就的，他们汲取的也是同样的素材。其中部分作品描写了特洛伊故事中荷马史诗所未描写的部分。《塞浦里亚》（*Cypria*）可以看作是《伊利亚特》的序言，它讲述了帕里斯在那场著名的天界选美中作出了偏袒阿芙洛狄忒的决断，使落选的赫拉萌生敌意，而帕里斯则携海伦私奔，最终引发了一场战争。还有一些诗歌是《伊利亚特》的后记，一直写到阿喀琉斯之死和特洛伊沦陷，这都涉及《奥德赛》的情节。描写特洛伊沦陷的诗篇被维吉尔用于他的《埃涅阿斯纪》卷 2 中。还有一些“奥德赛”式的史诗，描写其他英雄从特洛伊返回家乡的旅程（nostoi），或者接续《奥德赛》，描写了奥德赛杀死自己妻子的诸多求婚者之后的冒险。除了有关特洛伊故事的史诗之外，最负盛名的是一部关于忒拜传说的诗篇，曾经为后来的许多作家所引用，这其中包括希腊的悲剧作家，以及罗马的史诗作家斯塔提乌斯（此人也有一部关于阿喀琉斯的诗篇）。

这些故事中的多数，以及其他关于神灵、巨人和早期英雄们的传说，荷马都同样熟悉。因此，《奥德赛》中提到的阿伽门农被杀和奥瑞斯特斯斯后来为父复仇的故事，被雅典的悲剧作家们大量运用，并在本世纪改头换面，被冯·霍夫曼斯塔尔用在他为施特劳斯的歌剧《厄勒克特拉》（*Elektra*）所作的脚本中。特洛伊战争为诸多剧作家提供了灵感，从埃斯库罗斯到索福克勒斯，而后是吉罗杜：吉罗杜的《特洛伊战争不会发生》是对历史必然性的辛辣嘲讽。埃斯库罗斯写的一部有关阿喀琉斯的三部曲，想必也是以《伊利亚特》为基础的，但这部作品现在仅存残篇。

已经佚失的传统史诗中似乎没有一部可以和荷马史诗相比，无论是篇幅还是构思的艺术性，无论是结构与主题的一致性还是质量，而质量这一点在《伊利亚特》中是特别突出的。《伊利亚特》开篇之始，阿喀琉斯拒绝交出（luein）自己的战利品——一个女奴，以致和阿伽门农发生争吵：其中的动机和帕里斯不愿意交出海伦遥相呼应。于是，阿喀琉斯怒气冲冲地撤出战斗，直到诗篇的结笔他才回来，为了给他的挚友帕特洛克罗斯报仇，他杀死了特洛伊勇士赫克托耳。阿喀琉斯随心所欲地侮辱了赫克托耳的尸体，等到怒气平复，方才同意把尸体交还特洛伊人，整部诗篇到此结束。通过阿喀琉斯在诗篇中的长久缺席，荷马得以抒写其他英雄的业绩。缺席—返回—复仇的这种程式也出现在《奥德赛》中，从而形成了一种论证方式，反映了作者的传统观念，也就是说，荷马史诗的情节很大程度上取决于两个主要人物的心理活动。

荷马史诗虽然依赖于口头传说，却并没有使用日常的口语，而是用一种高度风格化的、精致的、特殊的措辞，专用于英雄史诗的格律六步长短格，兼具格式性和灵活性，这是古典韵律学的第一个伟大成就。荷马措辞的主要特色，同时也是所有口述诗歌的主要特色，就是包含了大量重复性的短语或套语，以两个词为韵律单位，或者更多（有时候是整整一句）：“飞毛腿阿喀琉斯”、“人之主宰”、“死人垂首”、“凌晨启，玫瑰指”。游吟诗人根据这些套语建构他们的叙述，人物、情节、物体和现象反复出现，在传统的风格下对这些套语不断推陈出新，最终促成了口述诗歌的发展。常备的器械，比如英雄的装备，几乎完全建立在套语的基础上：对帕里斯和阿伽门农装备的描述开始时如出一辙，及至作者想描述《伊利亚特》中一件独特的武器——阿伽门农的盾牌时，这种描述才有所改变。作者钟情的明喻可能多次重复出现，程度有所不同，却都是恰如其分。荷马史诗中有三分之一的篇幅是不止一次重复出现的套语，同时这种套语又极具多样性，特别是最常见的包括一个名词和一个可变化的形容词的双词套语。比如，作者决定在某个地方称呼阿喀琉斯为"飞毛腿"还是"珀琉斯之子"，并不取决于理智或语境，而是取决于韵律的需要。每个套语都具有不同的韵律价值，而"正确"的套语是那个能够嵌入有限韵律空间的套语，而诗人的任务只是在高声吟诗的时候准备好这个套语。因此为了帮助诗人记忆，就要避免套语不必要的韵律重复，虽然有时候如此丰富的一个口述传说也允许韵律上的互相置换；同样可以推断，"丰碑式的"《伊利亚特》和《奥德赛》最终以文字的形式出现时，荷马在套语传统方面的运用是多么的自由而有个性。

即使在文字出现以后，口头叙述也可能继续存在。诗人继续沿用传统语言也并不说明他没有文化。荷马只提到一次书写，就是在《伊利亚特》第6卷中，泥板上铭刻的符号被当作秘密来传送。荷马似乎没有把文字视为英雄时代的一部分，虽然《吉尔伽美什史诗》与《伊利亚特》的成书年代大致相仿，其"冒险而归的主人公将全部故事刻划在一块石头上"，但是这部史诗的口述渊源可以追溯得更为久远。这种记录行为具有真实性，但是荷马史诗的真实性则完全依赖于人们口耳相传的诗歌以及游吟传统的可靠性。在《奥德赛》第8卷著名的一段中，奥德赛在阿尔喀努斯王的宫廷里受到盛情款待。奥德赛在并未表明身份的情况下，邀请盲歌人德谟多科斯当晚现身，吟唱他得以攻陷特洛伊的木马计："因为你唱出了阿卡亚人的命运和不幸，仿佛你曾经亲历其境，或者从亲历其境的人那里听说”——德谟多科斯已经表演了“拿手好戏”：他讲述了赫淮斯托斯神用金网捕获他妻子阿芙洛狄忒及其情人阿瑞斯，然后又表演舞蹈和杂耍——于是他又讲起特洛伊的故事：“阿卡亚人扬帆远航，将马匹留在集市上，而特洛伊人却不知如何是好。”这是一位多才多艺的职业歌人的描述，他享有“实话实说”之美誉，汲取的是广博、大众化的传统技巧。

这一段似乎反映了荷马本人所熟悉的战绩形式，而且在此处他所想象的战绩始于英雄时代。这意味着荷马史诗中高度的真实性并不是忠于历史事实的结果，而是忠于诗歌传统的结果。荷马史诗的可靠性依赖于延续一种已经确立的技艺。荷马借助于艺术性而使史诗令人难以忘怀，这是一种惯例，但并不是后来的文学惯例。这种艺术性确保歌人能够对传说自由加工而又不至于改动太大。在《奥德赛》中，主人公以第一人称的形式把自己的一些冒险历程讲给阿尔喀努斯王，使用的就是至今仍然很流行——特别是在电影中——的倒叙手法。但是诗篇的这部分是最不真实的，显然是来自传说和神话。模仿奥德赛自白的最有名的文学作品是维吉尔的《埃涅阿斯纪》，其中埃涅阿斯叙述了特洛伊沦陷以及他此后的漂泊历程；但丁也讲述他游历冥界，《神曲》中的诗人不仅是一个无形的游吟歌人，而且是一个亲身去体验的主人公：他再三说“我看到了”就取自《奥德赛》第 11 章。两者都体现出作者的写作技巧，目的是给听众或者读者制造必要的悬念。

荷马史诗中公式化的诗句和短语是如此鲜明，以至于史诗所提供的有关口述渊源的证据长久以来被忽视或误解，令人惊讶不已。这部分是因为古代的批评家缺乏研究独一无二的古典文本的动机和技巧。直到本世纪，米尔曼·帕里——“荷马研究的达尔文”才将荷马史诗与现代口述史诗相比较，从而全面解决了这些套语的韵律价值问题。重复是口传史诗的标志，正如避免重复是书面史诗的标志一样。但荷马史诗精微的韵律调整，以及希腊语繁多的词形变化，都要求游吟诗人保持各种套语，以及相应的技巧来驾驭，这在世界文化中是绝无仅有的。

发现重复性套语的重要性，并没有为评价荷马史诗创造出新的标准，也未使荷马的表述风格成为一种句法性错误。荷马史诗中重复的简单堆砌，尤其是那些习惯性的称号如“奇耻大辱的”、“富有的”和“似神的”等，有助于建构起一个宏大而又纯粹的英雄世界。我们评论诗歌，依据的是其中的内容，而不是内容的来源。荷马的客观风格对一个回首传奇性的过去的诗人来说，似乎是唯一可能的立场；而这种回首绝对是印象深刻的，因为诗歌的渊源是传统的。口述过程中留下各种内部矛盾，并不妨碍当代读者的欣赏，这部分是因为诗歌篇幅巨大，部分也是因为我们毫不奢望《伊利亚特》读起来像战地记者发出的一系列报道一样确切。荷马史诗给人的主要印象是其内在的一致和协调，这是种种年代错误或自相矛盾所不能扰乱的。

荷马的天才在于他杂学旁收，在于他创造了一个展现万般可能的世界。这个世界的某些事物——燃烧的河流，自动的三脚架，赫淮斯托斯屋内的机器人，以及人形的众神——这一切都预示出最夸张的科学幻想。至于其他——涅斯托耳建议如何赢得赛马、帕特洛克罗斯和赫克托耳如何面对灾难与死亡——仍然令人惊讶并有助于我们对人类本身的认识。

荷马史诗中众多高度风格化的角色，经过后来文学批评家的整理，千百年来又为各阶级想象力丰富的作家所模仿，从而达到了无比丰富的境界。比如，戏剧性的反讽就被广泛运用，但从未像荷马在《伊利亚特》第22章的一段中那样富有成效。在该段中我们作为观众，得知赫克托尔即将死去，而他的妻子安德罗马克，“由于她尚未听到这消息”，如何准备她丈夫的温水浴，以消除他从战地回来的疲劳，“并未意识到他已仆倒在地，死于雅典娜之谋、阿喀琉斯之手，再也不能回来洗温水浴”。虽然荷马的创作早于其他流派，但他涉及的范围是广泛而又超前的。《伊利亚特》的最后一卷包含着许多戏剧的开端，那里自然而然地出现各种场景，其中心则是阿喀琉斯和赫克托耳的父亲普里阿摩王之间的冲突，诗篇尾声是一部悲悼赫克托耳的正式三部曲。

荷马史诗中的明喻可能是他诗歌技巧中被模仿得最为广泛的。阿喀琉斯的盾牌或者他同河神厮杀的壮观场面等著名的描述性段落增强了整个叙述的丰富多彩。有很多骈辞明喻——“他像雄师般战斗”——这种简洁的描述性套语常见于原始文艺作品中。但是最具荷马特色的是无数独立发展起来的明喻。比如，埃阿斯顽固地拒绝离开战场，直到一切办妥之后；荷马将其比作一头犟驴，赶驴的少年无法将其赶出田地，一直到它吃光所有它想吃的东西为止。其共同点可以说是顽固：埃阿斯不过像头驴而已。

《伊利亚特》中的明喻之多，是《奥德赛》的三倍。悲剧性战争史诗的结构尤其需要和日常生活的思乡情景相交织，从而使我们脱离战场的恐怖气氛。歌德说过，《伊利亚特》告诉我们的是，人注定了地狱般的悲剧。我们从暴力和杀戮中得到解脱，得到暂时的休息，依靠的是诗人自己非英雄主义的世界，在这个世界里，女人承受生育之苦，小孩则堆积沙丘，或是向母亲撒娇，疲惫的伐木工回家晚餐，牧人忧心忡忡地观察着天气，园丁浇灌着植物，男人们为地界而争吵。特别是弥尔顿，他仿效荷马田园式的明喻，并且遵循他的做法，将当时非英雄主义的因素引入史诗叙述之中。如他在《失乐园》第 4 章中，将撒旦首先比喻为一只进入羊圈的狼，又比喻为 17 世纪的一个“决意偷盗富有市民的钱财”的盗贼。

荷马的明喻明确说明了艾里希·奥尔巴赫的观点：“荷马所讲述的只是当时瞬间唯一的存在”。当荷马描述一头驴子时，我们并不担心将它与埃阿斯比较是否合适。我们只看到了驴子、赶驴的少年以及田地。相比而言，荷马史诗的文学模仿者则力求为他们的明喻赋予一些与主要情节相关的象征化联系，希望两者能同时沉入读者的脑海。荷马的艺术是一以贯之的，反映着一个情节化的世界。每个事物、手势和情节都是自为的，没有言外之意。

荷马史诗的世界是一个英雄的世界，一个贵族斗士阶层的世界，他们的珍物与武器是用青铜制成的。他们也有黄金，但是最吸引荷马这位铁器时代诗人的是青铜，并使他对英雄主义战争的描写宏大无比：

熊熊大火吞噬了整个森林，
在山冈，在远处，火焰遥遥可见，
而他们仍在远征，
青铜微光闪烁，直逼云霄。

荷马时时让人想起他在回顾辉煌的过去，那时人们拥有丰富的物质财产、五十个房间的宫殿、庞大的父权制家族以及超人的体力。当狄奥米得斯举起一块石头时，诗人说："现在的人，即使两个也不能举起那块石头，但他一个人却轻而易举。"（在维吉尔《埃涅阿斯纪》的结尾，图尔努斯不能完成这种体现英雄力量的传统行为，可能意味着罗马史前时期"荷马式"篇章的终结。）年老的涅斯托耳的绘有金鸽的四脚杯（《伊利亚特》中另一件独一无二、描写详细的艺术品）很难被举起，即使是特洛伊的年轻同侪也不例外，这就意味着英雄时代已经走过巅峰走向衰落，而荷马还引用有关较早英雄的神话，甚至有关比较著名的英雄——比如赫拉克勒斯，即罗马的赫尔库勒斯——的神话。在荷马庆贺希腊英雄主义的过去的同时，有一种怀旧的情绪超越了原始史诗的惯例，也超越了所有原始故事的"从前"。近东的《吉尔伽美什》是一部原始史诗，可以追溯到更为久远的年代，即史前历史的黎明而非黄昏。在这部作品中，也出现了主人公具有巨大力量的惯例（吉尔伽美什"穿上重达30舍克尔的护心镜，自己却感觉轻如外套"），却并没有丝毫怀旧情绪的痕迹，或者对逝去的、财富遍地的过去的惊奇，而这些却弥漫于整个荷马史诗，比如在《奥德赛》第4卷中，特勒玛霍斯和派西斯特拉东斯惊异于墨涅劳斯宫殿里的无数金银珠宝，甚至和宙斯的奥林匹斯宫廷相比较。

荷马对英雄时代的描述主要是一个诗人对过去的充满想象的重建，其中保存了他所知的那个世界的许多细节。那个世界可能保存了迈锡尼时代的因素，即便是以传奇和传说的形式曲折地保存了下来，而迈锡尼文明作为青铜时代晚期的文明，拥有大量的财富和复杂的社会结构，曾经在克里特和希腊大陆繁盛一时，直到公元前 8 世纪末。考古学家发现这个时代的泥板文字全部属于官方文件，是一种音节文字而非字母文字，虽然也是希腊语，却与荷马所使用的语言相去甚远。对这种文字的解读最多也只能说明，公元前 8 世纪荷马所开创的六步格诗歌传统，可能包含少数来自迈锡尼时代的套语。

公元前 13 世纪末迈锡尼文明被摧毁，取而代之的是一个远为贫乏和简朴的社会，文字艺术也随之湮灭，这个时期最大的艺术成就就是英雄史诗的口述传统，后来保存在荷马史诗中。

历经 4 个世纪，游吟诗人们似乎不大可能保持着对迈锡尼时代准确无误、不加篡改的记述。事实上，口述传统持续时间越长就越不真实。《奥德赛》的社会政治背景似乎反映了一个更接近于荷马本人的时代，而非学者们借助考古学得以重构的迈锡尼时代。特洛伊的确存在过，而荷马塑造的众英雄可能就是根据一些真实的角色所得来诗意般的想象产物，从而成为欧洲神话和传说的根基——奥德赛，即罗马人所称的尤利西斯，经历了种种变形，从睿智之士到邪恶顾问，从英雄到戴绿帽子的丈夫，从开拓者到流亡者，被维吉尔、但丁和詹姆斯·乔伊斯一路效仿；关于海伦，那些老者在特洛伊兵荒马乱时说（见于《伊利亚特》第 3 章）："没有谁会谴责特洛伊人和阿卡亚人为了她而罹难如此，因为她的确如同绝世的女神一般令人景仰。"

不足为奇，
愤怒的希腊人十年征战，
为的是这样一位遭掠的名媛，

一个美艳绝伦的女子。

荷马假托海伦在《伊利亚特》第3章中称：“宙斯确实是将厄运降于帕里斯和我，但不管岁月怎么流逝，我们都会成为人们耳中永远的歌”时，他自己是强调歌人角色的重要性——无法核实的表述与民众的记忆。只有诗人可以保存过去。正如贺拉斯所说，阿伽门农之前英雄无数，但是——用蒲柏的话来说——“他们没有歌颂他们的诗人，死得悄然”。

流芳千古的是荷马笔下的特洛伊，而不是他人笔下的特洛伊，更不是考古学家铲下的特洛伊。这个过程始于《奥德赛》，其中战争对英雄们而言是一次新鲜的记忆，包括生还的英雄和没有生还的——那些未生还的英雄也在冥界回首往事（《奥德赛》第11、24章）。双方的英雄们战后的四散（diaspora）是遍及整个古典世界殖民传说的源泉。据说奥德赛到过意大利，并且和当地的仙女共同繁衍出意大利民族。荷马在《伊利亚特》第20卷中写到，埃涅阿斯“为了达尔达努斯种族不致毁灭，他注定要逃跑”，这种手法后来被罗马的许多古典学者——最终被维吉尔——改弦更张，说他定居在拉丁姆，奠定了后来的罗马国家的基础。在中世纪的不列巅，蒙茅斯的乔弗雷，一个成功的历史小说家，为不列颠人杜撰了一份类似的神谱，声称不列颠人可以追溯至特洛伊英雄布鲁图斯。事实上这位无名小卒的名字不仅不是荷马式的——更为荒谬的是——甚至不是希腊的。这种以祖先的名字来给整个民族命名的族祖同名法在都铎王朝时代又复活了，乔弗雷根据早期传统中的线索，发展了更有影响的阿瑟王神话。阿瑟王是斯宾塞写的民族史诗《仙后》的主人公：也许英国有一个最为相近的英雄主义的过去，但是并没有一个荷马式的人物。正如19世纪谢里曼满怀激情地寻找阿伽门农的遗迹一样，考古学家们也满怀激情地寻找阿瑟王的遗迹。

荷马的影响遍及整个欧洲的文化传统，远不止于寥寥几部随心所欲的仿作。特别是《奥德赛》，是所有虚构文学类型的始祖。它是一部风格喜剧，其中对话同情节一样重要，被视为欧洲的第一部小说。其中所描述的大量家居设置描绘出了英雄之外各个社会阶层的人物肖像——猪倌和女佣在故事中扮演中心角色；值得注意的还有对女人肖像的描写——《伊利亚特》这部战争史诗并没有为作者这方面的才思提供多少用武之地，但还是有一段关于赫克托耳之妻安德罗马克的感人描写，以及一段关于普里阿姆的妻子赫卡柏的现实主义描写。奥德赛与女人的种种邂逅，除了和他忠贞的妻子珀涅罗珀极为感人的重逢以外，还包括对童话般的公主瑙西卡那动人却隐忍未发的挚爱，因为当时这个风流倜傥的陌生男子刚刚漂流到其父王的国土上。塞缪尔·巴特勒甚至认为《奥德赛》实际上成书于一位女子之手。

但《奥德赛》也是一系列冒险的汇集，之所以连贯，是因为这些事件均发生在同一主人公身上。这位主人公在《奥德赛》中以足智多谋和性格刚强而著称，因而得以成为一个恰当的中心角色。但是其中有许多冒险经历在其他文化的传说中也屡见不鲜——偷窃神牛、游历地府、鏖战妖魔鬼怪都是很流行的主题。奥德赛是个英雄，从古到今都是如此：镇定、理智、多才多艺，精神状态总是显得饱满紧绷，一如约翰·布坎的作品《三十九级台阶》中的人物理查德·汉内，而不似阿喀琉斯和阿伽门农，他们虽然作战勇猛，却脾气暴躁、反复无常、容易上火且容易沮丧。

《奥德赛》也是那些牵强的游历传说的始作俑者，这一流派发展于琉善的《真正的历史》——带有一个半开玩笑的题名，在中世纪和文艺复兴时期的流浪经历中得以继续，一直到《格列佛游记》。《奥德赛》也有一个次要情节；主人公的儿子特勒玛霍斯，因为不知父亲的归来而心生绝望，后来得到神灵的帮助，出去寻找父亲。这种双重叙事法为乔伊斯的《尤利西斯》所效仿，其中斯蒂芬·戴达卢斯扮演了特勒玛霍斯的角色，利奥坡德·布卢姆则扮演了奥德赛，他的妻子摩丽就是珀涅罗珀，而“激奋的”博伊兰等人则是她的“求婚者”。

荷马笔下的奥德赛受到女神雅典娜的指引得以返回家园。雅典娜的诡计和托辞令她的宠儿感激涕零，但在《伊利亚特》中却并不怎么光彩。是她欺骗了赫克托耳，是她幻化为一个战友，最后却消失得无影无踪，留下赫克托耳一个人在战场上去面对阿喀琉斯，面对死亡。但是《奥德赛》的道德结构较之《伊利亚特》更为简单明了。我们的读者都希望奥德赛童话般地取胜。而那些求婚者显然罪大恶极，死有余辜。因而整个诗篇给出了一个皆大欢喜的圆满结局。《伊利亚特》的气氛则是阴暗的、错综复杂的，那里没有坏人，也许帕里斯和海伦是例外，因为他们的私奔是整个诗篇的情节开始之前十年的既成事实（fait accompli）。事实上，作者对这对情人的行为虽未掩饰，但也没有深思熟虑。作者并未像后来的埃斯库罗斯和索福克勒斯那样强调“一人犯罪，株连全城”。事实上，宙斯是同情特洛伊人的。三百年后修昔底德记载了伯利克里丧礼上的演说，其中洋溢着伯利克里对雅典高度理想化的爱国主义的赞美，但是这种爱国主义在《伊利亚特》中是不存在的。存在的只是地方性的、私人性的忠诚。《伊利亚特》第6章中描述了赫克托尔与其妻分别的悲痛情景，其中不难发现一种日后成为欧洲的“伤感文学”之滥觞，但是令赫克托耳悲伤的并不是特洛伊城的命运，而是他妻子将要受到的牢狱之灾。荷马作为一个希腊诗人，不仅没有将种族偏见加之于特洛伊人身上，因为他们和阿卡亚人具有相同的礼俗、文化和宗教，而且言之凿凿地将赫克托耳刻画为一个比他的任何对手都富有同情心、能够引起读者共鸣的形象，这不是谁对谁错的问题，而大概是因为他遵循了当时的“日内瓦公约”而阿喀琉斯却加以蔑视。而当提到阿喀琉斯将赫克托耳的尸首置于自己马车后，并且绕城游行加以侮辱时，诗人说道“阿喀琉斯为高贵的赫克托耳设计了龌龊的行为”。这既是对阿喀琉斯的一种道德谴责，也是对残酷传统的批判。蒲柏在他的《伊利亚特》英译本前言中提醒18世纪的读者，这部诗篇孕育在一个野蛮的时代，“其时复仇和残忍的思想和打家劫舍一样肆虐”。我们这一时代已经备受史无前例的战争恐怖，逐渐习惯了生活与艺术中的暴力，甚至不大可能畏惧荷马描绘的战争场面，或者他对创伤所作的解剖学上血淋淋的描述。

《伊利亚特》中的英雄并不总是现代意义上的“英雄”。海伦的情人帕里斯被描绘成一个花花公子，舞池常客，“万人迷”，令亲者恨、仇者也恨的败家子，但在荷马眼中绝对是个英雄，这在很大程度上是因为他的外表佼美。荷马笔下的英雄们之所以打仗，并非出于后来的中世纪的骑士动机，而是为了保持各自的地位和猎取荣誉——荣誉是个抽象的概念（这种情况在荷马史诗中很罕见），但可以用物质财富来量化。而荣誉涉及一定的危险。阿伽门农时时提议撤退——“三十六计走为上，即使乘夜逃走也不为耻”——而在另外的场合他也思忖到“其实避免耻辱的人们凶少吉多，反而是那些临阵脱逃的人凶多吉少，安全和荣誉双双失去。”其他英雄也表白了自己的感受，阿喀琉斯说“我讨厌那种吞吞吐吐、欲言又止的人”。荷马明显是把奥德赛的角色看作是例外。

必死的命运赋予了《伊利亚特》众英雄悲剧性的高度和尊严。吉尔伽美什苦苦追寻永生，结果还是失败；同样的神话也隐含在《创世记》的伊甸园故事中，甚至隐含在《奥德赛》中；但《伊利亚特》中的凡人、英雄甚至半神都不曾有过永生，也不去奢望：即便父亲或者母亲是神也不足以使他飞升仙界（虽然《伊利亚特》中没有，但是《奥德赛》中有一个例外，那就是赫拉克勒斯：这是“英雄被神化”概念的开始，日后在希腊甚至罗马的宗教中成为非常重要的一环）。

相比而言，众神长生不老，因而做事恣意妄为，不负责任。他们不知真实为何物，因为他们行为不受自然规律的限制。“你当然不担心将来会有报复”，阿喀琉斯冲着阿波罗怒吼，因为阿波罗不顾命运的规定，掠夺了阿喀琉斯单枪匹马征服特洛伊的荣誉。宙斯把战场弄得大雾弥漫，埃阿斯就冲着宙斯大喊大叫，“如果我们必须死，那就让我们死在阳光下吧”，这是一个道德比神更崇高的生灵的正义的谴责。宙斯对人类的著名论调——“一切呼吸空气、行走在地上的物种中，没有什么比人类更悲惨更肮脏了”——当这句话说给正在为帕特洛克罗斯之死而黯然神伤的阿喀琉斯的神马的时候，显得是多么的辛辣。英雄们不同于神马，也不同于神，英雄们落在时间的陷阱里，落在必死的命运中。正是因为意识到了“死亡的万种形式”，才使得《伊利亚特》

具备了悲剧性的强度和高度。

后来的世人们在荷马史诗中看到了他们想看到的东西。有时这意味着无中生有，或者有而无视。希腊化时代亚历山大城编纂荷马史诗的批评家们表现出极高的文学造诣，却全无历史观。最为闻名的希腊传统史诗仿作就始于这一时代。罗德斯的阿波罗尼乌斯的《阿哥斯之舟》(*Argonautica*) 成书于公元前 3 世纪[1]，按荷马史诗的标准来看显得短小，但与当时的文学风尚相吻合，4 卷共计约五千行，展开了一个可与《奥德赛》的篇幅和内容相媲美的主题，这就是伊阿宋寻找金羊毛的故事。阿波罗尼乌斯在这个主题上拥有传统史诗的素材，这些素材现在已经佚失，但一定是荷马所知晓的，因为他在《奥德赛》中提到了这个金羊毛的故事。阿波罗尼乌斯的这一诗作现在仍被阅读，甚至被搬上银幕，是欧洲第二代长篇史诗系列中的第一部，是直接仿效荷马史诗而成的具有两千年以上的历史史诗。

这一流派历史悠久，但并不像抒情诗和戏剧一样长盛不衰，随着小说的兴起并成为占据主导地位的叙述模式，史诗就显得陈腐不堪了。阿波罗尼乌斯继承了六音步史诗，将其转换为不太高深的风格，同时带有原初史诗的风格特点和语言形式，从而表现为一种自觉的古风主义。他的技巧反映了他所处的那个时代的聪明和敏感。他对爱情的高度浪漫主义手法，明显不同于荷马平直而又漠然地叙述奥德赛与瑙西卡的邂逅。日后的维吉尔沿用了这种手法，在《埃涅阿斯纪》第 4 章中描写狄多对埃涅阿斯狂暴而又自虐的激情以及自杀的结局，这也明

1　参阅第五章。

显区别于荷马在《奥德赛》中叙述海伦与其丈夫悠然自得的家庭生活。

从希腊文化受益良多的罗马作家力图在各个方面与希腊人媲美。这就需要一位天才的诗人，用拉丁语创作出从规模和气度上堪与荷马作品相媲美的英雄史诗。维吉尔成功地将提奥克里先的田园诗歌移植到自己的《牧歌》中，又把赫西俄德的教谕诗移植于自己的《稼穑诗》中，最终把《伊利亚特》和《奥德赛》的主题交织到一起，创作出了《埃涅阿斯纪》，成为他整个诗歌生涯的桂冠之作。他的诗歌与荷马相比，有一个全然不同的特点。《埃涅阿斯纪》隐含着一种目的论，也就是说，在其表面的陈述之外还有弦外之音，言外之意。这种潜在的意义从一开始就注定了，到罗马建城，再到奥古斯都降生，事情的影响远远超越了特洛伊英雄埃涅阿斯的时代，实际上埃涅阿斯就是奥古斯都的预示或者原型。

作为对荷马史诗的第一部伟大的非希腊语仿作，《埃涅阿斯纪》成为斯塔提乌斯的灵感源泉（正如他在《炼狱篇》[Purgatorio]，21—22中对维吉尔和但丁解释的那样），甚至成为文艺复兴时期各种民族史诗的灵感源泉。《埃涅阿斯纪》不仅被看作唯一堪与荷马史诗相媲美的诗作；而且在岁月流转中逐渐取代了荷马史诗。拉丁语从古典后期到中世纪一直都是欧洲文化中的统治语言，维吉尔则是最有影响和最受尊崇的拉丁诗人。圣奥古斯丁在其《忏悔录》中动人地记载了他对维吉尔个人的敬慕。他还承认自己不喜欢荷马，因为他不愿意被迫学习希腊语这门艰深生涩的语言。对但丁而言，“诗人之翘楚”是维吉尔而非荷马。甚至连意大利文艺复兴之父彼特拉克也不能阅读希腊语原文的荷马史诗。这样，经历了大约一千五百年，尽管希腊语知识在12世纪得以复兴，荷马史诗还是如同远处屹立的丰碑，人人敬而远之，仅限于道听途说或者“久仰”二字，其真面目、真风采在古代后期的拉丁概要和解释中总是被贬抑乃至忽视。这些正是12世纪的法语通俗作品《特洛伊故事》的基础，薄伽丘、乔叟和黎贾特的“荷马式”故事集又都源自《特洛伊故事》。中世纪的作家重写荷马是出于一种骑士与优雅爱情的时代精神。

甚至在文艺复兴时期，希腊语文献也才刚刚开始编辑。另外，荷马式的希腊语与古典希腊语相差极大，仍然是一种陌生而困难的语言，其语言学和韵律学尚未完全得到理解，直到18世纪初对语言学的历史比较科学研究兴起。文艺复兴时期对荷马的批评也并未打破那种始于古代并且盛行于中世纪的悠长的寓言传统（这种传统最初是为了解释诗歌的道德缺陷），当时寓言还是阅读和写作的主导模式。这种寓言传统在16世纪达到了顶峰。英国的第一部民族史诗，斯宾塞的《仙后》，据其作者称是一种寓言或是“黑色幽默”，用来“塑造一个道德高尚、举止文雅的绅士”。文艺复兴时期的诗歌理论是诗歌应该“寓教于乐”：首先要使人欢乐，因为诗歌和音乐一样具有韵律、节奏以及和谐；其次是要有教化功能，因为文艺复兴时期的作家受柏拉图的影响，认为艺术应当具备道德教化的功能，同时又不受柏拉图的影响，认为如果诗歌不按照字面意思去理解，是可以不承担这种道德教化功能的。事实也是如此，《奥德赛》就被寓言性地“解释”为智能对灾难和罪恶的胜利。

寓言是不能按照表面意思来理解的，寓言有作者暗含在其中的言外之意。寓言化的过程似乎要把每个角色和每个情节都一般化为一个抽象概念。任何诗歌都比荷马史诗更加受到这一寓言化过程的影响。诗歌是用来聆听的，而不是用来阅读的；是用来娱乐的，而不是用来说教的。诗歌没有隐含的意思，其中的字字句句都是自为的、独一无二的。

寓言化的做法在《埃涅阿斯纪》中发挥了很好的作用。这不仅因为埃涅阿斯暗示着奥古斯都，而且诗歌本身的主旨就是人类的道德进化，是贯穿历史并重复发生的狂热和诚笃、野蛮和文明、黑暗和光明之间的斗争。文艺复兴时期的人文主义理想在很大程度上是建立在拉丁语古典作品的基础上的：罗马本身就是秩序和文明的理想的现实体现。禁欲主义者埃涅阿斯与愈加以自我为中心的阿喀琉斯或阿伽门农相比，更加一贯地体现了理想君王的形象。新古典主义极力推崇维吉尔，这在法国古典学者 J. C. 斯卡利杰的《诗学》（1561 年）中达到了登峰造极的地步，但文艺复兴时期的批评家大多认为，荷马作为诗歌的滥觞，长于“创新”，更加具有原创性，但维吉尔却是一个更加完美的艺术家，反映了一个更加文明的时代的价值。相比之下，荷马显得陌生而又遥远，到 16 世纪时已经不能为大众所理解，而只局限于少数读者。不管是原文还是译文，如果一个诗人的作品很难让人读懂，他的伟大之处将很难为人所知。

荷马史诗第一个完整的英译本，是由查普曼根据希腊语原本完成的。他翻译的《伊利亚特》于 16 世纪末问世。这是一个文学事件——弗兰西斯·梅累斯在 1598 年还提到“查普曼未完成的荷马史诗”。查普曼仍然用寓言化的眼光看待荷马史诗，认为《伊利亚特》是“将阿喀琉斯的体能和坚韧的复仇提升到最大可能的英雄主义高度并予以人格化”；

《奥德赛》则是奥德修斯人格化的“任何侮慢和暴虐都折服不了的，坚不可摧、不可征服的内心帝国”。作为译者，他的目的是还荷马以应有的地位，即比维吉尔更伟大，在道德方面亦不逊色的诗人：“他在作品中所推崇的权威和所灌输的精神使维吉尔相形见绌……从他无尽的源泉中，演绎出了学识、克制和智慧，也演绎出了一切狡黠、优雅、秉性和见识”。莎士比亚的《特洛伊罗斯和克瑞西达》可能也受到查普曼的《伊利亚特》译作的启发，但其酸涩愤激的语调（“惟有好战和好色”）似乎时时脱离了查普曼的崇高和伟大。正如其题目所预示的，莎士比亚的这部剧作在很大程度上也得益于中世纪的各种特洛伊故事。潘达洛斯的中间人角色并不是荷马风格的，但克瑞西达这个中世纪类型的“轻浮女人”，却是《伊利亚特》中跑龙套的克律塞伊斯的化名。

及至17世纪末，文学趣味的变化使查普曼的风格显得过时。德莱顿翻译了维吉尔的所有作品，成为时代的“革新之一”，但他只翻译了《伊利亚特》的第1卷，“但是”，他说道，“其中的欢乐胜过翻译维吉尔的任何作品”。德莱顿所表达出的偏爱或许还不足以贬低维吉尔的话，那他的偏爱激发了蒲柏决意为荷马从事其前辈德莱顿为维吉尔所做过的事。蒲柏对《伊利亚特》的翻译，以其充满精练的对比与激昂的感情——被视为对原著——即根据奥古斯都统治时期新古典主义理想所改进与修饰的荷马史诗——极好的注解，并未失去对荷马研究贡献的影响力（尤其是在德国）。蒲柏因循文艺复兴时期比较荷马与维吉尔的批评传统——“荷马是伟大的天才，维吉尔是伟大的艺术家”——但这里明显有一个重心的转移。蒲柏将荷马“纯粹而高贵的简约性”——很难说他的译作明显地再现了这种品质——与《圣经》相比；他也强调了荷马的原始性和历史真实性。“荷马是野蛮世界中最古老的作家”，荷马理应受到赏识，因为他是“古代世界唯一一面真实的镜子”。

由是，古代和文艺复兴传统中的古老的“文学的”荷马被一个崭新的、“历史的”荷马所取代。罗伯特·伍德在其《论荷马的原创性天才》（1769年）一文中，依从蒲柏和意大利哲学家维柯的观点，强调荷马所表现的自然主义以及对远古文化的忠实。伍德实际上也到过希腊，此举含义重大，因为这决定了他对荷马“真相”的认识并非来自寓言性的评注或与维吉尔的比较中，而是来自现实世界。根据蒲柏在其论文《论批评》中所说，维吉尔本人也发现“荷马与自然水乳交融”。伍德还认为，现存的荷马史诗文本与其原作之间的关系可能类似于当时刚刚出版并反响巨大的《麦克菲尔逊》与《奥西昂》之间的关系。这个比喻不太恰当，因为《奥西昂》事实上是文学赝品，但是这种看法本身影响深远，它促使学者认识到所谓的“荷马问题”，并由此开始了对荷马史诗的全部现代式阅读。

伴随着这种对荷马自然主义、原始性和简约性的强调，是长期盛行的罗马古典主义的瓦解和欧洲伤感文学的萌芽。荷马在其中扮演了主要角色，尤其是在德国，然后便经历了一个延迟的文化复兴。温克尔曼、莱辛和赫尔德尔备加尊崇希腊艺术的平静而高贵的简约古典美。歌德和席勒在荷马作品中看到的不是新古典主义所忽略的粗豪“原始性”，而是席勒所定义的“天真”诗歌的至上的典范，这一类诗歌的作者并不把自己的个性强加于作品之中，而是从自然中汲取力量，从而表达整个民族的文化。

这一时期的诗人所走向的浪漫主义似乎——事实上也的确——逐

渐远离荷马作品；但在一篇论文草稿中，德国批评家沃尔夫根据伍德的提示，认为荷马其人在历史上根本不存在，荷马史诗的作者只是后来一个收集原始民间传说的编纂者（他认为在公元前6世纪）。因此荷马史诗只是一种完全不同于罗马人创作的诗歌罢了。这个观点激发了歌德的想象，他认为在这个新的“非人格的”荷马身上反映了一个没有污染的年轻世界，在那个世界里，自然的意义得到了最完美的表达与实现。这在当时是一种司空见惯的激进看法，是生活在反自然的文明中的现代人的病源。18世纪晚期的“自然崇拜”更加加剧了人与自然的疏离。荷马并未觉得有必要崇拜自然或钦佩放羊人、放猪人、收蛭人。对歌德和席勒而言，荷马根本无心追求什么目标，从而脱离了目的论的厄运。他根本不在乎自己描写的是什么事物、什么事件或者什么角色。他只争朝夕。他的世界浑然天成，自成一体。

席勒在一首短诗中概括出荷马作为典型“自然之子”的形象：

> 将荷马史诗的花环分成花瓣，
> 历数这完美永恒之作的父辈们！
> 但它还有一个母亲，还有其母亲的特征
> 永恒的特征，啊，自然！

就是这次，沃斯将荷马诗歌翻译成嘹亮、古拙的德语六音步诗歌——其成就比得上两个世纪之前英格兰的查普曼。正如查普曼向济慈开启了“黄金地带”一样，沃斯也向歌德作了启示，促使歌德研究“非个人化”的荷马史诗，包括尚未完成的《阿喀琉斯记》。

19世纪的批评家们根据《圣经》文本批评考证，质疑荷马是否展现了希腊远古时期的真实图景，同时也质疑对《圣经》历史真实性的传统信念。德国学者提出了关于诗歌发展史的新理论：其“分析性”理论认为，荷马史诗是独立诗篇集在一起的结果；而“核心”理论则赢得了更为广泛的认同，认为我们手中的荷马史诗包括荷马的原创作品，也包括后世诗人的增添。考古学家们试图通过发掘普里阿摩王的特洛伊和阿伽门农的迈锡尼来验证荷马的真实性，但诗人和文学批评家却再次强调荷马史诗是一部充满想象的艺术作品。布朗宁在其诗作《发展》中，回顾了始自沃尔夫的争论，结论是，即使

> 从未有过荷马，从未有过信文，
> 从未有过对虚构的保证，但事实上
> 我却早已将其珍爱于心，如此之久。

荷马的价值就等同于人性的价值。达尔文主义者也用类似的方式宣称进化论加强了而非摧毁了《圣经》的价值。格莱斯通仍旧相信荷马本人生活在一个更接近特洛伊战争而非希罗多德的时代，因而“具有最高的历史真实性”。对他来说，正如对歌德那样，荷马是一位高贵的原始天才，既是现实主义者又是理想主义者，他的诗作捕捉到了世界的初史。格莱斯通为了说明自己的信仰，把荷马史诗的一些章节翻译成文学性很强的歌谣形式，并被斯科特普及。

弗兰西斯·纽曼（J. H. 纽曼之兄）则走得更远，为了反映荷马的原始风格，他荒谬地使用古旧的甚至废弃不用的措辞，因而受到了马

修·阿诺尔德在其讲稿《论翻译荷马史诗》中的抨击。阿诺尔德认识到，这种短小的诗行和单调的韵律同六音步史诗的规模和尊严早已相去甚远，而且过时词汇的使用容易误导人们认为荷马史诗很古怪。他提醒人们，荷马史诗是风格宏大的经典，而不是什么原始的尝试，其主要价值并不在于确凿的历史真实性或民间文化渊源。

荷马史诗反映的是一个贵族社会，18世纪的激进主义者们忽略了这一事实。“歌谣传播者”对荷马史诗所持的观点简约之极（reductio ad absurdum），这一点可见于吉卜林的诗作中：

当荷马老爹拨动琴弦
他听到人们在陆地和海洋歌唱，
在空中他所能捕捉到的，
尽得！俨然如我！

该诗中的伦敦俚语将荷马的语言艺术贬损和扭曲到了极致，并把诗人变成了收集牧人和渔夫歌谣的古风时代的奥托里库斯一般。阿诺德认为，这些歌谣的语言，甚至是乔叟的语言对有教养的英国人比荷马的希腊语对于柏拉图更为陌生，对柏拉图来说，荷马的希腊语是一种古典的，大概是一种《圣经》和莎士比亚的混合体。阿诺德用衡量莎士比亚和弥尔顿的试金石来衡量荷马，进一步确证了荷马作为欧洲文化主流源泉的地位，即“现存最重要的诗作丰碑”。他坚持认为荷马的高贵和简约（他从蒲柏那里承袭了这些标准）要求诗歌的措辞既为有教养的人士所熟悉，又不受鄙俗或古怪风格的浸染。维多利亚时期的学者安德鲁·朗格及其合作者布切尔、利甫和迈尔斯，模仿詹姆斯国王版本《圣经》翻译荷马史诗。他们的译作忠实于原著，但这种忠实的方式却为那些伟大的诗歌译者所鄙视（德里登将翻译定义为“比解释更贴切，比直译更疏远”），但其中所暗含的模拟也具有一定的合理性，因为《旧约》包含有大量的传统诗歌，描绘了一个英雄国王的时代，但他们可能将荷马史诗变成了好莱坞古装史诗之类的东西，因为，很不幸，我们不可能再像维多利亚时代的人们那样熟悉钦定的《圣经》版本了。

可以说，荷马作为故事讲述者的主要职能在12世纪得到了重新确认，而借助于出版业的印刷革命，拉蒂莫尔、菲茨格拉德以及其他人的译作拥有了空前广泛的读者。另外，人们也开始注意著作和可信度之间矛盾之外的——并且长久以来被忽视的——一些方面，比如他的神话、神学和道德。

和其他传统著作一样，“箴言”的例证常常见于荷马的史诗中，好似《旧约》的若干章中的金玉良言。在抽象科学或理论科学出现之前，这种箴言代表着人类将生活概念化的最初尝试。“叶落叶发，人死人生；风扫落叶遍地，春到花开更多；一代人死去，还会有一代人诞生”：《旧约》中反映的这条普遍法则，不仅反映出人们已经观察到的经验，而且似乎也很适合反映在这样一首诗中：众神将长生不老视为一件宝贵的礼物，不肯给予人类。在《伊利亚特》中，宙斯曾经禁不住要将长生不老赐予自己的儿子——遇害的英雄萨耳佩冬，但被赫拉所劝止，因为她怕开创一个危险的先例。还有一个更具想象力的寓言，说宙斯有两个大瓮，放在自己屋子的地板上，一个装满邪恶，一个装满祝福。宙斯赐给人类的要么是兼而有之，要么是把邪恶给予一些不走运的人。

从未有谁得到纯粹的幸福。这种朴实的酒瓮形象可能来自荷马所能接触到的早期造神文化，但出现在《伊利亚特》卷末阿喀琉斯对普里阿摩汪洋恣肆的演说中，就展现出了整部诗篇悲剧性的道德总结，即关于人类生活的真理。

荷马史诗还包括有关宇宙起源和众神故事的神话。其中有些类似于赫西俄德的宇宙起源诗篇。但另外一些似乎只是出于情节需要，并没有什么教谕目的或道德评判作用。出现在《伊利亚特》第 14 章的宙斯受赫拉“愚弄”的故事布局精细，魅力诱人，充满高雅戏剧的火花，很可能是在诗歌发展的后期被引入的。就是这类故事使柏拉图批评荷马史诗的神学理论声名狼藉，漏洞百出，事实上荷马史诗的确是不够和谐的混合物，部分是想象极其丰富的幻想——比如在《伊利亚特》第 13 章，荷马才华横溢地描写波塞冬畅行海上，众多海兽为迎接自己的主人而欢呼雀跃，海水也为他的战车开道——部分却贯穿着一种理性、心理和道德。

当阿伽门农和海伦说雅忒是他们激情的动力时，他们并未试图对自己的所作所为推卸责任，而是想说明那种控制人们、并且蒙蔽他们判断力的非理性力量的本质。在雅忒（疯狂）或艾里斯（斗争）的模糊形象中，荷马开始了一种通过人格化实现表像化的技巧，对日后的文学产生了深远影响。这些抽象概念与那些和人类惊人地相似（同形同性）的奥林匹亚众神一道存在。荷马在《伊利亚特》第 9 章中将寓言手法发挥到了极致，在那里，痛心忏悔的祈祷者被描述成宙斯的众女儿，跛足，皱纹密布，徒劳地阻止罪恶，而罪恶强壮敏捷，时时都比人先行一步，促使人去做错，“而祈祷者们则跟上来医治创伤”。这里勾勒出了一般道德理论的发端。在《伊利亚特》第16章的另外一段中，荷马把帕特洛克罗斯对特洛伊人的追逐和宙斯的行为相比较，宙斯发动暴风雨“以惩罚那些在市场上玩弄诡诈伎俩、不顾正义和神灵报复的人们”。这些段落类似于道德说教更加明显的赫西俄德的某些诗作，并且被贴上了后人篡改的标签，但和荷马在其他地方表达出来的道德观点并无二致。在《奥德赛》中，宙斯指责埃吉斯琐斯不该忽略赫耳墨斯的警告杀死了阿伽门农并霸占其妻，“因为他们的儿子奥瑞斯特斯长大后就会报仇”。这就是埃斯库罗斯的剧作《奥瑞斯特斯》的主题，古老的犯罪—赎罪的诫条在其中得到了最为充分的表现。荷马笔下的宙斯明显一直将埃吉斯琐斯引为“惟神之马首是瞻”的奥德赛的对立面，因此埃斯库罗斯笔下的严峻的宙斯在很大程度上不同于《伊利亚特》中烦躁、惧内、拈花惹草、优柔寡断的宙斯。然而即使是《伊利亚特》中的宙斯，也主持了某种大致上的正义：他承认并偿还了自己对忒提斯的情债，并在普里阿摩苦苦哀求的情况下保护了他。

《伊利亚特》一开始就叙述“宙斯的计谋或意志（boule）是如何实现的”。但是这个伟大的计谋虽然和命运相一致，但毕竟不是命运，并不能使英雄们对各自的行为轻辞其咎，也不容许这些行动在一个存在的真空中发生。这在《伊利亚特》末卷中尤其明显，那里阿波罗当着众神的面指责阿喀琉斯“破坏了怜悯的美德”，于是阿喀琉斯遵循众神的意旨，同意赫克托尔的尸体被赎回。这是一个在道德上可以接受的决定，但在故事里或阿喀琉斯身上却没有表现出来，阿喀琉斯也解释说他完全是按照自己的自由意志行事的。

最高神祇、命运和人类自由意志之间的关系成为后来史诗作品中的一个重要题材，但在《伊利亚特》中已经有所预示了。荷马所用的心理学和道德词汇恐怕不像有些批评者认为的那样简单。就像弥尔顿《失乐园》中的天神一样，宙斯知道命运中会有什么发生。两个神灵都可能直接扭转某些行为，其结果就是同命运发生冲突或“重新安排”命运。宙斯派遣阿波罗去制止阿喀琉斯猛攻特洛伊，因为那“僭越了命运的规定”。弥尔顿笔下的天神则制止撒旦向加布里埃尔挑战。史诗的性质之中已经规定和包括了可以预见的“结局”，虽然史诗并未表述结局的实现。这种构思已经存在于《伊利亚特》之中，它从“中间”开始讲述——由此衍生出贺拉斯规则，并成为文学史诗的通例——但却忽略了事件的结果，而这个结果是宙斯甚至阿伽门农和赫克托耳都已经预见到的，那就是特洛伊的陷落。两种史诗的分别在于，荷马认为特洛伊的陷落完全是另一个故事，他无须多加交代;《伊利亚特》没有这个结局也是完整无缺的。而维吉尔和弥尔顿却认为，过去不在将来实现，过去就是不完整的。特洛伊城的沦陷和埃涅阿斯到达意大利的唯一意义就在于，这预示了罗马的兴起和奥古斯都的君临，因此维吉尔借用大段大段的预言性篇幅将其纳入自己的史诗。同样，人类的堕落和亚当夏娃被逐出伊甸园可以理解的唯一的理由就是，这些事件预示着基督的下凡和赎罪之死，因此弥尔顿也借用预言性的篇章将这些事件纳入《失乐园》中。

在英雄史诗中，道德问题基本不从属于情节和概括的需要。而在赫西俄德的教谕史诗中，道德问题成为中心主题。赫西俄德使用与荷马完全相同的格律和希腊语，并且使用了一样的传统素材，但是他的诗作却大致代表了欧洲最早的纯文学作品。在他现存的两部主要诗作中，《神谱》就是诸神的谱系和职能的一个目录，是描写宙斯所统治的宇宙起源的创世史诗。《田功农时》则更能吸引现代读者的兴趣。这是一部“富有洞察力”的诗歌，劝诫诗人的兄弟适时耕作，以及更为普遍的意义上的如何生活。它将寻常百姓纳入文学作品中。赫西俄德自己就是彼奥提亚的农夫，他的诗作写的就是他自己的时代，日常生活的残酷现实，并且打上了他自己个性的烙印。因此这是早期文学的一块重要的里程碑。教谕诗要求其作者自我隐晦，一如英雄史诗要求其作者自我隐晦一样——可是人们不愿听取无名之作的教诲——所以赫西俄德就采用了不同于“非人格化”的荷马的技巧。

通过传统神话，赫西俄德解释了人类为什么必须为了可怜的收获而辛苦劳作，正如《创世记》的作者讲述亚当如何被逐出伊甸园。赫西俄德说工作是宙斯对人类的意愿，还说普罗米修斯怎样从众神那里盗火，宙斯又如何创造女人：这就是潘多拉的神话，她从一个罐子里释放出所有贻害人类的罪恶，留在罐中的唯有希望，这类似于《伊利亚特》中夏娃和宙斯的双罐。同样凄凉悲观的还有五个种族（或称“种族”，因为拉丁语的aetas等同于希腊语中的genos）人类的神话。只有第一个“黄金时代”是幸福的。柏拉图第一个指出赫西俄德是以隐喻方式使用“黄金”一词的，因为黄金时代不开采金属，从此该术语就用来描述人类最高状态的幸福，我们称之为“前堕落时代”（prelapsarian）。黄金时代以下逐渐堕落，依次是白银和青铜时代（青铜时代也是英雄时代——鏖战于特洛伊和忒拜的众英雄在英雄颂歌中备受赞颂），最后是赫西俄德的铁器时代，诗人说，当新生儿带着灰色的毛发降生，当正不压邪时，宙斯就会摧毁铁器时代。

赫西俄德认为这一时代即将来临。宙斯赋予了所有人明辨是非的能力，但只有国王才可以行使这种能力，赫西俄德将明智和正义寄希望于国王，因此警告他们要杜绝贿赂和诈骗。这一警告显然反映了诗人的经验。赫西俄德第一次开启了对大人物的抱怨和批评，这点在以后的讽刺文学中得以伸张。赫西俄德出于利己主义建议人们辛勤劳作：穷人最受大人物的支配。赫西俄德在道德思考方面取得了一个重大的进步，他明确区分了荷马史诗中人格化的、导致战争的邪恶争斗，以及激发竞争力的、促使人们从懒惰变为勤奋的、正当的争斗，后来"穷攀比"的套话即始见于这种"与邻人的竞争"。

赫西俄德是神话诗歌之父，被很多希腊罗马诗人视为灵感的源泉。奥维德的《变形记》就是从赫西俄德传统中的"创世"史诗开始的。赫西俄德作为一个实用性的教谕诗人一直很有影响，即使在散文成为教谕的主要形式之后。后来的希腊诗人关于哲学和天文学创作有六音步诗歌。在罗马作家中，西塞罗翻译了希腊语的教谕史诗。最著名的拉丁语教谕诗是卢克莱修的《论自然》和维吉尔的《稼穑诗》。卢克莱修提出了科学唯物主义哲学。他关于人类进化一书的第 5 卷是赫西俄德五种族人类神话的最新版本。但其诗歌的影响和魅力并非来自其教谕目的，而是来自作者的道德热情、使命感以及反击传统宗教所灌注的恐惧。和《田功农时》一样，《论自然》包含有讽刺与令人鼓舞的成分。

维吉尔《稼穑诗》的灵感直接来源于《田功农时》。它教导人们栽种葡萄、养殖蜜蜂等农事，在这方面早期罗马作家有过专著。赫西俄德教导人们如何剪枝、收割、耕种以及冬日保暖，不仅是首次将这类技艺形诸文字，而且具有很大的实用性。但是，尽管维吉尔本人热爱乡间，但当时的农民却不可能求助于像《稼穑诗》这样博大精深的文学作品。赫西俄德的大多数建议都涉及历法。对维吉尔而言，自然界首先是一个可以用来尽情挥洒文才的论题，因而该诗大大赞美了意大利乡村那种沁人心脾的完美田园生活，以及意大利农民辛苦劳作、生活简朴的传统美德，以对比风纪败坏、道德沦丧的城市。维吉尔也把该诗当作一个框架，以亚历山大城的文风描述事物。英国汤姆生的《四季歌》(1730年)更多的是仿照《稼穑诗》而非赫西俄德。该诗以弥尔顿风格写成——这更多的是"维吉尔风格"而不是荷马风格——包括了对自然的科技性论述和哲学沉思。汤姆生在一个文明乐观的年代里写作，认为环境不仅是面目可亲的——前提是对自然的合理开发，生活简朴——而且是人幸福的一切所需。在恬静的田野与农庄，黄金时代历久犹存。

然而，赫西俄德生活和描绘的世界是铁器时代，荷马对此厌烦而想象出一个更加辉煌的年代——尽管远离和平，而对此的回忆由于英雄史诗传统却被保留下来。他把这一时代、这一艺术完全展现在他的史诗中，以至于没有任何现存的东西可与之相比。他令其史诗"像匹高头大马一样驰骋"。现代作品中，能以其对人性描述的丰富，构思的气势磅礴，手法的典雅，真正称得上是"荷马风格的"作品，可能只有托尔斯泰的《战争与和平》，这部作品明确地抛弃了不再有意义的英雄史观。

Further Reading

A translation of the Gilgamesh epic by N. K. Sandars is available in Penguin (1970).

Among the numerous available translations of the Homeric epics, R. Lattimore's *Iliad* (Chicago, 1962) and *Odyssey* (Chicago, 1968) are strongly recommended: the former is available as a paperback (Phoenix, 1951). There is a useful *Companion to the Iliad* (Based on Lattimore's translation) by M. M. Willcock (Chicago, 1970). The Victorian version of the *Iliad* by Lang, Leaf, and Myers is available as a Macmillan paperback (1947), as is the *Odyssey* of Butcher and Lang (1949). R. Fitzgerald's *Odyssey* is also recommended (Anchor paperback, 1967). Pope's *Iliad* is reprinted with his preface in the World's Calssics (Oxford, 1902). Arnold's lectures on translating Homer are included in *Essays Literary and Critical* (Everyman, 1964) and *Essays, Letters, and Reviews* (Oxford, 1960).

On Greek mythology, see G. S. Kirk's *The Nature of Greek Myths* (Penguin, 1974) and his comparative study, *Myth: Its Meaning and Functions in Ancient and Other Cultures* (Cambridge, 1970). On the historical backgroud of Homer, *History and the Homeric Iliad* by D. L. Page (Cambridge, 1963) emphasizes the Mycenaean elements in the poem; *The World of Odysseus* by M. I. Finly (new edn., Chatto and Windus 1977) looks at the background in the light of Greek archaic society.

On the poems themselves, the basic work on the oral tradition is *The Making of Homeric Verse*, ed. A. M. Parry (Oxford, 1971), which includes the papers of Milman Parry; but it is highly technical and the reader without Greek may prefer a more general account such as *Homer*, by C. M. Bowra (Duckworth, 1972), or *Homer and the Epic*, by G. S. kirk (Cambridge, 1965), a shorter version of his authoritative *The Songs of Homer* (Cambridge, 1962). Gilbert Murray's *Rise of the Greek Epic* (Oxford, 1960) is much less up-to-date, but it remains an exciting and stimulating work of imaginative scholarship. On Homeric religion and beliefs, see *The Greeks and the Irrational* by E. R. Dodds (California, 1951), chs. 1-3, and *The Justice of Zeus*, by H. Lloyd-Jones (California, 1971), chs. 1 and 2.

On the History of Homeric scholarship, the standard work is *Homer and his Critics*, by J. L. Myres (Routledge, 1958). On the lost Greek epics, see *Greek Epic Poetry*, by G. L. Huxley (Faber, 1969). On Homer's fortunes in the Middle Ages and the Renaissance see R. R. Bolgar, *The Classical Heritage and its Beneficiaries* (Cambridge and Harper Torchbook paterback, 1954); the Index, under 'Homer', in E. R. Curtius's *European Literature and the Latin Middle Ages* (Routledge, 1953); and (mainly on Chapman's *Odyssey*) *Homeric Renaissance*, by G. de F. Lord (1972). *Goethe and the Greeks*, by H. Trevelyan (Cambridge, 1941) examines Homer's importance for the German preromantic revival. *The Ulysses Theme*, by W. B. Standord (Oxford, 1963) traces the fortunes of Homer's hero in post-Homeric literature down to modern times.

On Homer's style, the reader with no Greek will profit from the first chapter of Erich Auerbach's *Mimesis: the Representation of Reality in Western Art* (English transl. by Willard Trask, Anchor paperback, 1953). Those who are interested in the technique of comparative criticism of Virgil and Homer will find useful material in *Darkness Visible*: *A Study of Vergil's Aeneid*, by W. R. Johnson (California, 1976). A summary of the various and mainly misguided criticisms of Homer through the ages is included in *Enemies of Poetry*, by W. B. Stanford (Routledge, 1980).

第五章　抒情诗及其他诗体

A. M. 戴维斯 撰　赵沛林 译

古希腊诗歌艺术几乎包含了所有已知的诗歌种类，自公元前8世纪直至当今，人们一直在依照这些种类或多或少地进行创作。虽然关于文学体裁的认识是逐渐形成的，但希腊人毕竟是很多种类诗歌的发明者。本章将讨论古代希腊除史诗和戏剧诗之外留给我们的诗歌遗产，讨论的年代将降及公元4世纪，还将略微谈到这一遗产的影响。

希腊的诗歌遗产首先是在能够阅读希腊文的人群中传播的，后来才通过拉丁文献和翻译文本间接地传播到各现代欧洲语言中。正如其他各民族的文化遗产一样，这一诗歌遗产在不同的时代得到了不同的接受。对希腊语的掌握虽然在过去的几个世纪里有所增长，但掌握这一语言的人一直不是很多；新发现的文本不时地出现在人们的视野中，人们对古代世界的了解也随之丰富起来。在通常情况下，由于缺少戏剧性的或叙事性的趣味，篇幅短小的诗歌在有些情况下比史诗或戏剧更少得到翻译，而且，这类诗歌中可能存在的形式与内容的高度融合在翻译中受到的损害更大。然而，艺术范畴的广泛和多样性，以及在许多诗体中取得的杰出成就，都使史诗和戏剧之外的希腊诗歌艺术或以原文或以译文的形式，对文艺复兴以来的读者发挥了有力的影响作用。文艺复兴运动本身基本上是在古典范式影响下的文艺再生运动，一种从运动的深处焕发出古希腊魅力的新生或再生运动。

随着我们对希腊诗歌历史的追溯，它的各方面影响自会显示出来。这种对后世发生的影响，或被吸收到其他民族传统中去的情形将得到说明，但任何这类说明都必然是不确定和不精确的，不过是对希腊诗歌来说，一个确定的事实是，它通常是经由拉丁文化——无论是利用其主题、体裁、风格、意象及格律来创作他们自己的诗歌的古典拉丁诗人，还是通过将其翻译为拉丁文，其拉丁译文后来又被译成各民族语言的文艺复兴学者——才传播开来的。还有，在教育领域，拉丁文献发挥了比希腊文献更大的作用，希腊诗歌的教习一直集中在史诗和戏剧方面，其他种类的希腊诗歌译文为数很少。有些早期希腊诗人的作品或是湮没了，或是仅存残篇，因而世人对他们的了解也就难以完满了。我们甚至不能断言，从文艺复兴时期以降，史诗和戏剧之外的希腊诗歌对欧洲文学的直接影响是多么有力，尽管它的影子不时地闪现，犹如闪烁的灵光一般。希腊诗歌的伟大遗产的主要意义在于自身的存在而非影响。

要澄清希腊诗歌影响这一广泛而悠久未决的问题，就需要展开一种宽松的叙述框架，可以将诗歌的发展变化都容纳进去，包括很多诗人——尽管他们中有些人已经根本不再发生什么明显的影响，但我们至少可以在一般意义上对希腊诗歌作出更广泛些的评论。也许首先需要提到的就是，希腊诗歌不仅追求美，而且追求智慧：意义并没有成为语言修饰或情感表达的牺牲品，合乎理性的判断始终存在着。只要清晰优美，就会立即显出诗歌的特性，就是说，只要有着希腊寺庙或希腊陶瓶那样的外观上的清晰明确和细节上的精细准确。矗立在阳光下、海边山崖上的残柱景观——就像在苏尼乌姆的那样——大概是一种适当的类比。对于现代趣味来说，这种不完整的描写或片段式的描写——早期的希腊诗歌中尤为多见——比希腊式的完美理想更为富于暗示性，也更加令人愉悦。在地中海风光的背景下，那些遗址所昭告于世人的东西，正如在这样一种风习之下的自由、热情而充实的人生，一直是18世纪以来文学中浪漫的希腊风的一部分。拜伦笔下的唐璜和海蒂由此而结成了

完全古代的
半裸的，钟情的，天然的，希腊式的一对。

希腊诗歌总是近于单纯，这不是说它缺少精妙或含蓄，而是说在最动情或最精致的作品里，意义也总是被表现得极为单纯，几乎与真理以及音乐的和谐一样单纯。单纯从一开始就是希腊诗歌的一种价值尺度，虽有变化和例外，但这一价值尺度却从古典时代一直延续到博学者和诡辩学者的时代。希腊诗歌往往以表现方法的刻意精简为标志，以保持高雅和简洁。不足为奇的是，希腊诗歌大多表现出一种科学定理般的品格，而在这同一个文化传统中，数学也得到高度的重视；同样不足为奇的是，希腊诗歌大多明晰悦耳，而在这同一个文化传统中，

缪斯们合乎逻辑地被看作记忆女神的女儿。

大体上说，希腊诗歌中存在的一个核心内涵，就是对人类和人生中普遍而居于核心地位的事物的关注，对于离奇古怪的事物则全无兴趣，不论是诗人的气质还是诗人的主题都是如此。因为有一种对真理的关注限制了想象和辞采的过度旁骛。希腊的诗人们并不是像阿诺德在论及索福克勒斯时说的那样，始终以不变的、笼统的眼光看待人生，而是像阿诺尔德在另一句话中说到的，他们常常力图在事物中看出其本身实有的性质，这样做之后，他们就直接地把自己的发现表达出来。他们对形式的感觉大体是靠得住的，有时甚至是很敏锐的，但通常它总是和内容密切相关的。有时，在一首诗中存在着两种力量的令人信服的对立：一方面是个性话语或歌吟的语调和变易形式，另一方面则是少量非个性化的令人刻骨铭心的字句的完美运用。但诗人总是能意识到自己在说什么。一种合乎比例的感觉——既是伦理性质的，也是美学性质的，要求在内容和形式之间确立一种可以接受的约束。

内容是始终围绕着人类生活的。当然，有些希腊诗人或多或少地带有宗教意识，忠实于宇宙的神圣法则，也乐于表现这些法则，但大多数希腊诗人都是关注生活在大地上的人群的，此间的生活结束后，人们通常相信，只剩下黑暗和凄凉的存在。人应该尊敬神灵，同时表现出植根于自知之明的谦逊谨慎，但应该最大限度地过好这唯一可以享有的生活。被温克尔曼视为最优秀的希腊艺术的特征的高贵的单纯和静穆的宏伟在有些希腊诗歌中不难发现，然而这些特征并非希腊艺术的唯一品格，除了这些之外希腊艺术还有其他很多特征。

我们现在所朗读的古风时代和古典时代的希腊抒情诗有很多都是

为歌唱而创作的，有时还配以舞蹈，在笛子和竖琴伴奏下当众演出（尽管我们对当时的音乐和舞蹈几乎一无所知）。诗人们是亲自写诗作曲，抒情诗艺术涉及节奏的技巧，这是比史诗和短长格诗歌所用的吟诵或朗读的格律更为复杂的技巧，而对这种诗歌节奏的深入领会早在公元前3世纪就已失传了。因此，当我们默默地读起这些希腊抒情诗的时候，我们已无法从某些诗歌的欣赏中得到那些只有在可见可闻的情境中才会产生的感觉，也无法从所有诗歌的欣赏中得不对其节奏的力量和微妙之处的感觉。

虽说存在着很多的种类和格律，希腊诗歌却全都是按照与英语诗歌格律不同的格律体系来创作的。虽然节拍在为歌唱的诗伴奏的音乐中是变化不定的，重音有时也会起到一定的作用，但是希腊诗歌的节奏基础不是重音而是节拍，即音乐节拍（或者说是音长）的长短单元（或者说音节）——一个“长”音节通常是一个“短”音节音长的两倍。还有一个因素，就是音高。标志着音高的是重音——公元前3世纪时，亚历山大城的诗人们开始将锐音、钝音和音调符号应用到了希腊语的书写中。据说，在重音音节和非重音音节之间，音高的变化可以达到音乐中五度音程的程度。对于希腊语中音高和重音之间的关系，我们还不很清楚——它本身也在若干世纪里经历了变化，这也是我们无法对希腊诗歌的声音特征作出充分说明的部分原因。再者，希腊诗歌没有韵脚。

不过，我们确实知道希腊字母表中的24个字母的发音情况，也能够觉察那些对诗歌艺术发生作用的希腊语的某些特征。希腊诗歌中的元音对辅音的比例高于英语诗歌，同时，希腊诗歌有着更多的纯元音和大量的短元音，尽管这些特点因作者、方言和时期的不同而存在着变化。希腊语的这一元音应用的特性，以及元音划分的方式——往往以元音而非辅音作为音节结尾——都倾向于造成一种比英语或拉丁语更有音调感、更轻捷、更流利的语言，虽说现代希腊语的口语听起来带着某种粗砺的美感。古代希腊语具有比较广阔的语法形式的范畴：它是一种曲折语言，有三种人称（单数、双数、复数），五种格（主格、呼格、宾格，属格、与格），三种性（阳性、阴性、中性），三种语态（主动态、中间态、被动态），四种语气（陈述语气、祈使语气、虚拟语气、祈愿语气）以及各种过去时态、将来时态和现在时态。它的词汇量大，特别是冠词格外丰富，它依靠这些冠词微妙地改变意义，指示着发音。它利用介词和动词的结合、形容词和副词的结合以及形容词和形容词相互的结合来造成新词汇。虽然节奏在诗歌中比在散文中更经常地决定着词序，而许多位置灵活的词汇可以出现在从句的开头、中间或结尾，总之，尽管有着如许的曲折性，但希腊语的句子结构却仍比拉丁语更简单，也更像英语。

由于希腊诗歌是在长久的时期里，在不同的地方创作而成的，因而所用语言有着不同方言或混合方言的特点：阿提卡的、爱奥尼亚的、伊利亚的或是多利亚的。在散文中，各种方言后来逐渐被吸收进了一种新的共同语言，即以阿提卡方言为主的希腊共通语（《希腊新约圣经》用的语言）。但在诗歌中，方言色彩却保持了很长的时期，原因在于：尽管诗人可能在语言运用上有某种自由，但一种传统的方言毕竟总是和某些种类的诗歌结合在一起的。例如，史诗基本上用爱奥尼亚方言，戏剧诗主要采用阿提卡方言，辅以多利亚方言因素，而抒情诗和其他诗歌种类则采用许多种类的方言，或者采用多种方言的混合。

早期希腊诗歌或是为单声（独唱诗），或是为合声（合唱诗）而创作的，但合唱歌也可能配有独唱：荷马在《伊利亚特》中描写的阿喀琉斯之盾，就表现了一个男孩在歌唱、同时他的同伴也在歌唱和舞蹈的情形，他还提到了各种合唱歌——庆典歌、凯旋歌、谢恩歌、哀歌。合唱歌的形式要比独唱歌长，用更为精致的格律写成；独唱歌则更有个人性，处理的主题也更为广泛。无论是合唱歌还是独唱歌，都是由竖琴或笛子或二者并用来伴奏的。亚历山大城的诗人们后来开列了一份九位抒情诗人的名单，这些诗人都曾作有竖琴歌，他们的竖琴歌既未采用抑扬格或扬抑格，也未采用笛歌对句体。他们是：阿尔克曼、斯特西科罗斯、萨福、阿尔凯奥斯、伊比科斯、阿拿克莱翁、西莫尼德斯、品达罗斯、巴库里德斯。

笛歌体诗歌在希腊人中并不指一种特定的情绪或主题，但以笛歌对句体写成的诗歌是：六音步的一行，接以五音步的一行，两行诗或由扬抑抑格，或由扬扬格，或由扬扬格的一部分构成[1]。起初笛歌对句体是为笛子曲谱写的，由此得名“笛歌”，用作出征歌、宴饮歌或情歌。但不久后，笛歌对句体便用在其他种类的诗歌中了。而且，这种诗体从宴席歌唱之作，发展到了铭刻墓志之作。用希腊语创作的这一诗体持续了很多世纪，后来又成了卡图鲁斯、普罗佩提乌斯和提布鲁斯所用的诗体。

1 一个抑扬格是一个短音节后跟一个长音节，一个扬抑格是一个长音节后跟一个短音节，一个扬扬格是两个长音节相连属，一个扬抑抑格是一个长音节后跟两个短音节。

我们没有必要受到亚历山大城的希腊抒情诗人名单的限制，处在一个更为广义的抒情诗概念之下，我们便可以很容易地追溯到所谓“荷马颂神诗”，并以那些诗作为开端。诗歌艺术无疑在荷马之前就已有人创作了，但我们尚未得到任何早于荷马的诗作，因为直到荷马时代，也许在公元前8世纪，希腊诗歌才被记录下来。现有的33首颂神诗中，有些诗显然如荷马般古老，尽管它们不再被认为是荷马所作（如果说的确有过荷马这个人，他“写”过一两首归属于他的诗的话），还有很多诗的年代都可追溯到后来的时代。“荷马颂神诗”大约经过某个诗人的吟诵，因而总的来看与其说是虔诚的，毋宁说是文学性的，而且还把史诗风格应用到了浪漫的而非英雄的主题上。它们在篇幅上长短不一，长的（500—600行）如献给阿波罗、狄奥尼索斯和得墨忒耳的颂诗，短的如仅有几行的祈祷诗。有些诗大概只是史诗吟诵者采用的序诗，其中一首短小的（第六首）《阿芙洛狄忒颂》虽然在规模上和力度上不及献给同一神祇的长些的颂诗（第五首），却有可能充当过希腊抒情诗的观念前身：

> 我要歌唱神圣的阿芙洛狄忒，头戴金冠美轮美奂，她是大海环绕的塞浦路斯所有高堞的女主人，那里有湿润的西风神将这足踏飞沫的女神托出在喧响的海波之上。金发带飘扬的时光女神欣喜地迎接她，为她穿上圣洁的衣裳，为她不会死的头戴上精致而美丽的金冠，为她穿孔的耳朵戴上宝石和黄金打造的首饰。在她的颈项和迷人的胸脯上，像时光女神那样装饰着金链，头饰金发带的时光女神就是佩带着这样的金链，前往她们父亲的邸宅，参

加众神的盛大舞会的。当时光女神为阿芙洛狄忒装扮完毕，她们便将她引到众神面前。看到这位紫罗兰花环掩映下的女神，众神对她的美貌不由暗自惊异，他们迎接她，拥抱她，各个都想把她带回家里，娶为妻子。

用你那飞动的眼神和温柔的神态祝福我吧，赐我以竞赛的胜利吧，请为我的歌注入灵感，我要再作一支歌，把你歌唱。

这首对美与性爱，对艺术、自然、黄金与花朵的颂歌以及为获得灵感——对胜利的期冀与对未来的许诺——的祈求，十足地表达了希腊人的抒情性。

“荷马颂神诗”是由查普曼译成英文的，却不如他的两部荷马史诗译文那样成功。诸颂神诗中有七首是由诗人雪莱译成英文的，这些诗就译得好些，也更忠实些。雪莱对希腊文学的喜爱也许已经婉转地、有选择地表现在他自己的创作中了，例如他的诗歌中的先验色彩和轻灵状态就是如此，只不过这种特色毕竟还是牢固地扎根在希腊文化涵养中的。歌德曾把这些颂神诗容纳进自己对荷马的赞美之中，当然，这种赞美只是一部分——如果是主要部分的话——对全部希腊诗歌的强烈感情的一部分：这种感情虽然不是全然建立在严格的知识基础上的，却是持久不变和激励人心的。他所作的《浮士德》中的一节——《特洛伊的海伦》（第二幕第三场）具有多重的呼应性质，他把他自己对希腊诗歌和艺术的深刻而复杂的感受凝聚在一处，同时也流露出德国和希腊观念之间强烈对立的关系。在过去的两个世纪里，这种关系一直是富于成果并带来动荡的因素。

和颂神诗相对的是阿尔基洛科斯的诗创作。后者也许是欧洲文学史上第一个具有自觉个性的诗人，他创作于公元前7世纪。另外，他并不是严格意义上的抒情诗人，因为他的主要作品是哀歌和抑扬格诗歌。我们现在拥有可能由他创作的近三百件残篇，还有若干草纸片段，有些是只言片语，有些则长些，包括最近发现的大约三十行的诗句。这些残篇的主题和风格正像其格律和措辞一样丰富多彩：爱情诗、憎恶诗、挽诗、出征歌、寓言诗——近于讲话而不近于诗歌。一个鲜活的人格在自由而强烈地表达着自己，那可能是诗人自己，也可能是戏剧性的虚构。墨勒阿格罗斯是公元前2世纪和公元前1世纪早期的文集编辑者和诗人，他曾将阿尔基洛科斯称为“枝叶曼妙的蓟花”，被认为写作了《论崇高》一文（约作于公元1世纪）的朗吉努斯则称赞他的神圣精神，认为他的精神弥补了克制能力的缺失带来的不足。（从一开始，任何对于“古典诗”和“浪漫诗”所做区别的单纯想法都会受到这一观念的挑战）。贺拉斯宣称，他自己曾模仿过阿尔基洛科斯的格律以及情绪，但他作了某些修正，正像萨福和阿尔凯奥斯所做过的一样。这也是一个提示，说明希腊诗歌传统在整个古希腊时代不仅是活跃地发展的，而且是不断得到丰富的。

阿尔基洛科斯既是诗人也是战士：

我是战神和缪斯的仆人——他们美妙的赐予我心有知。

不过他也承认，他曾把自己的盾牌丢弃在战场上，就像阿尔凯奥斯和阿拿克莱翁后来皆承认过的：

盾牌上有些塞安人的荣耀——这盾牌是无可指责的——我却把它丢进了树丛——并非真心所愿，可我毕竟逃过了死的劫难。就让那盾牌去吧，我会弄个同样好的来替它。

他用简单的几个字就能描绘出一幅心灵活动的图画或写真，既鲜明又生动：

她手持桃金娘花枝和艳丽的玫瑰：她的头发如影随形，勾勒出她的肩背。

心中的欲望使我抑郁，我垂死般躺在床上，浑身的骨头——全赖神的关照——被剧痛所洞穿。

哦，我要是能触摸到奈尔波莱的手该多好。

他也善作警语：

狐狸知晓很多事情，刺猬只知道一件事，却是大事。

从阿尔基洛科斯留下的这些残篇中，人们会看出一种道德态度，它会在希腊诗歌中发出回响：勇气显示在受难的脸上；要尽力平息悲伤和快乐带来的强烈情绪；对众神保持含有敬畏的尊崇。总之，他是一个令人难忘的诗人。

其他在公元前7世纪中创作哀歌对句体的诗人们还有卡利努斯和提尔泰乌斯，他们两人都创作有战歌，鼓舞人们在捍卫邦国的战争中发扬勇敢忠诚的军人美德。米姆奈尔穆斯的哀歌对句体则属于另一翼，他写的是爱情、青春和快乐。米姆奈尔穆斯是个重要的诗人和音乐家，应被视为创作爱情哀歌的拉丁作家们的早期先驱者：普罗佩提乌斯曾赞美过他的行文流畅。米姆奈尔穆斯憎恶老年和死亡：

> 哦，金子般的爱情，没有你，还谈什么人生，还怎能有欢乐？
> 一旦你离去，宣告终结，死便接踵而至！
> 到那时天赐之物不再属于我，
> 到那时挚友的亲情也不再光顾。
> 这些都是青春的花朵。可那苦痛的年岁，
> 美的毒鸩，都会迅疾到来，
> 挟着悲哀的预感而摧人断肠
> 把他那些不合规矩的快乐悉数扫荡。
> 他仇视少女也嫉恨少年，
> 众神所装点的徒然令我们反感。
>
> （G.L.狄金森　英译）

几乎与此同时，西莫尼德斯创作了他的抑扬格诗歌，以嘲讽人类欲望的空虚无聊和女人们的本性。抑扬格通常是与讽刺相联系的，他便是继承了植根于民间的针砭詈骂的传统，把各种类型的女子与动物相比拟的。“女人是万恶之首”，但也有一类好的女人，是从蜜蜂中生

出的，她们带来的是快乐和幸福。这不是高级的诗歌，但自成其趣。公元前6世纪，一位名叫希波那克斯的摹仿者以激烈的现实性的立场，表现了更为广泛的主题。他的创作在整个古代世界，特别是亚历山大城的读者中颇受欢迎，其阴沉而尖刻的语言使我们想到希腊诗歌的多样化风格，以及希腊日常生活的诸多特征。

公元前7世纪用爱奥尼亚方言创作的诗人们程度不同地都处在荷马的影响下。他们生活在爱奥尼亚（小亚细亚）或附近岛屿，只有提尔泰乌斯除外，他在希腊半岛南部，即伯罗奔尼撒的斯巴达从事创作。斯巴达当时还不是后来那样的军事性国家，而是音乐和诗歌的家园。斯巴达文学是从公元前7世纪的泰尔潘德尔的创作开始的，据说泰尔潘德尔发明了七弦竖琴，归于普鲁塔克名下的《论音乐》一文谈到了当时斯巴达的两个音乐“流派”。我们现在只能见到可能是泰尔潘德尔创作的少量残篇，不过他的名字一度却是和仪式歌或献给阿波罗的颂神诗（即竖琴颂歌）的发展联系在一起的。这种诗歌形式是和狂热歌或献给酒神的颂神诗相对立的，后者或许是从一种简单的曲调发展出来的，大约在公元前600年，莱斯沃斯的阿瑞翁在科林斯将其加工成一种精致的形式。后来，和其他因素结合在一起的酒神颂歌便发展成了希腊悲剧，而竖琴颂歌也和酒神颂歌合聚一处了。

正是从斯巴达，我们得到了最早的、真正的合唱抒情歌片段，即阿尔克曼的作品[1]。这些片段的艺术形式无疑是更加古老的:在荷马风格

---

1 我们对斯特西科罗斯——居住在西西里的希腊西部第一个重要诗人，其声望和影响在古代世界是不容忽视的——几乎一无所知。他创作了长篇的、复杂的合唱抒情歌，叙述的是英雄们的系列传说。他的诗歌似乎代表了从史诗到悲剧的发展过程中的一个重要阶段。

的颂神诗《致阿波罗》中，诗人描写了奥林匹斯山上的阿尔忒弥斯和众缪斯在歌唱，阿芙洛狄忒和众美惠女神以及众时光女神在舞蹈，阿波罗在弹奏竖琴。这样的场面同样出现在《伊利亚特》所描写的地上生活中。在阿喀琉斯的盾牌上，荷马描写出青年男子和已达结婚年龄的女子们手牵着手舞蹈，游吟诗人则在竖琴的伴奏下歌唱着庄严的诗歌，还有两个要手艺的正和着音乐的节拍，在欢乐的人群中里外翻着筋斗；在盾牌上的另一处，表现了在笛子和竖琴的伴奏下歌唱和跳舞的婚礼场面；还有收获葡萄的时节，一个青年男子一边弹奏竖琴，一边歌唱着利努斯的动听的歌，一群青年男女在伴着歌唱舞蹈。

阿尔克曼诗歌的最长片段，是完整与否尚未可知的《帕特农贞女》，或称《处女之歌》，长达 100 行左右，看来是在某个宗教节期的黎明前，由女孩子合唱队演唱，同时与别的合唱队进行音乐和美的竞赛的。该诗综合了三种传统的合唱颂歌因素：神话、格言、个人风格。诗中讲述了希波孔众儿子们的故事，他们或是被赫拉克勒斯所杀，或是被卡斯托尔和波里德乌克斯所杀。这首诗是针对暴烈的骄傲所发的警告，其中有对年轻女子的议论。全诗的结构很可能是相同诗节不断重复的，节奏主要是扬抑格或称作长短格的，诗中轻捷单纯而鲜明的形象以及优美的旋律都传达出古风时代对优雅的欢乐的追求。

复仇来自于众神；
福祉属于快乐地
度过生命中每一天
而从不落泪的人。但我要歌唱

阿吉多的光彩，我眼中的她
犹如太阳，那太阳
通过阿吉多的双眼照在我们身上。
但我们可爱的领唱人
却不许我赞美她，
也不许说她不美丽。
她真切地知晓自己
光彩照人的美艳，
就像那放牧的牛群中
闪出一匹健壮的奔马，
步伐有力而迅疾，蹄声如雷，
身生双翼的梦中灵物。

（理奇蒙·拉第莫尔　英译）

亚历山大城的学者们原本出版过阿尔克曼的几部诗集，其中至少有两部是常为人们引用的，而他的著作残篇得以流传至今，或是因为被人引用，或是因为出现在被发现的草纸上。他的最早的作品（如果的确是他所作），是一部希腊诗人创造的呼唤自然神灵的最早样本（虽然在荷马的诗中还有更早的样本）。希腊诗人们常创作这样的诗篇，但是他们并不把人类情感归结为从自然中产生的现象或对象，而神圣或半神圣的自然所具备的各种特征则被加以人格化了，这也许就是过去人们常说的希腊人缺乏自然诗的缘故吧。

远山的峰巅，幽深的壑谷，
小山和溪流，皆已沉睡。
睡去的还有丛林和归巢的蜂儿。
山间的野兽和黝黑的大地所生的一切，
阴沉的大海，深穴的妖怪，
甚至每只小鸟也收拢翅膀，一道睡去。

（H.T.韦德·盖利　英译）

在阿尔克曼的第二个残篇里，年老所致的衰弱以及无力起舞暗指一则神话，说的是雄的神翠鸟年老时不再能飞翔，便由它们的配偶背负着飞翔。

歌声婉转爱情萌动的少女呀，我的肢体不再能负载我。如果，哎，如果我是一只翠鸟，和神翠鸟一道飞翔，在波涛的飞沫之上，怀着一颗无畏的心，那样一只海蓝色的、欢快的鸟。

（C.M.鲍拉　英译）

这个故事当时传到了莱斯沃斯岛，公元前7世纪时，那里已经发展起一种文化，即诗歌艺术备受青睐的文化。这是一个水草丰沛的岛屿，橄榄树和悬铃木生长繁茂。春日里到处开放着银莲花、兰花和野郁金香。据说泰尔潘德尔和阿瑞翁就出身于莱斯沃斯岛，这座岛屿和音乐、诗歌的联系从后来得到流传的故事也可得到印证。故事说俄耳甫斯在被色雷斯妇女肢解后，用约翰·弥尔顿在他的《黎西达斯》一诗中的话说就是，他的头颅和竖琴“被投进赫伯卢斯河，顺流而下，直到莱斯沃斯岛的岸边”，并被埋在了那里。就是在这个地方，在公元前600年前后，抒情挽歌在萨福和阿尔凯奥斯的诗创作中达到了高潮。

萨福曾以独特的简洁风格写道：

我断言后世将有人把我们怀念

这一预言如今已经得到了验证。萨福业已成为最著名的女诗人并继续保持着这一地位，她的诗清晰、热烈、旋律优美，传达出她所要敏锐、直截地说出的话，但又不失优雅。在她的格律多样、合唱的、宣叙的以及个性化的大量诗歌中，我们所知的只有若干残篇，但有些残篇却接近于完整之作。她写作所用的是爱奥里亚方言的变体，其现存诗作的大部分是描写少女的：她自己的热烈情感和莱斯沃斯岛人对女性美的崇拜情绪混在了一处。她的一首诗坚定地表白了她自己的立场，即反对男性社会所主张的武力价值，认为妇女在很大程度上是与之相颉颃的：

有人说世间最好的东西
是骑兵、步兵和舰队。
在我看来最好的是
心中的爱。

这全部道理很容易

理解。那美丽绝伦的
海伦就把那毁灭特洛伊
名声的人

看作天下最好的人，
她忘记女儿和自己的
双亲，任凭“爱情”拐带，
摆布她去恋爱。

（C.M.鲍拉　英译）

朗吉努斯曾援引下述诗句，赞许她选择写实细节并组织诸细节，以创造各种强烈情感所构成的复杂心境的本领。他还特别称道她在处理这类强烈的感情冲突时表现出的超然态度。正是这种克制能力和客观态度，既不夸张也不掩盖，使她在骨子里断然成为希腊式的诗人，而且是难于转译的诗人。

我看他恰似天神
翩然坐在你对面
聆听你呢喃软语
笑声欢忭

激荡起甜蜜回响
我胸中方寸难敛

只消看到你脸庞
令我哑然

周身惟有情如火
枯舌道不出缱绻
双眼再难见天光
耳走雷电

更兼汗如雨滂沱。
面色如纸气息奄
只觉得死神将至
头昏目眩

（威里斯·巴恩斯东　英译）

她的诗触及爱情的各个方面，这种触及有时不很明显。涉及爱情中审美和社会交往的快乐，它的苦痛掺杂其间的甜蜜，它的渴盼与悔恨，还有在适当场合对阿芙洛狄忒的几次祈祷，这位女神在诗中是以各种美的女神的身份出现的。对自然的敏锐观察也不时在诗中闪现：

她置身吕底亚的女子之间
照耀着玉貌花颜，
就像白天飞逝后，月出天边

用她粉红的纤指使群星隐退
并将她无边的清辉
铺上苦咸的海潮和繁花的原野

（里奇蒙·拉第莫尔 英译）

但总的来说，她是献身于她的艺术的，她的诗歌艺术的丰富多彩是无法在一篇短小的评论中得到阐述的，而且，公正地说，正是她对自己的艺术的理解，使她不致被人遗忘，而被遗忘的都是那些对缪斯茫然无知的人。

当你辞世之后，你将躺在那里，不再有人记得你或思念你；因为你不曾分享皮埃里亚的玫瑰。但是在死神的殿堂，在你从此间飞逝到彼间的时候，你仍将以非实体的形体无声无臭地漫游。

（C.M.鲍拉 英译）

萨福的作品虽然大部失传，但毕竟为后世所知：作为一种影响，更作为一种理想和人格。卡图鲁斯将她的第二首颂诗或其一部分（该诗后来被朗吉努斯引用过）译成了拉丁文，独具特色地利用文学传统表达了他自己的情感。奥维德把她的故事连缀起来——她对法翁的爱恋，她在琉卡德的悬崖上蹈海自尽——写成了他的英雄风格的书信体诗歌中的一篇；蒲柏又把奥维德的作品译成了激情洋溢的《萨福致法翁》（在奥维德和蒲柏的诗歌中，感情与智慧并存，从大体上说，这是一种为古风和古典时期希腊爱情诗歌几乎全然缺失的品格。）在古代和现代，萨福都经常得到艺术家的表现：她占有崇高的地位，例如在拉斐尔的《帕纳索斯》一作中。

在文艺复兴时期，萨福诗歌的多种文本被译成了拉丁文。在法国文学史上，自从16世纪的“七星诗社”以来，对萨福的摹仿和借鉴一直存在着。龙沙像卡图鲁斯一样，翻译了萨福的同一首颂诗，拉辛则把萨福这首诗的若干诗行融进了自己的《费德尔》中，承认自己在整个古代传统中未见过更为生动优美的诗句。在19世纪里，谢尼埃是众多摹仿这首诗的诗人之一。莱奥帕尔迪将她视为绝望的象征（爱必定以死为终局），并将萨福的多篇作品译为意大利文。克莱斯特和格里尔帕策则创作了以萨福命名的悲剧。

在英国，早在16世纪就有对萨福诗歌格律的摹仿之作了。悉德尼在他的《古老的阿卡狄亚》中改编了萨福的第二首颂诗（“我的缪斯，情欲多么折磨人”），却有趣地使用了阿拿克莱翁的格律来造成重音和音长形式的和谐。丁尼生在《伊莱阿诺尔》中对该诗作了诠释，而史文朋在对她的诗歌格律加以艺术品鉴式的陈述时发表了自己的赞赏之词（“呵，歌唱，欢乐，情感”）。在本世纪，意象派诗人们曾试图再创造早期希腊诗歌中那种含蓄形象所具有的清朗格致，庞德也致力于写出萨福手笔一般的片段，他曾经两度使用她的学生的名字“贡古拉”。艾略特则走得更远，他运用残篇特有的召灵力量，营造出由散乱材料构成的伟大诗篇《荒原》——一首受到希腊影响不止一端的诗作。

萨福的朋友和同代人阿尔凯奥斯，作为一位贵族派和战士，抒写的是爱情、饮酒、神话、战争和政治（他很可能创造了城邦之舟的形象，但正像常见的情形那样，他也很可能是利用或改造了一个传统的意象或短语)。他的诗歌价值有限，但其中的佳作却具有一种率直和力量，在同贺拉斯写的摹仿他的拉丁文诗作的强烈对比中有力地显示出来。贺拉斯在改造希腊格律，特别是改造萨福和阿尔凯奥斯的诗歌格律，以用于拉丁诗歌方面取得的成功，表明他在这方面以及其他方面都是一个天才，是一个杰出的希腊诗歌遗产的继承人。

就阿拿克莱翁来说，他在阿尔克曼之后，在萨摩斯和雅典的僭主的宫廷里创作了五十多年。我们在他身上看到的是另一番景象，快乐就是一切。阿拿克莱翁生于爱奥尼亚，创作亦使用当地方言。在波斯进攻希腊之前，他逃亡到了西部，成了一种新式浪游诗人的代表，这样的诗人都是从所到之处寻求庇护。他的赏心乐事便是爱情和宴饮，却不关心战争和政治。当被问及为什么不写献给诸神的赞美诗而写献给青年的赞美诗时，据说他的答复是:“他们就是我们的诸神。”阿拿克莱翁的诗歌是一种令人着迷的诗歌，他的抒情诗优雅、明亮、趣味盎然，在希腊文学中，它们开创了一种新格调，而且，如果说有时会过于浅显，那也一仍故我，技巧高超。他有着善于捕捉形象的眼睛和善于觉察色彩的敏锐感觉，他以自己的方式打破了放任和拘谨之间的希腊式平衡。他还是一个眼光澄澈的人——对老年和死亡顺然听之。在属他名下的后期诗歌中，他在一些诗中从未露出伧俗或文弱的破绽，尽管那决非他的全部诗作的特征：在那部《阿拿克莱翁派诗集》中，许多摹仿他的作品都是在历时几个世纪的亚历山大城和拜占庭时代陆续地创作出来的，而且自从文艺复兴运动以来，在英国、法国、德国，这些仿作一直在发生着古代那样的影响。下述翻译作品虽然对“一个对女子更有兴趣的女子”这一奥义做了模糊的处理，但还是传达出了阿拿克莱翁和他的追随者们的风格韵致，这种风格韵致曾经使赫里克和洛夫雷斯那样的17世纪英国诗人们纷纷倾倒。

金发的俊男先生又一次
将他的紫色球抛过空中
准确无误击中了我；
那莱斯沃斯岛的姑娘——我的玩伴
踏着绣花鞋飞掠而过
恰如爱神常演出的游戏。
莱斯沃斯岛哦，你严整而洁净。
可她不是去讨他欢喜的人，
她玩的只是另一种游戏。
我的头发与她的不同，生得过白，
她的眼中还有更可爱的人，
是那人吸引了那幼稚无知的目光。

（T. F.希盖姆　英译）

阿拿克莱翁是写挽歌的诗人中的最后一位，虽然我们不该忘记伊比科斯的名字，后者大致算是前者的同代人，在萨摩斯的波吕克拉底的宫廷中从事创作。他在那里度过了早期的叙事诗人生涯后，又迁居到了南意大利。下面这首爱情诗的片段虽然可能是独唱歌，但却运用了合唱歌的华丽风格以及比喻方法，这一切都使它成了希腊诗歌中最富于乞灵象征色彩的片段：

甘尼亚的榅桲树得到河水的滋润，春天里鲜花盛开，少女们纯洁的园圃就坐落河边，葡萄在浓荫的枝蔓下涨满了子房，爱神却撂开我酣眠不醒。可她到来时，又如色雷斯冲出的北风神，激动得电闪雷鸣，令人生畏的疯狂使她脸色阴沉而淫荡，愤怒地摇撼我心灵的根基。

在这同时，希腊大陆的诗人们也像希腊各岛的诗人们一样，创作着哀歌对句体诗歌。在民主制度及其价值观兴起之际，泰奥格尼斯用这种格律来表达他的贵族式的憎恶之情，或用以表达自己对首领库尔努斯的忠告（有一首诗是关于“不朽”这个话题的，这个话题在希腊诗歌中原是常见的。诗中认为，诗人往往怨诉情人对自己的欺骗，从而造成不朽名声，虽说这做法也有效，但却颇为怪异。这种现象让我们联想起莎士比亚十四行诗的某些意味）。雅典的改革家梭伦运用这种格律表达了他的道德观念和政治原则；色诺法奈斯以此格律的诗歌来说明他的神学思想。

这些作家中没有一人堪与高超作家比肩，但他们有着值得称道的有趣之处和重要之处，而且他们全都属于史诗或戏剧诗之外的希腊诗歌的广阔范畴。同属此列的是那些佚名或署名的短小的饮酒歌，或以政治，或以道德，或以神秘事物为主题，人们或以合唱或以独唱的形式在男子聚餐场合歌唱它们，曲调则是世代相传的，在雅典尤其如此。这类诗歌还包括那些古风时代以韵文、六音步或哀歌对句体写成的碑铭，它们出现在陶瓶、石头甚至金叶子上，年代则可追溯至公元前8世纪。下面这段悲凉的墓志铭便是一例：

不论你是一位公民，还是一个外来的陌生人，路过时请为泰提科斯叹惋：一位战死沙场的勇士，牺牲了他的青春年华。为他驻足默哀片刻，再重新上路吧，好运自会属于你。

（理奇蒙·拉第莫尔　英译）

我们可以把这几行诗看作是叶芝为他自己写下的，这位诗人的后期诗歌强调伦理价值和冷峻力量，在他和希腊若干早期诗人之间，有着不少共同之处。

在光秃的本布尔宾山的脚下
德拉姆克利夫墓地里葬着叶芝。
他的一位先人在很多年前
担任过近旁教堂里的神父长，
那教堂坐落在古老的十字路边。
没有常见的大理石墓碑，
只有墓穴旁的石灰石上
依照他的要求刻着遗言：
途经此地的牧人
请把冷漠的目光
投向人生和死亡！

创作于公元前六七世纪之间的西莫尼德斯拿过了这种简易的诗歌形式、客观性的态度和严谨的语调，来创作他的警句诗。希腊人认为他是这种诗歌的行家。希腊人起初曾利用警句诗来暗示某种意义，这意义是以某种适合的形式来包容的，也许以散文形式来记录法律或条款，但更多的是为了便于记忆的缘故，遂以韵文形式来记录之——记录某种奉献，庆贺一位英雄，哀悼一位死者等。多种多样的短诗形式需要广阔的内涵领域。为西莫尼德斯所关注并选择的，是必将被众人怀念的人和事物，他以悦耳的韵律表现之，但只采用最少量的形象描绘。有许多最精彩的警句诗被归于西莫尼德斯，大概还包括那最著名的诗篇：为战死在温泉关口的斯巴达人所作的墓志铭。他利用死者会说话的迷信说法，将战死将士的话语浓缩为至死不渝的忠诚。他也利用哀歌对句体来表达同样的内涵，不过，他的哀歌对句体是从简洁明快的句法、诗意的词采和韵律技巧的混合中获得艺术感染力的。音乐已演变成了刻在石头上的语言。情感的压力一直受到控制，并转化成了包含一道指令的两行诗，这道指令把既不是夸张也不是幻想而是事实的东西告诉给人们。希腊诗句若以英语表达之，几乎莫不以无能为力告终，但读者仍可感受到这些诗句的感染力，哪怕读到的是译文。

过路的人呵，去告诉拉西第梦人，
遵守着他们的叮咛，我们在这里埋身。

（多人　英译）

他还有一些警句诗虽然同样清晰简洁和富于结构感，但显然更加优美。它们或是写一支旧矛，或是写一只死去的狗，或是写正心修德之难，或是写荣名的易损，或是写幸福的短暂。在一首篇幅稍长的诗歌（这首诗也许完整，也许是更长的一首诗的片段）中，他沉痛地表达了对达娜厄携其子被置于木箱中并被逐到大海上的命运所生的悲哀，孩子入睡了，黑夜中狂风怒吼，海浪翻腾。诗的结尾是对宙斯所发的祈祷，祈求他宽宥达娜厄斗胆要求他改善自己命运的做法。该诗凄婉而迷人，鲜明地表现了隐伏在他的直白的碑铭诗后面的世俗情感。

西莫尼德斯创作了很多种类的诗歌，这也是情势所迫，因为他是新的、专事创作的诗人之一，既要为生计而创作，又要广泛周游，寻觅机遇。这些诗歌种类包括合唱歌——酒神颂、挽歌、庆贺竞赛胜利的祝捷歌（他大概是创作这种颂诗的第一人），以及叙事诗和警句诗。如果下面两句著名的说法果真出自他的口的话，那么他就反复思量过自己的诗歌艺术的实质：

> 画是无声的诗；诗是有声的画。

以及

> 文字是事物的形象。

这些表述引起的问题过大，无法在此探讨。但的确在西莫尼德斯自己的诗歌中得到了应用，如关于达娜厄的片段就是很好的例子，而且，朗吉努斯也曾经称赞过的他的一首佚诗的造型力量。总之，他以诗歌中的人性、智慧、克制的品格、纯净和明晰，代表了希腊文学中的精粹一脉。

品达也是如此，很多希腊人把他看作他们最伟大的抒情诗人。然而他与西莫尼德斯的相似，并不亚于其相异。品达的另一对手——西莫尼德斯的外甥巴库里德斯同其舅父之间的关系也是如此。人们在过去几个世纪里发现了巴库里德斯的各种诗歌作品，这些作品表明他是一个有才华、有魅力的诗人，天赋善于叙事。品达的 17 部诗集收集的大部分是合唱歌——颂神歌、赞美歌、酒神颂歌、为少女创作的合唱歌、为舞蹈创作的合唱歌、为游行创作的合唱歌、哀歌、赞辞等——只有四部祝捷颂歌集和一部分诗歌片段流传下来。但这些已足以使我们得出一种印象了，即他是卓越的，或者，用更地道的说法是，他是令人钦佩的。他相信，不论是哪一种卓越才华，都在一定程度上是天生的，也是神的赠与。他是一个宗教意识相当浓厚的诗人，但又对世俗的成功及其意义兴致盎然。他的祝捷颂歌庆祝在希腊的四个竞赛节期间取得的各种胜利。这些竞赛对希腊人来说，有着与宗教节期同样的重要性。在宗教节期里，个人为自己争得名声和荣誉，同时，人们从希腊各地会聚而来，心中存着同是希腊人的意识。重要的是胜利——打破纪录并不受到重视——以及实现荷马所表达过的人生理想：永远要比别人优秀，要独树一帜。品达把竞赛中的胜利看作是神所赐予的恩典，得到恩典的人们只是以正确的方式发展了他们的才能。而经验把这种胜利变形为一个光耀的世界，诗人则在他的颂歌中将这世界变为永恒之物。品达对竞赛的细节并不感兴趣，他的兴趣在于精神的领域，神圣的、英雄的、创造的精神在这个领域中汇聚为一体。

他的大部分颂歌在结构上都是三件套形式的，就是说，由一系列三要素构成，每一单元包含一节第一合唱歌、一节对照乐节，以及一节长短句相间的抒情诗。第一合唱歌和对照乐节不仅在同一单元中，而且在整个诗作中都是韵律相同的，长短句相间的抒情诗则采取与前两者不同的韵律模式，但全诗中所有这种抒情诗乐节又都是严格相似的。品达不仅熟谙这种结构，而且为每一首颂歌都发明了一种新韵律。同时，他还以一种更为简化的单韵律诗节结构来写作，即整个颂歌中的每个第一合唱歌都采用与其他第一合唱歌相同的韵律。在文艺复兴以后的几个世纪里，品达的作诗法一直受到误解，如今，我们却能够合理地体会到他的诗歌韵律的合理性了，尽管这种体会始终是以本章开头既已讨论过的诸条件为前提的。

品达的语言是一种各方言（爱奥尼亚的、多利亚的、伊奥利亚的）混合而成的语言，他的风格则体现为一种经历了由易而难发展的独创性，以及对精雕细刻的专注，伴以一种在各主题之间进行转换时产生的突兀感觉，而这些主题似乎总是用来造成即兴创作效果的东西。他的诗在形式的严谨和内容的自由之间有一种张力，在予人以强烈印象的开篇之后，他总是神秘地从一个主题转移到另一个主题，犹如他的意愿或幻想在操纵一般，然后往往是戛然而止。他的隐喻有时是模糊不清的，但形象却总是特征鲜明且精湛有力的。（亚里士多德在《诗学》第二十二章中刻意强调了比喻的运用对于诗人来说是多么重要："这就是那不可从他人处学来的东西，它是强大的天生能力的标志，因为艺术地运用隐喻的能力就意味着对事物的相似之处富于感觉。"）他从各种不同事物中创造出了一种万花筒式的复合体。

他的颂歌是由传统的因素构成的：神话，格言，对胜者一番赞美，众神的荣耀（品达相信——柏拉图也会赞同——不可妄议众神，除非说其好事）。他强调诗人的重要性，认为诗人如同竞赛的优胜者，需要充分开发自己的才智，祈求众神的眷顾，赐以灵感。诗人受到优胜者本人或其家庭的委托，以颂歌庆祝胜利，这颂歌就由一支合唱队在笛子和竖琴的伴奏下演唱，有时也许只由单人演唱。神话的内容也会进入颂歌，为的是标榜一种道德风范，或将现实与古代生活联系起来。要将品达的伦理判断的要点逐一做出说明并非易事，但我们却可以断言，他是极为珍视神祇、名望、高贵、技艺和往事的。

在古代世界，无论是希腊还是罗马，品达都是声名卓著、备受赞誉的。尽管贺拉斯曾指出过品达的影响造成的迹象，但他还是告诫说，不要试图向他挑战，去创作一种不同类型的颂歌。当品达在文艺复兴时期被人们所发现时，他在一些有抱负的诗人心中激起的是狂热的崇拜，使他们跃跃欲试地想用欧洲俗语来模仿他的创作——他们中有意大利的奇亚布莱拉，法国的龙沙，以及英国的琼生。琼生在《献给卢修斯·卡利爵士和亨利·莫里森爵士的颂歌》中再次创造了“左舞、右舞、立定”的三节诗结构，尽管总的来看更有贺拉斯风格，但实际上实现了品达诗歌的某些效果。虽说如此，他们这些人的诗歌和品达所创作的毕竟不相像。贺拉斯和品达这两位古典诗人的影响所发生的交织作用，已成了许多现代颂歌的有趣特征。

亚伯拉罕·考莱的情形也是如此。虽然他的巴洛克风格的诗作遭到现代趣味的低估，但他也曾在他的译作和仿作中体现出了一定的品达风格。即便他反对品达的结构，但这结构却对诗人们发生过影响——他们中包括德莱顿和蒲柏——而且达数十年之久。考莱对品达的狂野颇为欣赏，声称如果有谁逐字逐句地翻译品达的作品，准会被看作一个疯子在翻译另一个疯子。康格里夫则在他的《关于品达颂歌的谈话》中阐述了反对考莱的不规范诗节的立场，可他也称赞“他的韵律的美，他的人物的有力，以及他的情操和风格的崇高”。康格里夫虽然不理解品达诗歌格律的细节，但理解品达诗歌的结构，故而他创作了品达风格的《女王颂》作为范作。格雷创作的是规则的和不规则的品达式颂歌（他的两首早期诗篇《诗的进军》和《游吟诗人》比后来的作品更为成功），其中一首改写了品达《德尔菲颂歌》第四首中的两节诗。我们从雪莱的颂歌和霍普金斯的《德意志号的沉没》以及其他诗人那里都可寻到品达的踪迹。在德国，歌德和席勒都曾翻译和模仿过品达，还有赫尔德林，他真切地感受到了希腊诗歌中激情和客观世界之间的关系。

在公元前 5 世纪的雅典，戏剧诗占了主导地位，但在雅典和其他地区，合唱诗和其他诗歌形式一直在发展，并延续到公元前 4 世纪中。逐渐歌曲化的酒神颂如今退居为服从音乐的歌词，而且采用摹仿的方法，其韵律和美感的变化都是极显著的。按照柏拉图的观点，即一种音乐模式的改变对一个民族的生活来说是有重大含义的，他对这种新的诗歌并不欢迎，因为它同深刻的社会、政治、经济的发展有着密切的联系。我们先前的无知状态被一部公元前 4 世纪的纸草书（目前发现的最古老的手稿）的发现纠正了，那是提摩修斯创作的《波斯人》中的数百行残篇。它的形象生动的描写和情节曲折的戏剧表现都显示出一种艺术趣味的转变。恰当地说就是，虽然德莱顿并非情愿，但从几方面来看，他在《亚历山大的宴会》中却更多地接近提摩修斯而较少与品达相近，他的艺术与圣赛西丽雅的艺术之间的关系是这首诗的主题。

警句诗始终存在——既为碑铭这种文学形式所用，也出现在论辩文字中。埃斯库罗斯写过自己的墓志铭，暗示了自己在马拉松之役中的勇敢表现，那并不是为他的戏剧而作；亚里士多德以此称赞过一个友人兼赞助人的美德；柏拉图也曾作有几首诗，有几段哀歌对句体，大约是他写给一位名叫埃斯特的（该名字的希腊语含义是“星斗”）。

你凝视众星：
哦，我的星斗，
但愿我是众天
用无数双眼睛
将你凝视不倦。
（佚名 英译）——

以及

在你的温柔的光消逝之前
你不啻众生中的晨星。
现在你已逝去，但犹如金星
给死者带去新的光明。

（雪 英译）

古希腊诗歌艺术最后的繁盛是在公元前3世纪的亚历山大城出现的，尽管有些优秀诗作在那之后的几个世纪里依然在陆续问世。亚历山大死后，小规模的城邦国家构成的文明在整个希腊世界让位给了大规模的军事王国。希腊语言的标准化与一种趋向统一的压力并行发展，这样一来，个人便有可能依靠描写或阅读奇异故事或意外事件来获得精神的解脱了。在亚历山大城这个世界主义的东方城市，在托勒密奖掖之下的学术的、科学的环境里，博学的诗人们同那种从属于塑造了古典诗歌的社会的感觉方式隔阂开来，创作各种形式的诗歌，这些诗歌把少见生僻的词汇或事件同复杂的浪漫情感精心地结合起来了（散文体的浪漫小说也是在这个时代里诞生的）。对于后来时代的读者来说，亚历山大城的人创作的作品始终是希腊诗歌中最合心意的作品。

卡里马库斯数量浩繁、影响广泛的作品包括：颂神诗（其中有些篇什在17世纪被普莱尔成功地译成了英文），这些诗利用了神话，但并不赞同神话；业已亡佚的四卷本哀歌诗集《起源》，写的是节日、名物和习俗；《贝蕾尼丝的长发》，叙述埃及女王贝蕾尼丝二世的头发如何变成了星座（卡图鲁斯的译文一直是后来利用这个故事的人们所用的主要材料来源，例如蒲柏的《卷发遇劫记》）；抑扬格讽刺诗，它们很可能对早期拉丁讽刺诗起了促进作用；还有一定数量的警句诗，它们的精微形制和特殊细节对于一个说出如下格言的诗人是尤为适合的——一本大书就是一个大厌物。科利曾翻译了卡里马库斯关于他的朋友赫拉克里图斯的警句诗，其著名译文很感人，但是对于这样一位诗人的艺术来说，译文的膨胀、重复和过多的顿挫仍是一种难以言表的缺欠，因为卡里马库斯即使处在浪漫时期仍保持了比英文译本更加简洁、活泼和平衡的风格。

另外两位亚历山大城的著名诗人是忒奥克里图斯和罗德斯岛的阿

波罗尼乌斯，后者是位史诗诗人，第三章对他作了讨论。前者据说曾创作了多种类型的诗歌，但对我们来说，他的名望来自他的三十首田园诗以及少量的警句诗和作品片段。“田园诗”一词后来得到了沿用，含义似乎是“一首小诗”。认为这个词表示“一幅小图画”的观点是不正确的，也是一直在造成误解的。“田园的”一词的现代含义是联想的结果。这类诗在形式上存在诸多不同，都可以指或多或少的叙事或抒情因素，但它们都具有田园情调的色彩（由于若干世纪以来不同的形式一直被用于表达多样的内容，因而田园的意义已经涵盖了诸多内容）。虽然田园诗的更早起源被归于利努斯，荷马也曾提到过利努斯的诗歌，而且，维吉尔以其创造性地摹仿忒奥克里图斯的作品《牧歌》而更有力地影响了后来的欧洲文学，但只有忒奥克里图斯才堪称田园诗的创始者。

忒奥克里图斯生于西西里，因而也把他笔下的牧羊人置于西西里的背景下。他让他们说一种多利亚方言，该方言具有乡村特点，尽管事实上连叙拉古也说这种方言。维吉尔则把这一背景移到了阿卡狄亚这个南希腊的多山地区，那里的牧羊人据说极擅音乐，而且，作者还把西西里的树林和牧场移到了那个裸露和原始的山野，把它变作了美、音乐和爱情的精神家园，与往古的黄金时代颇为相合，而这黄金时代，正如维吉尔在他的第四田园诗中预言的，将再次降临。在维吉尔那里，理想的品格最为重要，但在忒奥克里图斯这里却有很多写实的因素。从其精微细致但又充满温馨鲜明景象的诗歌中，可以感受到忒奥克里图斯自觉的朴素风格，他笔下的牧羊人和渔民的生活方式也示范了这种风格。在《田园诗》的一些篇什中，牧羊人和渔民们或是独唱，或是对歌，歌唱的是爱情、死亡、劳动和自然。诗集中的其他诗篇是短小的神话叙事，丁尼生的《国王田园诗》的题材就是从这类诗歌中汲取的（丁尼生是忒奥克里图斯的崇拜者，这在他的《俄诺涅》以及其他诗篇中都有表现。）忒奥克里图斯的第二田园诗描绘了一个姑娘竭力运用巫术夺回自己情人的动人情景。其中的第十五首描写的是亚历山大城时期西西里妇女参加阿多尼斯祭祀仪式的场面：一出活泼有趣的诗意笑剧。他的第一田园诗大概是最有影响的：那是一首挽诗，哀悼的是死去的牧羊人达佛涅斯（他起初大概是一个神），体裁上属田园哀歌的早期形式。另一首同样题材的哀歌是继忒奥克里图斯之后不久出现的彼翁创作的，写的也是垂死的神阿多尼斯。这种体裁的进一步发展是在一首哀悼彼翁的哀歌里表现出来的，这首哀歌一直以来都归在摩斯科斯名下。在最后这首哀歌中，作者声称死去的诗人就是他自己，是一个牧羊人——这种构思后来变成了田园哀歌的常见形式，例如在弥尔顿的《利西达斯》、雪莱的《阿冬尼斯》和阿诺德的《色希斯》中出现的情形。提起这些诗的名字只是为了让人想起从田园诗中产生的数量巨大、形式多样的诗歌遗产罢了。桑纳扎罗的《阿卡狄亚》、蒙特马约尔的《狄安娜》、塔索的《阿明达》和瓜里尼的《忠实的牧羊人》是 16 世纪对创立欧洲新型的田园风诗歌起过作用的主要作品，而斯宾塞的创作则显示出，他本人是忒奥克里图斯的真正继承人，其主要特色是他在《牧人月历》中赋予他的牧羊人以乡村语言——该作受到了悉德尼的指责，可悉德尼本人也曾创作过散文体的诗篇《阿卡狄亚》。我们尽可以在田园世界里流连忘返，就像莎士比亚在他的戏剧《皆大欢喜》中说的："他们无忧无虑地消磨掉时光，就像生活在黄金时代一样。”这位剧作家在该剧中充分探索了这一理念。但是尤为值得记取的是，从忒奥克里图斯以来，田园作品的创作一直存在着一个基本不变的目的，即不论采取何种形式，都在探索着浪漫理想和现实之间的关系。

警句诗在希腊化时代继续存在，从罗马帝国时代到拜占庭时代，这种诗歌一直有人在创作。《希腊诗选》中的四千首诗是在许多世纪里积累起来的，其时代从公元前1世纪梅利杰尔的《选集》到公元1世纪菲力的《选集》，再到或晚或早、形形色色的希腊诗歌选集。虽然卓越作家不多而平庸低劣作家不少，但仍展示出一系列值得注意的主题和格调的变化序列。《文选》中那些著名的部分对文艺复兴时期的法国和意大利发生过相当重大的影响（即使它们通常是以拉丁文形式被阅读的），在英国也是如此，我们同样会发现这种影响的痕迹，尽管那些配有要点说明的拉丁文本警句诗产生的影响更大些。而且，在丁尼生和兰德尔的若干短诗以及其他诗人的若干作品中，存在着一种类同于《希腊诗选》的情感倾向，这种倾向或许是在《诗选》的影响下产生的。《希腊诗选》中的很多诗作在现代已经被翻译过来，一般来说，从希腊诗歌翻译过来的英语或美语译文都具有较高的质量，因此这些诗歌一直以来都受到人们的关注。

当基督教力量的崛起已经被文学界觉察到的时候，4世纪的一位佚名诗人似乎对异教诗歌作出了告别：

> 请这样告诉国王：装饰一新的宫廷已倾圮在地，“光神”阿波罗再没有立足之地，丧失了未卜先知的荣冠，也失去了清泉，就

连那潺潺流水也已干涸。

的确，大部分希腊诗歌都亡佚了，它对现代欧洲文学的直接影响已经很小，但间接的影响却仍坚实地存在着，而且，保留下来的希腊诗歌本身就是一份遗产。

Translations

The translations of the Homeric *Hymn* and of Archilochus are my own.

Mimnermus (p.101): from the *Oxford Book of Greek Verse in Translation* (Oxford, 1938).

Alcman (pp.102—3): from Lattimore's *Greek Lyrics* (Chicago, 1949).

Alcman (p.103): (1) from *Oxford Book of Greek Verse*; (2) from Bowra, *Greek Lyric Poetry* (Oxford, 1961).

Sappho (p. 104): from Bowra, *Greek Lyric Poetry.*

Sappho (p. 105): (1) from Barnstone's translation (New York, 1965); (2) from Lattimore, *Greek Lyrics*; (3) from Bowra, *Greek Lyric Poetry.*

Anacreon (pp. 107—8): (1) by Higham, from *Oxford Book of Greek Verse*; (2) from Bowra, *Greek Lyric Poetry.*

Epitaph on p. 109: from Lattimore, *Greek Lyrics*; (3) from Bowra, *Greek Lyric Poetry.*

Yeats (p. 109): from Yeats, *Collected Poems* (Macmillan, 1950).

Poem on p. 117: from the *Penguin Book of Greek Verse*, ed. Trypanis (1971), p. 356.

Further Reading

1. English translations of Greek poetry

There is a wide selection in *The Oxford Book of Greek Verse in Translation* (Oxford, 1938). In the *Penguin Book of Greek Verse* (Penguin, 1971), running from Homer to the present day, the Greek texts are accompanied by a translation. *Greek Literature* (Pengui, 1973) is an anthology that includes many Greek poems in translation. *Greek Pastoral Poetry* (Penguin, 1974) has an interesting introduction by Anthony Holden, who also did the translation. Penguin Books are soon to publish a volume of translations of early Greek poems by Peter Jay, who edited *The Greek Anthology* (London, 1973). Willis Barnstone translated *Greek Lyric Poetry* (New York, 1962); F. L. Lucas *Greek Poetry for Everyman* (London, 1953); and Richmond Lattimore *Greek Lyrics* (Chicago, 1949). Dudly Fitts translated a volume of *Poems from the Greek Anthology* (New York, 1938) and so did Kenneth Rexroth, *Poems from the Greek Anthology* (Ann Arbor, 1962).

Translations of individual authors include Archilochus, *Carmina Archilochi* by Guy Davenport (Berkeley and Los Angeles, 1964); Sappho by Willis Barnstone (New York, 1965) and by Mary Barnard (Berkeley and Los Angeles, 1958); Semonides by Hugh Lloyd-Jones in *Females of the Species* (London, 1975), which also includes an important new fragment of Archilochus; Pindar by C. M. Bowra (Penguin, 1969), by Richmond Lattimore (Chicago, 1947), and by G. S. Conway (London, 1972); Bacchylides by R. Fagles (New Haven, 1961). In his *Sappho and Alcaeus* (Oxford, 1955) Denys Page translated twelve poems by Sappho, and A. S. F. Gow translated Theocritus as part of his edition of the poet (Cambridge, 1953), the translation being also published as *The Greek Bucolic Poets* (Cambridge, 1953).

The Loeb Library has translations (with Greek text) of all the major Greek poets and most of the minor, either in volume devoted to individual authors or in its various anthologies: *Lyra Graeca*, *Elegy and Iambus*, *The Greek Bucolic Poets,* and *The Greek Anthology.*

2. Books about Greek Poetry and Its Influence

Albin Lesky's *A History of Greek Literature* (London, 1966), C. M. Bowra's *Ancient Greek Literature* (London, 1933), and H. J. Rose's *A Handbook of Greek Literature* (London, 1934) offer a great deal of basic information. The relevant chapters of *Fifty Years (and Twelve) of Classical Scholarship* (Oxford, 1968) provide detailed accounts of books and articles.

As a broad and often detailed survey of classical influences on European civilization, Gilbert Highet's *The Classical Tradition* (London, 1949) remains invaluable both in its text and in its references to useful studies. The various works of J. A. K. Thomson, *The Classical Background of English Literature* (London, 1948) and *Classical Influences on English Poetry* (London, 1951) offer rather general but sometimes helpful comments. Thomson's *Shakespeare and the Classics* (London, 1952) has been superseded in many respects by J. W. Velz's encyclopaedic *Shakespeare and the Classical Tradition* (Minneapolis, 1968).

T. G. Rosenmeyer's *The Green Cabinet* (Berkeley, 1969) ranges over the entire field of the European pastoral lyric; P. V. Marinelli's *Pastoral* (London, 1971) is brief but suggestive. Bruno Snell in *The Discovery of the Mind* (Oxford, 1953) has some fascinating essays on Greek poetry and thought. J. Hutton's *The Greek Anthology in France* and *The Greek Anthology in Italy* (Ithaca, 1946 and 1935) are detailed studies.

On the pronunciation of Greek and the sound of Greek poetry there are two interesting books by W. S. Allen: *Accent and Rhythm* (Cambridge, 1973) and *Vox Graeca* (Cambridge, 1968), and one by W. B. Stanford (including a record) *The Sound of Greek* (Berkeley, 1967).

第六章　戏剧

T. G. 罗森迈尔 撰　赵沛林 译

在《伊本·鲁世德的求索》一文中，乔治·路易·鲍吉斯（见《自选集》，克利甘编，1967年版，第101—110页）讲到一个阿拉伯旅行家的故事，那人当时正从远方返家，他试图向他的朋友们讲述他在广州一家皇家戏园观看演出的感受。可他的说明却语焉不详，因为无论是他自己还是他的朋友们，都不曾见过任何搬上过舞台的戏剧。这个故事清楚地表明了一条真理，戏剧艺术并非那种全人类皆备、每个人皆享的固有文化遗产的一部分，即使是在那些有着戏剧传统的地方，例如近东地区的宗教表演，其传统也不可轻易地同欧洲人和美洲人对自己的戏剧传统业已形成的看法相提并论。正如乔治·卢卡契和其他一些人所指出的那样，欧洲的戏剧几乎完全是从古希腊悲剧和喜剧继承而来的。有些人，包括卢卡契在内，认为20世纪的创新运动已经确凿地削弱了古代传统，可是引起人们异议的是，斯特林堡、维德金德、贝克特和品特都以各自的方式抛弃了19世纪自然主义者的教条，回归到只有古代舞台才会有的形式和洞见。尽管有阿托德和戈登·格雷格作出了宣言，尽管有皮斯卡托尔和维拉的指导，但是现代的戏剧创作仍然在发展中显示出一种迹象，即更多地与希腊人相接近，而不是向日本的能剧或古代埃及的加冕剧靠拢。

在过去的两千年间，先是在弘扬希腊戏剧的罗马人中，继而又在文艺复兴时代的人文主义者中，希腊戏剧的模式皆扮演着主导的角色。这种主导作用有时可能是强人所难的。琼生、艾迪生以及法国一些比较次要的人物，还有他们那些德国的竞争者，都受到了传统的制约。当然，在同一个琼生那里，在莎士比亚、卡尔德隆、拉辛和歌德那里，这一传统也曾激发起民族的精神，将民族文化推进到创造伟大作品的高度。从具体的方面说，惯例通常总是令人压抑的。在法国，从来没有人在舞台上表现杀人的情景，直到格雷塞的《爱德华三世》问世（1740 年）才打破这一惯例。不过，在人文主义者的高雅艺术的阴影之下，出自通俗文艺传统的作品却在欧洲各地广为流传——情感剧、牧人剧、笑剧——这一切全都仰赖对古人遗产的利用。

遗产

即便有重复本书其他章节所言之虞，我还是要重申，“遗产”一词是一个深受误解和纠缠的概念。对于追溯和评价早期作家给予其后继者的影响——不论这些后继者出现久暂，20 世纪的文学批评家们越来越感到痛苦。许多迹象表明，伴随着微弱的直接影响，正是一种随意选择的亲合关系带来了更多的明显相似，而不是刻意抄袭。再者，若是配合有适当的精神氛围和环境，经过研习的摹仿也会发展出一种卓有成效的变革，这种变革无疑也应冠之以“遗产”之名。莎士比亚以其所声称的“略带拉丁化的写作”以及对普鲁塔克作品译文和意大利古代小说的利用，表明他像拉辛和席勒一样，是古代戏剧艺术典范的受益者。道理很简单，不论是普鲁塔克还是那些古代小说家，若是没有一种批评传统的襄助，都是无法取得那样的成就的，而这批评传统在贺拉斯的《诗艺》中已经作为法则来表述了。一位热情的革新者，一个毕希纳也好，或一个阿托德也罢，可以说他的艺术视野是得益于对自己所反对的传统的仔细研究的。不仅如此，尽管以往的艺术宗旨遭到轻蔑，但他的作品最终总是依靠与这宗旨的反讽式联系才成功的。总之，在文学借鉴方面存在的心理学和社会学联系的复杂性并不是只靠严谨的解释就可以解说明白的。

此外尚需注意的是，在如此概括性的陈述之下，若想鉴别出任意两部剧作完全不可比的差异，要做到全然公允是不可能的。所以，人们完全有理由用一种最精细的分析来反驳这一章中暴露出的专横之处。不过，综合比较的方法是大有用处的，狄奥·克里索斯托姆给我们留下了一种分析法，他用此法分析了埃斯库罗斯、索福克勒斯和欧里庇得斯分别创作的以菲罗克忒特斯为题材的戏剧，他的分析文字至今仍受到重视。因此，在下面的叙述中，我将不时地忽略艺术技巧和艺术设计的细微之处，而强调梅纳德·麦克所说的“骨干特征”，因为这种特征才是被诸多戏剧所分享的（〈Othello〉，ed. Kernan（1963），p.211，note）。

在文艺复兴时期得到复兴的古典传统只是众多潮流中的一股细流，

这些潮流没有一支直接继承自希腊人。在这些潮流中，我们看到了泰伦斯戏剧和塞内卡戏剧的再现，看到了这两人作品的搬演和翻译（起初是译为意大利语，后来又从拉丁语或意大利语译成其他语言），看到了追随古代大师的艺术精神创作的意大利语作品，看到这些作品被译成其他语言，还看到了用其他语言创作的类似的戏剧作品，包括用拉丁语创作的作品。此时还出现了亚里士多德和贺拉斯诗学著作的翻译，以及对他们的著作的阐释。最后，也许对后来的艺术独立运动来说最重要的是，一种将古代的叙事素材与中世纪和文艺复兴的戏剧形式相融合的做法，这种做法在田园剧中得到了体现。古希腊作家的生命力犹在，其标志就是，在至关重要的几个世纪里，通过罗马人对希腊悲剧和喜剧的仿作，通过对文学批评（这种批评以亚里士多德为开端，正处在从观念意识方面摆脱大量原始经验的纠缠的过程）不断加深的认同，他们对欧洲戏剧的发展发生了间接但却是多方面的影响。

亚里士多德的《诗学》在中世纪里一直没有得到认识，它是在15世纪时才重见天日的。然而亚里士多德的真正影响却和他的符咒般的名字分道扬镳，走向了式微。J. C. 斯卡利杰的《诗学》（1561年）和卡斯托尔维屈罗的《诗学诠释》（1570年），以及意大利语和法语对亚里士多德《诗学》的阐释，倒发挥了更为权威的作用，其影响一直持续到18世纪，其时对注重情感的中等阶级悲剧所发生的热情促使那些清醒的批评家们去寻求一种更加有力的艺术评价标准。当时，有些人已经对亚里士多德的观点发出了挑战，圣·埃弗雷蒙的《关于古代与现代悲剧的思考》是在流亡英国时（1672年）写成的，该文以基督徒的信念为基础，提出了和亚里士多德的悲剧主张相左的意见。二十年后，查尔斯·皮劳特对取法亚里士多德与希腊人的观点而形成的戏剧规范进行嘲弄（《古代人与现代人的对比》，1692年，第189—220页），从而开启了古今之争。他所在的修道院主张，舞台艺术已经有了进步，加尼埃和哈代不啻是法国的索福克勒斯和欧里庇得斯，如今已被马莱特所取代，因为后者的成就比前两人要高。皮劳特大约还说过，哈代的作品，包括他的悲喜剧和田园剧，被认为比加尼埃的作品更为出色，而马莱特的《西尔维》（1626年）和《索福尼斯贝》（1634年）不仅合于古代规范，而且以其高雅的风格，比之哈代笨拙摹仿塞内卡风格的诗句更加接近贺拉斯和斯卡利杰所认同的法则。

现代人对忠实地上演古典戏剧所持的不情愿态度正是一种标志，它表明僧侣的短见仍然附在我们身上。欧里庇得斯的作品被演出得活泼轻快，马娄的人物穿上了现代服装，莎士比亚的剧目被清一色的男演员扮演（从历史真实来说差不多是正确的，可是从美学观点来说就不适当了），高乃依的对白成了轻声低语，巴黎舞台上演的《费得尔》成了欧里庇得斯和拉辛合著的作品。现代导演对于常规是没有耐心的。从斯特林堡的《戏剧隐微》到魏斯的戏剧化的“幻想倒塌”，其目标都是克服掉人文主义信条造成的种种约束，克服掉业已不属于我们时代的舞台所提出的要求。悲剧已经死了的低语声已经听得到了，贝克特给人印象深刻的激情话语显示出，“有意义的”、“严肃的”戏剧在我们的时代已经休矣，只是那种低语声仍旧有些不成熟罢了。贝克特本人向我们展示了他的一部明显属于索福克勒斯风格的戏剧：舞台动作的高度精简，为罪和责任作出准确定义的不可能，苦涩与甜蜜的残酷杂糅，以及超出这一切的普通语言的仪式般的威力。严格来讲，这一切特征在西方戏剧之外都是找不到的，它们都是处在西方传统中的希腊古人们奠定的。

意义

希贝尔曾热切地评论过，这个世界的爆发性变化只有通过个别现象的碎片才能戏剧性地表现出来。一次地震，只有通过教堂、房屋和海啸洪潮才能使人感受到（《玛利亚·玛德莱娜》的前言，1844年）。现代的戏剧家正如他的古代同行一样，需要若干在舞台上设计出来的错位，以便印证一种更为广泛的混乱感觉。当安提戈涅第二次掩埋她的兄弟时，当弗拉基米尔拒绝放弃他的等待游戏时，动作，或者说动作的缺失和可以感受到的动作意向比较起来，就变得次要了。在所有主要的艺术门类中——抒情诗、史诗、叙事小说、戏剧——戏剧最为迫切地需要回答这个问题：它的意义是什么？敏感的几代批评家一直在同明确地表述一个听众对观剧经验的反应这个困难做斗争。存在着一种得到确切答案的需要，但又根本不可能得到这答案，这种窘况在I. A. 理查德兹身上痛苦地表现出来。他告诉我们，悲剧并没有说“这世界很正常”或“在某处的确存在正义”，悲剧只是说我们的神经质系统在当时当地很正常（《文学批评的方法》，1928，第246页）。比那更早的时候，他还机智地阐明：悲剧迫使我们在没有生存压力或没有精神升华的状态下生活一个短暂的时期。

一种得到普遍表达的期望是，一部悲剧，或者一部含有悲剧意味的喜剧，应该向人们指示出正义的实施。肯尼迪·提南在向尤内斯库抗议，说对方的戏剧未能触及重大社会问题时，他并不是作为一个社会主义者来发言的（见 E. 尤内斯库的《意见和反意见》，1964 年，第 94 页）。有一点需要记住，亚里士多德并不曾面临这类问题。有人会想象，亚里士多德对于一部像尤内斯库的《犀牛》那样的剧作是会感到相当满意的，尽管该剧并没有公然表达一种可以解释的哲学或道德的观点。就像蒲柏在他为艾迪生的《加图》所作的序言中说的那样，新古典主义悲剧家曾争辩说，悲剧应当传达一种思想，特别是一种爱国思想，以此来对抗埃斯库罗斯和索福克勒斯的悲剧的精神，在他们的悲剧中人们感受不到这种爱国思想。公元前 5 世纪的剧作家作为精神导师的观念只是诡辩家的虚构而已，现代戏剧的历史也能写成一部对话，一方是“信使”，一方是“非信使”：左拉和易卜生的对话，萨特和吉罗杜的对话，布莱希特和魏德金的对话。亚里士多德对于一次授课的主题曾持静默态度，这种做法在暗示对柏拉图攻击戏剧的言论作出反驳这一点上显得颇有用处，不过也的确是对希腊悲剧（尽管喜剧不在此列）所声称的目的所做的一种现实性的评价。

体裁的划分

即便是亚里士多德可能遇到某些困难的地方，是对尤内斯库称之为作品的《犀牛》（*Rhinoceros*）一剧作出体裁分类。在一种很少见的鉴赏心态下，尤内斯库更乐于把它视为悲剧，还抱怨说，在美国，这部剧竟被当作喜剧来演出了（《意见和反意见》，第 208 页）。的确，有些时候，一部戏剧听起来好像是出自泰伦斯或米南德之手，特别是其背景介于博兰奇和老头以及杰恩的邻居之间时。产生这种情形的缘由，不仅在于一种轻率的人格，或用锁住的门和暗示旁边的卧室来表现室内空间的环境描写方法，而且尤其在于人物性格，他们大多过于正派庄重，不适于高级悲剧，而且倾向于偶然的人物交往关系。他们卷入一种和假想敌的冲突中，他们说的话半数是由传话人传递的，最后都成了废话。米南德和泰伦斯的对话——普劳图斯程度差些——是由若干趋于不同方向的讲话单元构成的：对普通观众讲话，对包厢观众讲话，对侧廊观众讲话，也对假想的听众讲话，这些观众可能起而响应，也可能不响应。无论如何，古代戏剧是一种朗诵的戏剧，而不是人物交往的戏剧。一个俄狄浦斯或一个彭秀斯，就像喜剧中的苏格拉底一样，表现的是一种观念而非介入谈话之网的欲望。在新喜剧中，大概由于更多地用艺术反映生活的表现形式，这一传统则更为显著。近年来的一些戏剧，从品特到贝克特，再到伊斯拉埃尔·霍罗维茨——他的《印第安需要布郎克斯》（1968 年）是极端的例子——再次转向了偶然性的论说。契诃夫率先开辟了这条道路。他的自我分析，他的装扮成对话的独白，全都像佩特·桑迪指出的那样，不是为人物交往而设计的，而是一种近于“孤独的抒情”的东西[1]。这类现象的成因当然是各不相同的，但结果却和米南德戏剧中发生的情形极为相似，而且和 19 世纪的戏剧人物最大限度地充分交往的法则相抵牾，19 世纪的这一法则只是在追求特殊效果的时候才被打断过，就像在《海达·加布勒》中出现的那样。

1　参见 *Theorie des modernen Dramas,* 1956 年，第 30—33 页。

但是《犀牛》仍然处在高级悲剧的范畴之内，可以说，这部作品和《酒神的女祭司们》(*Bacchae*)的相似性是很有启发意义的。这里有两个同样而并置的世界，一个是政治的，一个是动物的；有两个同样不安分的老人，他们被耗尽的生命力使他们无法卷入冲突；有两个同样不充分的展示部分，一个是理性，一个是科学。当野兽逼近眼前的时候，杰恩和逻辑学家穿戴整齐，寻求拯救，并且考虑起可资利用的人来。彭透斯、卡德穆斯以及提莱西亚斯同属一个阵营，他们固守着文明世界的美妙之处，那一切已在他们周围呈现出坍塌的状态。希贝尔的建筑物的垮掉在希腊剧场的坛式舞台上也许很难表现，但是它的象征价值却是确切无误的，而且它构成了《酒神的女祭司们》一剧的戏剧语言结构的重要组成部分。因此，在尤内斯库的戏剧中，动物，起初不过是处于远处的威胁罢了，可在某个转折处，却显现为象征性的突出物了，尽管它们在戏剧的视觉上仍保持最小的形象。此时随意调换场面的堆砌让位给一种突出的孤独的交锋。情感、灾难，取代了精心设计的情节和轻微的焦虑以往占据的地位。从一个被神秘氛围所遮掩的来源涌流而出的戏剧需求显示出绝对的优势。戴茜和贝伦杰尔尝试了几种出路，结局却是未完成的，而且是虎头蛇尾的，即使我们在结尾看到一种欧里庇得斯式的完整的收场白的话，同样的虎头蛇尾的安排依然会显露无遗。尽管资产阶级社会的环境代替了狄奥尼苏斯式的背景，像《犀牛》这样的一部戏剧看来依旧比更明显的模仿之作(例如克莱斯特的《彭忒西勒娅》，1808年，杀害阿格夫的凶手在剧终时出现)更为接近古代神秘戏剧的精神。

在古代的全部剧目中，一部戏剧的分类一方面取决于功用——节日的情形和要求，或者是演出的场合——一方面取决于该剧的结构和风格。埃斯库罗斯的《阿伽门农》和欧里庇得斯的《伊菲革涅亚在陶洛人中》采用了同样的基本词汇，采用了同样的发挥对话造型作用的方法，同样对屈从于戏剧幻觉感到不情愿，同样采用特定的诗节格律，这使他们明确地区别于阿里斯托芬的喜剧创作。后者有的是不守格律的对话、卡通式的形象，人物和演员之间荡来荡去的角色变化，以及自成一式的更加闲散的诗节规则。新喜剧在这些方面就更加接近悲剧。欧洲的大量戏剧作品，包括悲剧在内，都要回顾米南德和泰伦斯乃至塞内卡的创作，有理由认为，体裁样式的混淆早在古代就已发生了，但是公元前5世纪却一定是例外。的确，《海伦》中的墨涅劳斯作为一个戏剧形象，同希腊化时期舞台上出现的做作而蠢笨的丈夫们并没有多大区别，而《阿尔克提斯》中的赫拉克勒斯则预演了后期喜剧中的饶伊斯忒·道伊斯忒。这也许就是欧里庇得斯在他那个时代被看作心怀偏见的作家的缘故之一吧。事实上，即使在这些大胆的剧作中，欧里庇得斯遵守着他的风格和结构的完整性，经典作家们业已觉察，他的风格和结构都明显地属于悲剧范畴。

在体裁分类这个问题的范畴之内，埃斯库罗斯和欧里庇得斯分别代表着两种悲剧所要求的相互对立的语言类别概念。从塞内卡到易卜生，从高乃依到迪伦马特，所有的成功者都可归入两个阵营：一个是运用密集的辞藻和纠结的短语来努力强调戏剧分量的阵营，另一个是依靠朴实无华或精练妥帖，而非丛集的语言魅力来增强作品的价值。阿里斯托芬的戏剧中那种具有标志性的刀光剑影的决斗为我们指出了路径。埃斯库罗斯的戏剧中某处的某个人物被拿来和铁砧和金枪鱼相比较（fr. 307 N.2），还有，在《阿伽门农》的第795—798行，我们读到“眼波摇尾献媚”。当然，应该承认，此处的原文也许并非无可挑剔，但毕竟说明，埃斯库罗斯的形象塑造方法和凝练性已登峰造极，很少有人敢于效仿。不过埃斯库罗斯和欧里庇得斯之间的较量似乎在拉辛那里又复活了，因为拉辛在他的《圣经》题材的戏剧中，毅然采用了一种想象密集的描写方法，那是他在世俗题材的创作中一直避而不用的。

那种认为悲剧和喜剧截然不同，并且在很大程度上相互排斥的批评观念一直延续到文艺复兴以后。冯特奈尔曾辛勤地探索过一个问题，即喜剧引出眼泪或悲剧几近引出笑声是否合理（《关于诗学的思考》，1742年发表，见《全集》，迪平编辑，1818年，第3卷，438页以下），他的这一思考是建立在西塞罗（《论演说》，1.1）和贺拉斯（《诗艺》，89）的责难的基础上的，但是在这两种倾向业已被实际应用了几个世纪之后的时候，他的观点居然得到了认同。他的《戏剧品类》涉及到各种风格，从“可怕的”，到“伟大的”、“可悲的”、“柔情的”、“喜悦的”，再到“荒唐的”，倒不失为一部填补罅漏的刻板之作。他为一种尚未受到古代分类法割裂过的戏剧体验设定了两个居于中介状态的术语，即“可怜的”和“多愁善感的”。他还肯定说，英国人已经按照新的风格设计实践了多年，尼古拉斯·罗伊的《诚实的悔罪者》（1703年）便是其中之一。不过，那种力图使悲剧和喜剧的结合合法化的做法仍然像铰链一样发出刺耳之音，这足以证明，经历过斯卡利杰及其追随者强化的旧有分野仍然保持着强迫力。将一部特定的剧目认定为希腊式悲剧或德国式悲剧这个古怪的德国难局，正是上述分类学困境的进一步扩展。

契诃夫、吉罗杜、布莱希特以及迪伦马特继续着这场分类学的格斗，这大概是因为他们在揣摩，观众们需要应该笑或应该哭的指点。人们通常很少认为契诃夫的讽刺和布莱希特的疏离意在使观众自信能得出正确答案。杰利米·科利尔对莎士比亚的评论是值得了解的，兰姆曾引述过他的评论（见《主考》，1813 年，载《作品》，卢卡斯编，卷 1，1903 年，第 158 页）："尽管他的才华一般总是充满诙谐的，流露出庆典的情调，但只要他愿意，他就会像其他任何人那样严肃起来。"只有对悲剧和喜剧刻意抱定固执立场的人才会促使一个有文化的人作出如此愚蠢的评断。从这一点到迪伦马特的主张已经相距不远了，迪伦马特认为，我们的时代不能产生悲剧，因为悲剧要承受负罪感、渴求、比例、眼力和责任心。"在我们时代的颠倒混乱中，在白人种族的混沌堕落中，没有人内疚，也没有人会负责任"（《戏剧问题》，1955 年，第 47—48 页）。5 世纪的雅典或詹姆斯一世的英国似乎处于一种特殊的负罪感的压力之下，或似乎处于一种体面感的压力之下，这种体面感中夹杂着某种负责任的优越感。但事实上，哪里有这样的情感在流行，不论是清教的英格兰还是加尔文教的日内瓦，悲剧都是一出压轴戏。现代学者们对通行的分类法的认识论依据业已提出了质疑，但近来的戏剧家们、导演们和演员们看来已无法摆脱自古以来的这一符咒了。

体裁的混合

不过情形也并非总是如此。欧洲戏剧的历史充满了无意识地将古代人所分开的东西再混合起来的情形：人们混合了情感参与的悲剧式节奏和最终降临的灾难性结局，混合了喜剧式的肉体活跃和公元前4世纪曾戏剧性地初露端倪的温文尔雅。理查德·爱德华的《达蒙与皮西厄斯》（1565年）就被冠以“悲喜剧”之名。体裁的混合早在17世纪反国教徒运动提出该要求以前就出现了。18世纪多愁善感的布尔乔亚戏剧毫不费力就造成了旧批评分野的混乱，这种戏剧流行起来，在一个极端上，其代表作就是佚名的《费沃山姆的雅顿》（1592年），歌德曾把这部戏剧称为“非戏剧性的”作品，大概因为它拒绝了悲剧对于庄重的追求；而在另一个极端上，又有惊人地扭曲真相的《热内》为代表。皮兰德罗将现实与意识弥合一处的痴迷努力若不是对悲剧性和喜剧性的融合达到一种默然理解的话，就不会比毕希纳的合理泛滥式的突变或波蒙特的观众反应刺激法走得更远。他的努力略胜一筹的是，高级和低级的风格，高级和低级的角色都很好地交会在一起了，体裁的纯净也已经通过所用的语言和塑造的形象来界定了。

当瓜里尼在他的《悲喜混杂剧体诗的纲领》（1599年）中为悲喜剧进行辩护时，风格的混合是他关心的核心。成功的交融，即高级和低级的风格在其中完美地熔融在一起的情形，并不多见。克莱斯特的《洪堡王子》（发表于1821年）也许算是一部。它的语言毫无斧凿之迹，集中再现了战争精神、真诚、甚至于士兵之间的温情以及他们对家乡女友的思念。对亲密感情的表现——如果有人想要追究这一点的话——乃是新喜剧的遗留痕迹，这种柔情表现并不回避埃斯库罗斯式的道德号召，它镇静自若地审张自己的权利，并把自己的力量与道德号召融合在一起。

米南德的成功之处还表现在爱情之花的孕育与绽放。无论是埃斯库罗斯还是索福克勒斯，抑或阿里斯托芬，除了在抽象的层次上、在歌队的歌唱中或在神圣信仰的说教中之外，都没有对男人和女人之间的情感倾注较多的关注。如果我们握有若干失传的作品的话，我们的判断也许会有所不同。只有不多一些残篇暗示着一种公然的性爱内容，而拜占庭的编辑者们又都把这些内容排斥在他们设计的课本之外了。例如，在埃斯库罗斯的《密尔弥冬人》一剧中，阿基里斯带着一种情人般的感情高声责备帕特洛克罗斯的尸体，所用的语言竟是出乎意料地亲昵的（fr. 135 N. 2）：

你没有珍重你的两股间的纯洁，
你没有感念我们之间多少次的亲吻。

欧里庇得斯曾把爱情主题置于行动的中心，但他的爱情在更多的情况下是一个偏离的而非持续的主题，那只是设计来暴露人间关系的不协调以及社会契约的不完善的途径。爱情故事不仅造成，而且预示了新喜剧的产生，这是一个胜利，更可以说是向通俗戏剧的转变，这个事件发生在公元前 4 世纪到来之前，在那个时刻之前，这种新喜剧一直没有得到高级艺术的认可。

悲剧

综上所述，在形式、主题、格调等许多方面，米南德称得上是当日的领军人物。当然，通常被当作希腊人最重要的遗产的，是悲剧而非别的什么。准确地说，“悲剧性”一词的意味并不总是清楚的。浪漫主义的、特别是黑格尔派的观点认为，悲剧涉及双方之间的对抗或统一性与多样性的冲突，这种观点可以追溯到柏拉图，却不能追溯到希腊悲剧文本。雅斯贝尔斯声称（《论真理》，1947 年，第 960 页）：“由于主人公在时间的实在那里触礁毁灭，他便显现为悲剧性的形象。”无论是这种说法还是其他声称界定了悲剧性的说法，都远不符合希腊戏剧现实的实质。现代的、特别是欧洲式的戏剧批评利用了柏拉图主义的语言，这种批评对悲剧所取得的柏拉图式胜利乃是思想史上的怪异现象之一。

而且，那种认为一部悲剧一定要在主人公的毁灭中落幕的想法可以追溯到比古代先例更早的时候。格里尔帕策的悲剧——《太祖母》（1817 年）、《萨福》（1818 年）——倾向于和“死”字的出现同时收场，而梅特林克早期创作的静态人物剧所刻画的人，即米南德式的人，则等待着死亡的追逐。死亡的核心意义一直受到注重仪式的批评家们的强调（波德金、提尔雅德、菲尔古森），对他们来说，经过毁灭而实现的死而复生构成了悲剧体验的实质。同时，旧式的、文艺复兴时期的反对在舞台上表现死亡的禁令给演出英雄式的毁灭带来了困难。拿琼生的严格古典风格的《谢亚努斯》（1603 年）来说，虽然有索福克勒斯的《埃阿克斯》提供范例在先，而且在当时的复仇悲剧中暴烈的死亡频频上演，势必削弱了琼生的观众的震惊反应，但剧中西琉斯的自杀仍然给人一种大胆冒犯常规的感觉。德莱顿笔下的利西戴乌斯曾指出（《论戏剧诗》，布尔东编辑，1964 年，第 70 页）：“在我们全部的悲剧中，当演员将要死去时，观众都无法克制住发笑；那是全剧最有喜剧性的部分。”然而德莱顿的警告并未引起人们的注意。在下一个世纪中，大卫·休谟（《四篇论文》，1757 年，第 198—199 页）曾声言反对尼古拉斯·罗伊的《野心勃勃的继母》（1700 年）的演出：“那里有一位可敬的老人，在愤怒和绝望之际陡然站起，冲向一根柱子，一头撞去，撞得柱子上满是脑浆和血迹。”他对导演的独具创造力的幻想颇感嫉妒。在我们当代，彼得·布鲁克让《李尔王》中的高尼里尔以如此方式死去，但并没有表现血腥的模样。

德莱顿和琼生都曾称赞古代戏剧中信使报告的做法，将死亡简短地交代出来，而不是表演出来，其效果更好。在莎士比亚剧中，“赫卡柏对他意味着什么”这句话是否证实了什么意图根本就不清楚。在 19 世纪和 20 世纪的大部分戏剧中，无论是在台前还是台后，死亡事件变得愈发难以处理了，因为我们对于机械的杀戮已经越来越麻木了，还因为我们对于什么是死亡以及死亡以多少种方式降临的感觉更加扩大了。在背负着太多知识的人们面前，死亡已显出一种原始的面目，使人感到它像是某种象征形式，某种低级的舞台舞蹈。所以，在现代戏剧中，苦难再次设法在没有死亡的刺痛的情况下发挥作用，完全像在《普罗米修斯》和《俄狄浦斯王》中那样了。

简约

在戏剧演出的简约问题上同样如此，现代舞台在经历了几个世纪的置规则于不顾，只寻求多样化和矛盾纠葛之后，重新起用了古老的简约方法。斯特林堡的《戏剧奥秘》建议人们抛弃幕间休息，贝克特采用的戏剧性的静场，都在一定程度上恢复了古板的风格，当年拉辛的《贝蕾妮丝》（1670 年）就曾为这风格而受到攻讦。无论是 17 世纪的新古典主义者的主张，还是后来自然主义者对丰富的生活背景的强调，都在努力倡导亚里士多德的戏剧复杂性理论，而不提倡大量希腊遗作所展示出的简约原则。在此不妨注意一下德莱顿在他和李合作的《俄狄浦斯王》前言中所作的怀旧意味的评论（1678 年）：

> 雅典人的戏剧（是否比我们的戏剧更优秀的问题现在已不再争论了）具有一种不同于我们的完美性。你们在每一幕的每一场都看到了（至多两场就会显示出来），这种完美性控制着戏剧整体，歌队亦紧密配合，歌队在歌唱上比在说话上用去了更多时间。主人公在全剧中几乎是不断地出场，而次要人物在整个悲剧中出场的次数却很少超过一次。我们的戏剧舞台上的行动安排则显得困难得多，我们决不放过已经登场过的任何稍微重要些的人物。于是积久成习，我们总要安排一种围绕次要人物的次要情节，该情节又必须依附于主要情节，而主次情节的分支必定像迷宫中的设置一样，它们全都通往那座庞大的花圃：或者说，就像通往许多公寓房间一样，这些房间又各有出口，都通向同一条走廊。所以，也许最终我们能够想象到，古老的剧作法，正如它是最简易的，也是最自然的和最好的。至于多样性，正如它是刻意追求的，也是过多地造成心神分散的。

否认这一点是徒劳的，因为在同一部戏剧的收场白里，两位剧作者声明说，效仿希腊人就是他们这两个英国诗人的任务。不过，出于对希腊原作的尊敬，两位作者也克制地暗示着，索福克勒斯提供的东西已不敷够用。剧中第一段舞台指导就把关于简约的全部思想置诸脑后了：

帷幕在悲切的曲调中升起，展示出当下忒拜城的景况；死尸横陈在远处的街道上，几个人疲弱地走过舞台，还有几个人倒下。

原来这是这样一部戏，在这部戏里，克瑞翁、欧律狄刻，还有新引进的阿德拉斯托斯相互杀戮，俄狄浦斯从一扇窗户里跳出来，他见到伊俄卡斯忒已死去，“被她的侍女们抱着，胸部多处刺伤，她的头发散乱着，她的孩子们被杀死在床上”。

有些希腊戏剧，例如《奥瑞斯特斯》和《腓尼基妇女》，把整个传说和切身经验都压进了戏剧的范围，显出了臃肿和老克雷比永追求的大苦难情节，结果背离了简约原则。但大多数戏剧，从《波斯人》到《伊菲革涅亚在奥里斯》，直到米南德的《恨世者》和《盾牌》，都满足了我们对一种结构的期待，用亚里士多德的话来说，这种结构可以让人一览无遗。后来发生的事情在某种意义上说就是不可避免的了。被模仿造成了并无改进之处的繁复。那些遵循人文主义传统的剧作家们所认同的古典知识指示着有限的简约法则。正如雅斯贝尔斯说的，经验的声音被教养的声音取代了（quoted by K. Ziegler in H. Kreuzer, ed., Hebbel in neuer Sicht, 1963, p. 12）。希腊戏剧，尤其是埃斯库罗斯和阿里斯托芬风格的戏剧，是缺乏儒雅，它们的知识前提是尽人皆知的，它们的见识也是本土的。在索福克勒斯和欧里庇得斯那里，以及在泰伦斯喜剧所本的希腊原著那里，这些特点要弱些，但也存在。然而，在这些特点在塞内卡那里便荡然无存了，威拉莫茨曾评论说，他笔下的美狄娅行动起来就像她读过欧里庇得斯的《美狄娅》一样。在琼生的《谢亚努斯》中，提比略说的一行希腊语是从“色雷斯的”狄奥尼修斯的《罗马古史》中引来的。可古希腊悲剧中，从未见过外国语。外国语都留给喜剧了，在喜剧中，外国的每样东西都是邪恶的或滑稽的。在《盾牌》中操多利亚语的医生证实，在这一点上，新喜剧把一种阿里斯托芬式的看法铸成为不朽。塞内卡式的学养就是新东西了，在19世纪末以前，即导演安托尼和剧作家斯特林堡的时代以前，严肃的戏剧开始再次撇开学问和教养，占据了主导地位。在这种情形之下，人们看到的是一种有趣的现象，随着对教养和高雅趣味的抵制，戏剧重又走向了简约，抛弃了复杂情节的创作法则、逆转法则，也放弃了命运交错和善恶报应的做法。在这种情况下，希腊人的遗产成功地显示了对批评传统的轻蔑，该传统从亚里士多德肇始，并一直褒奖学问和专攻法则的文山牍海。

三一律

虽说这个话题在漫长的讨论和视听混淆中业已证实其参与者有饶舌之嫌，但我还是要对这个话题说上两句。在为《每一个幽默的人》所作的著名的序言中，琼生对“时代的恶俗”提出了抗议，他当时在脑子里显然想着莎士比亚的历史剧。他不想要

一个婴孩，还在襁褓中就着手处理
人类问题，然后迅疾成人，荒秽无益，
虚度六十载；不然就舞动三把锈剑
倚仗少许一个半音步的片语只言
投身约克和兰开斯特的持久厮杀
在排演场所把伤痕养成创疤。

相反，他要把戏剧表现为

没有合唱歌曲使你名声远扬
没有丑化的君王供年轻人玩赏，
没有俏皮的讥讽贸然出现，唐突
尊贵的妇女，没有碾压火药的节目
却说天上打雷，没有急骤的鼓点
向你报告暴风雨已临到眼前。

这种把喜剧和悲剧的内容相交融的范例反映了阿里斯托芬对竞争对手所用的伎俩的嘲讽式抗议，也反映了阿里斯托芬对埃斯库罗斯式的夸张风格的宽容的戏弄。不过最主要的是，这种做法把人们的注意力从作者的承诺（在他的悲剧里寻求解脱）转移到了对时间和地点的统一上，也转移到把行动尽可能地简化成风格的努力上面。同样的事情也能在伏尔泰对莎士比亚的机智指责中看到。

在哥尔多尼的《喜剧剧院》中，地点的一致原则还突兀地出现在导演奥拉奇奥和拙劣的剧作家莱利奥之间的对话中 (1750; ed. Sampietro, vol. Vi, 1967, Act II, Scene iii, P. 123)。

莱利奥：我认为我已经遵循了所有的规则……我确信我已经遵循了最重要的规则，那就是地点一致。

奥拉奇奥：谁告诉你地点一致是一条重要规则？

莱利奥：亚里士多德。

奥拉奇奥：你读过亚里士多德？

莱利奥：说真的，我没读过，可我听人们说起过。

就像奥拉奇奥说明的，“古人并没有我们这样的换景设备，因此，他们要保持一致性”。弗朗索瓦·德·奥比尼克则读过亚里士多德，他在对索福克勒斯的《埃阿斯》所作的精微分析中（*La pratique du théatre*, 1657 年 , pp. 471ff. ），提出要贯彻完整的三一律，并认为该三一律在古代和文艺复兴的文艺批评中业已得到了详细的论证，只不过它已远远超出了亚里士多德的情节一致的要求。有趣的是，斯特林堡竟也落入了结构主义的设计方案。在评论《黛莱丝·拉甘》一作时，他称赞了左拉对地点一致的重视，也指出了他忽视时间一致的不足（ *Werke,* tr. Schering, vol. i.4, 1910 年 , pp. 327ff. ）：左拉在第一和第二幕之间夹入了不必要的一年时间，也许是不便抵牾社会苛求，在这里这苛求就是寡妇再嫁须待到丈夫死后一年。可见，相似性最终胜过了相互冲突的规则，斯特林堡看来也愿意让优势倾向来一个逆转。

逼真

逼真，在文艺复兴时期的理论家们和自然主义者的各种狭义理解上，可以在古代找到不多的来源。亚里士多德关于可信和感人的形象的要求有一些散漫的论述，但它们对心理和社会的现实主义的要求影响不大。他对或然率的强调就足以证明这一点。在舞台上，没有人会脸红，或咳嗽，或承认自己困惑。欧里庇得斯并未试图像克莱斯特那样，从生活中撷取一些小插曲，来缓和人物开始说话时的突兀情形。在克莱斯特的《彭忒西勒娅》中，尤里西斯中断了自己历险的叙述，要些水喝——用头盔！——并且，在越过漫长的126行后，才拿到水并向送水者致谢。为此，希贝尔在谈到他所推崇的索福克勒斯的《埃阿斯》（他将其与《安提戈涅》相媲美）时指出（W. von Scholz, *Hebbels Dramaturgie,* 1907, p. 92, from notes sketched in 1841）："现代批评从对自然的愚蠢要求出发，认为图克没有为他的兄弟（埃阿斯）做人工呼吸，而只是照看了他的葬礼，是一个大错。"

在古代规范的范围内，《埃阿斯》是一部说得过去的写实戏剧。索福克勒斯，正如在后来的《菲罗克忒特斯》中所显示的，有一种对物体的和精神的真正现实主义的倾向。在悲剧《菲罗克忒特斯》中，时间的一致很完美，演出的场景和故事时间吻合，且连贯不辍，歌队和行动融为一体，恰当地重视了社会生活的可能性。剧中独处的主题与那种主人公应当回到社会的核心团体中去的建议相抵触，带来了某种复杂性甚至过分的装饰，这在希腊舞台上是很少出现的，它还呼唤出了雅典的泰门的粗砺的指责或莫里哀笔下的阿尔塞斯特的好战性格。

不过，《菲罗克忒特斯》像《雅典的泰门》（1604—1605年），却不像《恨世者》（1666年），它的终极效果乃是一部在神话层次上表演出来的戏剧的效果。无论在任何重要的意义上，我们都不会对生活背景产生“感觉”，也不会对那种“社会交往的无意义”产生有意义的“感觉”。

韵文和散文

古代人在逼真问题的漠不关心在人物的对话中随时会显示出来。希腊悲剧和喜剧的一个突出特点是对话和歌曲的交错展开，特别是主人公的“史诗性散文”和歌队的仪式性歌唱的交错。在这种情形之下，“散文”只是自由地运用在对话中的，接近于韵文的歌唱。古代戏剧并不很认可散文，除非遇到不合韵律的出自痛苦的叫喊或绝望，或者是喜剧对官僚式的法令的嘲讽式转述或模拟，它们全部使人感到有必要独立存在，且区别于韵文的展开。不合格律的对话用于戏剧乃是后来欧洲舞台的一项发明。当时的人文主义者们力图发现希腊和拉丁韵文形式的对等物，以保证旧的传统得到延续。在第一批散文戏剧出现很久以后，德莱顿才犹豫不决地在无韵诗和韵诗之间做出斟酌，而且他根本未把散文看作一种值得考虑的选择。他所以如此的原因很明显，从他关于《女敌手》的书信中说过的看重韵文的话（1664年）便可看出：“一首诗中的想象乃是一种狂野和目无法纪的才情，它就像一条高等的长耳狗，需要一块坠脚石来加以约束，以免它逸出判断的轨道。无韵诗的了不起的从容，真正给诗人带来了自由。”无论如何，如果被人问起的话，希腊人会更赞同萧伯纳，萧伯纳用韵文写了一出戏剧，他说过，他采用韵文的原因是他没有时间用散文写。柏拉图的散文体对话出现在那样一个时刻，当时已有两代散文作家使这种新工具变得足够柔韧灵活，足够多样，能满足艺术家的各种需要。但是柏拉图时代以及其后几个世纪的戏剧家们却更愿意采用开创传统者们经过实践印证的工具来创作。

合唱

总之，是对白和歌曲的交替展开构成了古代戏剧形式的内部张力，并以此方式极大地满足对相对立的文体媒介的要求。歌曲的主要载体是歌队，然而音乐却并非公民合唱队的唯一可贵贡献。佩罗曾让他的谢瓦利埃猜说，歌队的发明，完全是由于作者们需要一种媒介，以便表达他们的随身箱子里装的平庸识见：关于死亡的不可避免，关于人类事务的旦夕祸福，关于执掌王权的烦难之处，以及天真给人的快乐等等。所以，谢瓦利埃得出结论说，古代的剧作家和他们的摹仿者们就像演出笑剧的庸医一样，在兜售他们的秘方和药水。

就歌队来说，虽然普劳图斯、泰伦斯以及他们的希腊化时期的先师们早已不再信任或竟抛弃了这个公共的劳什子，但它一直被看作古代戏剧传统的“人为创造”的特性。当艾迪生写他的《加图》（1713年），弥尔顿写他的《力士参孙》（1671年），席勒写他的《麦西那的新娘》（1803年）时，古典风格的实验都是通过运用歌队的方式来标榜于世的。这种率性的行动并不总是成功的，就像T. S. 艾略特至少在一部戏剧——《家庭团圆》——中所发现的那样。琼生在《谢亚努斯》的序言中，从自卫的立场指出了这一点，即最好不要用歌队：

> 他的习惯和情绪正是如此，其固执程度超过了任何我见过的人，因为古人，这里不是指那些在最近对法则产生过影响的那些人，已经挡住了前进的道路。在我们的时代，面对如此平庸的观众，没有必要，而且也不可能保持戏剧诗的旧有形态和辉煌壮丽，同时哪怕保住任何一点普遍的快乐。

八年以后，在《喀提林阴谋》一剧中，他又回到他自己的见解上来。

托马斯·哈代的《列王记》虽说有意写成一部更加符合地方特色、更加符合德鲁伊教传统的作品，并要最终达到客观写真般的唯一效果，但由于有壮观的合唱配合，该作并未摆脱埃斯库罗斯式的姿态。甚至佩罗所炫耀的方法，即利用歌队来直接表达部族的智慧，依旧遭到嘲弄，因为同样的至理名言在古代戏剧的对话、特别是在合唱歌曲中是非常普遍的。它们的作用或是告诫，或是安抚，或是简单地宣示从反省中得出的人类生活的恒久真谛，那是雅典中等阶级的标准，其作用在于缓解英雄气概的大起大落。这些至理名言可能很伧俗，它们经常出现在欧里庇得斯的戏剧里，因为伧俗本身就是他的戏剧主题的一部分。它们也可能存在于古代诗作的崇高美感里。布莱希特、萨特以及魏斯已经作出了选择，要强调至理名言的生活气息，另一些人则尽力开发它们的慰藉力量。当索妮娅在契诃夫的《万尼亚舅舅》的结尾用她的欢声快语说出惊人的结束语：“我们就会幸福了，我们就会带着一副感动的笑容来回忆今天的这些不幸了——我们终将解脱……我们终将解脱！我们会听得见天使的声音……我们终将解脱！”（tr. Garnett）或者，在奥登与艾谢伍德合作的《F-6的上升》中，当A夫妇复述着

他们讽刺性的诗句时，那些至理名言都是歌唱的。我们作为平民或难友会对这些歌唱作出反应

音乐

不过让我们记住，那些至理名言就像古代合唱队所表达的大部分东西一样，是唱出来的，这就减弱了它们平庸陈腐的效果。事实上，对白与歌曲之间的区别并不是个简单的问题。悲剧作家可以在最大可能的范围内写作一段格调可变的剧文，从单纯的、无伴音的、近于谈话的风格话，到有伴音的、常规的合唱队吟诵和颂歌，再到独唱和设计完备、有精细的节奏和曲调结构的合唱系统，对这种体系的细节并无统一的意见。关于实际的音乐作品，我们也只掌握很少的片段资料，而且这些资料还存在着不同的解释。喜剧作家也能在如此多样的品种内进行创作，特别是在那些以悲剧结局相继的场次中。到了后来，这种音乐的多样性便部分地消失了。到了新喜剧这里，不仅抛弃了作为情节组成部分的合唱队歌唱，而且往往降低了音乐的比例（这一趋势有时会被普劳图斯颠倒过来），由此便完结了一个发展的历程，这个历程是从狄奥尼索斯祭典性的戏剧脱离了仪式前身开始的，直至埃斯库罗斯出现之前。几个世纪以来，人们一直感到希腊戏剧是一种口语表达的艺术，一种抽象的思想被诉诸戏剧语言交锋的艺术，亚里士多德和贺拉斯由于对结构和措辞持有关注态度，也助长了人们的这种印象。同时，民间的传统和天主教会众人的助唱也对中世纪的戏剧发生了影响。看来，音乐在都铎王朝的道德生活中发挥了作用。但是，就像在

莎士比亚和德莱顿的戏剧中表现出来的那样，音乐似乎一直都是一种调剂品，而不是艺术的基本构成要素。拉辛的亚历山大诗体，叶芝和欣葛的方言模式，都有他们自己的音乐，如果将一种配乐的或歌唱的诗行加入进去，就会破坏他们的音乐。从历史上来看，这种内在的音乐是希腊化时期的诗人们，即米南德的同时代人的一项发明，他们不认可古老的、外露的音乐特征，为的是强调对白本身的音乐感。

19 世纪重新发现了音乐与对白相结合的天然力量。尼采在他的《悲剧的诞生》中对狄奥尼苏斯和阿波罗的分离所表达的哀惋，为瓦格纳的综合，也为戏剧诗人——梅特林克、霍夫曼斯塔尔——和作曲家——杜卡斯、德彪西、施特劳斯——的合作铺平了道路。于是，新古典主义复兴古代歌队的尝试，就像在拉辛的《阿达莉》(1691 年)中那样，或复兴三声部和合唱的降神颂歌的尝试，就像在德莱顿的《俄狄浦斯王》第三幕中那样，都在两个并行的发展方向上被抛弃了：一个是完善现代歌剧的方向，伴之以诗和音乐的共生，另一个是维持口语表达的支配地位。马克思主义者和布莱希特派对和谐对白的运用是一种另外形式的偏离现象，正如布莱希特和他的追随者们便相信音乐厅的合唱队和民间曲调赋予革命戏剧的结构以活力。古代悲剧的真正继承者是歌剧，尽管这两种艺术形式具有全然不同的内涵。在一切都被说到并说明了之后，必须强调的是，虽然雅典舞台上演出着歌唱和舞蹈，但希腊人自己却认为他们的戏剧，特别是他们的悲剧主要是凭借对白方式来达到它们的目标的。埃斯库罗斯的语言的丰满有力，比他的音乐的特殊品质更加有效地震撼了他的同时代人的想象力。

对白

在如此晚近的时代，思考希腊戏剧中言词的力量是很困难的事情，无论那言词是吟诵的，还是吟唱的，抑或是歌唱的。但是我们也可以有把握地假设，口头的表达是如此可靠有力，以至于它们承担了许多我们时常在“行动”标志之下寻找的东西。戏剧的文本落到我们手里，缺乏舞台提示或动作分析，只有为数不多的剧本不是如此，这种情况有时意义重大，有时无关紧要。事实上，我们得到的文本都是那些剧作家用来指导排练的手抄本的很久之后的抄本，因此，对演员的指导文字的缺失就不足为奇了。更重要的是，一部希腊戏剧如果上演打耳光的场面，像高乃依的《熙德》(1637 年)，还有《谢亚努斯》那样，简直是不可思议的。同样，目光和表情也被排除了。拉辛以对诉诸视觉的事物的高度关注，在这个意义上是反古典的，虽然他同样把一切东西都诉诸演员的对白中去了。在希腊舞台上，唯一有意义的活动是手和脚的活动，辅助以舞蹈。阿伽门农穿过猩红地毯的缓慢进程，《特拉喀少女》中赫拉克勒斯死去时被中断的动作，在当时都是令人悚然的景象。特别是在埃斯库罗斯那里，对于一个高明的导演来说，还是有很大的表演空间的。当厄勒克特拉认出奥瑞斯特斯时，他们想要拥抱吗？埃阿斯自杀的情景如何扮演？

无论如何，在总体上，这些问题还都是次要的；它们都从属于事件，从属于事件的严重程度。就是说，它们不取决于我们对情节或行动的理解。这些因素完全是被言词所决定的。有一个范例，也可以在修昔底德的著作中见到，即政治上的审度，对普遍真理的分析，对特定事业的规划，以及对成败的反应。在《伊利亚特》中，影响人物行动的仿佛不是与死亡的决斗，而是与言词的决斗，那些言词或者夸张，或者谦逊，出现在决斗之前和之后。在希腊舞台上，言词、对白和咏叹已经侵入到正常的行动的领域，这一点造成了古典戏剧与曾被斯坦尼斯拉夫斯基滥用技巧的那些戏剧之间的差别。而且，需要指出的是，幻觉的戏剧从来不比幕间表演更多些什么，言词占据主导地位的古典传统一直稳定地延续到了今天。

情节

对前来观剧的公众来说，古代传统的继续在原型情节类型的遗留中看得最清楚了，特别是那些取材于英雄传说的情节类型。霍夫曼斯塔尔、克劳德尔、奥尼尔、艾略特和法国 40 年代、50 年代的“存在主义者们”，如今都已成了“古典”这个伟大遗产库的一部分了。但是应该记住的是，他们是在 19 世纪后期的反叛活动似乎已经关闭了通往向善之路的门户之后，才向古老的神话回归的。阿波利奈尔，超现实主义的奠基人，无论如何也不能被说成是古典作家的代言人。但是，他的《蒂雷西娅的乳房》（1917 年）的魅力很大程度上得益于奥维德式的故事，这些故事被他用作了展示罪人的鞭笞柱。人生裂解和情感无根的现代主题依靠着和既定材料的结合而被赋予了雅致的模样。这一结果是有启发意义的范例，它十分接近布莱希特对“陌生化效果”的追求。

希腊戏剧从三个来源取得了自己的情节材料。用于悲剧和羊人剧

（Satyer）*时，它从传说或历史往事中取材；用于旧喜剧时，它从时下的公民生活取材；用于新喜剧时，它从普通的现实生活中取材。阿里斯托芬的情节很少有人模仿，它对纷争中的公民所具有的固执和敌意的大胆利用在别的政治背景下是很难复制的。琼生在他最富于活力的时候才会创造出近似的情节，他的《巴托罗缪集市》的情感动力就产生了全部属于他自己的情感迸发。杰利作品中对秩序的破坏，易卜生和萧伯纳作品中尤为浓郁的理智主义和文化意识的批评，也都显示了某种程度的与此相似。要想认识与旧喜剧的真正相似，人们就要忘记戏剧而转向散文体的讽刺，转向斯威福特和奥威尔以及《第二十二条军规》。在另外两种情节类型中，传说的戏剧化（或历史往事的戏剧化）形式继续明显地吸引着那些自认为遵循人文主义路线的剧作家们，这条路线从蒙克莱斯丁的《苏格兰人》（1601 年）和高乃依的《罗多古娜》（1645 年）到德莱顿的《格拉纳达的征服》（1670—1671 年）和《奥伦—蔡比》（1675 年）。正像在希腊舞台上那样，历史的主题，无论多么晚近，总是被赋予传说的风格，而传说的材料则总是被赋予具体的、准历史的模样。问题的关键是对往事所持的观点，以及为了现实的欣赏和教益而对熟悉和陌生的形象所作的再现。

第三种情节类型，即米南德式的情节，是如下的情节：当别的情节类型出现了又远去了时，它仍然逗留在原有的领地上。通过那些看上去是现代的、实质上是永恒的人物，把社会问题戏剧化，最后取得了完全的、压倒的胜利，无论是在泰伦斯式的喜剧形式中，还是在悲剧

* Satyer, 音译萨提尔，希腊神话中好酒色，半人半羊的森林之神。——译者注

或情节剧形式中，即从《伦敦商人》的作者，中经易卜生，到阿瑟·米勒和田纳西·威廉姆斯的戏剧形式中。甚至田园剧的意大利风的新奇趣味也汲取了新喜剧的调和性的凝聚力，这种趣味曾为塔索、莎士比亚和达尼埃尔用简单明白的方式把悲剧和喜剧的因素混合起来创造了条件。

正义

新古典主义剧作家偏好一种构思，其中善良的一方得胜而邪恶的一方失败：这是一种令人愉快的联合构思，双重情节和一个复杂的逆转对此做了圆满的结局。然而古代悲剧的做法则鄙视这种四平八稳的合情合理。邪恶不止一次地凭借政治性的关联，像风土病一样出现在善行中，这种关联并不理会奖罚分明的问题。高乃依反对索福克勒斯的《厄勒克特拉》是基于这样的立场，即作者让自己的主人公因罪行而成为罪人，以便让恶人受到惩罚（K. E. Wheatley, *Racine and English Claisicism*, 1956, p. 290）。在他自己的《罗多古娜》中，他让恶人克利奥帕特拉被杀，不是被她的儿子，而是被一种非人的东西所杀。由于受到文艺复兴观念中道德准则的蒙蔽，高乃依未能成功地评价索福克勒斯式观念的重要性，在这种观念里，英雄和恶人是一个人，或者更进一步说，这两个称呼根本就不适于表示对人类过失的理解。事实上，在古典时期的希腊，也没有表达我们所理解的这两个概念词。

城邦作为悲剧性过失和苦难的相关背景，是古代剧作家们留下的有持久影响的贡献之一。布莱希特理解这一背景的必要性，希贝尔也理解，他笔下的艾格尼丝·伯纳尔（1851 年）不啻为后世的安提戈涅，只有把她去掉，才能使公民社会重新强盛。迪伦马特笔下的克莱尔·扎克纳辛（1956 年）所具有的威慑力量很大程度来自她在其中活动的社会背景；而霍赫胡特的戏剧艺术若是没有政治背景，就什么也谈不上。那些试图缩小环境，只表现孤立地存在于核心家庭或画室等怪异圈子里的邪恶行为的剧作家们，已经抛弃了有助于使苦难变成悲剧的共鸣和距离。至少在某种程度上，这就是亚里士多德在责怪他那个时代的戏剧家时所针对的现象。亚里士多德说，古人一直使他们的人物说“政治”，但他那个时代的作家们却使人物说“修辞”。

詹姆斯一世时代的复仇悲剧（以及它的西班牙模式）提供了一种诗学正义的图示，那是一种用表面的道德平衡遮掩着的骗术。事实上，这种类型的戏剧是最少道德意义的，因为它从那种远超出所应承受的苦难中汲取快乐，从那种只能自身证明是恶行的东西中汲取快乐（*Sejanus,* Act II, Scene ii）：

一个邪恶行为的家族
只会溢出我的愤怒，弥漫到
整个世界的宽广表面，而世界的后人
永不会赞许……

人们通常认为，从苦难中得出快乐是亚里士多德的“摹仿说”和“净化说”力图加以清除的主要悖论。这一悖论从悲剧的最初阶段就伴随着我们。复仇悲剧，从欧里庇得斯的《特洛伊妇女》和《赫卡柏》经过塞内卡的《提埃斯忒斯》到基德和图尔内，很少关注出现在异常痛苦情状下的悖论。塞内卡的追随者们笔下的恶人是非希腊式的，因为他们对邪恶的愉悦达到了自我放任的程度。当传说人物或陌生地域的没落有利于米南德式的同僚们，那些作为斯多葛主义的新入教者的观众则感受到了更加尖锐的恐惧。邪恶的发现，以及邪恶存在的必要性的发现，给《奥赛罗》注入了一种决死的力量，这发现是被邪恶活跃于熟悉和亲切的环境中这一事实所证明了的，苔丝狄蒙娜的纯洁无辜为戏剧的伤感提供了理由。

有人会说，希腊悲剧展示了犹疑不定地彷徨于动物和天使这两极之间的人类，在另一条路线上，在阿里斯托芬的喜剧中，事实同样如此，但也存在以下差别：喜剧的农民主人公无疑是为他的粗俗和求全福而受磨难，在悲剧中则没有这种情形。来自《安提戈涅》中的歌队这样唱到人的可怕权力：

他面对的使命
没有无力应付的，惟有死亡
他无法操纵。

这歌队又阴沉地扫几眼在《酒神的伴侣》中的合唱队肖像，那是人形兽，它在猎取的同时又被猎取。解谜者俄狄浦斯和喀忒戎山的弃婴：这些都是一种辩证关系的限定术语，人性的骄傲和兽性的恐怖，有序的成就和低俗的弱点，诸如此类的辩证关系定义了传统的许多含义。亚里士多德的“怜悯”和“恐惧”的提出，就是为了揭示对这种辩证关系作出的反应。斯多葛派的戏剧家们则喜欢强调恐惧，强调恐惧那种警示道德堕落的功用。

即使是在道德的确切意义遭到放弃的地方，恐惧仍存在着。“Inorridir”，即“恐怖的战栗”，是阿尔菲耶利的得意之句。科幻戏剧也常表现这种“战栗”，但是与怜悯相伴随的呼求也许起着更重要的作用。斯特林堡和布莱希特以他们的史诗剧和他们对移情作用的放弃作为他们真正的抗议，从而证实了欧洲戏剧的一个顽固立场，即在几个世纪里一直在谋求，并且仍然在谋求观众的同情。无论亚里士多德的“净化”的准确含义起初是指什么，它在批评史上一直和那些感染着观众、赢得他们共鸣或同情的感情关联着。

诸神和人

以各种要求和争论塑造了古典时代戏剧情节的众神又是怎样的情况呢？初看之下，人们可能会想到，当戏剧传统进入现代阶段的时候，众神必定是被抛弃的极为沉重的负担。但是那些遵循着与众神相关的传说，接受了众神的现代剧作家们业已发现，众神作为图解式密码是很有用的，这种图解密码使那些提供了值得戏剧化处理的人类生活的各种制约因素变得形象化了。马克思主义的或弗洛伊德的公式已显示出它们自身比古老诸神的统治更少有用武之地。正像史诗一样，戏剧表明自己是一种世俗化的工具。对原始神圣力量的恐惧，作为当时仪式生活中的一种恒常力量，被置诸一旁，以便传达这样一种信念，即众神代表一种赋予生活以意义的模式和常规。神的权威和人的权威的冲突在埃斯库罗斯的《乞援人》和索福克勒斯的《安提戈涅》中得到了戏剧化的表现，这种冲突也是大部分古代戏剧的深层主题，如今这主题仍保持着它的力量。在希贝尔的戏剧（1848 年）里，玛丽阿涅对于她所反对的人间法官和更高的法庭做出了区分，

幽灵把它们阴沉的目光盯住在我身上（V.v. 2822）。

从哈姆莱特的鬼魂到蒙泰朗的《已故王后》（1942 年），一直存在一种意义，即承认一个高于人或超越人的上诉法庭。我们不应把它混同于神迹剧的反人文主义的宗教传统，后者宣扬的是上帝的力量的主题，而上帝的力量则旨在削弱人的总体价值。希腊戏剧还为一切都是虚空的呼喊提供了临时的公开场所。埃斯库罗斯并不反对抒情的形式，如“人类啊，烟的影子。”（fr.399 N.2）。但更有代表性的却是对外在法则——诸神的，命运的或必然的——所达到的自觉并未破坏人的自主性，也使人的苦难被赋予了意义。从另一方面来看，剧作家在试图表现人的行动时，若是忽略了传统的约束，其缺陷又会明显地暴露出来。

人的自主性未必能在用心斟酌的状态下被意识到。阿伽门农、皮拉斯古斯、安提戈涅、阿德墨托斯不是在作出抉择；他们只是觉察到了二者必居其一，着手做的却是内在声音——或传说——要求他们做的事情。剧作家很少对痛苦的、紧张的两难境地感兴趣，在叙述了进退维谷的处境后，他所告诉我们的，便是从承认命运到行动和铸成过错的急转直下。歌队告诉我们，阿伽门农明确地表达了他所面临的可悲选择，也说出了他面对这处境时的绝望，但他只是

在命运的重轭下低下他的颈项，
他的精神崩坏了，变为邪恶
不洁，不敬……

在希腊舞台的其他场合，决定是在没有这种堕落征兆的情况下发生的。然而我们没有看到任何对自由意识和不可强加的选择做出的强调，这种自由意识乃是浪漫主义者和克尔凯郭尔派所津津乐道的。席勒笔下的马奎斯·冯·波萨著名的剖白（1787 年）和萨特面对政治高压所发出的对自由的赞颂，与古代戏剧的观念没有任何相同之处，因为按照后者的理解，自由选择只是一个悲剧意义上的悖论。于是再一次，喜好探究行为源头的希腊方式似乎占据了优势地位。后浪漫主义戏剧已经回复到希腊式的对各种制约和困扰的强调上去了。布莱希特的伽利略（1943 年）没有抉择，他按照社会和他的身体要求的需要而行动。在最出色的现代戏剧中，人物都是被内在力量推动的，这种内在力量使较早的戏剧心理学中的行动自由论者的原则看上去的确显得非常单薄。

性格和行动

高乃依在他的《文集》中声明，由于他没有让《熙德》以“最主要的演员”的结婚来结尾，有些人便将此作为他的过错。那就等于说，高乃依忘记了把演员和性格清楚地区别开来。比高乃依更早些时候，卡斯托尔维特罗曾把亚里士多德的“ta ethe”译为“costumi”（习惯），所依据的是一种合理的假设，即《诗学》讨论的是行为模式而不是性格特征，他的做法是从观众的角度而非戏剧的角度来看待问题的。就《诗学》来说，这部著作虽然留意到了事关戏剧本身利害的表演者的类别，但在总体上尤为关注的毕竟是行动的类型问题，超过了对表演者个性的考虑。亚里士多德在文中出现过一定的动摇，但他还是把行动者用行动的不同而非表演或其他方面的不同来加以界定。这种考察戏剧情节的动力因素的方法，与其说适用于读解欧里庇得斯，莫如说更适用于读解埃斯库罗斯。在欧里庇得斯的戏剧里，内心的斗争，良心的痛苦，以及戏剧性的犹疑辗转，都使我们更加接近复杂的个性化的经验，而不是接近埃斯库罗斯戏剧中的那种更概括或更固定的心理反应。《伊菲革涅亚在奥里斯》中那种来势突兀、令人费解的逆转——起初她想活下去，后来又选择了死——是很难在埃斯库罗斯或索福克勒斯的剧中找到对应者的。而且，如果不依靠他的所谓“一致的不一致性”作为借口的话（这借口本身就可疑），他的逆转看来是与亚里士多德的一致论乖违的。不过，有的人会说，即使在欧里庇得斯那里，还有在塞内卡那里，人物的游移不定、情节的逆转以及其他激动非理智灵魂的因素也都是戏剧化了的，或者，用威尔森·奈特的话来说，是“空间的”而非有机的部分。强烈冲突的变化之所以发生，是因为它们受到了作者的创作方法或哲学观念的规定，而不是因为作者想要让我们见识那些变易不居或精神失常的人格。

对这些差异之处加以研究固然是比较难于进行的，也是难以得到应有回报的，不过人们已经看到，对于异常男女格外重视的浪漫主义和自然主义的悲剧，需要一种非常特殊的创作方法。该方法围绕着人物的奇异经历和考验来组织情节，人物的特异个性，以及经常出现的发展变化决定着情节的形式，而独白这种欧里庇得斯率先探索的戏剧性机制，当人物直接面对他们的灵魂和命运的难局，并为自己的新生而斗争时，变得更有分量，也更有用处了。以洪堡王子为例，他的耽于幻想，他的对战术精确性的忽略，以及他最终作为一个忠诚的人的毁灭，从一个侧面表明了一种和古代截然不同的观点，或者在这个意义上说，表明了一种和精心构思的戏剧不同的观点，这种精心构思的戏剧是和斯克利布的名字连在一起的，且在今日仍受到人们的青睐。易卜生最好的戏剧都是围绕着独立的人物组织而成的，这些人物的野心或幻想在身边的世界中造成了灾难。但这些人物和他们的希腊原型不同，他们在行动上是独立和独创的且引以为傲。希腊人所熟知的一个传说的或历史的情节也就是一系列特定的公认事件，这一共识将戏剧的表现范围缩小到一个独立的性格，并由这性格造成戏剧冲突的爆发。

的确，有些古代人物形象也显示出了人物性格的某些独特性。埃利克·本特利的观点（*The Life of the Drama*, 1964, pp. 62ff.）——戏剧在那几个世纪的发展中对个别的人物的关注远不如对人物关系的关注——对希腊人来说并不完全正确，一个普罗米修斯、一个俄狄浦斯、一个美狄娅等，足以成为行动所围绕的中心。我们把他们的对白感觉为相互关联的事件的组成部分，或者，更确切地说，感觉为一些象征着事件的单元，而不是感觉为英雄个性的臧否和证明。一个埃斯库罗斯的人物并不会得到机会来展示他的独特力量。这位剧作家把戏剧的大部分用在界定这个人物在行动中的位置和角色上面，不然就让剧中其他人物为某个人物界定这些东西。当角色已经得到了如此这般的界定时，也就是说，与其他的角色限定因素的关联业已建立时，戏剧就闭幕了。最重要的始终是，在对白中叙述出来的事件的进展，而不是某一性格的发展变化。有意义的是，许多古代戏剧都以歌队的名义来命名戏剧，其用意似乎是消除那种过于关注主要人物的诱惑，同时也通过指出这些人物的需要和特性的方式，对剧中所发生的事情做出解释。

现在有一点已经清楚了，现代剧作方法为了它自身的缘故，已经克服了对那些经过精细审视并被赋予了个性的人物的浪漫偏爱，而且已经重新织成了网络，这网络把戏剧行动和人物角色分别作为经线和纬线才织成的。在《朱丽小姐》的序言中，斯特林堡对于表现人物动机的多重性质感到绝望，而且提出了使自己的人物保持扁平特征的主张。斯塔尔夫人很早便曾把拉辛早期的敏感复杂的男女主人公和他们的希腊前驱者的未分化的单纯状态做过对比，事实上，性格的戏剧在任何时代都可以说是少见的，在莎士比亚那里，只有少数几种性格支配并塑造了行动，像哈姆莱特、理查三世，或许还有李尔所突出显示出来的。悲剧，历史，自然还有喜剧和传奇剧，它们的大部分都给我们打下了各种各样对白和行动的烙印。它们是诗，构思得如此感人，如此丰赡，以致对英雄的完美性几乎无法形成强烈印象。

马娄笔下的巨人倒是更能在剧中决定事件的发展。正如人们普遍赞同的，他们是诗人的个人梦想的投射物，易卜生笔下的布兰德和苏尔奈斯也是这样的人物。20世纪已经把英雄的精神境界连同其心理模式一道送上了祭坛。马克思，社会心理学，对莫名恐惧的自觉，这一切已经扯断了维系人类的伟大和完善的贯通线。塞奥弗拉斯图斯，还有新喜剧，以其温和的形式和讽刺摹仿的过分形式，做了扼杀英雄本性的帮凶。塞奥弗拉斯图斯和米南德在现代舞台上那些得到更尖刻、更恨世的描写的人物身上仍然存活着。但是，现代舞台已经再没有任何余地留给奥赛罗或比尔·金特的广泛的真实性。斯特林堡用“灵魂”取代了人物；霍普特曼的《织工》废除了个人。

国王

主人公的问题也可以在更加技术性的意义上加以讨论。

> 悲剧之神缪斯啊，如此崇高，喜欢表演
> 王侯们的不幸，高贵的悲哀的场面。

希贝尔在为乔治·利洛的《伦敦商人》或称《乔治·巴恩威尔的生平》(1731年)所写的序言中这样说道。他接着就申辩说，“一个被毁灭的伦敦学徒”是和一个未登王位的国王一样好的题材。回顾当初，我们现在可以说，他错了；对国王和王后们而言具有表现力的东西，对学徒来说却没有。希腊人曾把王侯们放在悲剧舞台的中心，只有欧里庇得斯在他的《厄勒克特拉》和其他若干剧作中试图抹杀王侯和平民之间的界限。人们能够看出，统治者不仅代表着他们自己，而且代表着他们的领土和他们治下的每一个人，因而在悲剧的力量爆发中，他们显得更有效力。一个国王的毁灭，引发的是整个民族的毁灭，因此所触发的是比大街上随便一个人的毁灭更加强烈的情感。

这个问题同阶级差别没有关系。悲剧家们的雅典对国王并无认识，舞台上的国王们都是文学性的传说，是权力和责任的象征。除此之外，从索福克勒斯开始，一个王侯的生命力是在近于傲慢的意义上被人理解的。一个俄狄浦斯，或一个安提戈涅，特别是一个赫拉克勒斯，是被表现为恶魔般的愤怒的，因为在某种程度上，他就是不受限制的力量的人格化。雅典人的政治经验，伴随着对他们的领袖人物的暴虐倾向的猜忌和警觉，也对王室形象的塑造起了一定作用。塞内卡和斯多葛派伦理学都强调索福克勒斯的主人公的暴君方面，而在基督教和巴洛克戏剧中，希律王便是这类原型。然而暴君和受迫害者——或者基督教术语所说的迫害者和殉道者——却有着趋同的倾向。俄狄浦斯，彭秀斯，甚至希律，都不仅是极力推行对他人统治的强暴的君主，而且也是牺牲品。由于他们承受事变的能力更强大，因而会遭受更大的苦难，而且，他们的苦难还会成为其他受难者的避雷针。

索福克勒斯没有对男人和女人加以区别。王后的强大能量，她的强有力的愤怒，都和国王不相上下。欧里庇得斯是从女人的无助的、变动不居的社会处境中见出戏剧资源的第一人。他的这一变革极大地影响到了他的观众，而且立即遭到了误解，所以，福科·格里维尔（*Life of Sidney*, 1652, p.222）才说索福克勒斯的女人都是贞淑的，而欧里庇得斯的女人都是邪恶的。白里欧和易卜生对妇女权力的关注，萧伯纳对大地母亲的世俗化，以及奥尼尔对同一个大地母亲的再次仪式化，都是从欧里庇得斯大胆开创的社会现实主义中发端的。知心女友的角色——保姆、女仆、朋友——也许是戏剧史上最为凡俗的角色，同样出于欧里庇得斯的首创，他创造的敏感而处于险境中的王后们需要可靠的次要人物的配合，这不仅是为了给蒙受痛苦的她们带来安慰，而且更是为了提供忠告和发起行动，这些行动是那些无助的贵妇人无法亲自发起的。

让我们再回到国王这个话题：从《高伯杜克》（1565 年）一剧之后，英国的文艺复兴运动所关注的东西随着朝代的更替和合理法则的形成，受到了历史性的调整。由于若干显而易见的原因，雅典的舞台对于合理问题并未显示出什么兴趣，但是普罗米修斯和安德洛马克都对暴政、对统治者的专横行径表示了憎恶。的确，无论是悲剧还是政治喜剧，雅典的许多剧作都只从哲学的眼光而不是从施政或现行法律的眼光来审视权力问题。这就意味着一个暴君所犯的罪过并不能像伊丽莎白时代舞台上的罪过那样容易见出动机来。在后者这里，情势的原因，配合起统治者自身的侵犯性本质，便导致一个暴君犯下过错。伊丽莎白时代的模式曾被广泛摹仿。格里尔帕策的《奥托卡》（1822 年）就是依照莎士比亚式的君主塑造而成的，但那部戏剧暴露出一些弱点，因为它缺少一种特定的历史形势所造成的紧迫要求。在希腊悲剧中，只有次要人物，例如一个吕库斯或一个墨涅劳斯，才堪称这种意义的暴君，而重要的形象通常都属于相反的阵营，这些形象的重要性是他们的力量所固有的，然而这种力量对于驾驭他们的处境不起任何作用。

新古典主义悲剧以及所有风格庄严的悲剧始终持续地划分着王侯和常人的界限。这王侯可以是教会的王侯，也可以是商界的王侯，真正重要的是，多数人受制于少数人的决定和命运。《大教堂谋杀案》（1935 年）是一部满足伟大人物的需要和欲望的戏剧，这个伟大人物与他的小团体相脱离，同时又对其保持着警觉，直至在紧张的压力下遭到毁灭。在浪漫主义的方式下，这个王侯也可能是个孤立的幻想家。正像斯科里布勒鲁斯·塞昆杜斯（*His Preface: to The Tragedy of Tragedies*, 1731）说的，菲尔丁发现，拇指汤姆造就了一个出色的英雄，而且，如果人们想要知道“在一个据传说还没有一尺高的人身上会有什么伟大之处”，那他们就误解了人的身体和灵魂的关系了。这是对希贝尔和利洛的喜剧式答复。在我们这个世纪里，席勒和雨果的余绪已经消失殆尽，王侯，也就是伟大的个人，已经交出了他们的王权，而常人，即弱者和凡庸之人，则做出了不得不做的行动。充满了末世说教的两千年已经敲响了丧钟。那个困惑不安的“伦敦学徒”已经加入到“普通人”和丑角“哈里昆”的大军里，去从事解除英雄式的紧张冲突的事业了。

悲剧式的邪恶

总之，有一个特点始终是严肃戏剧的特色，那就是一部严肃戏剧强调普通经验所无法企及的事物的特性。即使是弗洛伊德的对压抑和升华的思考也没有破解悲剧舞台所发现的这个异常之处，说起来，如果我们把阿里斯托芬的乌托邦式情节考虑在内的话，倒是喜剧的舞台把这问题的遮拦擦掉了一些，应该说这是动物打扮的人的胜利。悲剧家无情地丢弃了与自己想象的幻想定式相乖违的东西，这种想象世界中的人物都是：年长的女人，爱上丈夫前妻之子又杀死自己以惩罚自己所爱；两兄弟，为争王国而相互厮杀，又在厮杀中相互结果了性命；

一个男子，杀害了自己的父亲而和自己的母亲同居；一个女子，杀害了自己的丈夫而为自己的女儿复仇。那些把这类事件演示在我们面前的戏剧自有其特殊性质和设计，这种性质和设计的价值一定要予以肯定，但是，对于动摇不定的社会关系，特别是家庭关系的核心认识已是显而易见的了，就是说，古老的禁忌和现代的挫败是结合到一起，社会约法得到了解释，而人类则是易受挫败的，是孤独的。他的毫无希望的朝圣所揭露出来的只是文明生活带来的潜在威胁和可怕的尊严。

那指引着道路的，是古老阴谋的邪恶、迷乱心神的窘境和荒诞怪异的解决方式，这些东西只是间歇性地被人类抛开，而且还是在付出了巨大代价之后。新古典主义者们因为要寻求表面真实，曾试图以另外的方式对丧失了的不可能事物作出补救，结果却往往令人厌恶。易卜生和契诃夫的社会剧在建立自身的恐惧意识方面是成功的，但是由于抛弃了前代悲剧家们的极端性表现，19 世纪的现实主义者们造成了一种达到一定程度却通常未能触及心灵的恐惧。阿瑟·米勒和阿尔比的狭隘的现实主义显出了作用，但是缺少那种赋予古代作品以力量的宏大格调。有些现代戏剧，包括阿尔比本人的《微妙的平衡》在内，朦胧地透露出古老的邪恶的主题。这些戏剧便成了我们认定悲剧尚未像有人预言的那样业已死去的证据。

罗兰·巴特（*Essais critiques*, 1964, p. 78）曾提出，《奥瑞斯特斯》透露出的信息乃是时代的误置，剧中的诸神已遭到了置换，因此它对我们来说只具有一部历史著作的意义。所以，该剧的演出必须坚持表达明晰的、历史含义准确的原则。巴特对演出的准确性的要求只是一种可以接受的一种观点。不管怎样说，认为这部三幕剧业已过时的看法只能是历史想象力陷入固执的狭隘性的结果。这种观点被更为晚近的批评家乔治·卢卡契反驳过，他认为希腊戏剧同他自己时代的戏剧比起来，尤其令人信服（*Schriften zur Literatursoziologie*, ed. Ludz, 2nd edn, 1963, p . 82 ; from *Die Theorie des Romans*, 1920）。然而要和卢卡契的观点继续同行下去却是困难的了。“希腊人发现的只是答案，不是问题；只是谜底（那可能是极高深的），不是谜面；只是样式，不是混沌无体。”“希腊人”一词，就像所有这类简单的翻译一样，是一个不能使人信服的概括罢了。尽管如此，卢卡契的断言仍然言中了一个极为重要的事实。从后来的发展来看，希腊戏剧似乎在迈出巨大步伐之后，把思想、结构和“惯例”都推到了完美的境界，而且这些成就大体来说至今仍得到遵循。希腊戏剧是在令人极为叹赏的程度上达到这些成就的，成就之辉煌简直令后世不能不奉为圭臬。与史诗和抒情诗不同的是，希腊戏剧虽然在本质意义上取得了巨大的创造性成就，而且是在公元前 5 世纪仅只两三代人的期间取得的，却仍然将其发展保持到了 4 世纪末，直至其各种形式因素得到了确立。奥古斯特·孔德曾把戏剧演出看作原始蒙昧的遗留，在他提出的理想城邦中禁绝戏剧（H. Gouhier, *L'essence du theatre*, 1943, p. 91），但在他制定的实证主义的历法中，埃斯库罗斯、卡尔德隆、高乃依和莫里哀都成了命名一个星期日的人物。我们完全可以在他的名单中再加上更多的戏剧家，但终究要以埃斯库罗斯的名字开头。

Further Reading

1. Translations of Ancient Texts

For the tragedians, the most convenient collection is D. Grene and R. Lattimore, *Greek Tragedies* (1953—9, 3 vols.). The usable Aeschylean fragments are found in H. Lloyd-Jones's re-edition of H. W. Smyth's Loeb *Aeschylus*, vol. ii (1963). The most enjoyable translations of Aristophanes are the various fascicles of *The Mentor Greek Comedy*, ed. W. Arrowsmith. The most complete collection of Menander is that by L. Casson (1971). For Plautus, the two volumes of *Selected Plays*, tr. E. F. Watling (1964—5), furnish a generous sampling. Robert Graves has brought out *The Comedies of Terence* (1963), and Th. Newton *Seneca: His Tenne Tragedies* (1966). G. M. A. Grube's *Aristotle: Poetics* (1967) adds a brief commentary. For Horace's *Art of Poetry*, see Palmer Bovie, *Horace: Satires and Epistles* (1959).

2. Books on Ancient Drama

H. C. Baldry, *The Greek Tragic Theatre* (1971) is a brief summary; A. Leskey, *Greek Tragedy* (1965) a more extended treatment. K. Lever, *The Art of Greek Comedy* (1956) and T. B. L. Webster, *Studies in Later Greek Comedy* (1970) deal with Old and New Comedy respectively. See now also F. H. Sandbah, *The Comic Theatre of Greece and Rome* (1977). R. Lattimore, *Story Patterns in Greek Tragedy* (1964) tactfully canvasses the plots. A. D. Trendall and T. B. L. Webster, *Illustrations of Greek Drama* (1971) lavishly presents the pictorial evidence. For the staging, see P. Arnott, *Greek Scenic Conventions in the Fifth Century* B.C. (1962).

3. Books on Ancient Authors

A. Lebeck, *The Oresteia* (1971) is chiefly on uses of imagery. There is no satisfactory general book on Aeschylus in English. K. Reinhardt, *Aischylos als Regisseur und Theologe* (1949) is probably the best concise book on the first tragedian. For Sophocles, see G. Kirkwood, *A Study of Sophoclean Drama* (1958) and B. Knox, *The Heroic Temper* (1964); for Euripides, D. J. Conacher, *Euripidean Drama* (1967) and S. Barlow, *The Imagery of Euripides.* Fro Aristophans, see K. Dover, *Aristophanic Comedy* (1972). Humphry House, *Aristotle and Greek Tragedy* (1962) seeks to dispel misconceptions about character and action. For interesting discussions of *katharsis* see H. D. F. Kitto in *Studies for Harry Caplan* (1966), pp. 133—47, and A. Koestler, *The act of Creation* (1970), pp. 309ff.

4. Books on Drama

There are excellent brief introductions, with good bibliographies, in the series *The Critical Idiom*, ed. J. D. Jump: C. Leech, *Tragedy* (1969); S. Dawson, *Drama and the Dramatic* (1970); E. Dipple, *Plot* (1970); M. Merchant, *Comedy* (1972); and J. L. Smith, *Melodrama* (1973). Allardyce Nicoll, *The Theatre and Dramatic Theory* (1962) is thoughtful and comprehensive. Th. R. Henn, *The Harvest of Tragedy* (1956) and Albert Cook, *Enactment* (1971) apply different critical approaches to basic issues. Northrop Frye, *A Natural Perspective* (1965) and L. J. Potts, *Comedy* (1968) is a more sober one. J. L. Styan, *The Dark Comedy* (2nd edn., 1968) and R. B. Heilman, *Tragedy and Melodrama* (1968) explore the mixed genre.

5. The Study of Literature

G. Watson, *The Study of Literature* (1969) is conservative and provocative. P. Goodman, *The Study of Literature* (1954) pays special attention to drama. S. S. Prawer, *Comparative Literary Studies* (1973) is the sanest introduction to the special problems of comparative literature, including the problem of literary dependence.

6. Ancient and Modern

R. R. Bolgar, *The Classical Heritage and its Beneficiaries* (1954) and G. Highet, *The Classical Tradition* (1949) are panoramic surveys. A. Belli, *Ancient Greek Myths and Modern Drama* (1969) explores the uses of myth in thirteen modern plays. The two best studies of the subject are in German: K. von Fritz, *Antike und Moderne Tragodie* (1962) and W. H. Friedrich, *Vorbild und Neugestaltung* (1967), as is K. Hamburger's more impressionistic *Von Sophokles zu Sartre* (1962).

For particular authors see J. A. K. Thomson, *Shakespeare and the Classics* (1952); M. H. Shackford, *Shakespeare and Sophocles* (1960); L. G. Salingar, *Shakespeare and the Traditions of Comedy* (1974); R. Trousson, *Le theme de Promethee dans la literature europeenne* (1964); J. A. Stone, *Sophocles and Racine* (1964); R. C. Knight, *Racine et la Grece* (1950); Fl. Prader, *Schiller und Sophokles* (1954); F. L. Lucas, *Euripides and His Influence* (1928); W. Suess, *Aaristophanes und die Nachwelt* (1911); Coburn Gum, *The Aristophanic Comedies of Ben Jonson* (1969); G. Francois, 'Aristophane et le theatre moderne', *Antiquite Classique* xl (1971), 38—79; R. G. Tanner, 'The Dramas of T. S. Elice and their Greek Models', *Greece and Rome* , xvii (1970), 123—34.

第七章　历史与传记

阿纳尔多·莫米里亚诺 撰　张强 译

一

像古代罗马人一样，我们有着从希腊人那里传承“历史”（historia）的意识。希罗多德对我们而言是“历史之父”，一如当年他之于西塞罗。我们同样也意识到，传承给我们的历史是更广泛遗产的一部分，它包括我们今天仍置身其间的最为重要的文化活动（哲学、数学、天文学、自然史及形象艺术等），而且，需要特别指出的是，最显耀的文学形式（史诗、抒情诗、演说、悲剧、喜剧、小说以及叙事诗）依旧满足着我们言辞表达的需要。

然而，我们知道，就历史而言，严格说不应该使用“遗产”一词，或确切地说，对希腊文化的其他方面也是如此。自 14 世纪、15 世纪的人文主义者致力于恢复古代典范的活力，继中世纪偏离正途之后，问题所在与其说是遗产，不如说是有意识的选择。现代史家出于自择，不断地与希腊原始史学方法加以比较，继而与罗马人视为其楷模的东西加以比较。这即是为什么在文艺复兴时期这些理论得以复兴和进一步阐述（概述而非发展），这些理论当时在古代希腊即已明确了其历史特点及合理形式：诡辩学派对“古史”的虚构；伊索克拉底与西塞罗视历史为修辞学的概念；波利比阿对纯属功利主义为目的史学的认可；最后是普鲁塔克对传记与历史所作出的区分（《亚历山大》，I. 2）。

如何接受希腊史学的方法是根本性的问题，我们对此大概要比前辈史家更为清楚。我们可以自忖，希腊史学在何种程度上堪与《圣经》对世界的看法兼容；希腊史学在何种程度上能够表达出我们今天对世界的看法。第一个问题已为教会的神父们所认知，他们创造了基督教会的历史（而概不著史的犹太法学权威的认知或许更深刻）。第二个问题至少在社会科学的新近发现中并不明显，至于社会科学，无任何先例可言，即使是最“现代”的希腊著作家修昔底德与亚里士多德也是如此。

二

智力活动的外延总是要引出有关起源的问题：倘若我们避而不谈希腊史学的历史渊源问题，那才会是真正的悖论。

由于希腊人开始以散文体著史前即已有了史诗的悠久传统，所以会令人把荷马视为史家先驱并把“史诗时代”的诗人以及那些写诗描述希腊城邦建立的人（如西莫尼德斯、色诺法奈斯等）也列于其中，希罗多德似乎也促使我们沿着这一思路去考虑问题。但是，希腊人自己以及罗马人均知道历史与史诗有着两方面的区别：历史的写作为散文体；历史研究的目的是对往事去伪存真。荷马的权威之大以至于不得不被史家作为具体史实的明证所采信。运用文献作为实证恰好是区别希腊史学与史诗特有的方法。

对哈里卡尔那苏斯的“色雷斯的”狄奥尼修斯（《论修昔底德》，5）的声明要格外予以关注，这一声明似乎反映出前希腊化时代学者们的观点，但如果这一观点是受“色雷斯的”狄奥尼修斯对罗马史学知识的启发，就不会失去其影响。“色雷斯的”狄奥尼修斯认为，希腊史学的形式始于对列国或地区的记述，是以当地的证据为基础，或宗教或世俗的。乍一接触，这一观点似乎足以采信，因为关于城邦与神庙的编年史不仅仅存在于罗马，而且还存在于希腊人与之有联系的其他一些东方文明中。但令人质疑的是，“色雷斯的”狄奥尼修斯是否了解比公元前5世纪更早的历史。希罗多德与修昔底德根本未意识到论述更早的古风时代，尽管他们并不愿意反驳其前辈。修昔底德在《伯罗奔尼撒战史》（I.13）中未曾言及有关水师史料的出处。公元前500年以后，地方编年史家在营造历史研究新氛围的著作家中不过是一个、而且是最不重要的群体。有人曾谈及传记作家与自传作家（卡里亚达的斯基拉克斯、开俄斯的伊翁）、编年史学者（埃利斯的西比阿）、文学史研究者（勒基乌姆的特阿格奈斯、西格乌姆的塔马斯泰斯），当然还有地方及区域史家（拉姆普撒古斯的卡戎、叙拉古的安条库斯）。尤其是诸如希罗多德以及他之前的著作家们，他们曾试图向希腊人传递有关波斯帝国或帝国其他部分的信息。他们中最早的（约当公元前460年？）似乎是易于混淆的米利都的“色雷斯的”狄奥尼修斯，据说他曾著有一部《波斯志》(*Persika*)及一部《大流士之后》。更著名的要数克桑图斯，他是被希腊化的吕底亚人，著有一部吕底亚史，为了希腊人的利益他试图把其民族的传统与希腊传说结合起来——一种成为后来希腊化史学特点的现象。拉姆普撒古斯的卡戎与西格乌姆的塔马斯泰斯所著的两部《希腊志》(*Hellenika*)大概曾受到修昔底德的启发。值得注意的是，大部分用希腊文撰写希腊历史题材的早期著作家(包括希罗多德)均来自亚洲或爱琴海诸岛。这未必支持哈里卡尔那苏斯的“色雷斯的”狄奥尼修斯对希腊史学著作的原始形式的观点，但却提出了更为普遍的问题，这一问题提出容易但回答难，即与东方民族的接触以及在波斯治下的生活是否推动了希腊史学的发展。

希罗多德(约当公元前445年至前425年间著述)显然把米利都的赫卡塔埃乌斯视为其唯一有权威的前辈。赫卡塔埃乌斯是约公元前500年爱奥尼亚起义的主要人物，他曾试图整理、“合理说明”希腊人的神谱(他认为希腊人有传播“诸多且可笑传说”的倾向)，并且撰写了一部集地理学与民族学于一体的游记(periodos)，始创一派。修昔底德也同样表达出对其两个同代人的不满，一个是希罗多德同侪；另一个是赫拉尼库斯。赫拉尼库斯是莱斯沃斯人，他博学多能，著有大量地方史、神话学及地理学著作，其中阿提卡编年史于公元前406年后问世。

希罗多德与其前辈及同侪相比，他的独到之处似乎是双重的。他似是对战争(希波战争)有分析性描述的第一人。另外，希罗多德无疑还是第一个通过人类学与制度研究来解释战争本身、阐述其结果的人。现在意义上的“historia”这一术语应是希罗多德的贡献，他发现或完善了一种新的文学形式。希罗多德在其人类学篇什中所使用的"historia"是作为"调查"的普通名词，但该词在公元前4世纪才被用来表述希罗多德的本义，即对过去事件的专门研究。

希罗多德调查的三个组成部分（人类学、制度研究及战争史）并非是不可分割的整体。这一混合体在大部分情况下被限制在以下两个部分：或人类学与政体、或人类学与战争、或制度与战争。修昔底德是近乎完全排除人类学的最为显著的典型，尽管他保留了战争与制度史的紧密结合。制度问题确实是要分而论之，如同我们在《雅典政制》中所见，它无关乎历史研究;《雅典政制》被认为是出自色诺芬的手笔，但成书的时间却约在公元前440年到420年之间。然而，希罗多德发现，习俗、制度与战争的相互依存是历史研究的组成部分，他的结论是，一系列的事实应暗含或明确地解释另一系列事实（胜利可以带来完善的制度，而失败则会招致习俗与制度的变化）。可以断言，是希罗多德迫使史家们必须诠释其所论及的事件。

诠释所采取的形式是对原因的探究，尤其是对战争与革命原因的探究。至少从修昔底德起，近因与远因（或原因与借口）间的区分即已形成。对政体变化原因的分析常常要超过对战争原因的分析，因为希腊人把独立国家间的敌对视为惯常之事，而不把内部政治冲突视为不可避免之事。由是，希腊史家给人的印象是他们描述革命要比诠释战争现象更趋成熟，即使是修昔底德、波利比阿也不例外。

完全可以理解的是，对原因的探究在人种学研究方面不够凸显或至少不够直接。人们有时援引地理因素来解释身体与精神上的特殊性：对自由的热爱与温和的气候相关。但对此最为著名的诠释不是史家，而是希波克拉底在其《空气、水及地点》中的论述。人种学是以对希腊人与蛮夷间区别的认识为基础，而且此种区分似乎是一种对其本身的充分解释。研究进一步还受到希腊人不愿掌握外语的限制。希腊人种学研究对非希腊语言知识的贡献微乎其微。无论了解多少，希腊人种学研究所掌握的外国文献是二手或歪曲的。由是，希腊人种学从希腊民族意识的独特性中汲取营养，反过来它又补充了希腊民族意识的独特性。据此以观，对希腊特殊地区人种学的探究鲜有诱人之处。对希腊地区所存的好奇心通过对特殊题目的研究便可得到更好的满足，如祭礼、遗迹甚至于方言。此种好奇心自然与地方政治史有关。尤其在希腊化时期，地方编年史家也充当着地方史专家的角色。希腊作为总体引起希腊人对人种学的兴趣只是在希腊化及罗马时代，即使这样的情况亦不多见。

三

希罗多德笔下希波战争的例证几乎是其同时代的题材，此类题材最适于史家。这涉及对历史方法论特殊的感悟；在此，历史研究以可证资料为基础。鉴于了解事实最简单的方法是身临其境，所以希罗多德把对事件直观的洞察视为第一位，而把搜集可靠目击证人的证据视为第二位也就不足为奇了。公元前 5 世纪的希腊，文字证据并不多见，而历代流传下来的文献又面临着解释与可信度问题，这些均已超出了希罗多德的能力。因此，某一接近时代的题材才更为可取，尽管不排除对更久远事件的探究，有如希罗多德所明确过的。修昔底德由于对近代当代史的偏爱而拒不讲述任何他认为不是绝对可靠之事，他只不过提高了希罗多德标准的严谨性与连贯性（除此之外他基本上无所作为），而希罗多德则认为叙述不能直接证实之事前提醒其读者并不为过。修昔底德有可能记录下一些与其可靠性标准相符的文字证据（文牍、铭文及条约），但显然，他并未摆脱希罗多德对口头而非文字证据的偏爱。修昔底德留给其继承者的印象肯定是：直接观察及目击者言比之任何文字证据更为可取。修昔底德在排除其认为不可靠的东西范围内，表现出一种有害的苛刻。但他所采用的朴实无华的文笔成为史家的习惯（ethos），即使不是史家著史的准则（praxis）。而且，尽管修昔底德并不认为可以详尽地重建久远的过去，但他提供了一个值得注意的例证，即如何对古风时代的希腊做出若干推论。

史家自视为变化、尤其是最近的变化的见证人或记录者，在他们眼里，这些变化的重要性足以传至后世，修昔底德在这一方面比希罗多德表现得更甚。经过筛选，史家叙述甚至能反映出其所属的共同体的普遍利益。军事与政治事件从而作为希腊史学的主要题材而凸显出来。

同样也是希罗多德的例证——继他之后则是修昔底德的例证——使得希腊人不愿意无保留地把叙述局部事件中的简单记述上升到历史的高度。雅典的地方编年史（《阿提卡编年史》），尽管包括主要人物以及重要体制的变化，但从未被置于与伯罗奔尼撒史同等地位的泛希腊视野。大希腊的史家在希腊化时代所创建的标准在其对地方史家的排斥中反映出这一观点。“好的”史家所论及的、并充当其代言人的共同体并非个别城邦的共同体。他们一致引证的是整体上的希腊。即使希腊与蛮夷之地有别（如同希罗多德曾以例证方式所描述的），史家亦应认识到希腊城邦之间的纷争以及希腊城邦内部的纷争（犹如修昔底德曾以例证方式所描述过的）。

同理，当时难于一言以蔽之地把历史的特性归于对谱系、对城邦的建立、对节日、对仪式、对法律、对习俗、对词汇和对年代系统以及其他诸如此类的探究。对这类专题的研究曾处于被遗忘的境地，西比阿于此似乎给出了一个“考古”的名目（柏拉图:《大西比阿》，285D）。据西比阿称，所有属于“考古的”问题对斯巴达人来说有着特殊的诱惑力。然而，这一名称在希腊—罗马世界并未被普遍接受，及至文艺复兴时代以“古史”的名目（承袭于瓦罗）来收集所有与希罗多德与修昔底德历史观所强调的政治与战争不相关的历史题目，才得以发扬光大。同理，传记不被看成历史，即使合乎体统的历史有时也含有简短的传记片段。色诺芬对阿格西拉乌斯曾有过两次记述，一次是以传记的观点，一次是以历史的观点。这一传记形式——第一次对某人的歌功颂德——起到了与历史分离的作用。希罗多德与修昔底德史观的另一潜在因素是，历史的目的在于确立事实，应避免过度地褒贬。地方史大概同样也经历过此种偏见的怀疑。希腊人自己明白该如何对待：他们对区域性的忠顺势力作出了公允的评价。“真正的”历史高于区域性的世仇。

四

希罗多德的创造与修昔底德的发展植根于公元前5世纪的知识革命，他们所有的影响也由此而来。其时，悲剧、喜剧、医学、哲学、演讲术或是被创造，或是被改变，即使我们不知道索福克勒斯当时是希罗多德的一个“友生”，我们也会看到后者在道德、宗教、政治倾向上与前者的共同点。修昔底德、希波克拉底、欧里庇得斯不可避免地相互提及。修昔底德的发明之一——用虚构的演说来报告公众当时的一些观点或再现政治领导人的动机——如果不明确公元前5世纪晚期雅典及他处演讲习惯的特征，则是无法想象的。在其他文明中，对事件的文字记录是受到当时图形艺术的启发，或者至少易于通过图形艺术来阐述。古代东方史学被称作（并非没有夸张）源于叙事的绘画和浮雕。中世纪的历史纪录让人想到当时的绘画，而且实际上，这些记录常衬托以彩饰。希腊的历史记载几乎没有受到当时艺术的影响。把“山墙风格”归因于希罗多德并不具有说服力，哪怕是一种比附。希腊历史的风格主要通过散文体风格以及与其他文学形式的区别来规范。

希罗多德与修昔底德模式的历史不仅利用了其他学科的知识并丰富了它们——这一相互的影响在哲学上尤为明显——而且须以此作为前提。对事件提供最终的诠释，或权衡人神关系，或系统地探索人的本质（physis），并非只有历史，因为还有其他的科学。先是希罗多德，而后是修昔底德，对史学所指明的方向无疑含有——且有助于加强——一种假设，即神对人类事件的干预既不经常，亦不明显。但这是对公元前5世纪希腊思想总趋势不言明的接受或探索，而非既定的目标。即使后来的几个世纪，神在历史叙述中居于次要地位的前提是——而非表达出——希腊人缺少对神学思考的兴趣。历史在如此多样、全无学术活力的文化背景下只有一个有限的目的。它是为了保留对以往事件的可靠记录，因此必须建立可靠性的标准。它是为了对战争和政治革命予以特别关注，因为战争与革命导致了一系列的变化。在与证据的使用相符合的情况下，它必须对事件作出阐释。作为一种规则，形而上学的解释或是被避开，或者只是被简略地暗示。稍后在希腊化时代，一些历史学家（其中最重要的是波利比阿）以其特殊的含义使用命运（tyche）这一概念——一种避开严肃教义或哲学学说的巧妙方式。

虽然一些史家看似尊崇哲学，而一些哲学家（如著述《法律篇》时的柏拉图与亚里士多德）在对历史事实的研究中也得到了诸多启示，但总的来说，希腊哲学对历史的评价并不高。对哲学家们来说，历史似乎是植根于一个野心与情感的无常世界，而哲学的目的是要把人类从中解放出来。直接参与历史写作并乐在其中的哲学家——如公元前1世纪的波西多尼乌斯——纯属例外，且令人费解。哲学对史家的压力使其中一些人把史书写成了哲学小说。色诺芬以其《居鲁士的教育》（*Cyropaedia*）提供了教育性的伪自传模式。两代人之后，奥奈西克里图斯把亚历山大的生平变成一部半犬儒式的小说。其同代人阿布德拉的赫卡塔埃乌斯以及欧赫墨洛斯更是如此，他们把自己的思辨以人种论的形式表现了出来。

由于史家可以自由地把所有对哲学或宗教的思考引入到他们的叙述中，所以人们可能会把具体的哲学或宗教的观点算在个别史家身上。但是，说他们中任何一人的记述是建立在哲学或宗教观念基础之上的，则还有待于证明。倘若人们业已注意到希腊史家通常撰著的时限太短还不足以判定成循环还是直线的话，就可能避免希腊史学中那些关于历史循环论的诸多令人生厌的讨论。波利比阿是一个有代表性的例子，他提出了制度形式的循环理论，但是，他在记录普通的军事和政治事件时完全没有提及这种理论。对于后来的文明（阿拉伯文明最为显著）来说，可能会汲取希腊哲学和科学思想而不会深受希腊历史思想的影响。

五

历史学家的叙述应为其读者带来某种乐趣。同时，如若史家的叙述无用，它也就不能证实自己存在的意义。但是，至少从修昔底德批评希罗多德的兴趣先于教诲起，乐趣与效用间的准确关系以及乐趣与效用二者的形式即已是争论与个人偏爱的问题。修昔底德措意于用散文体著述表明，即使是他也并非无视其叙述中悦人的一面。我们当然要区分个别史家旨在获取乐趣而实际使用的技巧及关于提供乐趣的正确形式的理论。公元前 4 世纪，埃弗鲁斯和特奥庞普斯运用在伊索克拉底创办的庠序所学到的修辞技巧来润色他们的表述。克里塔尔库斯与其他亚历山大大帝时代的史家因倾向于取悦读者而获恶名。公元前 3 世纪到 2 世纪，一种对事件“情感上”过分戏剧化的技巧得到一些史家的青睐，如皮拉库斯（我们对他的了解，主要是通过批评过他的波利比阿）以及《马卡比传》卷 2 的作者。尚不明确的是这种“情感上”的技巧以及作为“模仿”（mimesis）的史学理论之间的联系，杜里斯为把史学从亚里士多德政治学的制约中分离出来，似乎早已提出或支持这一理论。而波利比阿的反应是，不赞成投入任何感情，并强调纯粹的政治经验和地理知识对于史家的重要性。

希腊历史学家最明显的弱点是他们对证据的态度，即确立事实的标准。收集与选择资料明确标准的阙如在著作家及其读者中引起了混乱。希罗多德可以被视为历史之父，也可以被视为谎言家，因为无人能够验明其所述之事。希罗多德的年轻对手科特希阿斯称希罗多德为“谎言家”时的指责理由却为人所采信，尽管人们知道他也是一个谎言家。只有现代东方学研究才能够揭示希罗多德的真实记载（在他的知识范围内），而科特希阿斯则靠不住。为了脱离即使是广为人知的事实，写作的修辞通例在提供原因与托词的同时使问题进一步复杂化。历史题材的选择与希腊政治生活的基本利益如此密切相关，以至于束缚了史家。精神与经济生活对于史家来说是次要的主题，几乎不被认同，而这又制约了解释原则。其他对分析及相应解释的限制是在对政治史叙事形式的绝对偏爱中所固有的，而自传和古物研究常采用的叙述形式则有助于进行更进一步的分析。这在希腊史家离题的话以及附带的评论中可以得到弥补，因为他们常常会论述到对他们来说什么是最重要的，但离题的话对解释的主线总体上并无影响（明显的例子是修昔底德关于伯罗奔尼撒战争之前五十年的章节以及波利比阿关于政体循环的理论）。

所以，历史对于希腊人来说并不属于一门具有明晰条理的科学，因为明晰的条理可以创造出无可争议的知识体系。由于历史不属于常规教育，所以除了提供修辞范例外，它基本上是一种非专业的活动。就所记载的事件本身而言，尽管一个好的史家会找一个续其历史的人，但继承者可以来自任何一地，并非要属于某一特殊的流派。我们不知道为什么色诺芬、特奥庞普斯以及历史残片《奥克西林库斯希腊志》的作者（有人认为是克拉提普斯）选择续写修昔底德的历史，或是为什么波西多尼乌斯和斯特拉波把他们的历史同波利比阿的联系在一起。亚里士多德学派在关于古代制度、或许还有关于传记方面所完成的著作，对于希腊史学的个性化而非学术特点来说，是一个重要的例外；这部著作并不是关于普通的政治史，而是旨在为哲学理论铺平道路。

人们屡屡注意到史家常自愿地或是被迫地从他们自己的城邦流放。在域外写作的著名史家包括希罗多德、修昔底德、色诺芬、科特希阿斯、特奥庞普斯、菲力斯图斯、提马埃乌斯、波利比阿、哈利卡尔那苏斯的“色雷斯的”狄奥尼修斯，还有——某种意义上说——波西多尼乌斯，他以罗德斯公民的身份写作，但他却出生在叙利亚。这也许暗示着——除非是一部为了迎合地方爱国主义的地方史——史学在希腊社会中处于一种模糊的地位。如果一个有过流放经历的人，无疑易于获取重大选题的确凿史实，也易于持有公正的态度。

作为一般规律，如果史家独自著史，他不会在完稿后就无人理会。取悦与奉承的诱惑是经常的，特别是以近期的事件为中心的史学。国家知道如何奖励受欢迎的历史学家。如若相信一个似是有根有据的传说，希罗多德还从雅典得到过一笔巨额奖金。亚历山大大帝有过召历史学家卡利斯蒂尼作大臣并杀了此人的经历。后来，希腊君王和罗马皇帝既有提升也有迫害历史家的权力。由于史家未得到任何机构的支持（他们因而也从未代表任何机构讲过话），他们不得不依靠自己的灵感与正直。

尽管存在着这些困难，修昔底德之后的希腊史家却表现出感受与适应新环境的巨大能力。他们的生命力可以通过两种方式来衡量，一是要考虑到他们创造出多少史学的新形式并传给我们，二是要考察亚历山大大帝后的希腊史学在非希腊人中流传并成为一种民族间交往的形式。所有这些发展的起点显然已被希罗多德和修昔底德所阐述过。但他们的后继者改变和简化了具有高度个性化的希罗多德与修昔底德模式，或者创造出了新的形式。甚至在文艺复兴时代以及其后，希罗多德和修昔底德也很少被刻意模仿。他们所给予的是一种激励，而非僵化的模式。19 世纪对修昔底德作为地道史家的理想化，标志着现代史学真正开始创造古典世界所未知的（如经济史、宗教史和超越某种限度的文化史）历史研究类型的起点。

六

公元前 4 世纪的希腊文化尤以自我为中心，希罗多德有关人种志的论述，其影响仅仅限于第二手关于波斯的报道（参见科特西阿斯、还有我们知之甚少的迪农的著述）。修昔底德关于战争和政治性专题著作则适应于这一时代。它不仅为局部战争的叙述、也为有关《希腊志》（*Hellenika*）方面的著述提供了模式，其中流传下来的一部为色诺芬所著。色诺芬与修昔底德叙史形式上的主要区别在于放弃了编年体，而采用循序渐进的方式。年轻时曾与色诺芬较量撰写《希腊志》的特奥庞普斯认识到，马其顿的腓力对希腊事务的干预为希腊政治引入了一种强烈的个人因素。他把《希腊志》改变成《腓力志》（“腓力的事务”）。如果没有当时传记艺术的发展，这种改变是不可能的，但修昔底德专著中的重要因素却被保留了下来。另外，西西里史家菲力斯图斯把修昔底德的方法用于其所在岛屿的历史，这被他的前辈——叙拉古的安条库斯——视为希罗多德的模式。

希腊化时代、罗马及拜占庭的历史学家们从未遗忘修昔底德的模式。他们偶或模仿的只是修昔底德的风格及演说的大量运用，但通常对政治及军事分析的同等地位却未变。此种方法对于记录短期的、但因内部动荡及革命而变得复杂的战争，经证明是令人满意的。萨鲁斯特尽管有其个人特征，但他表现出了这一点。但在公元前 4 世纪，已经倾向于把修昔底德的专题著作变成始于远古的希腊通史。是库迈的埃佛鲁斯（其后大概是拉姆撒库斯的阿那克西米尼）构想出了这一扩展。当然，修昔底德在希腊古风时期历史的导论章节中业已指出了这一方向，而且地方史也始于一座城市或一个区域性单位的建立之初。埃佛鲁斯旨在提供的不是往事的细节，而是对整个希腊政治和军事事件的完整记录。一部如此规模的历史需要确定其与神话时代的界限，它还需包括对异族（或“蛮族”）与希腊人的政治纷争以及文化差异的记载。波利比阿把埃佛鲁斯视为其通史写作的前辈，但需要补充的一点是，他自己对于通史的观念却狭隘。埃佛鲁斯其实是民族史的奠基人，他也反映出（如果我们相信在他之后的晚期史料，如狄奥多鲁斯的论述）民族史的致命弱点——民族偏见。普鲁塔克接受了埃佛鲁斯所提出的全部价值观，所以才认为希罗多德为亲蛮族之人。在埃佛鲁斯那里，普遍性只是附属于希腊历史的附带讨论形式。罗马编年史家广泛地接受了希腊民族史的方式，只是对事件记录的地方习惯（对旧的祭司编年史的承袭，尽管罗马历史学家对此不屑一顾）作了些调整。在埃佛鲁斯式（和罗马式）的叙述中，对早期历史著作的利用是明显的，而且也许是不可避免的。因此，埃佛鲁斯是延续至今的“从书籍到书籍”方法（即辑录）的倡导者。倘若历史的梗概或概要首次出现在埃佛鲁斯的同时代人特奥庞普斯的笔下——他把希罗多德的著作缩编为两卷本——并非偶然。辑录根本不需要希罗多德意义上的“调查”。例如，波利比阿当时就意识到了这一点；然而，辑录因埃佛鲁斯而成为史学上一种被认同的实践。

在此期间，色诺芬对修昔底德模式的传播起到了巨大的作用。作为当时的将军，他通过对万人撤退的追述（《远征记》）以及为国王阿格西拉乌斯所作的溢美传记（此种溢美之作更早的是伊索克拉底对国王埃瓦哥拉斯的颂词），创造或是参与创造了新的模式。他的《回忆苏格拉底》（*Memorabilia*）及《居鲁士的教育》也可以被视为史学形式，而且后来所起的作用也是如此，尽管色诺芬自己未必会认为它们作为真实的记录有什么价值。

有关伟人的教育或其年轻时代的著述古已有之，在文艺复兴时代重又受到青睐；此种介于历史与小说之间的著述地位模糊。继色诺芬之后，伟人语录增多，并从此被用于丰富哲学家、圣人甚至君王们的传记。当亚历山大之后的将领们控制了已知的世界之时，他们的个人回忆录（迄今仍出现在我们的书目中）成为一种流行的文体。托勒密（埃及国王托勒密一世）与卡迪亚的希罗尼穆斯这两个将军的回忆录，是关于亚历山大及其后继者的主要史料。恺撒所具有的声望及文体技巧即源于这一新的文体。在公元2世纪，罗马行省总督、希腊化时代史家阿里安采用托勒密及亚历山大下人阿里斯托布鲁斯的回忆录编撰了一部幸存至今的关于亚历山大征战最权威的记录。阿里安还著有一部他自己亲自参加的同阿兰人战役的回忆录。在这些回忆录中（作者通常会以第三人称来叙述，即使他是主角），试图把传记、自传、“历史”的因素分离开来是不明智的。波利比阿清楚一个将军的传记与将军所参与事件历史记述的区别，但在实际中如何区别是另外一个问题。随着城邦的瓦解以及君主政体的出现，君主统治期首先在希腊化时代的东部、继而在罗马成为政治史上的一个自然阶段：历史越来越具有传记的特点。

要之，传记在希腊化时代及罗马时代繁荣一时，著作家们笔下的传记扩展到各种各样的人以表现某些生活方式（依照一种哲学理论的、实际意义上的、奢侈逸乐意义上的，等等）。知识分子的传记提出了一些自身方法上的问题：除了他们的作品中所能反映出的而外，人们通常对他们的个人经历知之甚少。即使对于公元前4世纪的著作家以及那些意识到某些传记传统存在的后继者们来说，作品在多大程度上反映人物的性格还是个问题。传记家们从生平推论作品或从作品推论生平所带有的轻率与武断，在我们看来无不令人惊愕。他们断然全无能力欣赏古老喜剧中的笑话：这些笑话常常被转变成为事实。以原始形式流传下来的希腊化时代的传记并不多见（我们尚需等待草纸本的发现才能获知萨提鲁斯关于欧里庇得斯的传记），但是，帝国时代希腊和罗马传记大师们所采用的却是希腊化时代的模式，他们继而又成为后来的模式。拉丁史家科尔奈留斯·内波斯和更明显的希腊史家普鲁塔克，把希腊罗马的过去理想化并把希腊的“英雄”与罗马的“英雄”加以比较。公元3世纪与4世纪，从菲罗斯特拉图斯到优那皮乌斯，传记曾被用来为异教辩护，而基督徒们也出版了以主教、僧侣和殉教者作为楷模的传记。

公元2世纪早期异教徒的传记模式、普鲁塔克和苏维托尼乌斯的传记流传到了中世纪，尽管融入了基督教的新主题与风格。按年代记述的传记（如我们在普鲁塔克的作品中看到的那样）应与对某人的系统描写区分开，这如同我们在苏维托尼乌斯的《十二恺撒传》及拉尔修的第欧根尼（约公元3世纪人）的哲学家传记里看到的一样。这两种类型均源自希腊化时代的传记，最后可追溯到色诺芬在《阿格西拉乌斯传》中所及的“生平”与“品德”这样两个部分。在后古典时代，这两种传记类型历经不同的推崇之后，今天在“传记”、“人物特写”或“传略”间的区别中依旧留有痕迹。

从公元前4世纪起，传记或自传体通信即已存在，其中最古老、最著名的系出于柏拉图的笔下或归于他的名下。无论是通信形式还是其他形式，自传含有向内心独白及忏悔形式发展的可能性。据我们所知，代表性著作是马尔库斯·奥里略的《沉思录》以及圣奥古斯丁的《忏悔录》，但这两种形式的起源不明。

七

亚历山大的征服对希罗多德的人种论带来了新的空间。由于希罗多德当年所描写地区的大部分业已处于希腊—马其顿的控制之下，所以我们可以期待更好的信息，而且在某种程度上这些信息也会如期而至。一些人种论者在公元前3世纪和前2世纪即已远近闻名：阿布德拉的赫卡塔埃乌斯之于埃及，麦伽斯提尼之于印度，阿卡塔尔西德斯之于整体上的亚洲和欧洲。我们对他们的点滴了解主要是通过二手资料。而阿卡塔西德斯观察日常生活的视野似乎极为开阔。更为典型的是阿布德拉的赫卡塔埃乌斯，他与其说是一位真正的埃及史学家，不如说是一位论述哲学乌托邦的作者。我们难以避免地会得出这样的结论，即早期希腊化时代的希腊知识分子对他们置身其间的那些民族了解的兴趣不如对自然地理学和天文学（如埃拉托斯特奈斯）问题的兴趣浓厚。他们不学习当地人的语言。以弗所的米南德是个例外，就像弗拉维乌斯·尤塞弗斯所断言的（《驳阿庇昂》，1.116）那样，万一他真的是希腊人并确实研究过腓尼基及其他域外的文献呢。希腊化时代早期史学最重要的著作不是关于东部，而是关于未被征服的西部。这是流放在雅典的西西里人提马埃乌斯个人努力的结果，其著述反映出他在当时社会中的孤立地位。由于他是第一个把罗马涵盖希腊历史范围内的人，罗马人还他以更多的关注并很可能在他们开始试图吸收希腊史学艺术的时候从他那里所学良多。这即是为什么波利比阿把他视为最危险的对手而加以抨击的缘故。

提马埃乌斯由于在其所处的时代孤立无援，所以当罗马开始征服东西部时他便直面其未来。在希腊，那些曾专心于人种学的人——如波利比阿、以弗所的阿尔特米多鲁斯、阿尔特米塔的阿波罗德罗斯以及波西多尼乌斯——则急于描述西班牙、高卢和帕提亚。博学多能的亚历山大·波利希斯托尔（生当公元前70年前后）作为奴隶被带到罗马，专门为其主人们提供人种学方面的知识，这些知识是他们统治所必需的，或至少是评价他们所统治的世界所必需的。波利希斯托尔有关犹太人的著述文献翔实，足以给教会的神父们提供一些犹太作家深奥至极的语录。斯特拉波《地理志》中所总结的不是早期希腊化时期的学说，而是罗马霸权下晚期希腊化时期的知识，其《地理志》本身也是希腊研究受到罗马帝国主义思想与势力影响的产物。机遇使斯特拉波在公元 1 世纪成为向后世传播古代人种学的主要人物：我们是从他那里继承了“历史地理”的概念。

在本土或他乡，参观名胜时的历史—地理指南，我们的观念同样是希腊化时代的。早期有趣的例子是公元前 2 世纪伊利乌姆的波勒蒙，他通过对自己的城邦、雅典卫城、“逐城铭文”、萨摩斯拉斯甚至迦太基的描述，把希腊与非希腊的旅游景观混为一谈。但公元 2 世纪的保桑尼阿斯仅限于描述希腊，却成为文艺复兴学者们心目中此类体裁的楷模，其中简单的原因是他的著述流传了下来。

虽然希腊研究在罗马时代由地方性向国家性的转型极为明显，但是迪卡埃阿尔库斯在公元前 3 世纪马其顿人的治下即已开始撰著《希腊的生活》——一部标题醒目、厚古、怀旧的著述。迪卡埃阿尔库斯之后，继承这种全面而严格体裁的人似乎并不多，但瓦罗受他的启发撰著了一部以罗马为主题的类似著作。除按照迪卡埃阿尔库斯的方法著述《罗马的生活》之外，瓦罗在其巨著《罗马古史》(有“神的”与“人的”之分)一书中超越了迪卡埃阿尔库斯的模式，这部书到圣奥古斯丁时代为止一直主导着罗马的学术研究。瓦罗的著作在中世纪早期失传。但是，圣奥古斯丁对它的评论促使弗拉维奥·比昂多去尝试复兴这一体裁，并最终创造出一种文艺复兴时期与现代意义上的“古史”模式。

希腊人向罗马人所提供的不仅仅是用于勾画其帝国版图的资料与研究模式，他们还试图以一种使罗马人和希腊人都满意的方式来认识和记述罗马历史。一些人也许在著述罗马历史的时候甚至试图把罗马人和希腊人的观点对立起来。对此我们并无明证。那场关于仅仅是偶然性作用于罗马人成功的著名论战——亦反映在李维、朱斯丁、普鲁塔克甚至阿米安努斯·马尔斯林的著述中——似乎是出现在历史著作前源于对战争宣传的狂热。学界关于罗马起源所提出的问题为迎合罗马人的虚荣心提供了贻害不深、无须更多思考的机会。哈利卡那苏斯的“色雷斯的”狄奥尼修斯并不赞同针对罗马传统的若干批判。“真正的”历史学家、那些读过修昔底德与埃佛鲁斯著作的人试图以两个民族都能接受的方式来解释罗马帝国。在无望摆脱外来的束缚时，一向难以严谨的历史观点来解释两个国家间的对抗。

当希腊人在历史上第一次认识到他们完全丧失独立时，波利比阿是唯一对此有过记载的人。前几个世纪，马其顿—希腊唇齿相依并未迫使他们、或甚使他们有接受这种悲剧的准备。波利比阿是位天才的编年史家。他通过撰著当代世界史把修昔底德的史学加以改编以适应新的形势，他的世界历史审慎地对待事实真相、政治或军事权能以及修昔底德所推崇的直接观察以及对演说的措意。在其通史（尽管限于最后 50 年）的谋篇布局上，波利比阿利用的是他所尊敬的埃佛鲁斯和他所蔑视的提马埃乌斯的例子。但是叙述的纲要却是他自己的。属于他自己的还有对历史实际用途的强调，与此相关的是他对罗马人成功不可避免性和持久性的灵活描述。波利比阿启发了波西多尼乌斯，指导了李维（在其能被指导的范围内），并在后来的时代促使卓西穆斯（6 世纪初）论及到罗马的衰落，就像他曾论及罗马的崛起一样。为了给军事行动和外交使命提供典范，波利比阿的著作在拜占庭被编为选集，也被大量删节，他的著作重又出现在西欧是在15世纪的早期。波利比阿在佛罗伦萨受到高度评价（主要是马基雅维里），在16世纪中期被载入整个欧洲军事史和外交史大师的行列。他一直是最权威的希腊历史学家，直到法国大革命时被修昔底德所取代。

继波利比阿之后，一直存在着罗马史同世界史的关系问题。波西多尼乌斯深入研究了公元前145到约公元前63年间的社会动荡。他刻画了希腊化时期僭主们的堕落以及罗马富豪们的贪得无厌。当其友善地叙述高卢和西班牙的部落生活时，他可能意识到罗马人一定会改变它们。东方、特别是犹太理论对帝国延续的影响与希腊史家所进行的研究结合在一起。在狄奥多鲁斯与大马士革人尼古拉斯于公元前1世纪用希腊语撰著的世界史（后者的著述只有残篇传世）中，希腊人的观点占据着主导地位。事实上，狄奥多鲁斯在协调罗马史与希腊史的关系上有着很大的困难。希腊化时代与东方因素的混和更深地植根于高卢—罗马人特罗古斯·庞培用拉丁文撰写的世界史的结构中，这部当代史经朱斯丁（公元2世纪）流传下来的只是梗概。特罗古斯是否受到希腊史料的启发还是个悬而未决问题。第一个把东方理论与希腊—罗马史学相结合的人——无论他是谁——为古代后期世界史的概论铺平了道路，其中奥罗修斯（5世纪早期）用拉丁文所做的汇编在中世纪广为流传，其阿拉伯语译本也是如此。

其他希腊史家通过改变希腊形式来撰写罗马历史，从而创造了具有影响的新模式。哈利卡那苏斯的“色雷斯的”狄奥尼修斯利用希腊地方史的基本要素完成了一部恢弘的罗马古代史或《罗马古史》的写作。他曾遍查罗马史家与编年史家的著述，而其研究成果被弗拉维乌斯·尤塞弗斯在《犹太古史》(“古史”再次被运用，意指古代或古风时代的历史)一书中所仿效。罗马帝国的史料遗失太多，以至于我们无法对6到7世纪出现的蛮族史学起源做出合理的推测。卡西奥多鲁斯、图尔的格里高利以及比德是否在蛮族史学中找到他们的模式，这一细节尚不清楚，但“色雷斯的”狄奥尼修斯与尤塞弗斯的《古史》属于这一历史模式。

公元2世纪，阿庇安运用希腊区域史和希腊人种学来描述罗马的扩张。他按地区划分战争，结果是他不得不在此种地理序列之外为“内战”专门谋篇布局。在埃及著述的阿庇安表达出了这种公元2世纪的新观点，他把罗马帝国视为若干地区的联合体。这种观点并未持续多久，这即是为什么阿庇安后继乏人的原因，但在其《内战记》中的概念以及地区战争的并列例子在文艺复兴时期及其后重又获得了声望。不仅仅在达维拉和克拉伦登的著作中，而且同样在兰科的著作中，我们看到的是明显的阿庇安风格。公元3世纪，希腊、罗马史学传统的融合表现在希腊史学家、罗马元老狄奥·卡西乌斯按照罗马史家及编年史家模式所著的一部80卷本的罗马史中，尽管风格上主要是受修昔底德的影响。狄奥传授给拜占庭人的(通过其著作的梗概而非原文)是他们所知的绝大部分的罗马历史。但作为范例，拜占庭人更欣赏希罗底安，他大概在240年撰述了从马尔库斯·奥里略之死到238年间的事件。拜占庭人使希罗底安的著作为早期人文主义者所知，他们也同样赞赏他。哈利卡那使希罗底安的著作为早期人文主义者所知，他们也同样赞赏他。拜占庭人与早期人文主义者均重视希罗底安所言的真实性，但经进一步严格的审视表明，其所言近乎完全缺乏依据。德克西普斯在其描述3世纪哥特人战争的《西徐亚史》一书中极力效仿修昔底德的范例，但人们对他却置若罔闻。

八

使世界史在希腊化时代成为可能的技术性因素之一是编年史研究的发展。这种研究的成果最终是以年表的形式排列，流传下来的有尤塞比乌斯等基督教年表学者所编撰的一些年表。然而，从公元前3世纪埃拉托斯特奈斯等学者发明科学的编年史到基督教的正经却是一个大的飞跃。我们对后者的了解要好于前者。文艺复兴晚期，斯卡利杰的年代学就是从基督教的正经开始的。但是，现存的希腊原始文献——如“帕罗斯碑”（Marmor Parium）残篇（在帕罗斯发现的编年史铭文）以及阿波罗德鲁斯的编年史——足以使我们了解到希腊化时代的编年史类乎什么：人们也许会问阿波罗德鲁斯是否为了便于记忆才以诗体纪年。

对希腊化时期研究的其他形式我们了解得更少。我们对原始文献的掌握微乎其微；只发现过一些保存完好的草纸残片，如狄迪穆斯关于德谟斯提尼的残片。哈利卡那苏斯人“色雷斯的”狄奥尼修斯的一部关于迪那尔库斯的著作，完全是采用亚历山大城学派文献学的风格来论述年代学以及文献的真实性。“色雷斯的”狄奥尼修斯以及后来的普鲁塔克与琉善为我们提供了影响历史学的文学讨论的实例：他们讨论的不仅有形式而且还有内容。关于米尔雷亚的阿斯克雷比亚德（公元前1世纪）的历史，塞克斯都·恩培里柯保存有引人注目的理论纲要。

但是，亚历山大城学派与帕加马学派的鸿篇巨制——以卡里马库斯对作家生平及作品研究索引或“书板”（pinakes）开篇——已经失传，我们只能通过后来的页旁注释（概要、词汇以及其他的辑录）来了解全书。我们没有一部希腊化时代的考证本、注释本、铭文集、风俗习惯研究及对“发现”或“发明”的论述（其中最早的是埃佛鲁斯）。同样，除了林都斯神庙年代纪（公元前99年）外——该年代纪见于一篇铭文，关于黑海地区的赫拉克勒斯城（Heraclea Pontica）年代纪的部分概要经由梅农则被保存在佛提乌斯的《图书集成》之中——我们也没有任何一部地方年代纪。倘若关于希腊化时代的文史知识和地方史的代表著作保存下来的话，我们就会对希腊历史研究的多样性与深度有着完全不同的概念。

除了与年代学和词汇学相关的资料外，专门从事古代研究的文艺复兴时代的学者可利用的希腊范例十分鲜见。他们只好主要依据同等意义上的拉丁文献；而在诸多情况下，罗马范例在多大程度上反映出希腊史学的原貌，却是个真正的问题。例如，我们不知道奥乌鲁斯·盖里乌斯于公元2世纪所著的《阿提卡之夜》是源自希腊的何人著述，这部著作流传于中世纪，而且是通过波里提安的《杂谈》（*Miscelanea*）而成为对文献及古代问题简评的范例。无疑，与东方前辈们相比，希腊化时代研究古代的学者和希腊政治史家同样表现出独创性。他们对希罗多德与修昔底德史学中的单一性——尽管没有摒弃——予以纠正。这并不应使我们低估这样一个事实，即此类研究被认同、被归类在历史范畴者并不多见。

九

就希腊史学我们提出的另一评价标准——传播于非希腊人中——我们会略加叙述，因为在论述希腊史学方法如何传入罗马的过程中对此业已有所涉及。在若干个国家中，希腊史学作为一种研究方法于公元前 3 世纪到前 2 世纪得到认同，当地的学者借助这种方法可用希腊语向希腊人及自己阐明本地传统所体现的是什么。表面上希腊化了的愿望与防范希腊化对伦理传统的侵袭的努力几乎是分不开的。埃及人曼涅陀、巴比伦人贝罗苏斯、犹太人德米特里乌斯、罗马人法比乌斯·皮克托，这些于公元前 3 世纪用希腊语描述他们各自国家的人并未在同样的条件下以同样的目的著书。在巴比伦或者埃及，本土语文的希腊式史学似乎从未发展起来。罗马人则很快完成了从用希腊文著史到用拉丁文著史的转变，他们从希腊模式中扩展出了自己的分支。据我们所知，并未有过与老加图《起源》（第一部在希腊影响下用拉丁文撰写的历史著作）相同的希腊著述。如果这部著作是受希腊关于“城邦建立”著作的启发，但它很快就具备了符合公元 2 世纪意大利现实的另一面。甚至西塞罗关于史学零散的理论也未必是对希腊著作的简单改编。

犹太人的地位特别，他们有着源自《圣经》而属于自己的强有力的史学模式。另外，大部分移居到埃及、小亚细亚和意大利的犹太人已不通晓希伯来语和阿拉米语而使用希腊语。他们不得不把《圣经》移译成希腊语。由是，希腊史学的冲击在犹太人中引发了种种结果，其中《马卡比传》第 1 卷和第 2 卷可以作为例证。第 1 卷是用希伯来语写成的，后来被译成希腊语。这是一部《圣经》式的家族史，用的是《圣经》语言，但含有许多受到希腊史学启示技巧上的细节（包括关于罗马半人种志的一章）。第2卷是更广泛的历史概要，由昔兰尼的犹太人雅松用希腊文撰述。这部书所采用的技巧极为接近较通俗希腊史学中对奇迹及感人插叙滥用的技巧。同时，或是撰写梗概的人，或是雅松本人熟悉《圣经》中的《士师纪》，以昔日士师辉煌的孤独来描述犹大马卡比。有关殉道者的情节显示出一种新的宗教观——源自犹太而非希腊。最后，犹太人的历史性记述是用作向埃及的犹太人介绍一种新的节庆。希腊人对诸多节庆作出过历史性的解释（先是卡里马库斯，随后是奥维德），但似乎从未撰述过历史著作来介绍节庆。犹太著作家曾试图改进《以斯贴记》——犹太节庆书的原型。比较而言，尽管弗拉维乌斯·尤塞弗斯大量运用《圣经》中的资料，尽管他早年曾尝试用阿拉米语著史（对此我们一无所知），但他还是属于纯希腊史学的嫡传。除《犹太古代》借鉴了哈利卡那苏斯的“色雷斯的”狄奥尼修斯的著述外，他还以希腊风格写了其他三部著作：一部战争史（公元66—70年的犹太战争）、一部博大精深的论战性著作（《驳阿庇昂》）和一部自传。

希腊史家风格对当地模仿者的影响甚至表现在他们用方言对证据的运用上。近东丰富的年代纪和官方文献业已被科特西阿斯这样的希腊史家所强调，并成为曼涅陀、贝罗苏斯和尤塞弗斯夸耀他们民族主义的一个理由。但是他们从未对这些原始文献进行过深入的研究。他们主要是因循希腊人的做法，记录易于理解的传说，无论是口头上的还是文字上的。

外族人出于种种目的在运用希腊范例上所带有的自如，同希腊人成为异域民族与君王的历史学家所带有的自如是齐头并进的。希腊人以汉尼拔的名义、几乎是以官方史家的身份而写作；而波利比阿则有幸发现，不仅罗马人关于第一次布匿战争的记载（法比乌斯·皮克托所作），而且还有迦太基人对此的记载（西西利安·菲力努斯所作）均用希腊文写成。也可能有过以希腊风格撰写的迦太基（大概甚至还有伊达拉里亚）的历史，但用的却都是其本民族的语言，而且未留下只言片语。其中之一萨鲁斯特在《朱古达战争》第 17 节中大概提及过。希腊人所著的民族史只是部分的、时有时无地是为了他们自己，为其他民族撰著民族史是他们驾轻就熟的。意大利的人文主义者为了欧洲新兴国家的利益（从英国、法国到匈牙利、波兰）所设想出的民族史形式，是李维和古代晚期模式的混合体。人文主义的民族史学与希腊人（后来是罗马人）所著的其他民族的历史，在形式、作用和精神上并行不悖。历史总是这样，继推崇起源传说之后，又夸耀战争的地位。这一点特别适合罗马人；甚至于犹太人也采用希腊的史学，尤其是用来叙述他们自己的战争。

十

无论是在耶稣及其门徒所传授的形式上，还是在公元初两个世纪教会所制定的形式上，希腊史家显然并没有为基督教的启示作准备。在异教时代，救世的历史并不符合希腊化时代风格的史学——作为典范——与《圣经》中的历史篇什一样，对基督徒并无大的用途，因为这些著作讲述的是一个业已存在的民族在其有组织的政治生活年代服从或不服从上帝的历史。似乎从未有一个犹太人想到撰写巴比伦流放（或者在第二座神殿毁灭之后的时期）的年代纪。基督徒形成了一个新的民族，而耶稣则标志着一个新的历史开端。该民族产生于洗礼，亦即个人的选择。

表达这样一种新观念的历史著作及其对永生的暗示，必是一种创新。即使在《路加福音》和《使徒行传》中——其著作者是些熟悉希腊史家并极力效仿其传统的人——也不可能找到与同时代希腊史家的相似之处；事实上，《路加福音》主要取法于《马可行传》。《福音书》——无论是正经还是伪经——与《使徒行传》所展示的是新乐土与新天堂的降临：人们并不期待着这一故事的延续（也许除了用启示录的词语）。大约在两个世纪间，有关整个基督教世界的基督教史学不复存在。殉教者的《使徒行传》令人联想起《马卡比传》第2卷、第4卷的某些章节以及希腊罗马文学中的名人之死。继所有这一切之后是有关苏格拉底之死的记载，虽然犹太文献也许并未受到这一记载的影响。

当君士坦丁大帝使基督教为社会所接受时，出现了一种历史题材——至少与希腊史学中的一些传统惯例相一致：真正使徒教会的普及及其面对异端与迫害的联合——这种普及与联合在罗马政府认可与官方的容忍中达到顶峰。《福音书》讲述的是救世启示是如何启示与传播的。尤塞比乌斯发明的新“教会”史是在确切的时间和空间范围内，叙述教会与异端和迫害成功斗争的发展史。这一新的历史包括普通的政治史无法想象的文献，但在古代一些论战和自传的著作中并非没有。

亚历山大·波利希斯托因勤于摘录犹太文献而闻名，这一例证与尤塞比乌斯大概有着特殊的关系。在后来的两个世纪中，由于后继者（从苏格拉底、索佐美努斯、特奥多雷图斯、菲罗斯托尔基乌斯到尤阿格利乌斯）接续著述尤塞比乌斯的教会史，教会史遂成为叙述教义争端、皇帝与教会之间关系的历史。出于我们不明的原因，教会史在7世纪初期丧失了其普世的内涵。在西部，罗马帝国的四分五裂违背了一种必须以一个国家面对一种宗教以及诸多异端为前提的文学题材。在东部，在罗马帝国维持原状的地方，也许政教分离变得困难。在西部，曾有过撰著地方教会历史的尝试，但是，比德的例子对此予以足够的揭示，即使在有限的疆域内，把宗教的和世俗的事物分开也是不可能的。直到宗教改革运动或反改革运动，一般教会的独立历史才会有意义。教会史在教义争论时才能繁荣起来。

教会史从未宣称要取代、也从未取代过政治史。基督徒普罗考比乌斯和阿加西阿斯在尤塞比乌斯创造历史新风格之后的很长一段时间，撰著了修昔底德式的战争史。《圣经》记载的历史与世俗史、国家史和教会史之间的双重性——出于均不为希腊人与犹太人所知的相对原因——因尤塞比乌斯而出现。这种双重性面对日常生活的复杂性是难于立足的。继尤塞比乌斯之后，教会史表现出的是一种不稳定的妥协。教会史的撰写在很大程度上受益于希腊化时代的写作技巧，但它与希腊人以前著述的所有历史截然不同。教会史是以《启示录》为前提，并按照《启示录》来评判历史。

十一

在基督教之前，希腊历史学家们所提供的只是对有限的人类行为进行解释，他们按照证据著述，并按照可靠性把证据分类。从这一观点出发，需要提出的问题我们业已提过：希腊历史学家们在评估证据时有多大的能力？这个问题，如果从严提出，则包含着修辞对历史研究的作用。

但是，我们对希腊史学所认同的重要性，很大程度上取决于我们对历史研究所期待的东西。的确，史学对我们来说比对希腊人更为重要，其主要原因有四。首先，犹太教、基督教和伊斯兰教是一些信仰基于某些传统真实性的宗教，历史研究在评价其学说时（对古典时代的异教并非如此）有着决定性的意义。其次，社会、文化变化速度与范围的增加，导致对历史研究解释和评价这些变化要求的增加。再次，在过去的两个世纪里，人们要求历史为一些国家提供某一共同体的特性，这些国家建立的速度在过去是难以想象的。最后，自然与生物科学本身对历史就是一个发展，特别是在宇宙和物种的进化理论方面和并激发了全面和历史地解释现实的意愿或者希望。

前基督教时代的希腊史学并无揭示人类命运的意义。因此，它无关乎黑格尔多样性发展的任何概念；在黑格尔的概念中，结果不仅是真理渐进的自我揭示，而且是评判价值的准则。但从创世以来历史延续的概念——《旧约》与《新约》相比的特点——似乎与希腊史学的经验论方法并非完全不兼容：这是证据上的一个问题。当然，在希腊人的思想中，人们能够捕捉到人类社会总体进化的诸多迹象，而且此种迹象延伸在希腊人和犹太人对原始黄金时代所共有的幻想的范围内。希罗多德和修昔底德的方法与创立一种普通的经验主义社会科学之间似乎也不存在逻辑上的不兼容性。要之，亚里士多德为了创立政治与伦理科学，所运用的资料是由先前的历史学家或者通过他自己的门徒所收集的。如果我们对无法统一希腊人视为真正历史的东西以及他们归之于自传、文献、文物等学科的东西听之任之，那么希腊历史研究的局限将会是致命的。但政治史与研究过去的其他分支的统一，现今却是个事实。如果还需要什么，那就是避免这样一种错觉，即从未有过任何充足的论据来区别这些不同的分支。

针对希腊人之于历史的观念，最大的异议似乎是其惟以结局论成败，因此它所传授的只有审慎。人们不能仅仅通过提及希腊史家对慷慨或者宽容或者献祭所表现出赏识的例证来回答此种异议。必须证明的是，就其道德标准而言，这些在希腊史学中确占有一席之地。但证明起来却并不容易。由是，便出现了历史的贬值，这种贬值不仅仅存在于古代、而且也存在于现代道德理论中，甚至存在于康德的论述中；当人们念及那些对历史知之甚少、却至少懂得是非的希伯来预言家时，怀旧感由此而生。事实是，希腊史学从未取代哲学或者宗教，也从未被哲学或宗教真正地接受。史学的重要地位从未在希腊人中确立起来。因此，选择希腊史学模式，即使是用现代语文的译本，当其面临宗教或哲学时亦会陷入运用这些模式的困境之中。

Further Reading

There are innumerable studies on individual historians and their sources, but a true understanding of the nature and problems of Greek historiography is to be found in comparatively few authors, not necessarily the most recent. Modern studies begin with F. Creuzer, *Die historische Kunst der Griechen* (1803, 2nd edn. 1845) and H. Ulrici, *Charakteristik der antiken Historiographie* (1833), who judged from the points of view of Romantic historiography.

L. Ranke's admiration for Thucydides was of decisive importance for the historical outlook of the nineteenth century. Late in the century Eduard Meyer wrote with profound knowledge on Herodotus and Thucydides (*Forschungen zur alten Geschichte*, ii (Halle, 1899)) and based on them his theory which was the starting-point for his controversy with Max Webber. I. Bruns dealt with questions of social psychology, partly raised by J. Burckhardt, in *Das literarische Portrat der Griechen* (Berlin, 1896) and *Die Personlichkeit in der Geschichtsschreibung der Alten* (Berlin, 1898). G. Misch, *Geschichte der Autobiographie*, i (1907, 3rd edn. translated into English as *A History of Autobiography in Antiquity*, London, 1950) was inspired by W. Dilthey.

The study of Greek Historiography in the present century has been dominated by the school of U. von Wilamowitz-Moellendorff. He and his pupils combined fine perception of the basic peculiarities of Greek historiography—in comparison with Oriental and modern historiographies—with penetrating analytical work. The articles by E. Schwartz on Greek historians in Pauly-Wissowa, *Real-Encyclopadie*, include masterpieces on Arrian, Diodorus Diogenes Laertius, Duris and Eusebius and are now collected in a volume, *Griechische Geschichtsschreiber* (Leipzig, 1957). His other essays on Greek historiography in general are collected in *Gesammelte Schriften* (2vols., Berlin, 1938, 1956) and *Charakterkopfe aus der antiken Literatur*, i, 4th edn, (Leipzig, 1912). F. Jacoby succeeded Schwartz as contributor to Pauly-Wissowa and for it his great monographs on Hecataeus, Hellanicus, Herodotus, and Ctesias (collected with other articles in *Grichische Historiker* (Stuttgart, 1956)). See also his *Abhandlungen zur griechischen Geschichtschreibung* (Leiden, 1956); *Apollodors Chronik* (Berlin, 1902); *Das Marmor Parium* (Berlin, 1904); *Atthis. The Local Chronicles of Ancient Athens* (Oxford, 1949). But the work which makes Jacoby the greatest student of Greek historiography of any time is his collection, with commentary, of *Die Fragmente der griechischen Historiker* (Berlin-Leiden, 1923—58), which, though unfinished, includes 856 historians and comments on 607 of them. As for as it goes, this replaces for scientific purposes, but not always for practical purposes, the previous collection by C. Muller *Fragmenta Historicorum Graecorum* (5 vols., Paris, 1841—73). (Among later articles in Pauly-Wissowa, the following may be singled out: R. Laqueur on 'Lokalchronik'; O. Regenbogen on Pausanias; K. Reinhardt on Posidonius; K. Ziegler on Polybius; O. Luschnat on Thucydides, and H. R. Breitenbach on Xenophon as *summae* of recent knowledge.)

The most original German researcher of recent years is H. Strasburger, who has presented a challenging reinterpretation of the whole Greek historiography in *Die Wesensbestimmung der Geschichte durch die antike Geschichtsschreibung* (Wiesbanden, 1966); cf., among his other contributions, 'Die Entdeckung der politischen Geschichte durch Thukydides' (1954), reprinted in H. Herter (ed.), *Thukydides* (Darmstadt, 1968); and 'Poseidonios on the Problems of Roman Empire', *Journ. Rom. Studies*, lv (1965), 40—53. K. von Fritz has started a new and thorough *Griechische Geschichtsschreibung*, i. 1—2 (Berlin, 1967), on which see my review in *Gnomon* (1972) pp. 205—7. For his method it is important to compare his chapter in the collective Fondation Hardt Volume, *Histore et historiens dans l'antiquite* (Vandoeuvres, 1956)

In Italy, G. De Sanctis and indirectly B. Croce, inspired the younger generation; cf. Especially De Sanctis, *Studi di storia della storiografia greca* (Firenze, 1951). The most comprehensive treatise is S. Mazzarino's extravagant, but very learned and stimulating *Il Pensiero Storico Classico* (3 vols., Bari, 1966—7); cf. my discussion in *Quarto Contributo* (1969), pp. 59—76. My own dissertation on Thucydides (published in *Memorie Accademia Torino*, ii. 67 (1930)) and my *Prime linee di storia della tradizione maccabaica* (Torino, 1931; and 2nd edn. Amsterdam, 1968). The majority of my essays are collected in *Contributo alla storia degli studi classici*, i—v in 7 vols. (Rome, 1956—75; vi forthcoming), selections of which are offered in *Studies in Historiography* (London, 1966) and *Essays in Ancient and Modern Historiography* (Oxford, 1977). See also *The Development of Greek Biography* (Cambridge, Mass., 1971).

In the French and Anglo-Saxon worlds the strong interest in theory of history and in the notion of historical explanation has not yet been reflected in many words of radical reinterpretation of Greek historiography, though H.-I. Marrou has given many hints, and R. G. Collingwood made more than a start in *The Idea of History* (Oxford, 1946). The main exception is M. I. Finley, who has firmly defined the position of Greek historiography in relation to myth (*History and Theory*, iv (1965), 281—302) and to traditionalism (*The Ancestral Constitution* (Cambridge, 1971)), both now in *The Use and Abuse of History* (London, 1975): see also his anthology of *The Greek Historians* (London, 1959). The question of myth is made acute by French research, especially in J.-P. Vernant's school (*Mythe et pensee chez les Grecs* (Paris, 1965); *Mythe et societe en Grece ancienne* (paris, 1974)), while traditionalism is an issue raised by J. G. A. Pocock, 'The Origins of Study of the Past, a Comparative Approach', *Comparative Studies in Society and History*, iv (1962), 209—46, and *Politics, Language, and Time* (London, 1971); cf. also J. H. Plumb, *The Death of the Past* (London, 1969), and for analogous preoccupations, E. Voegelin, *Anamnesis* (Muchen, 1966).

Important interpretations either of Greek historiography in general or of its origins can be found in the following: B. A. van Groningen, *In the Grip of the Past* (Leiden, 1953); F. Chatelet, *La Naissance de l'histoire: la formation de la pensee historienne en Grece* (Paris, 1962); Ch. Starr, *The Awakening of the Greek Historical Spirit* (New York, 1968); R. Drews, *The Greek Account of Eastern History* (Cambridge, Mass., 1973); B. Gentili and G. Cerri, *Le teorie del discorso storico nel pensiero Greco* (Rome, 1975).

For the history of the word *historia*, B. Snell, *Die Ausdrucke für den Begriff des Wissens in der vorplatonischen Philosophie* (Berlin, 1924); G. A. Press, 'History and the Development of the Idea of History in Antiquity', *History and Theory,* xvi (1977), 280—96. On the theory of history in Greece, F. Wehrli, 'Die Geschichtschreibung im Lichte der antiken Theorie' (1947), now in *Theoria und Humanitas* (Zurich, 1972), pp.132—44; G. Avenarius, *Lukians Schrift zur Geschichtsschreibung* (Maisenheim a.G., 1956); F. W. Walbank, 'History and Tragedy', *Historia*, ix (1960), 216—34; L. Canfora, *Teorie e tecnica della storiografia classica* (Bari, 1974). For the relation between style and contents, E. Norden, *Die antike Kunstprosa*, i (Leipzig, 1898), 79—155. On the social background of historiography, A. Momigliano, 'The Historians of the Classical World and their Audiences', *Annali Scuola Normale Pisa*, viii (1978), 59—75. On cyclical thought, G. W. Trompf, *The Idea of Historical Recurrence in Western Thought from Antiquity to the Reformation* (Berkeley, 1979).

第八章　教育与修辞 *

H.-I.马鲁 撰　唐均 译

希腊对西方文明的影响尤其表现在教育领域。从希腊古风时代到罗马统治初期，教育体系在希腊人中间逐步成型，后经罗马人略加调整而全盘接收并融入罗马遗产之中；通过罗马遗产，这种教育体系深刻影响了欧洲的教育体制与实践，此种影响由于对古代的回溯——依次为15、16世纪人文主义的复兴运动以及12世纪与加洛林王朝的复兴——而得以加强。

悠久的希腊教育历史还不能追溯到迈锡尼时期那么遥远。解读线形文字B的迈克尔·文特里斯和约翰·查德威克业已揭示出，“书吏”文化须经一种适当的教育）类似于发展自古代近东并迎合东方君主统治需要的那种文化。公元前11世纪到前9世纪的“黑暗时代”过后，

---

* 马鲁教授早在1977年就已谢世，未能核对本章的英文译文。经他女儿弗朗索瓦·弗拉芒夫人的同意，由我责任承担本章最后的定稿、翻译以及参考书目的所有编辑工作。——主编注

荷马史诗引领我们进入一个历经巨变的希腊世界。“英雄时代”的教育面貌如何，很难通过史诗的完美画卷来窥见。而荷马史诗作为希腊文化传统和青年教育的根基持续了几个世纪，那一远古时期的某些价值观仍深深影响着希腊人的身心。尽管如此，典型的希腊古典教育方式，虽然发展到希腊化时代、罗马时代以及拜占庭时代，也只是表现于荷马史诗中贵族战士被城邦的公民形象取代之后才开始独具特色。希腊教育一直追求着培育一种公民精神，一种对归属某个自由城邦的自豪和对政治共同体的忠诚。这一心理如此根深蒂固地充满在古典传统中，以致在形成现代民主欧洲公民的理想中其影响可与罗马的影响同样被视为一种重要的因素。

起先，希腊教育的重点是在军事训练方面：公民必须会舞刀弄枪。这种古代的特色在斯巴达一直很突出，那里有一种高度完善的训练体制约束儿童的整个青春期，强制每个人在七到二十岁进行严格的训练，将他们划分为一系列的年龄层，德体并重——这一体制使人想起现代极权主义国家也曾把本国青年组织为军事团队，譬如意大利的法西斯党徒和德国的党卫军。特别是后者，我们不应该排除一种直接借用："斯巴达错觉"所诱发的不仅有抵制古代雅典民主制节节胜利的种种思乡情绪，在 19 世纪和 20 世纪早期欧洲（特别是在德国）的反自由主义潮流中，反自由主义者反对各国的独立发展。

但从公元前 6 世纪起，先在雅典，然后在希腊其他地区（斯巴达和保守的克里特除外），军事训练在教育中如同在生活中一样居于次要地位——“械斗”（hoplomachia）现在仅仅是指击剑运动。虽然教育的民事性质已经多于军事性质，但教育主要还是体育。今天我们跟教育相联系的是学校、文字；而对古希腊人来说，教育首先是并且长期都是角斗场和体育场，儿童和青年在这些地方接受体育训练。随着亚历山大的对外征服，希腊化区域大大拓展，定居到东方的希腊移民，为把希腊的生活方式传给自己的孩子，所到之处无不修建体育场。近期有一体育场被发现于大夏（Bactria）腹地，阿姆河（古代的药杀水）畔，阿富汗北部边界的喀努姆（Aï-Khanum）。在罗马治下的埃及，“体育学校的老生”这一称号用于明确一个希腊人的法律身份，以区别于受歧视的土著“埃及人”。

体育场的体育训练最初仅对贵族精英们开放，后来随着社会向民主层次的发展，渐渐扩展到公民阶级的其他阶层中去。当然，女人是排除在外的——我们不要忘记希腊城邦是男人们的俱乐部——尽管到后来面向女人的教育和锻炼活动在某些地方有所发展，比如斯巴达和女诗人萨福所在的莱斯沃斯岛，希腊化时期分布得就更广泛些。

第一种职业教师是 paidotribes（男童教习），其训练集中在体育运动方面：花销巨大的马术、骑术和战车竞赛（一直局限于少数上流人士），赛跑（标准跑道是有一定长度的运动场，长约二百米）、跳远，投掷铁饼和标枪，角力，拳击，以及 Pankration（一种激烈的角力形式，有些类似现代“catch-as-catch-can”[自由搏击]，限制很少）。我们所说的体育运动是指竞赛性质的体育运动，即竞技，因为在这样的环境中英雄时代的“竞赛理想”——争取最好，争取第一，超越自己阶层的对手——得以继承并且在希腊文明中长盛不衰。因此竞赛，希腊语为“agones”，不同年龄层次的青少年之间的种种竞赛就产生了，先是在城邦之内，尔后是国际规模（公元前 632 年在奥林匹斯举行的第一届奥林匹亚运动会)。

虽然现代的体育运动(也是体育)出自山野村夫的野蛮游戏,马术和击剑出自中世纪的骑士制度,但是1896年复兴奥林匹克亚运动会所具有的重要意义是人所共知的。为了仿效希腊的典范,人们甚至重新创造出那些已被遗忘的运动,譬如投掷铁饼和标枪(尽管现代的铁饼与标枪比古希腊的轻)。而这种复兴很快就给我们带来古老的种种冲突:沙文主义还是公正的理想主义,职业性还是业余性,观赏性还是竞赛的参与性亦即教育性。

希腊教育不仅看重身体甚于看重智力,而且具有艺术性,特别是音乐性及以后的文学性。音乐教师紧接在体育场教练之后出现,不管从时间上看还是从重要性上看。歌唱(尤其是合唱队齐唱),舞蹈,以及演奏竖琴(或者是aulo,一种双簧管),成为希腊人在古风时代和古典时代教育青年的一个有机组成部分。文学成分进入节目中实际是变相的歌唱,一般有竖琴伴奏("抒情诗"一词由此发展而来)。从此诗歌就在希腊文化中,因此也在教育中扮演着重要角色。

文字的使用,曾经随着公元前11世纪迈锡尼文明的衰落而消失,又随源自腓尼基文字的表音字母在公元前8世纪初的采用而得以恢复。字母文字的传播促进了第三种教育方式的产生,也促进了我们今日熟知的学校的出现,在学校里孩子们由一个具有特别称号的教师进行读写能力的督导,这个称号叫做"grammatistes"或者"grammatodidaskalos"(意为"教授读写之人")。算术一直局限于实际运算的演练。正是古代希腊的遗产,通过其罗马"后嗣",深刻影响了欧洲学校教育史直至今日。

像所有的古代民族一样，希腊人完全忽视了儿童心理。体罚是希腊人对付厌学孩子的唯一办法，他们觉得厌学不可理解。此外，理性的——我们可以天真地用“理性”这个词吗？——希腊人对教育排出步骤，从简单到复杂，循序渐进地学习书面语言结构中不同的话：首先是字母，其次是音节（从最简单的由两个字母组成的音节，然后到三个字母组成的音节，再到更复杂的情况），然后是词汇（从最短的到最长的和最难的），最后是句式。学生只有完全掌握了前一阶段的内容以后，才能继续下一阶段的学习。因此进程缓慢：通过这种方法——18 世纪土耳其统治之下的希腊学校还保持着，而且在西方世界也持续良久——学会阅读需要三四年。无需赘述，现代人在试图用更加有效的主动方法来取代这一陈规与被动的方法时困难重重。

这就是到公元前 6 世纪末雅典教育体制的图景。这种教育历经一千多年，虽然很明显，其中并非没有渐变。文学研究日益重要，而体育和音乐的分量则相应地减弱。体育和音乐仍然受到高度重视，但也作了自身技术进步的牺牲品：除少数人从事职业和业余的艺术活动以外，大众只将其作为偶尔一观的奇景。这种演变直到罗马帝国晚期才完成：从那以后，古典文化就只能是一种书面文化，而只有取得胜利的基督教，一种书本的宗教，能够证实这种变化。

然而，希腊教育的学术化倾向还是弱于我们自从中世纪早期以来就已形成的教育。直到希腊文明晚期，我们得等那些革命性的评论家，譬如伊万·伊利奇，来确立这种独特的希腊传统——上学接受教育，如果不是对立却也泾渭分明，其差别程度比我们这个时代要强烈。希腊人中的师傅和工匠，虽然将艺术诀窍传授给弟子，但并不是严格意义上的教育者：学校教师并不如 paidagogos 重要。最初 paidagogos 地位卑微，通常是个奴隶，仅仅负责送孩子到学校，到后来才成为孩子真正的老师，教他礼仪、优雅的仪态、立身处世之道，简而言之就是他应该遵循的道德模式。说到学生的青春期，就涉及另一个因素即男色，尽管后来遭到基督教的反对，但也是希腊遗产的一部分。抛开任何生理意义上性的因素——因为这很难确定——男色在古希腊的青少年教育中扮演着首要的角色。师生之间朝夕相处，尤其是在体育场中，一个受人爱戴和敬仰的长者，很容易成为他的年轻伙伴炽热依恋和模仿的对象，年轻人渐渐被引入成人生活，成为一个“完全的绅士”，也就是一个 kalokagathos（直译为“美而善的”或者“美而勇敢的”的人）。

至此我们讨论的还只是基础教育，亦即迟至公元前 5 世纪早期的伯里克利、索福克勒斯和菲底亚斯所在那个伟大时代仅有的教育种类。但希腊文明和文化的进程此时需要高等教育：公元前 5 世纪后半期智者学派发起的教学变革，鼎盛于两位教育家的业绩之中：伊索克拉底，其教学生涯从公元前 393 年延续到前 338 年；柏拉图，执教于公元前 387 年到前 348 年。两个学派互相对立和竞争，最终构成日后古希腊全盛时期文化所表现的两种形式：一种是修辞学，另一种是哲学。竞争结出硕果！两派之间的对立不应夸大其辞，也不应认为是完全彻底的对立：两派之间相互影响，彼此让步。在《费德罗篇》中，柏拉图明确承认了文学技巧的合理性，贯穿整个对话录的实践也与他的理论相抵触：对话录的每一页都是他对诗人有所认识的结果。而伊索克拉底本人也认识到，有限地从事一些他称为“精神体操”的数学和哲学研究，对修辞和雄辩是一种有益的准备。

两派的继承者们在这些融会贯通处吸取了经验。从希腊化时代之初，亚里士多德以后的世代中，我们似乎看到出现了一种基础课程的观念、一种全面教育的观念、一种高度文化的各种不同形式之间所共有的基础的观念（此时也有培养内科医生的学校，这些医生可以期望越过单纯的技师水平而达到高级文化的水平），这种准备性的培养，接续上面我们已经讨论过的基础教育，是达到更高层次的一个必要前提，而在伊索克拉底和柏拉图学派的两种基本要求之间出现一种综合：它既是文学的，又是科学的。科学研究的计划由早期毕达哥拉斯学派奠定基础，就是数学的四个分支——算术、几何、音乐（即声学，关于音程和节奏的数学理论，而非音乐艺术的实践）和天文学（并非指经验上的观察，而是希望保留自然现象，通过几何推演结构来解释明显的天体运动）。公元 6 世纪的伯埃修斯将这些研究计划命名为四艺（quadrivium），一个流行于中世纪而受人青睐的术语。至于文学研究，就包括了语法、修辞和辩论这三门学科（直到加洛林王朝才获得三艺[trivium]的名称，以对应于 quadrivium）。

语法由语法专家（grammatikos）来教授，他绝然不同于地位卑微的同事教书匠（grammatistes）。其基本职能在衰退时期理论计划最为显著而只剩下几个干巴巴的要件，好比中世纪早期的西方。即使今天我们的语汇也能见证这个不可再简化的核心；举例说，我们仍然有各种“语法学派”。语法规则最初是，并且将永远是对文豪们尤其是诗人们的彻底研究。要成为一个知书达礼的希腊人，最要紧的是精通荷马史诗。学习荷马史诗这项远古时期的遗产，始终是希腊教育的特征并贯穿历史。例如，在拜占庭时代，迈克尔·普塞卢斯自豪于在孩提之时就将《伊利亚特》全篇烂熟于心，好像十四个世纪以前色诺芬作品中的某个人物一样。同样，对荷马作品评注最详细的希腊语作者——12世纪色撒罗尼卡的埃乌斯塔提乌斯大主教，今天的语言学家们也经常参考他的著作。

这项基本技艺由罗马人传播开来——阅读、吟诵以及全文注释我们伟大的文学家——作为一切有文字记载的文化基础，历经多个世纪，从中世纪的复兴一直延续至今。一个有教养的意大利人提笔著文会引用或者回想但丁，而一个英国人则会想到莎士比亚，其自然与贴切一如柏拉图在对话中时时想到荷马一样。除了荷马这个第一诗人的作品之外，希腊化时代的学校课程（相似于我们今天的学校课程）中还包括研究一大批伟大诗人的作品选集，譬如赫西俄德、米南德以及欧里庇得斯，散文作家、历史学家如修昔底德，还有以德谟斯提尼为首的演说家们的作品。也和今天一样，一些作品和作者仅仅在选集当中；我们惊异地注意到，一些不太出名的作者，譬如喜剧诗人斯特拉东，其一模一样的华丽辞章有时也入选前后相差五个世纪成书的选集里面。

稍后，grammatikos也对语言结构进行了理论研究。第一部语法手册，由公元前1世纪中期执教于罗德斯的“色雷斯的”狄奥尼修斯·特拉克斯所著，还很初级而约略。他的短论却大获成功，不断地被人传抄、完善和评注，作为希腊语法教学的基础一直延续到拜占庭时代；甚至还被译成叙利亚语和亚美尼亚语，并通过拉丁语语法和文艺复兴时期的语法学家继续影响着现代教学。尽管如此，它并非希腊精神的一种显著胜利：它显然逊色于梵语语法，而欧洲人19世纪早期对梵语的发现是催生现代语言科学的一个决定性贡献。“色雷斯的”狄奥尼修斯·特拉克斯的语法完全是对希腊语言结构中不同要素的形式分析。其主要部分是研究词类——名词、动词、分词、代词、介词、副词和连词——本质上是通过定义引向精确的分类。比如说，名词分很多情况来讨论，三个性（阳性、阴性和中性）、两个数（单数和复数）、三种人称（第一、第二和第三人称），最后分为二十四种变格。显然，这里没有很实用的东西：对希腊人而言，语法属于理论科学，对将来毫无用处，除非是看到将复杂的语言现象分解为各个组成部分而获得智力上的满足。最后，grammtikos 的教学以非常基础的作文练习结束，为以后更加复杂的练习做准备，那可是演说家（rhetor）的专门领域啊。在这些练习中，人们也可以根据各自对分析和分类的口味而自由选择。存留下来的罗马时代的手册，将异常复杂的规则应用于划分技巧的练习中，令我们惊讶不已。

语法之后是修辞和辩论，但是，在我们正讨论的笼统文化层面上，无疑不止需要对修辞艺术的理论和实践做一个简要说明，而且需要对逻辑定律和辩论艺术作一简要说明。我们应该清楚，必须把修辞学和辩论提高到一个更高的层次上进行讨论。

三艺和四艺，这七艺是古典后期传到中世纪的大学课程。术语“七术”是罗马的而非希腊的：希腊人更喜欢说“理性的、典雅的、内涵宏富的”艺术，这些同义形容词与对手工业者机械技艺的研究形成鲜明反差，后者受到这一贵族文明的鄙夷。在罗马时代，一般文化的课程也冠之以希腊语的名称“enkeklios paideia”，这在希腊化时代的希腊语中仅仅意味着“普通的初级教育”。我们千万不要认为 enkeklios 就是现代意义上的“百科全书式的”，因为“百科全书”是 16 世纪人文思潮中的一个新词（同时出现的有1531年埃利奥特的英文说法，1532年拉伯雷的法文说法）。那些理所当然已经有了“通用知识”的概念，但却是通过polymathia这一通常还带有贬义的词来表达的。希腊的人文思潮惧怕冗余甚于一切，因而一直努力为人类文化维持种种维度，因而也就维持了人类个体的种种局限。到希腊化时代，这种人文思潮与另一种文明拳拳相握，虽然这种文明并不如我们自己的文明那样高度复杂，但在深度和广度上已不是公元前6世纪爱奥尼亚的某一个自然主义学者或公元前6世纪的西比阿所论及的文化可比较的，因为后者仍然希求了解人类所了解的一切。

如果七艺早在公元前4世纪就明确定义于以文学和数学为基础的大众文化一般意义之上，那么只有在“色雷斯的”狄奥尼修斯·特拉克斯的首创和语法地位提升之后，这七项不易之艺才可能确定下来。而实际上，七艺只是到了前基督教时代的最后几十年间，才得以在瓦罗和西塞罗的拉丁语作品和犹太人斐洛的希腊语作品中证实。因此很有必要强调一个事实：这个在原则上公认的理论课程（至少接近公认，因为我们必须排除那些捣蛋分子，如犬儒派，伊壁鸠鲁派和怀疑派），似乎经常停留在一个理想的阶段，远远不能付诸实践。这种grammatikos经常优先于geometres，而且抛开诸如建筑学等少数专门化的职业不说，希腊化时代和罗马时代的希腊文化是以科学研究为代价而主要发展出文学成就的。只是在后期回归中世纪柏拉图主义尤其是新柏拉图主义之后，才重新出现了对数学的认真研究，那是在限制严格的哲学圈子里，这些圈子认为数学是纯粹哲学必不可少的入门学科。

希腊化时期的希腊地区还发展出一种更为先进、故而也更为专门化的教育形式；此外还有医学的特殊情况，医学从一开始就有自己的学校。在这个更高的层面上我们再次发现两个主要方向之间的抉择，两个对立的职业，哲学和修辞。选择前者就意味着真正的转变，比得上我们所谓的宗教皈依。这包括要采取禁欲的生活方式，因而要与社会抱负、奢华和整个世俗世界作一定的了断；还包括规则训导：至少在雅典，哲学学院就等同于——从法律上说——一种以宗教兄弟会的形式组织起来的机构，献身于对缪斯神和对被英雄化了的学院创建者的崇拜。柏拉图的学园、亚里士多德的讲习所、柱廊学堂以及伊壁鸠鲁花园都是这样建立的（还有其他不太重要的大师）。每个学派的领袖大师，与其前任一起作出抉择，确保了传承的连续性和学说的联系性。从马尔库斯·奥里略皇帝的时代开始，四位大师就多多少少获得官方认可，并且接受了帝国财政津贴。类似的教授制也在其他大城邦中得到当局的认可，比如在亚历山大城。

这些学派在教学中，无疑恢复了修辞学，首先是在公元前 5 世纪的智者学派运用亚里士多德保持的“争论”意义上的修辞学，即讨论的艺术，争相说服和战胜对方的技巧，立论和反驳的艺术。希腊哲学孕育于一种派别对立的环境中，满是争议对立，大胆而激烈的讨论（最明显的是所谓的“小苏格拉底学派”）。这就是辩论在比较高的层次所占的分量。

但是柏拉图使辩论这一术语获得了一种更深刻的含义——亦即探索和发现真理的方法。在这个美妙的过程中，辩论本身成为哲学教学的原则：重溯发现之路被认为是阐释一个学说可以想到的最好办法，因为单凭这个办法就可能塑造学生，而不仅是教会学生。众人皆知，柏拉图凭借其天才在对话录中把这一方法引向何种完美而高效的程度。对话录是苏格拉底所有门徒和知识继承人所采用的文学类型，但只有柏拉图可以将之提升至这样尊贵的高度。柏拉图有很多仿效者，对话录的形式也长期受到希腊人的青睐，以后又受到拉丁人的喜爱，从西塞罗到圣奥古斯丁、再到马克罗比乌斯，莫不如此。不过，这种模仿常常很拙劣，因为比起机械仿造对话录的方法，领会典范的精髓更为艰难。比如有一段曾经出现过的对话，其中有人询问一个与这段对话有关的证人，而这段对话被删除了。这种类型可以被贬斥为一种矫揉造作的教条表现，甚至是一种经院性的一问一答。而事实是，这种程序在古典之后的中世纪，文艺复兴的柏拉图主义化的人文思潮中，乃至到现代，都取得了惊人的成功，这当中包括列奥·艾里奥（犹大·亚巴伯内尔）及其优秀作品《情爱对白》（*Dialoghi d'Amore*），以及斯宾诺莎、马勒布朗克和伯克利。

从亚里士多德的时代起，哲学教育就同时包括了更具技术性的一面，因为哲学由于《工具论》已经具有了全部的形式逻辑。在罗马帝国时代，所有学派都把学习亚里士多德的形式逻辑当作研究纯粹哲学的必修起点来接受——既研究原文，也研究随后蜂起的各种注释。在古典后期，这一研究开始于亚里士多德的《范畴论》，或者开始于伯尔斐里对《范畴论》作的导言（Isagoge）。另一方面，各个学派的创建者或第一位大师，柏拉图、亚里士多德、伊壁鸠鲁、芝诺和克里西布斯，这些人的威望使教学方式落在“阅读”之上，为这些主要著作作注又重新成为艺术研究的技巧指南。哲学开始成为语言学的学生，塞内卡已经抱怨了：昔日哲学之辉煌，而今已为语言学所有（《书信集》，

108，23）。这种评注技巧，就是一些写在好文章页边上的独到感想，后来影响了很多世纪；它作为中世纪经院哲学的基础，依旧影响着我们的大学教学以及求新的当代哲学家。

但是哲学所吸引的从来都只是一小部分精英的属意；可以说，在统计意义上，伊索克拉底决定性地战胜了柏拉图。在整个希腊化和罗马时期，希腊文化在其最高水平上所采取的标准形式是修辞学，是演讲的艺术，也是写作的艺术。高声朗读是通常做法——尽可能地为“读者”的服务（anagnostes）——这足以说明，演讲和写作之间并没有明显的界限；诸如logos这样的术语既可以当“要发表的演说”讲，也可以当“待宣读的论文”看。古代文化的这种典型特征有些讽刺味道，却和我们的生活密切相关。当视听技术（电台广播、电视、磁带录音）逐渐使我们远离从文艺复兴时期起就深刻影响现代文化的印刷术，远离印刷术独占鳌头所带来的“古登堡的辉煌”之后，有生命的、带翅膀的话语正重获昔日的荣光。这种变化不也同样发生在政治中吗？政治领袖的电视演说现在正扮演着一两个世纪之前的传单或报纸的角色。

在希腊世界里，这种演说艺术通过高度精密的修辞技巧来传授。修辞学的第一个重要理论家是莱翁提尼的高尔吉亚，智者派主要人物之一，在他那一世代和亚里士多德的世代之间，修辞艺术走向成熟。最初修辞学是一门基于观察的实证科学。经验早已表明，有些演说家能够成功地发挥预期的影响，有些就不能，于是修辞学就成为成功人士所运用的有系统方法和技巧的程序。但是希腊人的思考精神和理性光辉，希腊人对定义、分类和系统化的偏好开始在修辞学中产生作用，就像在几何和语法学中一样。虽然伊索克拉底凭着良好的判断力努力减少理论上的重要性而重视实践（提倡研究和仿效那些著名演说家们的伟大范例，以及写作练习），但从一开始至亚里士多德之后不久，各种手册便纷涌而出，使用一些精确得吓人的术语，其中技巧也日益复杂[1]。

谁能用寥寥数语就表达出这些教学思想呢？一篇完整的修辞学论文有5个部分：创意、布局、演讲术、记忆法和行为。何谓创意？就是找到要发挥的观点。演说者不必新创这些观点；这些观点早已存在，问题在于何处发现——这就是关于"位置"的理论，包括内在和外在的位置。在众多的这些缝合处有大量一般的、通用的观点，很容易重新用来应付任何事或每件事。这些是著名的"陈词滥调"（koinoi topoi），范畴宽泛的大观点，在古典文学中层出不穷，使文学显得千篇一律，却又是人类的永恒价值之所在。创意是该体系中发展得最为充分的部分，常常是各种互不相干的文章的主题。但该体系的其他部分也同样经过仔细推敲：演说的适当布局（原则上分为六部分，从绪言到结语）；演讲术，或是关于风格的理论，分为平淡的、中度的和宏大的，各种思想轮廓（迂回法、对比法、夸张法等），以及各种句式，涉及句子的韵律[2]；记忆术，使用了可视性画面作为联想；而行为，涉及发音和演讲的多种规则，以及演说者的种种动作和姿势。一个盎格鲁-撒克逊读者听到后面这几项一定早就忍俊不禁了——而希腊人毕竟是健谈的、爱做手势的地中海人。但是现在电视已教会我们的政治家，作为一个演说者，仪态和风度是多么重要。不过仍然存在一定差别：

1　这些文本都收集在一本叫做 *Rhetores Graeci* 的文集中。

2　高尔吉亚所创造的三种辞格即所谓的"高尔吉亚的辞格"（isokolon），是句中统一音长与节奏要素间的对应。

我们仍然在这个刚发现的领域作即兴发言，而古希腊人却有时间将修辞学和其他学科一起系统化。头部姿态、面部表情、手部动作、都各有规则和习惯说法，这使人想起当年印度艺术史的专家们学习解读佛陀画像中同样风格化的姿势。

要学习和掌握如此复杂而又完善的技巧，需要不懈的努力。伊索克拉底主张学习三到四年，而在希腊化时代和罗马时代被延长到八年。事实上，古代的演说家从未停止过练习；在某种程度上，演说家一生都在慷慨陈词，就像钢琴家从未歇手一样。

还有一些情况：因为演讲术相当完整的入门通常是纯艺术的艺境巅峰之处，演讲者和公众之间产生一种默契，有点类似于现代古典音乐的作曲家和懂行的音乐爱好者之间的呼应。就像一个 18 世纪晚期的作曲家知道他的听众明白和声、赋格或奏鸣曲的规则一样，古代所有识文断字的人都明白演说艺术的多种规则。例如，他们知道，enkomion 即一个人的“颂词”，无论是活人还是死者，都可以发挥出三十六个主题，这种发挥始于外在属性（血统、社会背景以及种种优越条件），然后是体貌特征，最后是精神气质；古代人对这些都了如指掌，因为 enkomion 是修辞学校里经常练习的，也是学院的竞赛科目，相当于我们今天的考试。掌握了这种知识，人们实际上就等作者来发挥了，而且作者更容易证明自己的原创性，把深入人心的说辞（topos）怪异地表达出来，或者是故意地省略，相信这种省略能被发现并受好评。古典修辞学及时地让位于所谓的巴罗克修辞学，这种修辞学为了惊世骇俗，比如改变句子的平衡，破坏预期的对称美——从立体派开始的现代画家，实际就是那种扭曲表达的等价物，我们早已习惯了。

早有必要详述一下这种技巧，它如此强势地统治古典教育以及古典文学，因为大多数现代读者，如果没有入门，就不能领会也不能欣赏古典艺术的精妙之处。此外，修辞学还对好几个世纪施加了影响。修辞学的研究和实践在东方是拜占庭时代大放异彩，而在西方则显赫于罗马人与希腊化时代的希腊之间的交往。《修辞艺术》是由与马略同时代的修辞家译为拉丁文，后来者还有西塞罗和昆体良，但是修辞艺术在灵感上、词汇上，仍然是彻头彻尾的希腊货。遭受到大衰落时期的僵化，修辞学在黑暗时期更是被遗忘了。加洛林王朝的复兴力图拨乱反正，最初集中力量复兴语法学，但是通过西塞罗为人所知的希腊修辞学，则是直到 11 世纪柏萨特的安塞姆时才重现，然后才传播到 12 世纪繁盛的文学中去。修辞学又变得微不足道，原因是经院哲学的辨证膨胀和雄辩术（ars dictaminis）滥用散文技巧。再后来，“修辞学”就被人文主义者改头换面了。面对中世纪的野蛮，修辞学和语言纯粹性一起成为人文主义者的首要要求。修辞学再次成为西方文化的根基之一，无论是在教育中还是在生活中，特别是当西方文化抛弃拉丁文、转而发展活生生的民族语言的时候。在法国，“修辞学”一词特指的就是学习哲学之前中学的最后一年课程，而且整个欧洲的修辞教学仍然忠实于由高尔吉亚、伊索克拉底和亚里士多德所制定的那些规则，直到近期，修辞学才从学校消失，在法国这个时间是 1885 年。

因此，这种持久的影响就是一个重大的历史事实，不管怎样衡量。是福还是祸呢？在今天，“修辞的”这个形容词大多带有贬义，等同于夸大其辞、华而不实、矫揉造作。这是因为我们的文学趣味已经被浪漫主义运动完全改变，因为浪漫主义运动是将原创性列为一部艺术或文学作品的首要特点；也可能是因为我们已经再次变成了野蛮人，在我们不再理解的方面愚昧无知，目空一切。我们必须抵制这种显得很正常的睥睨一切。而我们所称的“矫揉造作”，对希腊人来说则是“entechnos”，是艺术性的，是根据艺术原则进行的创作。人们只要接受了古典修辞学的规则和技巧，古典修辞学就定义了一种散文的审美者，类似于一种韵文的审美者，并且赋予这种散文以真正的价值。总之，我们不能孤立地判断修辞学。伊索克拉底已经把修辞学看作是一个培养思想和精神的完整教育和文化体系，必须把这个体系当作一个整体加以考察。

我们已经说过，伊索克拉底胜过柏拉图：后人始终不渝地遵循他的箴言，而不只是在古代。贝尔奈言之凿凿地称伊索克拉底是“人文主义之父”：他的理想，在西方的文艺复兴时期复活，主宰了古典人文主义的传统，一直到今天。不像渴望理性的哲学家还有略显过分的雄心，伊索克拉底代之以更加合理的、更加真正可行的、从而也更加富有成果的上流社会中有教养人的理想。这种人文主义，顾名思义，想使人——每个人——都学会生活：这是一种随处可用的学习，适合于每个人，而不管这个人日后选择什么方向。因此这种文学占优势的文化也同样是四处通行，这种文化还为将来的专家保留了数学或者哲学的高等研究。我们看到，这种文化的基础就是知晓那些人所共知的伟大作家，首先是那些诗人。因为诗歌是促使每个人——孩子和成人都一样——获得对人类和生活直观性的认识。在欧里庇得斯戏剧的原声合唱中浓缩有多少智能啊！

这种智能正是整个古典研究规划热衷发展的。面对生活提出的各种具体问题，复杂得永远不可能用逻辑方法来理性地解决的各种问题，对人来说重要之处在于能够“骤然被发现”（epitanchanein）的正确解决办法，或者迟早找到不那么差的而且因时、因地制宜的办法。这种教育方式想培养的是一种智力的灵敏，一种精明伶俐，而不是数学算计。因此毫不奇怪，这种教育强调语言表达（logos），因为语言、言语，不仅是人际接触和交流唯一优越的方式，也是每个人用来使自己的思想精确化和清晰化的工具。正如伊索克拉底自己津津乐道的：“恰当的语言是充分理解的最可靠信号”（3.7；15.255）。

伊索克拉底的教育观念，以及实践这些教育观念的教育体系，几乎是未遭异议地支配着西欧，一直到我们的时代。而现在它发现自己受到了挑战。首先受到西方社会日益民主化的威胁，而古典文化，与其源头——整个古代文明——一样在精神上是贵族式的，是基于传统和社会精英习俗的知识精英文化。而更为激进的挑战则来自“技术爆炸”，因为它首先要求培养它所需要的训练有素的管理者、工程师和技师等。

这是不是意味着古典传统已经毫无用武之地了呢？应当意识到，和某些悲观论者的预言不同的是，古典传统的遗存及其影响的持续并不依赖于继续教授希腊语、拉丁语和古典文学。我们已经看到，即使在民族语言将希腊语和拉丁语推到幕后之后，古典教育传统的影响依然在很多方面得以延续。随着人类科学尤其是心理学的发展，教育艺术可能会发生根本性的变化；是古典教育的精神结出了硕果，并且还将如此。它的根本灵性具有永恒的价值、教育的价值、文化的价值——因为文化的目标就是培养完整的人，而不只是作为生产者和消费者，也不只是作为工业经济中的齿轮。

Further Reading

The outstanding account is H.-I. Marrou, *Histoire de l'education dans l'antiquite* (6th edn. Paris, 1965). The English translation (New York and London, 1956) is wholly unreliable.

For Greece, the old book by K. J. Freeman, *School of Hellas, an Essay on the Practice and Theory of Ancient Greek Education from 600 to 300* B.C. (3rd edn. London, 1932), retains its value. See also F. A. G. Beck, *Greek Education 450—350* B.C. (London, 1964), chiefly on the theorists; M. L. Clarke, *Higher Education in the Ancient World* (London, 1971), important on the teaching of philosophy.

On Rome, the basic work remains A. Gwynn, *Roman Education from Cicero to Quintilian* (Oxford, 1926; paperback in *Classics in Education*, no. 29, New York, n.d.).

On rhetoric: George Kennedy, *The Art of Persuasion in Greece* (Princeton and London, 1963); M. L. Clarke, *Rhetoric at Rome, a Historical Survey* (London, 1953); Josef Martin, *Antike Rhetorik:Technik und Methode* (Munich 1974), a detailed technical study, with full documentation.

On late antiquity and the early Middle Ages: Pierre Riche, *Education and Culture in the Barbarian West, Sixth through English Centuries*, trans. by J. J. Contreni from the 3rd French edn. (Columbia, S.C., 1976); T. J. Haarhoff, *Schools of Gaul, A Study of Pagan and Christian Education in the Last Century of the Western Empire* (2nd edn. Johannesburg, 1958); M. L. W. Laistner, *Thought and Letters in Western Europe*, A.D. *500—900* (2nd edn. London, 1957), chs. 2, 7—10.

第九章　哲学

伯纳德·威廉姆斯 撰　宋继杰 译

希腊人与哲学史

希腊留给西方哲学的遗产就是西方哲学本身。这里，事情并不仅仅像在科学中那样，希腊人开辟了某些路径，而在这些路径上的现代发展却将他们的成就远远抛在了后头；也不只是像在艺术中那样，希腊人创造某些形式和具有这些形式的一些作品，而后继的时代在回顾时或多或少地把它们视为成就的典范。在哲学中，希腊人开创了几乎所有的主要领域——形而上学、逻辑学、语言哲学、知识论、伦理学、政治哲学和艺术哲学（尽管是在一个非常有限的程度上）。他们不仅开辟了这些研究领域，而且逐步区分出这些领域中许多恒久公认的最基本问题。另外，在引导这些发展的那些人中间，有两个人，柏拉图和亚里士多德，就哲学之在西方世界被了解和研究而言，始终被视为具有最高的哲学天赋和成就，并且，在各种各样广泛的诠释之下，他们的影响直接或间接、有意或无意地持久出现在西方哲学传统的发展当中。

当然，除了其最迂腐教条的形态之外，哲学并非就在于无休止地修正古代的问题，并且，西方哲学几乎全部内容都由希腊人赋予的这样一种观念是正确的，其条件仅仅在于这内容是以最含糊和一般的方式——在诸如“什么是知识”或“什么是时间”或“感官知觉告诉我们事物的真实性质吗”等问题的层次上——得以确认。哲学的问题不是单纯地由较早的哲学提出的，而是由人类生活与认识的一切领域的发展所确立的；而且，西方历史的所有方面都影响了哲学的主题——无论是基督教的兴衰、科学的进步还是国家的发展。然而，即使对于由这类晚近发展所造成的问题，通常仍有可能将当代哲学观点的差异追溯到某种普遍的、在希腊世界中就有其最早表达的诸观点的对立。

如果我们承认希腊人哲学成就的广泛性及其影响的深远性，那么对这两个方面我们只能作一种选择性的说明，除此之外的任何尝试都是极不可能的。对于希腊哲学的某些非常重要而又富有影响的方面我将完全不予考虑：这包括政治哲学（那是另一章要探讨的），以及希腊人对逻辑科学的贡献——这也非常重要，但需要单独的、适当的技术性处理[1]。此外，就影响而言，关于亚里士多德对中世纪思想的影响——这当然是希腊哲学对后继思想最明显、最重要的影响了——我也不想再说什么。于托马斯·阿奎那而言是“圣哲”、于但丁而言是“智者导师（il maestro di color che sanno）”的亚里士多德，通过形形色色的

---

1 有关这个问题的简明易懂、资料丰富的讨论，参阅 William 与 Martha Kneale 所著的 *The Development of Logic*（Oxford, 1962），第 i–iii 章。

种种解释，成为了属于一个完整文化的哲学观、科学观和宇宙观的形式，而亚里士多德主义的课题对于任何还想讨论一些其他东西的论文来说，也不可避免是显得过于繁复了。后人对亚里士多德的刻画也因其本人的重要性而受影响。

在就希腊人和哲学史以及柏拉图和亚里士多德的特殊地位作了一般性的论述之后，我想对希腊人哲学旨趣的多样性谈点看法；但与众不同的是，我将比一般概览所允许的更为详尽地探讨两三个问题，因为我相信，哲学对于罗列人物与学说不会有太大兴趣，而且，对于某些思想家，要研究他们只能通过对他们所提出的推理和论证进行归类：不仅要了解他们思想什么，更要知道他们怎么思想。在这种精神指导下，我将概略地提出希腊哲学家关于存在、现象与实在，以及关于知识与怀疑论这样两组问题的某些论辩。希腊人在这两组问题上所获得成就的深度同与之相似的问题在后世哲学中的持久性相称。此外，在伦理领域，我将更多地强调希腊思想与大多数现代观点之间的差别，在我看来，这些差别对于理解我们自己的观点及其或然性的程度非常重要。

我说过，希腊人开启了哲学探究的绝大多数领域以及与之相关的许多主要问题。通过对比，我们可能会发现，有两种重要的思辨存在于后来的哲学史中，这两种思辨在精神上与希腊思想中的任何东西都格格不入以至于不符合这种概括。希腊哲学，特别在其初始阶段，深入关注涉及一元论与多元论之间对比的那些问题。这些讨论中不一致的东西并不总是容易把握：在希腊人一些较早的争论中，问题似乎在于，在现实中是存在着一种事物还是多种事物，但是——后面我们将会看到——很难表明某些相信只有一种东西的人究竟相信什么。在后来的哲学中，一元论与多元论的问题毋宁是，这世界包含一个还是多个基本的或不可还原的事物种类，这在某些希腊哲学中已经初露端倪。唯物论就是这种意义上的一元论，并且无论古代还是现代世界都有所认识，其观点是，存在的万物都是物质的，而其他的东西，尤其是心理经验，都可以某种方式还原为这种物质的基础。除了承认物与心同时存在、并且不可相互还原的二元论之外，文艺复兴以来的哲学还为另一种新的一元论创造了空间，它主张除心灵及其体验以外再无任何终极上的存在。正是这种观点及其众多的变体、派生物和修正形态是我们在古代世界里所找不到的。尽管希腊哲学在很大程度上可能是思辨的，并且措意于许多导致唯心论产生的同一类型问题，但它并没有形成一系列在许多现代哲学里如此重要的观念，按照这些观念，整个世界是由心灵的内容组成的：与此相对的是，一个物质世界由心灵所形成和控制的观念——一种有神论的观念显然是绝大多数希腊人所具有的。

现代哲学中另一种独立于希腊人的基本要素乃是某种在 19 世纪初最先确立起来的东西，亦即从根本上强调历史范畴并依据历史过程进行解释的思想形态（马克思主义是其在现在最主要的范例）。希腊人提出过或逐渐提出过一种历史的时间观念，并且将其自身的时期置于其中；他们的思想也曾利用了各种各样与任何历史的时间从神话角度审视而非实实在在相联系的有关人类诸相继时代的结构，它规定人类处于一个从黄金时代衰落的阶段（尽管我们也能发现——一种与此相对立的基于进步的观念）。而且，某些更为激进的思想家认为，行为的标准和政治安排的价值是相对于各种特殊的社会的，那种观念在年代久远的各种社会中曾有过应用。然而，希腊人并没有引申出任何有关人类的思想范畴被其时代的物质或社会环境所决定的理论观念，他们也没有基于历史来为这些思想范畴寻找系统的解释。固然，这种类型的历史意识并不是当代一切哲学思想所具有的，但其在希腊哲学中的阙如却明显将希腊哲学与许多现代哲学划清了界线。

唯心论与历史意识可能是后来的哲学偏离希腊哲学的两个仅有的实质性方面，与此相反，后来的哲学所追求的要旨公认与希腊哲学所追求的完全相同，当然，他们进行探索所处之语境涉及的主题事物相对希腊人而言却发生了剧烈的变化、广泛的延伸与极大的丰富。

这并不是说希腊人拥有我们的“哲学”概念：或者，进一步地说，他们并不拥有现代世界中不同哲学圈子所使用的各种各样哲学概念中的任何一种。古典时代的希腊人将 philosophia（哲学）一词应用于一个广泛的研究领域；比之今天所谓的“哲学”研究——有别于科学、数学和历史的研究——其范围显然要宽泛得多。但是，我们应该牢记，不只是希腊的实践在这一方面不同于现代的实践：数个世纪以来“哲学”涵盖了一个宽广的研究领域，“自然哲学”一词的旧用法意指自然科学就是最好的见证——甚至17世纪末牛顿还称他探讨力学基础的巨著为《自然哲学的数学原理》。然而，这并不意味着这些世纪在科学的探究和现在称之为“哲学”的那些探究之间尚无某种区分——哲学的探究，无论如何界定，关注的是知识、行为和价值的普遍性预设，并且是通过反思我们的概念和观念而非通过观察和实验来进行的。早先的时代通常也以这样那样的方式在这类探究和其他的探究之间作出区分——只不过直到相对晚近的时候才专门用“哲学”这个词去指称它们。

当我们探讨过去的哲学尤其是古代哲学时牢记这一点非常重要。可以说，它界定了两个层级的时代错误。当我们使用某个当代的术语去确认一类探究——过去的作者自己就把它们与别的探究分离，尽管没有使用完全相同的标准或者依据与现代术语所隐含的相同原则——的时候，那较为表层且完全无害的时代错误就显露出来了。现在被称为“metaphysics（形而上学）”的哲学分支就是这样一个例子。它涉及一个拥有诸多基本哲学论题的知识领域，这些论题包括实在、存在、实体和神（就事物的较多抽象性、较少宗教性的方面而言）。亚里士多德的传世文献中有一批作品就致力于这类问题，并且被冠以Metaphysics之名；诚然，正是从这个标题中这一主题获得了它的名称。然而，之所以这样称呼，可能只是因为，当公元前1世纪时罗德斯的安德罗尼库斯编辑亚里士多德著作时，这些论文被排在了“物理学之后（ta meta ta phusika）”。亚里士多德本人则把所有这些形而上学探究称为“第一哲学”。这里，不同的不仅仅是名称，分类的原则——无论其所给予的基本理由还是其所包含和排除的东西——也截然有别。如是，关于他对“一般的存在”的探究，亚里士多德有一种解释，这种解释将“第一哲学”的主题以一种独特的亚里士多德主义方式与其他的知识相关联（大致说来，他认为“第一哲学”的独特性在于它有一个比其他探究更为一般的主题）；并且，它排除了某些现在可能会被包括在形而上学里的探究，诸如对空间与时间之性质的先天反思——亚里士多德把它们放到今天被称为物理学（Physics）的书里去处理；

“物理学”这个名称本身就易生误解，因为其内容绝大部分与形而上学雷同，而且类似于我们现在所谓的科学哲学远甚于我们现在所谓的“物理学”。

这种种差异并不妨碍我们确认亚里士多德的探究属于我们现在所理解的哲学的各个分支：这个层次的时代错误能够借助学术研究和哲学关联意识予以把握——也必须这样去把握，如果我们还能够从我们现在的角度去重构某种不会太过独断而不能称为“哲学”的历史的东西的话。但是，当我们处理现代有关什么是哲学、什么不是哲学之观念全然不可应用其上的著作时，我们就接触到第二个更深层次的时代错误。对于那些其本身并不具有某些诸如此类区分的作者，坚决如此宣称而出于相对于科学史的哲学史，就构成了一种无益的、畸形的时代错误形式。希腊最早的“哲学家们”，早期的前苏格拉底哲学家们，就是这样（“前苏格拉底”这个标签作为一种事实，不仅用来指称苏格拉底之前的思想家，而且还包括公元前5世纪末他的某些同时代人）。

就希腊最早的思辨思想家——公元前6世纪的前七十年间生活在小亚细亚希腊沿海城邦米利都的泰勒斯、阿那克西曼德和阿那克西美尼而言，以任何直接的现代术语为他们所追问的那些问题进行分类都是不可能的。这不只是因为他们实际上没有任何著作传世（最年长的泰勒斯始终述而不作），而我们不得不依赖于可疑的传说；即使我们拥有他们的全部作品，我们也不能按现代术语把它们归于哲学或科学。他们通常被描述为总是在追问诸如“世界是由什么构成”问题，尽管它是理智进步的一个成就，但这个问题现在已经没有任何确定的意义；

假如有个孩子提出这个问题，我们并不给他一个或多个答案，而是引导他，让他明白为什么这个问题应该被一系列不同的问题所取代。当然，从某种意义上说，现代粒子理论乃是由米利都学派所开启的那些自然探究的后裔，可是这后裔已经把那些问题改得面目全非，以致很难正确地说，有一个确定的问题，我们给出的答案是“电子，质子，等等”，而泰勒斯给出的答案或许是“水”。

关于使这些思辨比可能对它们产生影响的东方宗教和神话宇宙论更像理性探究的那些方面，我们可以论说一番，后面我们就会接触到这一点。实际上，这是一个比任何在分类中把它们归于“哲学”更为重要和有趣的问题，因为这种分类在这些最早的思想家那里基本上是个伪命题。

古典的哲学与哲学的古典

希腊哲学在西方哲学传统中所涉入的分量并不仅仅由古代哲学开启了如许多持续至今的研究领域这一事实来衡量。它的凸显还在于这样一个事实，即每一个时代的哲学家们都要回顾古代哲学——最重要的当然是柏拉图和亚里士多德——为的是，或者赋予他们自身的工作以权威性，或者与古代哲学进行对比，或者通过以不同的方式重新阐释古典哲学家们来逐步理解古典哲学家们和他们自己。希腊哲学家从来就不只是西方哲学的父亲，而且还是同伴。这种关切的不同动机支配了不同的时代：将某人自己的意见合法化的目标在中世纪和文艺复兴时期较为显著（与大众的信仰相对，这种目标并不是不需要理智的权威，重要的是选择不同的权威），而在现时代，历史的理解与自我理解的目标却更为重要。但无论出于何种动机，与希腊的这些联系乃是那一涉入分量在其自身历史中特别重要的体现，这是哲学的而非科学的特征。

这也是文学的一个特征，尽管“涉入”的性质在这里截然不同。有人认为[1]，我们的西方文学概念既为“相对的古典”观念，也为“绝对的古典”观念留下了空间，前者指的是在一段时期内作为典范长盛不衰、影响弥久的作品，而后者，最重要的是维吉尔的《埃涅阿斯纪》，则永恒地界定了高度“古典”的风格。将这些观念应用于哲学，我们可能会说，古典哲学家柏拉图和亚里士多德在这样一种意义上是古典，即至少到目前为止，哲学要么使这两位作者产生某种鲜活的意义并将它的观点与他们的相关联，要么就必须表明他们为什么不得不被拒斥：在过去的二百年里，他们只和康德共享了这一地位。不过也可以说，他们界定了一种古典的哲学风格——意思是一种哲学的而非文学的风格。他们两者都与一种宏大的、威严的、笼统的哲学风格难逃干系；尽管在这种非常一般的描述之外，自古以来就公认他们界定了两种不同的风格：柏拉图使人联想到哲学的思辨野心，因为他试图证明，另一个理智对象的世界，即可由理性而非感官所达到的理念的世界，是一个终极实在的世界；而亚里士多德则拒斥这些过于超凡脱俗的假设，他赞赏一种更朴实、层次分明的、分析的精神，对于普通人的日常意见也更为尊重——但他也为这一切确定了一种宏大的风格，因为体系

1 参见 Frank Kermode, *The Classic* (London, 1975)。

的冲动被指向展现一个统一有序、等级分明的世界图景。

柏拉图和亚里士多德这两种精神之间的对立已经毫不新鲜。20世纪的叶芝在《学童中间》里写道：

> 柏拉图认为自然不过是一团泡沫
> 在幽灵般客体的范例上戏弄；
> 更顽固的亚里士多德
> 在一位王中之王的屁股上笞鞭……

最著名的是，这一公认的对立被表现在拉斐尔题为《雅典学园》的梵蒂冈壁画中，它展示了柏拉图和亚里士多德这两位核心人物，一位仰望苍穹，另一位则俯瞰大地。因为这种联系，我们肯定还记得与柏拉图思想相关的神秘主义因素：就柏拉图本人的某些著作而论，这些因素并非全然错误地但却大量地为新柏拉图主义的传统所选用和修正。正是与这种柏拉图形象相联系，在中世纪早期的一段时间内，惟独《蒂迈欧篇》（拉丁文译文）为人所知，而这是一篇不太有代表性的对话，其中论述了一种有神论的宇宙生成论。

如果更深入观察的话，就会发现，这一众所周知的对立其实是一件非常复杂和暧昧的事情。柏拉图的精神有时让人联想到宗教冲动本身；但与此相同并且更为重要的是，在思想的框架已经是宗教性的地方，一种扩展了的亚里士多德主义代表了对于这个与神相联系的世界的一种有序、坚定的理解，而柏拉图主义却被视为从不同的方面代表了人文主义、魔术或个人的理性思辨。

中世纪建立在亚里士多德之上，而文艺复兴则从柏拉图获得其灵感所借助的古老图景被现代学术限制了很多，但它仍保留了充分的真理性[1]，并且不止一个重要的文艺复兴思想家赞成彼得拉克的话，他说，柏拉图“属于那样一群人，他们最趋近于那个惟有天堂所亲睐的人才可能达到的目标”。柏拉图的这种影响有很多渗透到了人道的研究和灵魂的改良而非自然的研究当中；而且，文艺复兴在亚里士多德主义的持久科学传统之外所进行的自然研究，对于何种程序或遗训在破解隐藏于现象中的消息可能富有成效的问题，有着深刻的不确定性和不一致性。而即使在后来，在一种更接近于现代数学物理学概念的观点中，伽里略仍然表达出柏拉图式的影响，他说：

> （自然的）哲学是被写在那本永远在我们眼前敞开着的大书中的，我指的是宇宙；但是直到我们学习了语言并对其中所描写的各种角色了如指掌时，我们才能阅读它。它是用数学的语言书写的，字母是三角形、圆形和其他几何图形，没有数学的方法，人甚至不可能理解一个单词。

自此以后，译解之事可以更容易地与有关不可解之神秘的各种观念相分离，那些观念曾在文艺复兴时期出现，就像最初它们出现在影响了柏拉图的早期毕达哥拉斯教团中那样；它可能成了批判性科学讨论的

---

1 参见 P. O. Kristeller, “Byzantine and Western Platonism in the Fifteenth Century”，载于 *Renaissance Concepts of Man*（New York, 1972），以及参考资料。来自彼得拉克的问题（*Trionfo della Fama,* 页 3，4—6）则转引自该文。

共同使命。

因此，在一种语境中，柏拉图主义可以代表一种神秘主义或晦涩玄妙的旨趣，反之，亚里士多德主义则代表一种只专注于现象的审慎观察的研究取向；而在另一种语境中，一种柏拉图式的影响鼓励对自然的理性的探究，而亚里士多德主义却可以被视为黏附于神秘的本质和混乱的活力论模拟的蒙昧主义（笛卡尔就这么看，尽管他偶尔佯作不知）。柏拉图与亚里士多德的精神的对立的确是某种实在的东西，这可以通过西方思想史上各种非常复杂的路径来追溯；但是，它所界定的与其说是一种对比，不如说是一种结构，就在这个结构里，大量的对比在那一历史过程中找到了它们的位置。

这些对比多种多样，可以说，它们中的大多数都与对这两位哲学家观点的解释有关，并且在许多情况下，同据信是其体系的那些东西难逃干系。在这种种解释之下，他们仍然被视为宏大世界观的作者和古典体系的建构者。深受体系建构的哲学怀疑论激励的现代学术，倾向于尽量不把这两位哲学家视为在表达体系。无论哪一位，他们的著作现在都更为明确地被看作是与观点的各种变化相应的历时性发展的产物；同时，可以看到，过去被视为根本上是阐述性的讨论也比想象的更具临时性、试探性和提问性。如果承认这种观点，是否就意味着，那不只是一种单纯历史的认知的柏拉图与亚里士多德的重要性，将第一次从根本上被降低？也许未必：能够赢得敬佩与兴趣的将是他们的各种具体论证的强度与深度而非其体系的广度与抱负。不过，太轻易地依赖于这种观念也是肤浅的。这两位哲学家过去始终引人入胜的原因不仅仅在于人们敬慕他们无可置疑的敏锐性、洞察力与想象力，相反，更通常的是，人们相信，他们拥有宏大整合的体系抱负，一种我们现在很难有理由归于他们的抱负。

除了这些有关柏拉图与亚里士多德的著作如何被解释的问题之外，还有其他更一般的影响很可能损及他们的传统声望。20 世纪文化中那些削弱了对经典的维护、削弱了过去的著作能够对目前的品位具有权威性的观念方面，在某种程度上也应用到了哲学上。和艺术一样，昔日的哲学天才在 20 世纪空前剧烈的体验影响之下，看上去显得有点异样。另外，当代哲学的各个更为技术性的领域也有了长足的发展，从这些发展中，某些领域获得了一种科学的研究模式，并且，在任何诸如此类的领域中，对于其过去的任何兴趣——更不用说希腊人的过去——必然都变得更为外在，最终成了趣闻轶事。正因为这两个缘故，不难想象，“绝对的古典”在哲学中的角色——柏拉图和亚里士多德曾经扮演过的角色——可能失去其重要性。这里的问题，不是哲学是否可能不再具有旨趣——有不止一种令人沮丧的理由表明为什么事情可能真是这样——而是，假如哲学保留其旨趣，柏拉图和亚里士多德是否可能却不是这样而可能最终成为历史的对象和古代风格的不朽典范。这并非不可能，但如果真的发生了，那么有一个理由说明为什么柏拉图比起他的伟大的同伴来，发生的可能性要小一些：柏拉图的著作生动而又独立地呈现了苏格拉底的模糊形象，而苏格拉底作为体系化哲学的讥讽批判者的那一面，也可以反过来针对柏拉图的哲学，尽管在其他方面他是作为阐述者的面貌出现的。

我们有什么

柏拉图和亚里士多德的突出地位，对于他们保存得格外完好的著作来说，既是原因又是结果：尽管在这两个人的情形中，尤其是亚里士多德，有某种侥幸的成分。柏拉图的著作，已知发表过的，我们都有；至于亚里士多德，我们没有他的对话（而在古代他因此而备受推崇），但我们有他的大量论文，其中包括由他本人和他最亲近的助手或学生编订的材料。

除了对古代怀疑论略作讨论之外，亚里士多德之后的著作这里一般不予触及；但我们不应该忘记后来的各个学派，尤其是斯多葛学派和伊壁鸠鲁学派，对于西方思想的巨大影响，更不用说对于基督教的那些影响（这是另一章所讨论的）。前苏格拉底诸学派将是我们密切关注的对象。他们是通过其著作的残篇而为我们所了解的，许多方面正如论述希腊科学那一章所描述的那样，我们不得不依赖于后来作者的概括和评述，而这些人中或者间隔时间比较久远，或者比较愚钝，或者“有其定见”——例如亚里士多德就是这样，他去古不远又聪明绝顶。当然，传世的还有一部非常重要而又几近连续的前苏格拉底著作残篇，那就是巴门尼德（可能生于约公元前 515 年）的寓言诗：这完全归功于新柏拉图主义学者辛普里奇乌斯，他在公元 6 世纪注释亚里士多德《物理学》时，考虑到巴门尼德的书当时日益罕见，便将这首诗歌抽出单独誊抄。感谢辛普里奇乌斯，使我们能够重构一个连续的论辩（下一节我们就要讨论）。

与之相反，另一个富有争议的人物，赫拉克利特——肯定比巴门尼德早，可能生于约公元前540年——却只能从一部包括一些简短散乱的残篇、各种相互冲突、令人困惑的传说和几个刻画了一个原创型的、悲观主义的、愤世嫉俗的人格的不可靠的轶事的汇编中去了解了。在他那里，或者从著作上看，或者从理解的可能性上看，究竟遗失了什么并不清楚：无论如何，他以短小精湛的警句形式写作，并且在古代他就以晦涩而著称。普罗提诺提到他的时候说："他似乎用比喻说话，不在意使自己的意思明确，可能是因为，在他看来我们应该在我们自身内部寻找，就像他本人那样成功地寻找的。"(《九章集》，4.8）正如苏格拉底那样，赫拉克利特也有在自身内部寻找的观念："我寻找我自己"，赫拉克利特说（fr.101）[1]。但他显然并不完全不在意使自己的意思明确：毋宁是，他的真理概念本质上不能以一种直接的、推论的方式来表达。当他说到"那位在德尔菲神庙发布谶语的大神，既不明说，也不掩盖，而是显示象征"（fr.93）的时候，他可能想到了哲学的言说。在这一点上，苏格拉底与他截然不同。

赫拉克利特的观点，就我们所能发现的而言，以永恒变化的宇宙和对立原则之间的"战争"的必然性为核心，尽管这些原则被认为是处于平衡和某种交互关系之中。它们在某种程度上得到了列宁的重视，但毫无疑问，尼采的景仰与他更为切近——并且不仅是因为尼采对赫拉克利特之鄙视大众有着更为强烈的共鸣。赫拉克利特很少有追随者，

1 有关前苏格拉底学派的所有资料均出自Diels-Kranz编辑的*Die Fragmente des Vorsakratikes*第6版，材料B部分的每一种情形都署有一个作者的名字。有关赫拉克利图斯这些言辞的一个注释，参见W. K. C. Guthrie, *A History of Greek Philosophy*（Cambridge, 1962— ）i, p.417—19。

但他那有意的暧昧和惊人的想象（如在 fr.52 所见："时间是一个正在玩耍的孩童，玩着跳棋：那王国是孩子的"）却有助于他偶尔在后来的哲学中——最晚近的是在海德格尔那里——引发深远的回响。

至于较晚的前苏格拉底哲学家，留存下来的著作也不完整；其中大量的残篇属于两位针锋相对的作者。一位是德谟克里特（大致是苏格拉底的同时代人，生于约公元前 470 年），他既关注伦理问题，也重视自然现象的解释；他是作为最早的原子论理论家之一而最为世人所知晓。另一位是神秘的恩培多克勒，他来自西西里的阿克拉卡斯，传说他自投于埃特纳海而死。他写了两首后来被称为《论自然》和《论净化》的诗歌，都不晚于公元前 450 年。正如这两个标题所暗示的，自然主义因素、物理解释的旨趣与宗教的气质在他的思想中共存，至于它们是如何结合的，他对自然的兴趣是否服从于巫术的关切而非好奇与自由探索的产物，尚有争议。好奇心曾在某种程度上激发了米利都思想家们，而自由的探索则被德谟克里特以及其他性情相像的人有意识地加以实践，其中还包括富有创造性的思想家阿那克萨戈拉（生于公元前 500 年），据说其因为对天体持一种不敬的自然主义观点而受到雅典人的指控。

这里，我们还应该提一下苏格拉底的先驱者与同时代人中间的另一个群体；所谓的"智者学派"，其旨趣既非宇宙论，也非宗教，而是更为实际地定位于训练学生在政治和法庭上取得成功的技巧，他们则从这种训练中获得金钱。这些活动使他们从柏拉图那里赢得了一种极其恶劣的名声，柏拉图对他们的态度，从《普罗泰哥拉篇》的鲜明嘲讽到《高尔吉亚篇》和《理想国》的轻蔑与憎恶，表现得淋漓尽致，这不仅令智者们遭人鄙夷，而且还有助于使"智者"这个词无益于任何历史的目的。这尤其归因于柏拉图有意将四项不同的罪名扣到他们头上：他们的教学有一种实践的而非纯粹理论的爱好；他们收取钱财；他们制造诡辩，设计圈套和陷阱而非致力于达到真理；他们提出玩世不恭的、怀疑论的、非道德的和一般说来不可企及的意见。

要弄清这些因素，并且确定智者们究竟在多大程度上具有我们现在所谓的真正哲学旨趣，决非轻而易举。正像有的学者所说的[1]，他们容易混淆理性的力量与语词的力量，而苏格拉底的提问与回答的方法为区分这两者开辟了一条道路。莱翁提尼的高尔吉亚，一个著名的文体创新者——影响了希腊作家中最伟大的天才之一、历史学家修昔底德——就是一个修辞学教师，在一篇题为《论非存在》的佚著中，据后人的摘要判断，他之涉足形而上学纯是游戏式的。不过，阿布德拉的普罗泰哥拉（生于约公元前 490 年）可能要严谨得多，他赢得了柏拉图的足够兴趣和尊重，柏拉图在其《泰阿太德篇》中精心阐述了一种明确以普罗泰哥拉的命题为基础的相对主义认识理论。诚然，正如最近的一位学者所言[2]，“他不是一个真正原创性的思想家，却支配了他那个时代的理智生活”，为那个时代定下了一种怀疑主义、玩世不恭的理智基调；但也可能是，他对于认识和社会阐述了比其蕴涵的更为严密和系统的思想。进一步去了解其著作之外的东西——考察公元前 5 世纪思想的激进倾向，并且对柏拉图之前认识论与语言哲学领域显然发生过的各种进步形成一种更为细致的观念——会是一件很有趣的事

1 Edward Hussey, *The Presocratics*（London, 1972），p.117.

2 参见 Edward Hussey, *The Presocratics*（London, 1972），p.116。

情。作为纯粹的好奇，我们同样应该有兴趣去了解他会怎样续写他那本题为《论诸神》的书，因为我们只拥有令人沮丧的第一个句子："关于诸神，我不可能知道，他们是否存在、他们可能属于哪类存在者；认识的障碍有许多，主题且模糊，人生亦短暂。"

形而上学的诞生

希腊哲学起步于希腊世界的边缘：小亚细亚西海岸和沿海列岛——亦即爱奥尼亚，以及遥远的西部——南意大利和西西里的希腊殖民地。后者无论如何受到了爱奥尼亚的影响。当公元前 6 世纪波斯人吞并了爱奥尼亚之后，许多地方都接收了来自爱奥尼亚的新殖民者，特别是南意大利的爱利亚城邦——因巴门尼德及其学生芝诺的哲学而闻名（他们也因此而被称为"爱利亚学派"）——就是由大量移居该地的爱奥尼亚城邦佛卡亚的公民建立的。

一个被广泛探讨却尚无定论的问题是，体现了一种理性批判因素的系统的宇宙论思想为什么会在这个时候的爱奥尼亚兴起？东方的几个伟大帝国已经获得了大量有关测量、定位天文学等课题的经验材料，而巴比伦的传统则在数学计算上有相当精深的积累，尽管他们似乎很少有冲动到数学问题里去发现一种"先天的"秩序。而且，这种种技术与有关宇宙的起源和结构的神话图景共存。这些信仰的知识，通过波斯帝国的传递，可能会在爱奥尼亚宇宙论的形成中发挥作用，但如果是这样的话，就必须沿一种较多批判较少神话的方向实质性地改造它们。希腊小城邦相对自律的政治生活在批判的、反思的思想的成长中或许扮演了一定的角色，这与大帝国的“亚细亚式不确定的庞大”（叶芝语）形成鲜明的对照。

开放的思辨探索乃是希腊哲学发展的一个必要条件，但认为最终培育了希腊哲学的任何东西都同样是那种开放性的一个例子，却是错误的。米利都与爱利亚的哲学家们之形成“学派”，仅仅是在这些思想家被思想影响与教导的纽带所联系的意义上说的；相反，公元前6世纪末在南意大利的克罗顿建立的毕达哥拉斯学派却更像是一个宗教兄弟会或秘密社团。这个学派及其奠基人的历史隐匿于秘闻与传奇之中，尽管我们知道毕达戈拉斯本人是另一个来自爱奥尼亚的移民，他在萨摩斯出生，并在那里成名。毕达戈拉斯学派在数学的发展中举足轻重，尽管这些研究在其初期究竟占据多大的分量尚有疑问。较为确定的是，他们全身心地致力于一种以灵魂的净化与再生观念为核心的禁欲主义的宗教实践：这些观念与实践可能受到通过色雷斯人与叙利亚人而传入希腊的萨满教信仰的影响。

毕达戈拉斯学派的观念在一种与肉体分离的、理性的、不朽灵魂的观念的发展中发挥重要作用，这一观念得到柏拉图的充分阐述；并且，从柏拉图中经奥古斯丁最终成为笛卡尔二元论的基础——尽管在17世纪机械力学的语境中它丧失了一个为所有希腊“灵魂”观念共有的基本特征，即灵魂的出现赋予生物以生命的观念。（笛卡尔表明了这种区别，因为他说了这样一句毕达哥拉斯学派、柏拉图、亚里士多德全都不可能理解的话：“肉体之死亡并不是因为灵魂离它而去了——灵魂之离它而去是因为肉体已经死亡。”）

无论早期的毕达哥拉斯主义者究竟相信什么、做了什么，他们总是秘密地实践和信仰，在他们那里，遁入神秘之中要胜过介入一场公开的理性争论。他们的存在——与晚期米利都学派同时代——还让我们注意到另一个事实，即西方哲学从一开始就有两种活跃的动机——拯救的欲望和发现事物如何运作的欲望——始终齐头并进。

我们已经指出，米利都学派的思想在多大程度上是哲学的，这个问题是无益的，而其探索在多大程度上是理性的，却可能是个比较好的问题。合理性的标准当然多种多样，但显然，合理性的一个非常重要的表征是，在普遍原则的引导下反思哪些问题需要回答。在阿那克西曼德的一个著名的论辩中有一个属于这类思想的杰出范例。阿那克西曼德在公元前 6 世纪前半叶活动，公元 4 世纪时的罗马哲学家、修辞学家特米斯提乌斯称他是“就我们所知，希腊人中第一个大胆地发表关于自然的著作的人”[1]。这个论辩与一个令其他前苏格拉底哲学家困惑的问题有关，即是什么使地球保持其位置？其他人都诉诸各种各样的物质的支持：但阿那克西曼德却主张，地球均匀对称地处于宇宙的中心，因此无需任何支持。这个论辩代表了一个纯粹理性的原则——充足理由律——的早期应用。如果地球要朝一个方向而非另一个方向运动，对此肯定会有一个理由，例如出现了某种不对称或差异：因此，如果不存在任何诸如此类的不对称的话，地球就不会朝这个或那个方向运动，也就是说，将始终停留在那里。这一给人留下深刻印象的论辩清楚地表明了理性原则的应用方式——即使应用于基本上是原始的宇宙论的素材，也将这类思想与神话的描画划清了界线。

1　参见 Themistius Or.26，p.383，Dindorf。

巴门尼德惊世骇俗的著作体现了理性的另一种不同但更为纯粹抽象的运用。巴门尼德用诗歌表达他的哲学，要在现在这不算什么稀奇古怪的选择，但毕竟是一种选择（米利都学派用散文写作）。尽管他努力用史诗的六脚韵来表达抽象的、逻辑的思考，以便产生一种剧烈而又紧张的效果，但他的文体在古代并不被看好。他的整个目的似乎是要获得尽可能多的明晰性，句法上留存的种种模糊性乃是语言为了其空前新奇的主题而被剧烈地扭曲所产生的不经意结果。因此他的暧昧性与赫拉克利特的刻意双关语截然不同。甚至从我们所拥有的（较之巴门尼德的 154 行）少得可怜的赫拉克利特著作残篇就能发现，他是个有着更强的文字驾驭能力、更精微老到的写作技法的作家；但巴门尼德却在尝试某种与他以及任何前人都截然不同的东西[1]，他想完全用从种种自明的前提出发的论辩来确定实在的基本性质——其实只有一个前提，尽管巴门尼德说从哪里出发没有任何差别（fr.5）。无论我们怎么评说米利都学派，我们肯定能够在他们的业绩中辨识出纯粹的形而上学推理的最早的例子：它始终是最有雄心的一个。

巴门尼德的诗歌描述了一位女神向他显示探索真理的道路。她所给予的真理之道的关键是："存在（it is），不可能是非存在（that it is not）。"我们必不可试图思想"非存在"：因为"你不可能认识非存在（实际上不可能），也无法言说它（fr.2）。被思想的事物与存在的事物是同一的（fr.3）。被言说与思想的事物一定存在；因为存在在，而非

1　这里强调的内容也见于某些阐释性的中心问题之中，笔者参考的重要论文出自 G. E. I. Owe, "Eleatic Questions"，重印于 R. E. Allen 和 D. J. Furley 编辑的 *Studies in Presocratic Philosophy,* 卷 II（London, 1975），页 48—81。

存在不在（fr.6）”。

我们把“it is”和“it is not”中的“it”何所指的问题暂且不谈。巴门尼德的第一个结论是，对于非存在或用非存在思想的东西，没有任何相关的或可能的探究；这是因为“被思想的事物与存在的事物是同一的”，而非存在是思想所得不到的。巴门尼德这一激进主张的终极背景难以完全精确地予以重构，并且仍然是争论的主题。有人相信基本的论辩（如 fr.6，1—2 所给的，上引最后一个句子）是这样的：就能够被思想与言说者而言，它可能存在，这一点（至少）是真的——甚至连我们中那些认为某些能够被思想与言说的事物事实上并不存在（例如独角兽）的人都会承认这一点。但现在我们考虑：对于非存在，它可能存在，这一点不是真的。因此一个能够被思想与言说的事物不可能等同于非存在。然而那样一来它必须是某个东西；从而，与你最初所想的相反，它实际上必须存在。

这至少是一个清楚的谬论。但是，在那个被译成“被思想的事物与存在的事物是同一的”的奇怪短语里，巴门尼德有一种比这译文所捕捉到的更为原始的观念，即，语言和思想有内容，仅仅因为它们触及存在者或与存在者相接触——思想与意义的可触可见的模型更直接地作用于巴门尼德的观念。然而，无论我们如何准确地重构巴门尼德对非存在思想的拒斥，他对它的拒斥是清楚而彻底的，并且，他继续从那一拒斥中依次推演出一系列惊人的结论。存在者可能没有任何开端或结尾；假如它有，那么，或前或后，它将不存在，而这是被排除了的。对于“它的”没有任何开端的这一证明，他又增加了另一个以充足理由律的完美运用为基础的论证：“如果它始于非存在，那么何种必然性会驱使它生成呢？”（fr.8，9—10）。

“它过去不存在、将来也不存在，因为它现在始终存在”：这里，巴门尼德第一次表达了永恒概念。他的概念并不像某些后来的永恒概念那样属于某种完全在时间之外、某种完全不能应用时间性概念的东西。它存在于现在。然而，同样，它也不是单纯无限定的古老——它既没有过去也没有未来。它的时间，如其所是，被表述为一种永恒的现在。“它”是整一的、不变的，没有任何部分，每一方面都是同一的——因为否认上述任何一点都会让人联想到，就某个地点或某个时间或某个方面而言，它不存在，而这一点是被排除了的。

最重要的是，只存在一个它。因为“除存在者外没有也不会有任何东西”（fr.8，36—7）——任何别的东西都将不得不是某种不存在的东西；而且，“存在者”本身不能由两种可分的事物组成或被分割，“因为它是完全等同地存在的；它在任何一方面都不会或者较多或者较少……所以它是完全连续的，因为存在者与存在者紧密相连”（fr.8，22—5）。一旦“它”的唯一性被视为巴门尼德论辩的一个结论而非前提（如某些较早的学者所认为的），那么“它”是什么的问题也就消失了。当我们成功地思想和言说某个东西时，恰恰就是那个东西——无论它是什么——是我们正在思想和言说的，而巴门尼德当然主张我们能够思想和言说某个东西，尽管非常明显它不是我们日常错误地自以为正在思想和言说的那个东西。

这一非凡论辩的哲学遗产是非常广泛而多样的。永恒、不变、非生成的存在的概念就是一个被柏拉图用来界定其“理念”的概念；他之受益于巴门尼德是显而易见的，他自己也承认这一点，尽管他不得不通过把变化原则也纳入实在——这是他在《智者篇》中所作的重大让步——而与巴门尼德分道扬镳。然而，在有关不变的存在的世界问题上，他已经不同于巴门尼德：从理念的最初引入起他就主张理念的存在是“多”，是可以通过理智加以区分的。不过，对于这种区分究竟如何可能的问题他始终没有着手处理，直到在这同一篇后期对话《智者篇》里，他才直接面对巴门尼德的证明的挑战，并且试图通过系统区分不同意义的“非存在”来对付这个问题。

这种尝试，如柏拉图所希望的，还解决了另一个与巴门尼德的论辩直接相关的问题，即谬误的问题。思想，一定是思想某个东西——思想非存在就完全不是在思想。那么，那些错误地思想的人所思想的“某个东西”又是什么呢？错误的思想和言说不可能是无意义的：有意义但不真实的话语与实在是什么关系？为解决这个问题，柏拉图作了极富原创性的尝试，在此过程中他发展出了一种对于这些问题来说极为本质的、名称与陈述之间的区分。那在许多方面都属同一系列的问题直到今天还在以日益复杂精巧的形式重现；维特根斯坦的《逻辑哲学论》——一部无论胆魄还是抽象性都可与巴门尼德相比拟的形而上学著作——其开门见山的问题就蕴涵着巴门尼德原则的反题：“我们如何可能言说非存在者？”

巴门尼德的其他影响来源于他对多元性和变化的否定。他的学生芝诺发明了一系列著名的悖论，显然就是从多元性存在、运动是可能的等假定推演出种种矛盾；例如飞矢不动的悖论是这样展开的：一支飞行中的箭在每一瞬间都占据一个与其自身长度相等的空间；但是，在任一时间占据这样一个空间的任一物体，就那一时间而言，是静止的；

因此这支箭在每一瞬间都是静止的；因此它在所有瞬间都是静止的，那就是说，它并不运动。这些悖论无论在哲学史上还是在数学史上都引发了复杂的争论，从那里最终产生了连续与有限概念。然而，甚至在那些描述芝诺认为不可能融贯地被描述的现象的数学技术已经确立之后，关于数学之应用于物理的空间和时间——芝诺的某些论证仍在其中发挥作用——依然有许多哲学的问题；而他发明的从一系列前提导致无穷倒退的方法——一种既可以解构性地也可以建构性地用来确定某个无限细目集合的方法——依旧是分析思想的基本资源。

爱利亚学派的各种论辩除了令常识犯难外，对于理论上多元主义的最发达形式——原子论——也构成了特殊的困难；原子论主张，世界是由在虚空中运动的原子构成的，那么，虚空应该如何被概念化以避开爱利亚学派关于“虚空必定是非存在，因此不可能存在”的论辩（它对其他人也有影响，例如阿那克萨戈拉）？似乎最早的原子论者留基波（生于公元前5世纪初）用来肯定虚空存在、反对爱利亚学派的说法是，虚空是非存在（not being），但存在（is）——这个表述看起来太像一个矛盾的命题了。亚里士多德在《物理学》中对这一问题的处理显示出虚空概念化中的一个巨大进步，而且，尽管他本人并不承认虚空，但他没有把爱利亚学派的论辩形式归入他为了反对它而使用的几个坏的论辩中间。更值得一提的是，当17世纪的笛卡尔以其紧密同化物质与空间的物理学为基础否定虚空时，他能够运用一个惊人的爱利亚学派的论辩形式：“如果有人问，假如上帝将所有物质从一容器里移开，并且不让任何其他东西占据被移开物质的位置，那会怎么样？答案必定是，这容器的各边会是邻接的。因为，如果这两个物体之间没有任何东西，那么它们必须相互邻接。”（《哲学原理》，ii.18）。

现象与实在

巴门尼德的诗歌还有另外一部分，但大多数段落已经遗失，在那里，女神阐述了一种多元论的宇宙观；然而，她相信应视之为胡说八道，并且仅仅作为她在诗歌开篇所警告的那种东西——无知凡人的道路——的一个精巧例子而提出的，对于这些无知凡人，她说“他们认为存在与非存在既同一又不同一”（fr.6，6—9）——那就是说，他们模糊地认为，此时此地存在的事物彼时彼地不存在是可能的。关于巴门尼德究竟怎么设想人的意见与其所解释的那种实在之间的关系问题，已经有很多讨论。但是，假如这些讨论试图依赖于巴门尼德的某个前后一致的主张，那么它必须从一开始就认识到这样一个重要事实，即巴门尼德在这个问题上不可能有任何前后一致的主张。因为人的意见显然是变化的，并且相互有别：因此，假如每一事物（确实）是“一”并且无物变化，那么就没有任何诸如此类的意见。

这一点仅仅适用于这位训练有素的哲学家。有些解释者声称，巴门尼德相信存在与思想是同一的，除了思想别无存在（这样一来，尽管早就有人声称古代哲学家都不是唯心论者，巴门尼德就会类似于这种意义上的唯心论者）。这种观点部分基于对两个暧昧段落（fr.3；fr.8，34）的竭力反对的解释，但也依赖于这样一个论证，即既然巴门尼德认为万物是一，并且同意思想存在，因此他必定会清醒地主张，思想是唯一存在的东西。可是，这种形式的论辩忽略了形而上学想象的暧昧性。我们同样可以争辩说，既然巴门尼德认为万物是一，并且承认他存在（因为他不止一次提到他自己），那么他也必定会认为他是唯一存在的东西。显然[1]，一个世纪后，柏拉图就特意迫使巴门尼德去面对作为实在之部分的思想的存在问题。我们把巴门尼德的“一”叫做“它”。那么柏拉图的观点之一是，巴门尼德同意“它”至少有一个名称，但如果只有“一”存在，那么“它”必然就是那个名称；而既然“它”是一个名称，那么“它的”名称必然是一个名称的名称；由此，巴门尼德的理论就传达出这样一种观点，即实在中只有一个东西，那就是一个名称，而它又是一个名称的名称。

这个稍有点诙谐的论辩，事实上同时包含了一种较狭窄的意义和一种较宽泛的意义。既然巴门尼德与柏拉图都认为命名与思想紧密相关，那就产生了思想作为实在之部分的问题——一个柏拉图继续要追问的问题。但它还产生了一个普遍的问题，即何为严肃地对待类似于巴门尼德的命题？例如，从字面意义上去处理吗？爱利亚学派的人可能答复说，它从未意味着要像柏拉图的论辩那样从字面意义上去处理；但那样一来，究竟应该如何处理它的问题就有可能被压缩，正如20世纪它不断地受G.E.摩尔之压以反对形而上学论辩。摩尔本人怀有这样一种先入之见，即严肃地对待某个东西就是要从字面意义上去处理它；我们毋须同意这一点，以便正当地就如何认真对待他的问题从思辨的形而上学家那里索取指导。有关如何认真对待他的问题的一种指导是

1　如Owen所表明的，参见“Eleatic Questions”，注54。

由他的论辩的方向提供的：但就巴门尼德的情形而言，这没有让我们有任何收获，因为他的论辩或者什么也没证明，或者只证明柏拉图所反对的字面意义的荒谬性。

巴门尼德有一种如此简单而又激进的理论，以至于从字面意义去追究的话，甚至没有为他所谓的正确的思想留出空间。至于其他谬误的观念，各种自欺欺人的信念，以及如其所显现的多元论世界本身，他和他的追随者都倾向于将它们归入“现象”的范畴[1]。按照巴门尼德的理论，现象与实在之间的这一对比可以和感官知觉与理性之间的对比结盟：感官知觉为单纯的现象所欺骗，把握实在是理性的权能。然而，这样一种区分，无论怎么说，都不解决我们向巴门尼德提出的那个问题。因为，即使人受到感官的欺骗，现象隐藏而非显现实在，但有现象存在至少是真实的，并且，对于实际存在着的事物的任何充分说明都必须包含（误导人的）现象的实际存在。正如20世纪英国形而上学家F.H.布拉德雷所强调的，现象本身必须是实在的一部分。

柏拉图在我们已经提到过的那篇后期对话《智者篇》中看到了这一点。但是，柏拉图本人不得不学着如他所需要的那样去认真对待的，乃是一个真理。在其中期对话尤其是《理想国》里，他提供了一个有关知识与实在的图景，这个图景本身向这种批评开放，或者至少在这个问题上摸棱两可。一方面，存在着理念的世界，纯粹理智认识的非物质不变的对象，柏拉图指望它们在这个简单而又雄心勃勃的理论里同时解决许多问题：例如，解释数学真理是关于何种事物的真理（因

1　参见 Parmenides, fr.8，37；以及稍晚的一元论者 Melissus, fr.8。

为它们显然不是关于诸如我们在黑板上看到的那个不精确的几何图形的真理)，同时，是什么赋予普遍名词以一种意义。与此相反的是感官知觉和日常信念的对象，被那些与“真理的偏爱者”——哲学家——相对的“感觉经验的偏爱者”误以为是实在的自然界的事物。

在《理想国》中，这两个世界之间的区分被一系列的两歧性所确定：在那个模型中，“分界线”将理念的领域与物质的领域分离开来，并且把理性归于前者，把感觉归于后者；在一个长久萦绕欧洲思想的隐喻里，哲学家的教育被描画为从洞穴走向光明的旅程，而在洞穴里，凡人，其偏见的囚徒，心移神驰地盯着忽隐忽现的影像队列。对于这一区分，以及与之相随的价值分判，柏拉图有时用“存在”和“生成”之间的区分来表述；我们被告知，这里的“生成”是由存在与非存在的某种不令人满意的、不稳固的结合构成的。柏拉图想放弃这些表达式，尽管他显然不会放弃他对永恒的理智对象的信仰。

解释者们发现，很难准确领会柏拉图在《理想国》与其他中期对话里宣称理念是“真实存在”而日常感知的对象不是“真实存在”时的意思。事实上，困难还不只一个层次。有非常一般的哲学问题，就是我们在面对巴门尼德和摩尔时刚刚触及的，赋予那些否认某个巨大而又明显的经验维度的实在性的形而上学断言以一种意义的问题。这类一般的问题仍然没有离开我们。然而还有一个历史的问题，即如何理解那些形而上学特殊程序，这些程序出现在任何系统的逻辑理论发展起来之前的一段时间、又特别有可能被我们按照后来的观念去歪曲。此外，还有一个非常具体的理解柏拉图的历史问题，柏拉图本人似乎越来越不满意这些程序中的某一些，并且在其后期对话里变成了他的早期自我的批评者。如果柏拉图变得不满于这些程序，那么实际上就没有太多的理由假定它们具有我们现在所可能重获的某种完全确定的意义：毋宁说，柏拉图就是想让这些程序在我们看来毫无确定意义。

他后期不满于他在《理想国》里所说的那些东西，某种程度上在于有关存在概念的技术性问题：当然，对于这一概念他获得了一种更清晰的理解，并且对于这样一种理解所要求的那类哲学探究他也获得了一种更有耐心、更具分析性的观念。我们将看到，各种偏离《理想国》的单一图景的相关的发展在柏拉图的知识观念中发生了。

更宽泛地讲，也可能是，被经验世界所妨碍和束缚的理性心灵的种种图景对他的控制越来越小。无疑，这些图景本身，与他同时所提供的另一种有关物质世界的图景，始终处于一种不稳定的关系之中，后者同样令他不快，不过是在相反的方向上——它是转瞬即逝、虚无缥缈的，仅仅是现象。物质世界终极上讲必然是软弱无力的，但从毁灭性上讲又是强有力的，两个冲突方面的相互对峙如同洞穴的阴影之于束缚囚犯的锁链。诸如此类的紧张体现了柏拉图观念中某种非常真实的东西（值得注意的，如他对政治权利、对艺术的矛盾情绪），但是，对于一种如此雄心勃勃的理论来讲，它们的代价过于高昂了，而柏拉图也似乎已经意识到了这些。

然而，《理想国》的理论拒绝让路；它可能是柏拉图最著名的学说，并且除了作为“柏拉图哲学”出现在历史和文献中之外，它本身，或至少它的术语，以多种形式反复出现。它的紧张本身有助于说明它是如何紧紧抓住哲学想象的；而且，这里值得一提的一个因素与《会饮篇》所表达的柏拉图的爱的理论尤其相关，该因素就是在这些中期著作中，柏拉图否定世界的理论与他对这些理论的文学表达有一种恒久、强烈的对比。他的各种图景与他的文体的想象力的共鸣，抽象思想之空前美丽的表达，隐然肯定了感性世界的实在性，尽管其内容要否定这一点。

一个更为普遍的观点是，只有哲学家和哲学史家们才过于担心一种像《理想国》那样的理论所隐含的后患。其他人——艺术家、科学家——从中各取所需，而假如柏拉图的理论被理解得足够宽泛，那么就能从中获得更多的东西。这包括对于17世纪科学革命如此重要的理性主义精神——在伽利略身上我们已经谈到了那种在现象的后面去寻求基本的数学结构的精神。它如何能够被视为属于柏拉图《理想国》的精神，是显然的；它如何与那里实际所说的东西相矛盾，也是显然的，因为柏拉图极为明确地表示，给予物质世界以科学的说明是完全没有希望的。无疑，他的意思不是说，物理学应该是数学的，而是说，我们应该放弃物理学去探索数学。如果哲学家们将来还会有影响，那么他们也还会被误解。

认识与怀疑主义

并非所有将实在与现象相区别的哲学思想都需要像巴门尼德或严格限定的《理想国》那样激烈地摒弃现象。它可能像被宽泛理解的《理想国》那样鼓励某种理性主义的、或许是科学地从现象揭示实在的方法。这两种态度之间的一个重要区别是，在现象之下发现一种理智秩序的理性主义程序还可能发现这种秩序在某种程度上与现象系统相关，因此，发现隐藏着的秩序能够导致对它显现时所发生的事情进行控制：一切以物理理论为根据的环境控制都有这种特征。

《理想国》的观点实际上并不属于这一种，这个事实使柏拉图面临一个严重的困难。他对物理的技术显然不感兴趣；可是他关注社会的技术，而《理想国》的梦想是，那些已经看到实在之真理的哲学家们，将返回洞穴，并且，当他们理智的洞见适应于经验生活的黑暗之后，能够比那些从未离开过洞穴的人更好地整秩事物。尽管有希望参照他们记忆中所带的模型，但他没有充分地去弥合两个世界之间的断裂，并且，正如稍后我们将看到的，他所提供的认识论无助于政治教化的根本使命。

寻求一种有关科学认识如何可能的融贯理论乃是公元前5世纪末某些思想家的要务。阿那克萨戈拉说过，现象是“隐藏的事物的一次隐约的闪现”（fr.21A），为此他得到了显然正在与这些问题做斗争的德谟克里特的赞赏。德谟克里特认为，感官知觉可能令人误解，思想在某种意义上也不得不支持现象，然而只有在其他知觉的帮助下这一点才可能做到：“颜色、甜、苦，这些都属于习惯的事情”，他风趣地说，“真正存在的惟有原子和虚空”（fr.125）；可是，他让感官作了这样答复：“可怜的心灵，当你从我们这儿获得你的信念时你会推翻我们吗？如果你抛弃我们，你就完蛋了。”

在试图解决原子论的各种认识论问题的过程中（我们不知道他究竟走得多远），德谟克里特所面对的不仅有爱利亚学派——他们认为他们了解某种与他的原子论不可兼容的东西，而且还有一大帮智者——他们认为他们有证据反驳任何人认识任一事物（或至少有理论的、普遍的、科学的特征的任一事物）的说法。早期前苏格拉底诸学派的无结果的思辨，特别是爱利亚逻辑的那些麻痹心智的结论，有助于鼓励怀疑主义的态度。

确定性，至少在任何一个宏大的、思辨的问题上，是不可能的，这样一种一般的意识本身是一种早期的现象。但是，智者，或某些智者，却遵循了一条反对任何种类的哲学的更具攻击性的路线，并且运用辩证法来支持它；他们希望以此来抬高他们自己所声称的教授有用的东西，即在法庭与政治集会上举足轻重的修辞术和说服人的能力；在这些场合，审慎的逻辑论证毫无价值——在这一点上，他们同意其批评者的说法。在对认识之可能性的这些攻击中所运用的论辩，现在看来乃是孩童式的胡搅蛮缠或花招诡计与对真实困难的深刻洞见的一种混合；许多论辩都同时体现了这两者，柏拉图的《欧绪德穆篇》记载了其中的一些，而在一部一般认为始于那一时期的、名为《双重论证》的更为粗糙现成的辩证法材料的汇编中也能发现这一点。我们不知道普罗泰哥拉本人在多大程度上展开了柏拉图归之于他的那些观点；这些观点将真理与认识相对主义化，据此，真理与认识在每个人看来都是对他而言是真实的东西：不过我们知道，为了反对他，德谟克里特运用了（也可能是发明了）一种在后来的怀疑论史和认识论史上都举足轻重的论辩形式。这一论辩形式被称为“反诘法（peritrope）”，就是把哲学家的知识、真理与意义的标准应用于他自己的命题中——于是就可以诘问普罗泰哥拉，他自己的命题是否被认为是（非相对地）真实的。

现在幸存下来的有关早期怀疑论的某些材料似乎是素朴的——这

是说，不仅按后来的逻辑理论的某个独断标准来看是素朴的，而且从希罗多德或修昔底德或索福克勒斯等当时的成人的见识标准来看也是素朴的。关键不在于个体的心理事实，即与那些历史学家或悲剧作家相比智者的天资或成熟程度；这里的问题在于社会事实，亦即这些论辩能够让智者的同时代人真正刻骨铭心、手足无措。正如尼采谈到苏格拉底时所说的，根本的问题是，他们如何能够避开它？这里，我们应该还记得，在理智的实践与对于那种实践的理论反思性的理解之间始终存在的裂痕；以及更特殊的，推理的理论在这一点上显得多么令人困惑。一方面，在数学中已经存在惊人的理智成就，并且关于诸如医学等课题的某种系统的思想也有意义；而更显然的是，论辩在日常生活中的实践看得出来也依赖于有关证明与真理之间的联结的某些前提——至少有可能通过辨证的反驳表明某个人正自相矛盾并且必定错在了某个地方。然而，与此同时，爱利亚学派的论辩——事实上既深刻又强有力——导致了不可能的结论；但似乎人们能够证明点什么。许多别的无效的论辩——既不深刻又软弱无力——不可能被决定性地揭示出来，因为还不存在任何系统的逻辑批评的词汇。柏拉图和亚里士多德在确立逻辑与语言哲学方面的奠基性成就，可能使我们看不到公元前 4 世纪之前的反思性的逻辑思想是何其混乱和散漫。

柏拉图和亚里士多德为哲学与科学寻求各种能够抵御怀疑论的基础。亚里士多德的认识论相当复杂，这里就不做任何一般性的论述。它把对某些直观地或不证自明、人所共知的原则的诉求，与感觉经验的重要作用结合在了一起。它还非常独特地诉诸有见识、有思想的人的舆论：拥护一种同样适用于形而上学、伦理学和科学的方案，即考虑并试图调和最高权威们的观点；而当他说人们的理论应该符合 ta phainomena（现象）时，他不仅将观察的资料以及有资格的发言人有意要说的话包括在内，而且把各种现存的牢固确立的理论意见也包括在内——至少根据推定是这样。对于亚里士多德来说，证据的重要性是针对那些想要动摇这样一种舆论的人的。假如推定的力量并不必然地非常强大，那么亚里士多德就能够轻易地抛弃它，如果他认为他有一个很有说服力的论辩的话；同样，姑且承认亚里士多德在所谓的有价值的意见中所实施的预先选择的要素；然而，他能够指望找到在其中确立这样一种方法的任何土壤，这一事实表明了从智者时代到他的时代情况有了多大的进展。

对于亚里士多德来说，认识的进步是一个集体性、持续性的事业，对此，早期的思想家，除非过于奇异、原始或任性，否则都能够被视为贡献者。这种观念强有力地存在于今天的科学共同体概念中，其实践者通过一段实验和观察技术的训练期而被征募，因此又有一种支持专家舆论的推定。不过，在一个没有多少实验技术的世界里，谁应该算作有见识的舆论的一分子的问题却获得了不同的解释，并且，有一种朝着理智活动的牵引力逐渐被视为协调权威著作的内容的学术任务（亚里士多德很少这么看，但后来的许多人都这么看）。

对于有见识的舆论的这种方法论上的考虑，在亚里士多德的观点和柏拉图的观点之间提供了一种对比——某种以特别刻板的与伦理学相关的措辞出现的东西。然而，关于知识，他们共有另一系列对于哲学史来说具有最大的重要性的信念：知识，有多种形式，极为具体，尤其不同于单纯的信念或意见，甚至真意见。属于这一类的一个观念是，与任意的真意见对立的真正的知识，应该形成一个体系，应该以一种其本身显示性地相应于主题事物的结构的方式从理论上被条理化。这个观念最直接地涉及一种理想的科学知识体——一个柏拉图费力去确立、亚里士多德进一步去实现的理想。然而，它也可以被视为一个具体的人认识任一事物的一个条件。它将一个人的思想表像为真实的知识——就这种思想接近于这一体系而言，因为能知者是博学多闻的人，在他那里理想的理论知识体的某一部分被实现了。

无需说，这一要求剔除了许多通常作为知识加以认可的东西。当一种更进一步的观念——即我们只能拥有属于一种不变的主题事物的条理化的理论知识，偶然的、特殊的、变化的事实决不是科学的主题——被强化时，这种歧义就扩大了。总而言之，这些观念产生了这样一个结论，即任何人的思想都不能严格地、恰当地被认为是知识，除非它与一种必然的、不变的主题事物相关。这个结论——还有另外的途径可以得出这个结论——无论对于柏拉图还是亚里士多德都产生显著的迷惑力，并且此后在哲学中一再重现。

柏拉图在这个问题上的思想发展可以很清楚地勾画出来。在《美诺篇》这一给早期与中期著作划一界线的对话中，他的观点处于剧烈被动的变化之中。面对智者提出的关于学习何以可能的难题，他首次引入了“回忆说”（anamnesis），这种学说把学习过程描述为对已经在灵魂里但被遗忘了的意见的重新获得。在这篇对话中，这一过程（或更严格地说，其前面的几个步骤）的阐明借助了一个场景，其中，苏格拉底通过追问诱使一个童仆赞成一条他此前毫无意识的几何学真理。关于这一著名的学说，以及与此密切相连的、柏拉图在《美诺篇》里简单勾勒而在《斐多篇》里广泛讨论的毕达哥拉斯学派的前世、再生和不朽观念，可以说上许多。但现在我们只关注其中的一个方面：作为一种学习理论，它实际上不可能对任何东西都显得恰如其分，除了诸如数学那样的必然的、先天的主题事物。既然我们能够通过论辩从一个学生那里诱发出此前他从未想到过的数学结论，那么肯定有某种惊人的、需要解释的东西；然而，这并不等于说苏格拉底的追问能够从任何人中诱发出一系列他未曾学过的特殊的地理或历史事实。可是，《美诺篇》的读者发现，苏格拉底似乎还有以下所有观点：即知识只能通过这种“回忆”来获得；知识与单纯的真信念之间有一区分；这后一种区分不仅能适用于数学，也适用于偶然的事情——我们能够在一个知道去拉里萨的道路的人与一个对此仅有真信念的人之间作出区分。如果我们承认“回忆”并不适用于这类事情这一明显的事实，那么这些主张就产生了一种矛盾。

无论《美诺篇》会怎么样，《理想国》却没有任何诸如此类的矛盾，在那里，柏拉图表明，知识与信念之间的区别对他来说乃是主题事物的差异：它们相关于“分界线”所象征的存在论上的那两个世界。然而，这一简洁的配置却导致了荒谬的结论，根本原因是，在这个阶段柏拉图还没有任何充分的谬误理论。不存在任何经验的知识，这一后果提出了一个问题——我们在讨论“洞穴”时已经看到了个大概——那就是，哲学家的知识如何能够在这个世界上发挥任何建设性的作用？因为将知识应用于这个世界就需要有关于这个世界的命题，而假如这样的命题只能是信念，那么关于他们所统治的这个经验的世界，哲学王的知识如何能够使它们胜过其他的，就是一个不可救药的含糊问题。不仅不可能存在任何经验的知识——而且严格地讲，也不可能存在任何数学的或别的先天信念，因此，《美诺篇》所讨论的学童或幸运的数学家（更不用说犯了错误的那些）的境遇就变得难以形容了。诚然，柏拉图在其分类中曾赋予某种大致类似于先天信念的东西以一个位置，但有趣的是，他关注的不是个别的认知者或信仰者，而是他信以为缺乏根基的他那个时代部分公理化的数学的整个主题的地位。

在他的后期著作中，柏拉图回过头来认为知识与信念可以涉及同一主题事物，并且他可能已经很乐于承认经验知识的存在。《理想国》对于他来说代表了一种由主题事物的范畴，由先天知识体的理想而非由“对于认识某物的某人（相对于仅仅相信同一事物的某人）来说什么必定是真的”问题所控制的认识论的最高峰。《理想国》的这一重点深深地挫败了柏拉图自己的目标。柏拉图忧虑的问题——对此，他反复探讨并且想在《理想国》里予以回答——是，道德的知识如何能够被制度化并在社会中生效，以反对智者的修辞术和保守主义传统的无根据的脆弱知觉。知识必须以认识并掌握有效的教育理论的人身的形式出现在社会中。真正的知识与传授知识的能力走到了一起。

这一观念有助于理解苏格拉底的生平，因为它有利于理解苏格拉底所承认的：他所知道的就是他一无所知，以及他的影响并不必然使他的朋友们更好。令苏格拉底受到谴责的事实似乎也确实如此：在他的同伴中不乏像阿尔比亚德那样臭名昭著的叛徒和像克里提亚斯那样三十僭主中最杰出的人。柏拉图的有效教育理论有意去完成苏格拉底的工作和苏格拉底的申辩。《理想国》对知识的说明似乎首先要得出这样一种理论；但事实上它完全没有做到。关于命题要成为知识究竟意味着什么，以及关于一个人要获得这样的知识又意味着什么，它说了很多，然而，关于一个人在把握那些由于存在论上的必然性而完全处于知识体之外的日常世界的事物的过程中应该作的认知上的区别，它最终只字未提。

知识似乎还能以另一种方式提出一些极为特殊的要求。这源于对控制个人的或个体的知识的那些标准的考虑；而最后的思路却更为关注何者构成非人格的科学理论体的问题。对知识概念本身的亲近同样肇始于希腊人的反思，并且在后继的知识理论中扮演了一种更为突出的角色。这就是知识蕴涵确定性的观念；我们不能说一个人认识一事物，除非他对此确信无疑，这意味着他不仅对此感到完全有把握，而且他有证据决不可能出错——在某种意义上，试图阐明这一点乃是哲学的重复性的任务。

这不是一个加在知识上的纯属独断的限制条件，正如某些现代哲学家所暗示的。它是反思知识而产生的一个极为自然的看法；可借的道或许不止一条，但只能走一条道。显然，在认识一事物和碰巧弄对了它之间有一区别——平日的言谈本身在知识层面上缺乏严谨性，在知道与准确猜测间亦有区别，甚至于猜测的人完全相信自己猜测的准确程度。然而现在我们考虑这样一个人的状态，即他基于充分的证据相信 所与事物是真的，但他的证据使他仍有可能是错误的。那么，即使他没错，相对于他的心灵状态，那似乎最终还是碰巧了。这里，我们可以拿两个人为例，由于两种不同的机缘，每个人都有完全同一种类与数目的证据使他相信某一种类的事实；可是，碰巧，一个是对的，另一个是错的。我们不能不说那个碰巧对了的人实际上并不知道，并且当我们说到他对于他所知道的一切来说他可能已经错了，英语短语“for all he knew”准确地指出了这一点。通过这类论辩，似乎可以合理地主张，只要某人的证据在任一方面缺乏最终的确定性，他就不是真的知道，即使他是对的。

这一影响巨大的论辩路线，几乎在希腊哲学的开端就可能由诗人克罗封的色诺法奈斯（生于约公元前6世纪中叶）勾勒出来了，他写下了以下诗行（残篇，34）：

> 既无人明白，也没人知道，我所说的关于神和其他一切是什么：因为即使有人碰巧说出了最完美的真理，他本人也并不知道：对于一切，所制造出来的不过是现象（或意见）罢了。

柏拉图在《美诺篇》里将怀疑论的观点表述为，知识是不可达到的，因为当你达到时你也不会知道——这是确定性要求的另一种说法，这时他显然指涉了上述色诺法奈斯的观点。但柏拉图可能误解了色诺法奈斯的意思；有关色诺法奈斯本意的争论很多，不过最可能的是[1]，他只谈到一种其本身对于希腊哲学至关重要的区分，即某人本人亲眼看到或通过第一渠道证实的东西与只能作为推论的主题的东西——诸如有关于众神的各种问题——之间的区分。然而，除了关于这种解释

1 参见 H. Fränkel, "'Xenophanes' Empiricism and his Critique of Knowledge"，见于 A. P. D. Mourelatot 编辑的 *The Presocratics*（New York, 1974），第118—31页；本文的英译见于其 *Wege und Formen frügriechischen Denkens*（Munich, 1960）。

的某些好的理由之外，一个不好的理由也被提出来了[1]：既然这些诗行表达了一种一般的怀疑论观点，因此第二个句子不可能以任何方式作为第一个句子的一个理由——它毋宁是一结果。相反，第二个句子可以为第一个句子提供一个精巧而有力的理由——“没有人认识这些事物，因为假如他认识，那么他的正确性就必定不只是运气，那是不可能的。”作为对色诺法奈斯的一种解释，有关于此的麻烦不在于它是一个过于脆弱的论辩，相反，在一个世纪以前，它过于精微了。

然而，色诺法奈斯可能没有说的话最终却被说出来了。当强大的确定性从知识概念中推演出来后，各类思想家都想方设法要求这种强大的确定性，因而没人想要获得知识。柏拉图试图回答这样一种怀疑主义的结论，同时他也认同知识要求强大的确定性这一前提。可是，否定性的观点又重现了，并且有趣的是，正是柏拉图所建立的“学园”的晚期成员对那段被称为“怀疑主义”的零零星星的理智运动作出了某些很有趣的贡献。

我们对古代怀疑主义的认识很大一部分来自公元2世纪一位名叫塞克斯都·恩培里柯的普通医学作家的著作。塞克斯都本人不属于“学园”的怀疑论派，而是属于所谓的“皮浪主义者”，追随爱里斯的皮浪（公元前275—前360年）；皮浪本身是个模糊的形象，他的观点是通过他的学生提蒙和其他作家的报道与阐发才为塞克斯都所知晓。晚期的皮浪主义从“学园”的阿凯斯劳那里获得了这样一种技术，即，将任何系列的证据并列在一起，或者把据说有信服力的论辩与相反的结

1 同上书，第124页。

果相提并论，以便导致对同意的完全的悬置——这种态度体现在 ou mallon（差不多）这个早期哲学史早已有之的短语中。这种技术的目的是实践的，即获得一种古代学派趋之若鹜的心灵状态像 ataraxia——心灵的宁静或摆脱纷扰。

皮浪主义者甚至对知识根本不存在的主张都谨慎地拒绝同意；他们认识到武断地表达这一主张就会面临自我反驳的指责（peritrope），而这种不同寻常的反思帮助他们将这一武断的意见与其他教条一起加以清除。他们说，怀疑主义命题就像泻药，“不仅把体液清除出身体，而且把自己也连同体液一起排泄掉”[1]。与此相应，“差不多”的口号不是作为一种理论的陈述或对理论问题的恰当的回答，而是作为一种导致与具有恰当的回答可能导致的相同的状态之实践的一个要素，假如真存在诸如具有恰当的回答那样的事情。对于皮浪主义者来说，ataraxia 接下去不是要回答各种根本的问题，而是促使人们放弃追问它们。他们用画家阿佩莱斯的故事来阐明这一点。阿佩莱斯因无法画出马的唾沫而绝望，就把发了酵的面团扔到画布上，居然产生了马的唾沫的效果。

后期的皮浪主义者批判以卡纳德斯（公元前 213—前 129 年）为杰出代表的“学园”派，说他们没有审慎地拒绝同意，而且还指责他们是教条主义，因为他们确然地断言知识不存在。显然，卡纳德司非常直接地关注蕴涵着确定性的知识概念。他的目标，以及他的各种问题的焦点，是由粗暴的怪人契提乌的芝诺于公元前 305 年创

1 参见 Sextus Empiricus, *Outlines of Pyrrhonism,* 1. 206，2.188。

立的斯多葛学派的认识论为他设定的。3世纪末，逻辑史上的重要人物克里西布斯又发展了这一理论。（有首诗提到他时说，假如他从未存在过，那么斯多葛学派也从未存在过；卡纳德斯同样优雅地附和道：“假如克里西布斯从未存在过，那么我也从未存在过。”）这里不可能讨论斯多葛学派的认识论，但为了更直接地研究来自于早先反对“运气”而开始的那个论辩的诸要求，值得一提的是：他们相信，需要某种确定的真理标准，他们曾求助于一种被信以为真的自我证实的心灵状态，它会消除“被同意的事情可能是假的”这样一种可能性。他们引入“自明的印象”概念——一种被认为主观上无可置疑、客观上准确无误的确信方式。卡纳德斯所攻击的正是这一点，他试图表明决没有这样的印象，有了这些特征中的第一种就能够保证有第二种。这是一场争论的最初的规定，后来成了许多近代哲学的核心，主要通过笛卡尔，在其“清楚和明晰的知觉”的概念中，诉诸那实际上是自明的智性的印象。

从诸如塞克斯都或西塞罗那样的二三流思想家所提供的各种散漫甚至矛盾的论述中去重构古代怀疑论的观点，完全不是一件容易的事情。在某些并且是不同的程度上，他们实际上也是怀疑主义者，他们否认知识或真理的可能性，或者像皮浪主义那样甚至对这些否认也拒绝同意。然而，与此同时，特别是在卡纳德斯那里，还有在现代哲学中毋宁被称为经验主义或实证主义的倾向，这种倾向将确定性只归之于有关感官印象或主观显象的陈述，并且强调可证实性，一切经验推论的或然性特征，以及归纳演绎的无用性（J. S. 密尔批评三段论推理是循环论证，古代怀疑论早就看到了这一点）。也许，怀疑主义与激进的经验主义这两种倾向之间的联系在希腊思想家们眼中似乎比在近代哲学中更为密切，因为在近代哲学中人们有时援引激进的经验主义恰恰是针对怀疑主义（例如贝克莱）。然而，现象与实在之间的区分对于希腊思想是如此基本，而知识与实在又是如此紧密相关，以至于仅仅关于主观现象的知识或许并不算是真正的知识。这是个大课题[1]，但假如这一论辩路线是正确的，那么它就再次证明了前面提到过的一个观点，即主观唯心论在希腊人那里未曾发生。

可以肯定的是，在古代怀疑论中，无论经验主义倾向还是更纯粹的怀疑主义倾向，后来都是举足轻重的。塞克斯都·恩培里柯注定成为最有影响的希腊哲学作家之一。他的著作被译成拉丁文并印刷出版，恰逢一场由宗教信仰之标准的革新所促发的理智危机，而来自塞克斯都的怀疑主义论辩就成了随后的争论的重要工具[2]。怀疑主义的武器被同时用来反对和捍卫传统的宗教信仰。蒙田表述了一种捍卫性的文体，他强调人没有能力达到知识，人试图达到知识纯属不自量力；古代怀疑论的论辩就在这些被汇集起来支持这种观点的数不胜数的思考之中。对传统宗教信仰的一种忠贞却不狂热的依恋凸显为 ataraxia 的生活基础。如同蒙田在其著名随笔《雷蒙·塞蓬的辩护》一文中强调的："对人有害的东西，是为对知识的见解。这即是我们的宗教将无知推崇为与信仰与服从相适宜的一部分的原因。

---

1 关于这一意见和讨论，参见 Charlotte I. Stough, *Greek Skepticism*（Berkeley & Los Angeles, 1969）。

2 参见 Richard H. Popkin, *History of Scepticism from Esasmus to Spinoza*（Berkeley & Los Angeles, 1979）。

笛卡尔的态度与此截然相反，他在其“怀疑的方法”里运用怀疑论的机巧作为武器，是想先将怀疑清空，以使其能够达到“怀疑主义学派最过分的假设都不能推翻”的确定性。笛卡尔运用怀疑，不是要放弃哲学，而是要建立它。正如他所期望的，发现确定性——首先是关于作为一理性灵魂的他自己的，然后是关于上帝的，然后是关于物理世界的结构的；他尝试一个实际上要倒转卡纳德斯与斯多葛学派的关系的工程：怀疑过后他提出了一种新的自明的印象，并且重要的是，他的最初和最基本的确定性是那些关于主观心灵状态的，对此，我们已经指出，无论斯多葛学派还是怀疑主义学派都没有赞许地视之为关于实在的真理。可是，无论笛卡尔的确定性概念，还是他视为确定的并且对于他的体系是本质的某些命题，对于其批评者都缺乏自明的影响，而且事与愿违，笛卡尔的根本成就乃是有助于彻底改进怀疑，而非消除它。

当蒙田说基督教应该被信仰——因为所有的论辩都相互挫败时，他所说的话的用意几乎是确定的；而当18世纪的休谟和巴勒说相似的话时，其用意却不确定。在那个时代，皮浪主义的ataraxia不是在基督教中而是在对任何宗教问题都尽量无动于衷的状态中被发现的。在培植这一点以对抗好战的无神论者和教会狂热分子的过程中，休谟是一个真正的皮浪主义思想家，在他的保守主义的社会观点中也是这样；并且，除了他所使用的标准的怀疑主义材料之外，可以发现，其认识论中的一个基本要素——“自然的信念”理论——在塞克斯都那里已被粗略地预见到了。

休谟和古代的皮浪主义者还有另外一些共同的东西。对他们来说，对哲学的拒斥是对哲学的终极目标彻底的拒斥，而 ataraxia 则是通过这样一种程序获得的，即先进行怀疑性的思考，然后让自然的信念具有支配地位，以至最终通过社会习俗（或者毋宁是，通过避免对社会习俗的某种批判）而平静地生活。这些思想家不会对这样一种建议留有印象，即从未开始反思可能会更简单；或者，如果他们嫉妒那些对反思一无所知的人，那么这种态度是在一种自我意识的层次上形成和表现出来的，并不要求读者简单地信以为真。某些人，特别是古人，相信从未从事过反思的人一般没有体验过 ataraxia, 但被激情和偏见所撕裂；不过，甚至那些对此不以为然的人也不会赞成一种教育的或心理学的养生之道，这种养生之道完全借助非哲学的手段产生了无激情的理性的种种好处。怀疑主义保留了一种理智的姿态，并且对于所有这些思想家来说，皮浪主义的观点既属于少数的情形又是一种成就。皮浪主义者，相对于社会的其他人而言，有着圣人的角色：一个非常平静的圣人。

这就是为什么这种姿态不再可能的原因之一。现代社会里不存在任何严肃的圣人角色，与专家、评论员或艺人的角色相对。也不存在任何严肃的观点，或者至少没有能够得到公共支持的观点，由此，对于战争、灾害以及社会动乱，能够像怀疑主义所建议的那样漠不关心。另外，由浪漫主义和现代心理学理论所型塑的观点要求对情感有比皮浪主义所具有的更为深刻的见解，并且对 ataraxia 本身也有更为怀疑的看法。这些观点都很好——假如由伯特兰·罗素的思想否定性地加以阐明的话，他在认识论上的哲学立场，宽泛地讲，属于 20 世纪的休谟主义者，但他显然没能协调好他的社会与道德关切和他对伦理学的理论上的怀疑主义，或者说没能协调好他的情感的力量和他对心灵的理解。有本关于罗素的书就叫《热情的怀疑论者》；同时这一短语对某些观点也能适用；从古代甚或休谟式的皮浪主义的角度来看，它在措辞上是矛盾的，这一点显而易见，并且是对罗素自己的困惑的一个有意义的评注。

伦理学的探究

苏格拉底在《理想国》第1卷将近结束时说："我们所讨论的不是什么普通的小事，而是一个人应该怎样采取正当的方式来生活的大事。"（352D）一起讨论的是智者特拉西马库斯，他宣称一个人在其中有理由按照 dikaiosune 的要求去行动永远只是次佳的境遇，我们必定把这里的 dikaiosune 译为"正义"，尽管在《理想国》里它涵盖了广泛的领域，并且与涉及某人自身和他人利益的一切方面相关。按照特拉西马库斯的观念，人们通常有理由以这种方式行动，然而这只是因为他的权力受到了限制——特别是被另一种更大的权力所限制；一个其权力不被如此限制的人就不会有任何诸如此类的理由，而如果他把他人的利益放在自己的利益之前，那他就是个疯子。苏格拉底开始反驳这种观点。因为不满于他提出的针对特拉西马库斯的那些反驳，并且后面还要对抗一种属于这类论点的更精巧的说法，柏拉图就让苏格拉底在《理想国》的其余章节里给予最终的回答。

尽管发言人是苏格拉底，并且尽管在柏拉图的苏格拉底中苏格拉底究竟是什么的问题也尚无答案[1]，但会有很多人赞成《理想国》的回答

1　有关这个问题的情况，参见 Guthrie, 卷 3，第 12 章。

是柏拉图的，而问题却是苏格拉底的。这个问题是由智者派的怀疑论引发的，其形式较之有关宇宙论思辨或逻辑方面的怀疑论更令人惊恐，因为在这种情况下，存在着被怀疑论的批评所置换掉的那些考虑的可辨识的并且可能是引人注目的替代物。

怀疑论攻击的要点在于，任何人都没有任何内在的理由增进或重视任何他人的利益，从而他们相信这样一种理由的存在乃是多种幻觉的产物：尤其是，它源于一个无知的人没能看到，在不同的社会里所发现的规范人们行为的各种规则和要求仅仅是“由习俗”而获得的，“由习俗”这个概念对于智者学派的批评者来说意味着，这类规则是社会的产物，对此我们可以追问它们是为谁的利益服务的。另一方面，自利的行为也有各种绝好的“自然的”动机，在没有任何这类习俗框架的地方的作用者的行为就是很好的证明，而最显著的莫过于城邦相互之间的行为——例如修昔底德《伯罗奔尼撒战争史》第 5 卷著名的“弥罗斯人的辩论”里卓越而又严酷地描述的一系列考虑。

这个问题部分是由“自然（phusis）”与“习俗（nomos）”这两个概念的这种用法以及何种生活“自然地”合理这一附带的问题所决定的[1]；与之相随的是这样一种意见，即追求自利——用赤裸裸的强盗行径体现出来的令人满意的生活形式——是“自然地”合理的。特拉西马库斯呈现了这种图景；在这个层次上成问题的不仅仅是一个全然唯我

1 这并不是这一著名区分的唯一用法。某些作者认为，nomos，因为它把我们从 phusis 中拯救出来；另一些作者却运用 phusis 来批判 nomos，但是为了扩展而非缩减道德观念的范围，如阿尔塞达马斯著名的残篇所言：“神使一切人都自由：phusis 从未使任何一个人成为奴隶”；亚里士多德（《政治学》1253b20）也提到相似的观点。

论的实践合理性概念，而且是一种非常简单的以权力、财富与性为主要方面的唯我论的满足目录[1]。这一系列的考虑仅其自身就产生了害怕和羡慕的物质而非任何发展中的社会关系结构，诚然，把特拉西马库斯的观点完全还原为这些要素，其结果却是（即使从描述性上讲）对于任何社会理论也都极不充分。

然而，这一图景被附加上了某种不同的东西，并且从中引申出某种诉求：这不同的东西乃是某种社会道德图景，它的确提供了有关谁应受敬佩和尊重的某些非个人的标准，但却是在某些种类的竞争的成功和继承的地位中发现它们——那就是，一种贵族的或封建的道德。公元前 5 世纪和前 4 世纪就是从这样一种社会道德语境中继承了 arete 或“个体优秀”（该词的译法“德性”仅在某些时候适合，但可能导致严重的误解）的概念。这个词带有某些柏拉图（或许还有苏格拉底）竭力想分离开来的联想：尤其是，在刻画正面人物时被很好地思想和言说的观念。这里，一个重要的词是 kalos（“美好的”、“尊贵的”、“杰出的”），它比 agathos（“好”）有更强的审美意味，并且是一个重要的褒义词，不过也带有某人何以受尊重的意味；正如其反义词 aischros（“卑劣的”或“可耻的”）带有受鄙视或规避的蕴涵。

如果某人是一个荷马式的英雄，那么使他备受尊重的业绩主要是战功，而他的 arete 也就这样被展现出来。某人之受辱并丧失名誉，可

1　在《高尔吉亚篇》这篇比《理想国》更早的对话里，柏拉图借卡里克莱斯之口提供了一种更惊人、雄辩、更难以对付的唯我论表达。苏格拉底对他的回答不太令人满意；在一定程度上，这是因为柏拉图让卡里克莱斯不怎么令人信服地接受了这样一种观念，即唯我论必然堕落为一种非常粗野的享乐主义形式。

能不只是因为没有诸如此类的战功，也可能是因为被误会了——这类事情曾导致阿喀琉斯的狂怒和埃阿斯的自杀。发生在某人身上的事情与某人的所作所为对于其尊卑来说同样要紧，而在某人所做的事情中间，竞争的成功等级最高：当然，这一切属于那些本身地位就很高的人，因为妇女以及较低等级的成员有其他的 aretai 和名誉种类。在这一领域，有两个截然不同却又经常被有关这一主题的讨论所混淆的要点。其一是，对于这样一种道德来说，羞耻是占支配地位的观念，对耻辱、嘲笑以及声望的丧失的恐惧则是主要的动机。与此不同的要点是，优秀是在竞争的、自信的英勇行为中被展现的。尽管在社会上和在心理学上这两个东西通常走在一起，但它们是相互独立的：尤其是，羞耻与耻辱的诱因可能是没能以某种预期的自我牺牲的或协作的方式行动。这两个东西的混淆因以基督徒的——更具体地说，新教徒的——观念标准来衡量希腊人的态度而加剧。那种观点将道德同时与仁慈、自制以及固执或罪（在上帝或自身面前感到羞耻）联系在一起。它把道德思想发展到这一点视为进步，并且它倾向于一起使用许多不同的、已经被那种进步所抛弃——或至少变得不那么可称道——的观念。

Arete 的观念，羞耻和声誉，当然比智者的自利观念以及与之相随的简单还原的社会理论要古老得多。当这些智者派的发言人（以及更多的像美诺那样受到他们影响的普通人）诉诸 arete 观念，并且出于非个人崇拜而给出一个有权力的人的理想形象时，他们实际上是在表达一些本身具有一种在 5 世纪末已经过时的贵族制结构的伦理观念；但是，这些观念已经被赋予了一种新的、机会主义的内容，并且其在传统社会中的基础——原先曾使它们成为一种正在运作中的社会道德的一部分——也被分离掉了。

这一观念结构因此比《理想国》第2卷中格拉乌孔和阿戴芒图斯所提供的理论更为陈旧。这种理论认为，正义的常规不是弱肉强食的工具（这是特拉西马库斯的阐述），而是弱者反抗强者保护自己的契约性机制。这一仅在《理想国》里被概述的理论，乃是许多将公共规范视为对现在所谓的博弈论难题的解决的理论之原型。事实上它超出了以 arete 为核心的希腊伦理理论的最独特的措辞。在两个重要方面，它类似于现代功利主义和契约理论。首先，在这种理论中规则或实践概念比品质或人格优秀概念更为根本。其次，正义的制度和道德的实践所服务的欲望首先是自利的欲望：道德被视为增进唯我论满足的一种手段，从原则上讲，没有道德这种满足也可能发生，但事实上，由于每个人在不道德的自然状态中的软弱地位，没有道德是靠不住的。

这种工具性、契约性的道德观遭到了苏格拉底、柏拉图和亚里士多德的拒斥。它在许多方面都不同于特拉西马库斯的粗俗观点——其实表达出来的话，两者正好对立。然而，对于柏拉图来说，它与那种观点有一个共同的错误：它们都把道德视为满足那些独立于道德而自然地存在之不道德的、自私的欲望的一种工具。它更不是这样一种后来为康德所强调的观点的表达，即道德的行为完全不可能有任何理由，除了它是某人的义务——道德的真实本性要求它存在于一种不可能由任何其他东西所合理化或解释的完全自律的需要中。对于柏拉图来说，关键恰恰在于，道德行为必须有一个理由，但工具性的理论决不可能提供这个理由。在他看来，一种道德理论必须通过表明“无论其环境如何，所有人都秉持公正，乃是合理的事情”来回答智者派的怀疑主义。契约理论在这一方面就失败了：如果某人有权有势、聪明睿智并且鸿运高照，那么他服从惯常的道德要求就不再可能是合理的了。这一点在对话里轻易地得到了格拉乌孔和阿戴芒图斯的首肯；诚然，他们基本上同意柏拉图的苏格拉底将契约理论视为不是对智者派道德怀疑论的一种回答，而是这种怀疑论的一种更为精致的表达。

契约性的解决尤其无力，因为它相对于一个比常人聪明、多智、更有说服力的上等作用者是不牢靠的。正是对于这类作用者，柏拉图认为不得不符合怀疑论的要求，并且表明道德和正义的目标是合理的。阿尔西比亚德的生活是行动中的怀疑主义，而答案必须适用于一个具有较高权力的人。这里，契约理论的第一个方面——认为品质概念从属于称心的或有用的实践概念——也不得不被拒斥。要求向每一个人表明正义对于他是合理的，意味着答案必须首先以一种有关“他应该是何种人，正义对他是合理的”的说明为基础。假如在灵魂之外（如苏格拉底与柏拉图所言）或在自我之外（如我们可能会说的）的任何东西乃是起初就具有道德价值的东西——例如某种规则或制度——那么我们就留有一种可能的偶然性，即可能有这样一个人，他的最深层的需要和他的灵魂的状态使得他按照那一规则或者制度行动对于他不会是合理的；并且，只要这种偶然性依然是可能的，那么苏格拉底与柏拉图给自己制定的任务就不会实现。

康德式的批评者已经说过，柏拉图的道德是唯我论的，在某种意义上与道德的真实特性不可兼容。这就不得要领了。从形式上讲它是唯我论的，因为它假定它必须表明每一个人都有充分的理由道德地行动，并且这充分的理由诉诸他必须基于某种有关他自身的东西，即如果他是一个具有那种品质的人他将怎样、他将是什么。然而，它试图表明道德服务于某一系列在它之前早已明确界定了的个体满足，在这个意义上，它不是唯我论的。如果对于自我及其满足已经有了说明，那么其目的就不是要表明道德如何（侥幸地）适合于它们；它是要对道德所适合的自我给出一种说明。

对于柏拉图和亚里士多德来说，一个微不足道的真理是，如果追求某种生活过程或成为某种人对于某人是合理的，那么那些东西必须有助于一种被称为 eudaimonia——只能被译为“幸福”——的某人自身的满足状态。但是并不是所有的人现在都会将“只有做最终有助于自身幸福的事是合理的”视为微不足道的甚或真实的。而且，现在同意那是真实的许多人将来不会同意与柏拉图和亚里士多德所意指的相同的东西。这些事实不仅归因于那一译法的种种缺陷，还归因于生活观念的种种变化——这些变化无疑影响了我们对“幸福”一词的理解。一种有关这些语词之复杂关系的正确的描绘会牵涉西方伦理思想的整个历史。可以肯定的是，eudaimonia 并不必然蕴涵快乐的最大化；而且，当柏拉图在《理想国》里表明正义是灵魂的适当状态并接着主张正义的人的生活比不正义的人的生活要快乐很多倍的时候，他的意思是，后者只是一种全然附加的考虑。正是这一方面非常类似于康德之确信德性将在来世得到回报，此前他强调必须视之为对德性自身的回报（这种策略被叔本华毫不留情地比之于给一个自称管事的领班塞小费）。Eudaimonia 的状态应该被解释为一个人尽可能好的生活状态，而假如有人发现某些希腊思想家认为即使是酷刑的受害者也能够获得 eudaimonia，那么不容置疑地确立起来的语言的张力所表现的不只是一种语义的困境，而是，语义困境之下，认为受酷刑可比之于尽可能好的生活的实质性困境。

因此，给出这样一种自我的图景，即假如某人正确地理解了他是什么，他就会看到，正义的生活并不外在于自我，而是一个他追求之对于他必然是合理的目标——这可以视为柏拉图的目的。我们一开始所提的苏格拉底关于“人们应该怎样生活”的问题其意义也在于此：“应该”从形式上讲属于唯我论的合理性，但任务却是要达到对自我的正确理解。

无论苏格拉底还是柏拉图，给出这种说明所依据的都是理性与知识。柏拉图以系统的理论性理解的形式看到了这些力量的最充分的表现，它导致了哲学家是最幸福的并且是人类的最充分的发展的结论；它还导致了《理想国》的乌托邦政治体系。苏格拉底本人显然从未提出过后两种观点（尽管那个由波普尔推广开来的观点[1]——苏格拉底本人在政治上是民主派，但被极权主义者柏拉图所出卖——没有任何历史根据）。然而，充分体现在正义的生活中的真实的自我乃是推论理性的自我——这种观点只是苏格拉底各种观念的一个发展。苏格拉底可能比柏拉图更重视“知道如何去行动”而较不在意表达在系统理论里的知识，但是显然，知识必然是反思的和理性的，这一观念那里已经有了。亚里士多德告诉我们，对伦理问题的关注和对“定义的兴趣”可以归之于历史上的苏格拉底，而对关乎伦理事务的各种定义的兴趣显然采取了试图对德性行为的标准达到一种反思的、明晰的理解的形

1 参见 Karl Popper: *Open Society and its Enemies* (London, 1957)。

式，这会使善的实践在合理性上更清晰、更具自我批判性。

如果德性行为的本质在于灵魂所行使的理性的知识，那么由多种多样的德性——通常分为正义、自制、勇敢以及其他——所表征的独立的动机就根本不可能存在。所有这些德性只能是同一基本的理性动机在行为之不同领域或方面的表现。当苏格拉底教导在理性的审慎或理智之下的“德性的统一性”时，他的意思不是说，没有任何方式可以将德性相互区分开来。他的意思毋宁是，它们不是根本不同的动机：它们是灵魂的同一力量的不同显现。进一步说，既然合理性必须体现在一种要求对另一种要求的平衡之中，并且对（例如）“勇敢的”举动的一种夸大实际上不会是对人们所要求的东西的真实合理的理解的一种表达，从而它不会是理性的一种基本力量的表现，因此也就不会是任何德性的表现。所以可以预料，德性的统一性意味着，人们不可能恰当地展现任一德性，除非他展现所有德性。

德性被解释为一个有理性的人的旨趣——用苏格拉底的话说，灵魂的正当旨趣——所追求的对象，这一点可能已经被苏格拉底以一种蕴涵了灵魂的旨趣是与肉体的旨趣分离的东西的方式接受下来，而柏拉图的严格的灵魂与肉体的二元论将沿着禁欲主义的方向进一步追随这一蕴涵。德性的行为就是盘算对某人真正最要紧的事情，而对某人最要紧的事情也就是对某人的灵魂来说最要紧的事情：这些就是德性的生活的要求，勇敢、诚实、正义的要求。因此，如果某人并不按照这些要求行动，那么他的行动就打败了对他来说最要紧的事情；没有人能够自觉地以这样一种方式行动；因此，错误的行为必然包含知识和理解上的错误，人们不可能睁着眼睛选择错误的行为。因此一切过错都是无意的，用苏格拉底的话说就是，“无人故意犯错”：一个在“苏格拉底悖论”的名义下依然被讨论的结论。

这个悖论实际上提出了两个不同的问题。首先，一个人是否可能有意地做两件事情中的一件，当时他充分自觉地认为他有更强的理由去做另一件事情。其次，一个人，如果头脑清楚，是否必然承认他始终有更强的理由做正义、诚实等等的行为而非卑鄙的暂时自利的行为。现在，大多数人都会发现，对于第二个问题，难以给出一个简单的苏格拉底式的回答，因为它由禁欲主义的二元论自我观所支持。这样一种观点不可避免地产生一个困难，柏拉图自己也不易应付，这就是，道德的动机理论所需要的精神性的自身利益观与其主题事物所需要的较少精神性的他人利益观之间的截然对立。苏格拉底认为，好人不可能受伤害，因为唯一能够触及他的将是某种能够触及其良好的灵魂状态而非其肉体的东西，而那是不可侵犯的。然而——除了那一图景的其他或许更深层的软弱性——我们必须追问，假如肉体的伤害不是真正的伤害，那么为什么德性如此强烈地要求人们不要将肉体的伤害加于他人?

然而，对于那两个问题中的第一个问题——它纯粹基于有意的行为与合理性——某些哲学家还是可以给出苏格拉底式的回答的。对于我们中那些行为因超出常规而显得很离奇的人来说，那种回答仍然像一明显的悖论。它不应该作为有关行为与理由的假正经的同义反复被提出，而应该是传达了一个在其中行为对于作用者变得完全透明的城邦的一种理想（一个高度概然性的理想）。其本身还是一个非常苏格拉底式的理想。

出人意料的是，苏格拉底—柏拉图道德中有如许多因素依然可以在亚里士多德复杂而又非常有趣的伦理理论中找到，尽管在某些核心方面不尽相同。最重要的是，它之不同，原因在于并非所有的分量都加到理智的优秀与纯粹的合理性上去了。亚里士多德区分了“理智的优秀”与“品质的优秀”，并且强调通过训练形成正确的欲望与动机对于后者的重要性。没有正确的教养就什么也做不成：对苏格拉底立场中所隐含的哲学本身的更新力量的希望已经消失了，正如道德不得不予以反击的任何好斗的怀疑论的意义也已经消失。现在所讨论的是一种更稳固的秩序。而且，亚里士多德不相信一个与肉体全然分离的灵魂，而与这一否认相随的是对苏格拉底禁欲主义的拒斥和对 eudaimonia 的更世俗的希望。柏拉图试图一刀两断的 arete 与公共赞同的古老纽带在亚里士多德的论述中重新得到了谨慎的维护，尽管他的德性的动机理论比早些时代甚或柏拉图本人所曾获得的任何东西都精微得多。

然而，即使有这些差别，亚里士多德最终还是将理论理性的生活视为人类生活的最高形式，不过从他的前提得出这样一个结论并不像柏拉图那样直接、融贯。他还保留了像苏格拉底关于行为与理由悖论的某种东西，事实上，他甚至保留了苏格拉底关于德性统一性的结论，因为他认为没有实践理性“phronesis”，它本身是理智上的优秀之一）的存在，人们不可能真正具有任何一种品质上的优秀，但如果人们有了 phronesis，那么他就必然拥有所有品质上的优秀。对品质之合理统合的这种强调，正如对一种在时间中完成的善的生活之统合——其回溯性的合理定型——的强调，的确是亚里士多德观点的一个核心特征。就品质之诸德性性格的终极统一性而论，希腊人的观点与我们的观点显然相去甚远：对我们来说最平凡的事情莫过于，各种特殊的德性不仅与典型的过错共存，而且还带来这些过错。然而这只是我们与希腊人的许多差异之一，这里，对比本身指出了一个鲜明的讨论范围：人性理解中的歧异构成了这些不同的有关理性欲望的生活观念的基础。

我们有必要将希腊伦理思想中使它在许多方面不同于目前的关切和基督教世界的道德遗产的那几个特征集合到一起。它没有，也无需有上帝：尽管这些作者都涉及了神或诸神，但它们没能扮演任何重要角色。它把品质以及道德思考如何以人性为根据作为核心的和首要的问题：它追问何种生活对于个体来说是合理的。它没有运用任何空洞的绝对道德命令。事实上——尽管为方便起见我们极为频繁地使用了“道德”一词——这一观念体系根本缺乏在一组与其他种类的理由或要求完全不同的理由或要求的意义上的道德概念。康德主义在“道德”与“非道德”之间所划的严格的界线，很大程度上平行于柏拉图在灵魂与肉体之间所划的严格的界线；但这种平行远非总体上的，这两种划分方式依据的是极为不同的原则，因此两者各自对优缺点的讨论也将是两种极为不同的讨论。与此相关，在公共的“道德规则”世界与私人的个体理想之间不存在一道裂隙：无论在普遍的还是更为私人性的社会语境中，一个人与他人的关系如何被规定的问题，并不分离于哪种生活值得一过、什么东西值得拥有和关切的问题。

在所有这些方面，希腊人的伦理思想不仅不同于绝大多数现代思想，尤其是受基督教影响的现代思想，而且处于更好的型态。当然其中的观点有许多方面现在不可能再回溯了，并且其中的某些我们也不可能想要回溯它。某些思想表达了生活的某种统合性，那种生活或许在城邦里短暂存在过，但正如黑格尔所强调的，最多只能以某种全然变化了的形式被恢复。其知觉的其他方面，例如，它对奴隶制和妇女角色的真实态度，我们必须希望永远不会被恢复了。

在一种理论性更强的层次上，重要的是，希腊伦理思想依赖于一种客观的人性目的论，相信关于人及其在世界中的位置，有种种事实以一种可以推论的方式决定了他被指定过一种协作和有序的生活。这一信念的某种变体已经为大多数后继的伦理观所接受；或许现在我们比公元前 5 世纪某些智者最先质疑它以来的任何人都更为自觉地与它保持距离。然而，当那一切都已经说过了的时候，希腊伦理思想，在其许多基本结构上，并且最重要的是，就其无力将人们应该如何与他人和社会相关的问题，何种生活值得一过、何为人的基本需要的问题分离开来而言，代表了现在能够有助于使道德思想真正触及实在的很少的几套观念之一。

在上述评论中我提到了“希腊伦理思想”，而这当然主要是指我非常简略地讨论过的苏格拉底、柏拉图和亚里士多德的哲学观点。然而最后我还想提及一个问题，它超出了这些人，并且也超出了这一章所触及的希腊哲学的某些其他方面。

我已经提到，苏格拉底说好人不可能受到伤害：它表达了一种摆脱了偶然性之害的理性自足性的理想。在对合理性的这种类型的确信与为消除侥幸之认知的要求之间，有一种不仅仅是表面上的模拟，它曾出现在关于知识、确定性和怀疑主义的讨论中。自制的理想——始终是希腊人的强烈的渴望——转向这样一种目标，即在认知与行动中，具有最高价值的东西、最要紧的东西，应该完全处于自我的控制之下。在后来的诸学派中，这一论点以多种多样的形式重新出现：在犬儒学派的夸张的苏格拉底主义中，德性足以幸福，并且好人其实在酷刑之下也可以是幸福的；在对 ataraxia 状态的希望中，并非仅仅怀疑主义学派在耕耘。亚里士多德特意讨论了 eudaimonia 这一最终想望的状态在多大程度上可能要冒风险，并且答复说，必然在很小但又不可消除的程度上冒风险。然而，这与其说表达了任何巨大或危险的渴望，不如说表达了这样一种完全感性的想法，即不考虑那屈从于运气并且人们在其中生活和表达自己的社会生活机制是不合理的。非常显著的是，对于恰恰因为其超出了受保护的自我之外而成为我们最重要的生活维度之一的友谊，亚里士多德是以一种现在看来很古怪的方式去探讨的——怪就怪在他决定把对友谊的需要与自足性的目标调和起来。

对运气的更深意义的揭示还被表达在希腊文学尤其是悲剧之中。在那里，对幸福之无保障性的重复引证从这样一个事实中获得其力量，即角色们被展现为具有责任或自尊或困惑或需求，并且使他们面临相应程度的灾祸，从而他们是充分自觉地遭遇这些灾祸的。“伟大的即是脆弱的”，“必然的可能是毁灭性的”——对于这类出现在公元前 5 世纪或更早时代的文学中的意义的意识，在哲学家们的伦理学甚或他们的心灵中全已无影无踪。尼采发现苏格拉底应对此负责，因为他的对于那不可能推论地说明的东西的过分不信任，他的对于自然的“深度可测性”的信仰，以及他的“亚历山大式的快乐”[1]。这些评论实际上属

1 参见《悲剧的诞生》，尤其是第 17 节。有关尼采对苏格拉底的态度问题，参见 Werner J. Dannhausey, *Nietzsche's View of Socrates*（Ithaca N. Y.，1974）。

于尼采与苏格拉底形象的漫长而又摸棱两可的关系的最初阶段，正是在这个阶段，尼采认为要理解悲剧的“形而上学安慰剂”只能通过一种根本上是审美的生活态度——一种我们甚至具有比尼采最终所具有的更大的理由予以拒斥的态度。然而，无论他或我们认为他对希腊悲剧和希腊哲学的论述是否合格，他所指出的东西却实实在在：希腊哲学，在其对理性自足性的持久不变的追求中，的确折回到了种种人类经验和人类必然性上，对此，希腊文学本身却提供了最纯粹的——如果不是最丰满的——表达。

在希腊的哲学之外，希腊世界的伦理体验中还有某些特征不仅能够对我们现在有意义，并且能够比我们手头所发现的许多东西有更好的意义。姑且承认西方哲学之希腊根基的广度、力度、想象力与创造性，但令人惊奇的是，我们能够严肃地对待尼采的这样一种评论：“希腊人最伟大的特性之一是他们无力反思至善的东西。”[1]

Further Reading

This is a list of some translation of the Greek writers themselves, and a few books about them; it does not try to include any of the innumerable works about their later influence.

Details of works marked ‘(N)’ will be found in the notes.

1 转引自 Werner J. Dannhauser, *Nietzsche's View of Socrates*（Ithaca N. Y.，1974），第 109 页。

The Presocratics and Socrates

Guthrie,vols.i-iii (N) provides much useful information,but is not very searching in philosophical interpretation. All *translations* of the Presocratics involve vexed questions of interpretation: those offered by G.S.Kirk and J.E.Raven in *The Presocratic Philosophers* (Cambridge, 1957),with commentary, are no exception. Less ambitious is *Ancilla to the Presocratic Philosophers* by Kathleen Freeman (Oxford, 1948).

Hussey (N) is interesting and firmly argued. Allen and Furley (N) , and its companion volume Furley and Allen (London, 1970), are useful collections of essays, as is Mourelatos (N) . A similar collection on Socrates is edited by G. Vlastos, *The Philosophy of Socrates* (New York, 1971).

Plato

A complete translation, by various hands, is offered in one volume edited by E. Hamilton and H. Cairns (New York,1961); some of the translations come from the well-known complete translation by Benjamin Jowett (4th edn., revised by D. J. Allen and others, 4 vols, Oxford, 1953).

There are many general accounts of Plato's philosophy, but most suffer from outdated assumptions, and some are very fanciful. *An Examination of Plato's Doctrines* by I. M. Crombie (2 vols., 1962, 1963) offers a sober study of the arguments.

A useful series of new commentaries on important dialogues, with translations, is offered by the Clarendon Plato Series (Oxford) , general editor M. J. Woods.

A collection of essays parallel to that on Socrates is edited by G. Vlastos (2 vols., New York, 1970).

Aristotle

The standard *translation* is the Oxford Version, in 11 vols., general editor W. D. Ross; extensive selections from this are in *The Basic Works of Aristotle* (New York,1941). A useful series of commentaries with translations is in the Clarendon Aristotle Series (Oxford), general editor J. L. Ackrill.

General works on Aristolte include: W. D. Ross, *Aristotle* (London,1923); D. J. Allan, *The*

Philosophy of Aristotle (Oxford,1952); G. E. R. Lloyd, *Aristotle: the Growth and Structure of his Thought* (Cambridge, 1968).

Useful collections of essays include one by J. M. E. Moravcsik (New York,1967); and *Articles on Aristolte* , ed. J. Barnes, M. Schofield, and R. Sorabji (2 vols.published so far, London, 1975, 1977).

Other

On *scepticism*, see Stough(N), and for a more general survey of post-Aristolte philosophy, A. A. Long, *Hellenistic Philosophy* (London, 1974). The works of *Sextus Empiricus* are translated (facing the Greek text) by R. G. Bury in the Loeb Classical Library (4 vols., London, 1933). An important collection of articles is *Doubt and Dogmatism: Studies in Hellenistic Epistemology*, ed. M. Schofield, M. Burnyeat, and J. Barnes (Oxford,1980).

The everyday moral ideas which underlie, and differ from, the ethical philosophies of Socrates, Plato, and Aristolte are valuably considered in K. J. Dover, *Greek Popular Morality in the time of Plato and Aristolte* (Oxford,1974).

Finally, in the context of this chapter it is specially important to mention E. R. Dodds'great book, *The Greeks and the Irrational* (Berkeley and Los Angeles, 1951).

第十章　科学与数学

G. E. R. 劳埃德 撰　宋继杰 译

在科学研究的许多领域，只是到了相当晚近的时代实践中的科学家才无需求教于希腊人——无论作为其基本的科学教育的一部分还是作为思想的源泉。自 12 世纪的知识复兴以来，在某种程度上，直至 19 世纪，就每一代人相继所理解的而言，两股希腊科学思想乃是科学争论的焦点。从 12 世纪到 15 世纪，亚里士多德是“圣哲”——同时又是最伟大的自然科学家。尽管亚里士多德主义在这整个时期基本上仍然未受到挑战的观点是 19 世纪科学史家的一个神话，但毋庸置疑的是，亚里士多德主义立场的最初批评者一般都是在亚里士多德所提供的观念与问题框架之内运作的。诸如阿尔伯特·马格努斯那样的 13 世纪作家的很多著作都采用了注释亚里士多德论文的形式，奥雷斯美最重要的宇宙论著作（《天地之书》，1377 年）也是如此。然而，对亚里士多德本人的严格解读足以揭示希腊宇宙论中某种具有异质性的东西，而科学争论的双方都引用希腊权威的现象至少从 14 世纪起就一再发生。

当古代人与现代人之间的争斗被认真地联系起来时，那些最激烈地倡导与过去决裂的人有许多本身就沉浸于过去之中。甚至那位伟大的反亚里士多德主义辩士和科学的实践效用观念的宣传员——弗兰西斯·培根，也声称柏拉图之前的哲学家们接近于自然科学研究的真实的（即他自己的）方法。当亚里士多德的物理学和宇宙论从16世纪开始不仅在细节上受到批判，而且从整体上遭到否弃时，这种做法部分是以柏拉图主义复兴的名义进行的，他们认为柏拉图主义是一个同时包括了诸如毕达哥拉斯与阿基米德那样不同思想家的传统。再晚一些，希腊人的观念，当其在天文学和物理学领域基本上被取代之后很久，却在生物学和医学里仍有影响。在17世纪重新展开的有关生殖问题的争论中，对希腊生物理论的兴趣又复活了；希波克拉底的文集和盖伦在医学教育中持久地扮演重要角色直至18世纪；而亚里士多德的描述性动物学直到19世纪还在继续被有益地研究着。

在讨论科学观念史的过程中，我们尤其不能无视这样一种观点，即这些观念本身没有任何历史。我们可能发现各种理论采用了逐字重复完全等价的命题，但是，它们的意义却时时取决于那引起古代或现代作者关注的整个讨论语境。显然，异教徒对于太阳中心说的讨论和反驳被置于一种与16、17世纪所公认的完全不同的框架之中，不仅仅因为教会的教诲那时已经牵涉进来了。自始至终，我们所讨论的是那被视为在每一相继时代中的希腊科学的东西。当古代作者一个接一个地被重新发现时，他也就被重新解释了，并且在许多情况下，他的基本主张更多地归功于解释者而非古代作者自己。尤其与柏拉图和亚里士多德的名字相联系的学说，有时就是那些在柏拉图和亚里士多德本人那里有着明显可辨的起源之复杂的理智发展的最终产物，因此在许多方面我们有这样的印象，与其说是研究那些肇始于古代世界的观念的历史，不如说是研究它们的神话。

然而，除了任何关注观念传递的研究所共有的那些问题之外，关于希腊科学之影响的研究还面临其自身特有的困难。许多情况下证据严重短缺，而在另一些情况下证据又不得不遭受一种彻底的批评审查。

仅就希腊科学本身而论，许多重要作者的资料的残篇性质已经令人窘迫。许多高质量的作品佚失了，而那些佚失作品的典范却依稀可辨。这显然不是说，幸存下来的就代表古代任一既定时期公认为最优秀的科学著作，甚至按照不同时代关于何为最优秀之极为不同的观点来看也是这样。时间以及大范围综合的论文使较早的著作，包括具有伟大的原创性的著作黯然失色。欧几里得的《几何原理》的成功——很大程度上归因于它的系统性——导致了绝大多数前欧几里得数学的佚失，对此，现在不得不主要从后来解释欧几里得的论述中予以重构。托勒密与公元2世纪的盖伦对天文学和生物学的全面综合取代了希腊化时代在这两个领域的最重要的贡献。无论托勒密还是盖伦，专业性都很强因而处处深奥难懂，而且在古代后期我们能够探测到，对于研究艰深或复杂的科学著作有一种日益增长的厌恶，更不用说“校订”了。当几部初级的数学导论幸存下来时，高等数学却变得更为脆弱。公元4世纪初卓有影响的帕普斯的《数学文集》包含了有关阿基米德和阿波罗尼乌斯的广泛报道，但是我们所获得的不是这两个数学家的本来面目，而是由6世纪的编辑阿斯卡隆的欧脱西乌斯所引发的对于他们的兴趣的复活。对于最适合的幸存作品我们有一条规律，但所谓的“最适合的”通常并不指最先进的东西，而是指最易于理解的东西，即通俗的而非专门的著作。另外，尽管我们不应该夸大科学的正统观念在古代世界的存在范围，但是那些反驳诸如自然的目的性这样的公认观点的人，其代表性在当时远逊于那些维护通行观点的人——这就是说，在许多情况下，通行的观点具有柏拉图或亚里士多德或同时具有这两个人的背景。最早的古代原子论者的贫弱的残余就说明了这一点；也可能是同样的道理，我们关于阿里斯塔库斯的太阳中心论的知识不是来自他本人的解释而是源于阿基米德和其他人的记载。

此外，如果我们所具有的希腊科学本身的图景必然是残破的并且很多是推测的，那么有关其影响的图景也是如此。这里太多的东西已经佚失，对于现存材料的评估也才刚刚开始。诚然，许多基础性的工作是在这样一些名目下进行的，比如古代本文的手抄传统，以及从希腊原文或间接地从其他文本（通常是阿拉伯文）到拉丁文和各地方言的翻译。重获阿基米德著作的几个主要阶段就是这样确立下来的：从12世纪的克莱蒙纳的杰拉德和其他人的翻译开始，经过了摩尔贝克1269年的译本和克莱蒙纳的詹姆斯约1450年的译本。正是摩尔贝克和詹姆斯的译文形成了16世纪几个重要且富有影响的版本的基础，而到了那时，由于印刷术，书籍能够比以前更为迅捷地到达更为广泛的读者手中。

然而，甚至当我们对于相关本文和译文的获得有相当可靠的证据时，评价其影响的问题还是很难对付。首先，很显然，古代作者被列举的范围在时段与时段之间有变化，同一时段的个体与个体之间也有差异，因此关于古代作者实际被研究的程度，这可能是一种令人误入歧途的指针。古代作者的名录无论在中世纪还是某些文艺复兴时期的作家那里都是相同的，但众所周知，这可能并不说明什么问题。相反，尽管高度评价原创性被普遍地认为是一种现代现象，但是尽量避免提及他们运用了其观点的那些古代作者，对于中世纪和文艺复兴时期的科学家来说远非闻所未闻。

其次，在已知的与共同的知识之间、在特殊的个体所研究的古代作者与那些其观点已赢得普遍甚或广泛承认的古代作者之间，必须注意到一种差别。对诸如源于古代药理学作家（如狄奥斯考里德斯）的治疗术之实际运用问题的研究，在大多数情形中，仍处于初级阶段。即使我们将自己限制在观念的影响（本文中我们只能如此）而非实践的影响的范围之内，学术注意力之集中到那些恰巧其本身富有影响力的中世纪和文艺复兴时期的著作也可能是个扭曲的因素。现在被宣称为科学发展中之决定性的转折点者，很少被视为处于诸如哥白尼主义的令人不快的接纳史所表明的那样一种时代。要假定伽里略涉足动力学之后亚里士多德在那一领域的观念顿时销声匿迹，实在容易不过。然而事实显然并非如此。在其撰于 1644 年并经常重印的《论文两篇》中，克奈姆·狄格巴捍卫亚里士多德有关运动通过虚空以及媒介物在支持抛物体运动中的作用的观点，反对伽里略的论证，但是从他的第一篇论文的结论可以看出，狄格巴担心对于当时的亚里士多德主义者来说他似乎还不够正统。另外，当伽里略和开普勒回顾阿基米德和柏拉图时，17 世纪其他显赫一时的作家们，诸如罗伯特·弗鲁德，却从包括亚姆伯里库斯、伯尔斐里、尤其是炼金术著作在内的大批希腊文献中获取观念。

有鉴于我们的主题的宏大性并且对于这个主题的许多方面都必须作详尽的分析，这里就只能尝试最宽泛的说明，而且，这种说明，在许多方面，也只是临时性的。我们必须从与涉及希腊人如何看待他们所从事的研究这样的实质性问题相关的术语问题出发。尽管对于科学的多种多样的分支，我们自己的大多数术语都有希腊的渊源，或至少希腊的语源，但希腊人关于不同知识门类之间的界线的观念与我们的截然不同。我们的“数学”和“物理学”这两个词的希腊词源都是非常一般的术语。ta mathemata——源于 manthanein, 意思是“学习”——不仅适用于我们应该称之为“数学研究”的那些东西，而且普遍适用于知识的任一分支。我们发现它在公元前 4 世纪被柏拉图用于算术（logistike）、平面几何和立体几何、天文学以及辩证法。希腊人的 physike 也比我们的“物理学（physics）”宽泛得多，它涵盖了对自然的全部研究，并且在古代世界中，对于它和 mathematike 之间的关系人们有着不同的观点。因此，在最先对不同研究领域进行系统区分的亚里士多德那里，mathematike 与 physike 的不同在于，尽管物体包含了体、面、线、点（这些是 mathematike 的主题事物），但数学家们却是把它们从物体中抽象出来进行研究的。亚里士多德称光学、和声学与天文学是“更为物理性的数学”，因为，比如光学，就是把数学线条作为物理性的东西进行研究的。Physike 本身是对自然客体本身的研究，而自然之被界定则依据运动与变化的能力。我们所知为其《物理学》的那部著作包含了对各种原因的一般性讨论，同时研究了一般意义上的运动以及时间、空间、连续性、无限性等问题。在诸如《论生灭》、《论天宇》等著作里，他思考了诸如物质的终极成分、它们的合成与混合的方式等现在大致被我们的“物理学”和“化学”所覆盖的问题。在亚里士多德或任何其他古代作者那里，决不存在一个对应于我们的“生物学”的单独的术语。亚里士多德的动物学论文，例如《动物研究》和《论动物的生成》，按他的看法，属于 physike。

希腊人没有任何与我们的“科学”本身严格相应的术语。自然科学的主题事物为 peri physeos historia（关于自然的探究）一词所涵盖。在其他语境中，通常被译为“科学”的希腊语词是 episteme, 字面意思是“知识”。对于绝大多数古代作者来说，关于自然的探究构成了 philosophia（哲学，爱智）的一部分，而绝大多数古代科学家也都认为自己首先并且主要是哲学家。他们认为他们的探究有益于善的生活，也为了消极的理由，因为，正如斯多葛学派和伊壁鸠鲁学派所主张的，对自然的某种理解对于获得心灵的安宁和摆脱迷信的恐惧是必要的。无论柏拉图还是亚里士多德（以及许多其他古代作者）都认为智能是人的最高目标，尽管对于智能由什么构成、它在多大程度上涉及详尽的自然研究他们意见不一。可是，其他从事我们所谓的科学研究的人却并不把自己视为哲学家，而是视为 mathematikoi（数学家）或医生或“建筑师”或工程师。因此，生物科学里的许多重要工作是由医学实践者完成的，并且，这些人中的某些有意将真正的医生与哲学家之间的差异缩减到最低程度（当盖伦写了一篇论“最好的医生也是哲学家”的论文时他就是这样做的），而其他人却强调了哲学家理论的思辨性质与他们所描述的医生的既可试验又能检证的技术之间的对比。

古代科学家的经济的、社会的和意识形态的框架与现代的情况有着深刻的差异：诚然，科学或科学家本身在古代社会中毫无位置。尽管也有像亚里士多德的吕克昂和亚历山大城的博物馆那样在合作的基础上筹划和开展项目研究的地方，但大多数古代科学家却独自工作，并且得不到任何个体赞助者或公共机构的支持。诚然，这几点在不同程度上也适用于中世纪和文艺复兴早期。然而，科学在后来两百年里的迅速成长反映出有关其角色的信念发生了根本的变革，特别是，科学把握着物质进步之命脉的观念日益重要。将理论知识应用于实践目的的观念在古代显然闻所未闻，它远没有知识本身就是目的的观念来得突出，物质进步的观念的重要性也微不足道。然而，某些古代科学观念的影响在指导科学工作的某些目标或期望发生巨大的变化之后很久依然存留着。

假如我们为便于阐述，在那些宽泛的名头之下，首先讨论数学，然后物理学和宇宙论，最后生命科学，那么就决不会假定这些现代的范畴与古代的严格对应了。相反，判断每一位作者的作品必须首先且主要参考他自己如何看待他所从事的探究的性质。

当伽里略在其私人通信里指出他假定了他的读者有良好的几何学基础时，他说他希望他们对欧几里得、阿基米德、阿波罗尼乌斯和托勒密已经作过透彻的研究。这里的前三位的确是传世的希腊数学家中最显赫的名字。但他们各自的贡献的性质却截然不同。欧几里得的代表作，撰于约公元前300年的《几何原理》，代表了早期几何学或一系列数学家的工作的一次综合，这些数学家中的某一些，诸如柏拉图的同时代人和同伴克尼多斯的欧多克苏斯，显然比欧几里得本人更具原创性。正如我们已经提到的，《几何原理》作为初等几何的一种系统化，它的非凡成功导致早期著作的失落，前欧几里得数学的许多方面及其与哲学的关系也就晦暗难明了。不过，我们能够根据柏拉图、亚里士多德以及更晚的作家，尤其是《几何原理》本身的古代注释者们的材料再现其特征中的某些特征。

将希腊数学与埃及或巴比伦数学区别开来的主要是严格论证的运用。我们关于前欧几里得几何学的证据表明，首先，论证的主干于公元前 5 世纪或公元前 4 世纪被确立了，其次，在其系统化方面也取得了某些进步。尽管在许多情形中，例如那条以毕达哥拉斯的名字命名的定理，在几个可能的方法中究竟哪一个最先证明了这条定理，是不确定的，但是，在另外一些情形中对于这类问题却能得到某些具体的信息。例如，从阿基米德那里我们知道，圆锥和圆柱的体积与棱锥与棱柱的体积之间的关系的定理，是由德谟克里特发现却由欧多克苏斯最先证明的。显然，欧多克苏斯还在别处使用了——诚然也可能是他发明的——穷竭法，这种方法依据的是欧几里得《几何原理》（10，1）所陈述的命题以及希腊数学中最有力的技术之一。欧几里得《几何原理》第 5 卷中有关比率的一般理论——通常被视为《几何原理》中最精彩的部分之一，并且也是古代和后继时代频繁解释的主题——也应归功于欧多克苏斯。当对于比率的兴趣追溯到希腊数学的真正开端时，欧多克苏斯理论的伟大优点在于它既适用于可公度的量值，也适用于不可公度的量值。

欧几里得的《几何原理》显然不是撰写原理性著作的第一次尝试。当亚里士多德指出原理乃是可以引申出其他命题的原初命题时，他告诉了我们公元前 4 世纪的数学是如何使用“原理（elements）”一词的。欧几里得的最重要的古代注释者普罗克鲁斯报道说，第一个撰写《原理》的人是开俄斯的希波克拉底（公元前5世纪末），而公元前4世纪的阿库塔斯和泰阿太德等人则“增加了定理的数目并作了更科学的安排”。在描述欧几里得与这些早期工作的关系时，普罗克鲁斯说，他“把诸原理放到一起，收集了欧多克苏斯的许多定理，完善了泰阿太德的许多定理，并且为那些已由前辈做过不太严格的证明的命题提供无可争议的论证”。《几何原理》里不多的一部分定理和论证很可能是欧几里得自己的发现。他本人的主要贡献毋宁与这些材料的系统编排相关。这无疑也是早期《原理》作者们的目标，但欧几里得的书却在极为突出的程度上达到了这一目标。从某些确定的根本前提出发，进入命题的论证，再依次解决日益复杂的情形中的结构问题，这整个过程就是一大群定理的一种极有条理而又连贯的呈现。

《几何原理》的当下的和长期的影响是双重的。首先，它是被用作初等几何的教科书，并且被公正地称为空前成功的教科书。直到19世纪，学校里的几何教科书还严格遵循欧几里得的讲解，并且在许多例子中沿袭了他的证明。

其次，作为方法的典范，《几何原理》也是重要的。它比任何早期的希腊科学著作都更为充分地示范了公理性的演绎体系的观念。当我们说论证的运用是希腊数学的特征时，涉及证明概念的发展的主要证据却来自于哲学家们。无论柏拉图还是亚里士多德（尤其突出）都研究了证明的性质与条件。特别是亚里士多德，他强调，并非所有的真命题都能够被证明，证明的起点是一些本身不可证明但已知为真的原理，他还区分了三种这样的原理，即定义、公理和假设。欧几里得也区分了三种类型的第一原理，其中两类与亚里士多德的严格对应，即定义与“共同意见”（等于亚里士多德的公理：亚里士多德的公理的例子之一在欧几里得那里作为共同意见的第三条又重新出现了，即“相等者减去相等的量仍然相等”）。他的第三种第一原理，即“公设”，不同于亚里士多德的假设，它们有别于定义之为被界定对象的存在（或不存在）的前提。欧几里得五个公设的前三个是有关实现某些几何结构的可能性的假定（例如，“从任一点到任一点划一直线”），后两个则假定了有关几何结构的某些真理，即所有直角都相等，不平行的直线相交于一个点。因此，共同意见是适用于整个数学的自明的原理，而公设则是支撑着欧几里得几何学的基本几何假设。

欧几里得关于公理体系的形式与基础的一般观念，同亚里士多德在其研究一般推理的语境中所阐述的那些观念有着明显的亲和性，尽管我们无法确定这些相似性在多大程度上归因于直接的影响，或者说，欧几里得在多大程度上仅仅因循和发展了早期希腊数学家中间已经流行的观念。然而，如果说亚里士多德为后来的作者提供了一种有关公理体系的结构的清楚的说明，那么正是欧几里得提供了有关数学知识体系构造的实践中所应用之观念的最早的范例。无论我们转向诸如阿里斯塔库斯的论文《论太阳和月亮的体积与距离》、阿基米德的《论球体和圆柱体》或《论平面的均衡》，或托勒密的《光学》那样的古代著作，或诸如乔达努的《论重量的测算》（*De Ratione Ponderis*，约1250年）、布拉德华丁的《几何学研究》（*Geometria Speculativa*，14世纪）、塔塔格里亚的《新科学》（*Nova Scientia*，1537年）那样的中世纪和文艺复兴时期的著作，甚或牛顿本人的《原理》（*Principia*）以及其他许多例子，系统的陈述首先是公设和定义，然后是要论证的定理——它们都沿袭了一个由欧几里得最初设定的范例。

在他所采用的几个具体的定义、共同意见和公设中，欧几里得对那些已经有争议的问题发表了自己的立场。例如第 7 卷中他对单位（借此每一存在的事物都被说成是“一”）和数（由诸单位组成的一个系列）的定义表明“一”不被当作一个数。这里，欧几里得与某些后欧几里得数学家之间的差别不仅仅是习惯的问题。在欧几里得那里，“一”根据涵义本身是不可分的：在第 7 卷的算术中，分数是作为数之间的比率或比例来处理的。要理解这一观点的背景，我们必须再次转向哲学，回到公元前 5 世纪爱利亚学派的巴门尼德和芝诺提出的“一——多”问题。欧几里得似乎可能已经受到了由柏拉图所报道的这类论辩的影响，因为他说，某些数学家不允许对“一”进行划分，“免得它不再显现为一，而成了许多部分”。如果“一”是可分的，那么它同时就变成了“多”：要避免这一明显的矛盾，它必须被界定为不可分的，而数列因此也被视为由诸不可分的单位构成的而非一个无限可分的连续系统。

关于平行线的第五个著名公设的背景较为复杂。亚里士多德的一段话表明，公元前 4 世纪有关平行问题的数学理论面临循环论证的责难，因为他注意到，那些认为他们能够构作并行线的数学家们无意识地假定了一类如果并行线不存在它们就不可能被证明的事物。欧几里得的立场截然不同，因为他在《几何原理》第 1 卷“定义 23”界定“平行”时，采用命题“不平行的直线相交于一个点”作为公设。某些古代作者，包括托勒密和普罗克鲁斯，已经试图证明这一公设，并且正是对这个问题的攻击最终导致了诸如 19 世纪罗巴切夫斯基和里曼等人的非欧几里得几何学的发展。没有任何证据表明欧几里得或任何其他希腊几何学家曾展示过这类几何学的可能性，但应该注意到，欧几里得的《几何原理》不仅是公理的体系，而且也是明确的假设的体系，因为至少它以一系列公设和共同意见为基础，而这些公设和共同意见却包括了某些他明知已经受到其他希腊思想家质疑和否认的命题。另外，尽管在古代以及文艺复兴时期，对欧几里得没有证明平行假设的批评屡见不鲜，但在较晚近的时代——由于在非欧几何方面的探索——欧几里得在以它为基础建构起来的几何学的语境中将它作为一个公设的智能却得到了承认。

构成欧几里得之后的希腊纯粹数学的是两个最高层次的创造天才——阿基米德和阿波罗尼乌斯，以及一大群比他们略逊一筹的出色人物，诸如希帕库斯、希罗、墨涅劳斯、托勒密、狄奥梵图斯、帕普斯和普罗克鲁斯，有关他们的材料多寡不一。阿基米德现存的数学论文包括算术（比如《数少者》）和几何，从相对初级的《论圆的测量》到诸如《论螺线》和《论抛物体面积的求法》那样比较高深的论文。正如我们已经指出的，这些论文的陈述风格主要是欧几里得式的。阿基米德从相关假设的陈述出发，然后进到对一系列定理的有序的论证，与欧几里得不同并且主要由于他自己的工作，阿基米德能够认为几何学中许多基本定理的证明是理所当然的。

他的论辩方法，无论归谬法的普遍使用还是特殊的穷竭法的使用，也都遵循并建立在欧几里得的方法之上。当欧几里得——比如确定一个面积——将其使用限于内切的逐渐增大的正多边形时，阿基米德却同时使用内切的和外切的图形，就好像在被测量的弯曲的图形上压缩它们。然而，原理是一样的：其面积将要被求证的那个图形能够在这样一种意义上被“穷竭”，即它与内切的或外切的图形之间的差别可以随心所欲地变小。阿基米德方法的一个更惊人的原创方面是，把力学观念（诸如杠杆原理）应用于几何问题。如是，通过将一个平面图形设想为由一系列无限接近的平行线构成的，然后又认为这些线条是由一个已知面积的图形中的同一长短的相应线条来平衡的，他就依据那个已知的面积寻找想要的面积。然而，带着希腊人特有的对于严格的强调，他在其《方法》中指出，这不是证明的方法（无疑因为它依赖于无穷小），而只是发现的方法，所以他又运用还原和穷竭法对于他用力学方法所发现的有关抛物线弓形面积的定理，给出了一种严格的几何学的证明。尽管他用这些方法发现了那种面积的定理，但是他却通过表明这面积既不大于也不小于同底同高的三角形的 4/3 证明了这一定理。

阿基米德的程序在两个方面因为预示了微积分而受到高度赞扬，首先是《方法》中无穷小的运用（在那里，面积与体积被认为是分别由它们的线和面的元素构成的），其次是在确定面积和体积时应用了穷竭法。比如在《论抛物体面积的求法》中，抛物线面积定理就是把一个无穷系列（亦即 n 项加上一个尽可能小的余值的系列）总和起来而获得的。严格地讲，还没有一个希腊数学家使用过微积分，因为这取决于对无穷系列的限制概念——一个希腊数学完全陌生的概念——的严格定义[1]。不过，阿基米德的程序，虽则不依靠一种普遍的可求积分性理论，实际上却等同于积分，因为它们从中产生出现了现在可由那一

1 诚然，两个量之间的差异在其中可以随意减小之穷竭法，一般说来，乃是避免积分的一种方式。

过程来获得的个别结果。《方法》直到本世纪初才为人所知晓，但他的其他几何学论文自中世纪以来直到17世纪却发挥着巨大而又不断增长的影响，人们关注的焦点也逐渐从初阶性的著作（《论圆周的测量》在13世纪就已经被研究得很多了）转向较为高深的著作。例如伽里略，作为一个详尽地注释了《论球体和圆柱体》的学者，他还频繁使用了诸如《论螺线》和《论抛物体面积的求法》那样的著作，而在那些最终促使牛顿与莱布尼茨发明了微积分的人中间，无论卡瓦里哀利还是托里斯利都把阿基米德作为他们研究极微分几何学的起点。

阿基米德和其他人关于圆锥截面的研究工作为佩尔吉的阿波罗尼乌斯（约公元前210年）所推进，他的《论锥体》尽管不像阿基米德的论文那样众所周知，却在文艺复兴时期被视为希腊数学的杰作。最初被认为分别是锐角锥、钝角锥和直角锥之截面的椭圆、双曲线和抛物线，在阿波罗尼乌斯之前已经知道可从一种锥体中产生出来，然而，正是他从面积的应用中引申出它们的标准的希腊名字，并且在《论锥体》里对它们的性质作了详尽的、在许多方面是决定性的分析。原书共8卷，但只有前4卷以希腊文幸存下来，接下来的3卷是阿拉伯文译本，而最后的第8卷却遗失了。孔芒蒂诺于1566年出版的第1—4卷的拉丁文译本尤其影响深远。而第5—7卷主要是从帕普斯的《数学文集》中的摘要而为人所知的：某些作者，例如曾于1614年跟伽里略通信的桑地尼，哀叹这些卷次没有一种拉丁文译本，尽管1661年终于出了一种。阿波罗尼乌斯在17世纪的重要性可以从这样一个事实来判断，即无论是维爱塔还是费马都试图重构他那遗失了的作品，维爱塔有《论切触》（载其成于1600年的《阿波罗尼乌斯·卡鲁斯》一书中），费马有《平面轨迹》(*Plane Loci*)。在晚些时候，牛顿和爱德蒙得·哈雷（他于1710年编辑了第一个希腊文版本）还在研究阿波罗尼乌斯，并且，尽管笛卡尔的曲线几何代数化导致对阿波罗尼乌斯的兴趣的衰微，但这种兴趣又被19世纪的数学家以及诸如庞塞雷和宙滕那样的解释者复活了。

尽管主要是通过阿基米德和阿波罗尼乌斯，希腊数学赢得了它在15到17世纪所具有的声誉，但是其他成果也在被人知晓与研究。比如，希腊三角学（包括球面三角）的历史最远至少追溯到公元前2世纪的希帕库斯（尽管他的数学著作未能保存下来），并由墨涅劳斯承续（他于1世纪末撰成的《球面三角学》尚有阿拉伯文译本传世），但人们主要是从托勒密的《天文学大成》或晚期希腊的解释者们那里了解到它的。通常方法上存在差异，因为希腊人不用正弦、余弦等等，而用弦和弧，但他们为把握这些而发展出来的技术却在天文学里有重要的实际应用。最后，对于希腊代数学的基本资料书之一的狄奥梵图斯的《算术》的认识，在西方可以追溯到15世纪。他的等式分析提供了符号之引入希腊数学的主要范例：一般说来，希腊人在逻辑学中比在数学中使用更多的符号。16世纪西蒙·斯蒂文给狄奥梵图斯《算术》一书的前四卷作了一个拉丁文释义，这构成了他自己的《算术》一书的续篇，并且他还宣称狄奥梵图斯支持了他自己的数之为连续的量的观点。

纯粹数学作为希腊人的一个突出成就已为世人所公认，而其另一个成就则在于将数学应用于物理问题，在那里，正如在纯粹数学中，严格的论证又一次成为目标。在古代不同时期尝试这类应用的有主要领域不少于5个，即声学、光学、地理学、静力学和天文学。天文学为我们提供了最重要的研究案例，但在我们转向它之前，有必要对其他例子作些解释。

有三点需要特别注意：（1）希腊原始资料的丰富性，（2）这几个领域内方法论争论的证据，以及（3）希腊对后来作者的影响程度。如是，声学的历史可以追溯到早期毕达哥拉斯学派对简单和声的比率的研究，而除了诸如被归于欧几里得的《乐音的分割》（*Sectio Canonis*）那样几篇导论性论文以及阿里斯托克塞努斯的《和声学原理》和伯埃修斯的《音乐的结构》（*De Institutione Musica*）中所收集的重要资料之外，在托勒密的《和声学》和波菲里对这本书的注释里我们尚有大量的论文。在光学和反射光学方面，现存的材料甚至更为丰富：除了其他作者中的大量的独立段落之外，我们还有一些专题论文，其中欧几里得、亚历山大城的希罗、托勒密和亚历山大城的塞隆的最为重要。与描述性的地理学相对的数学的地理学，始于前柏拉图时期有关地球形状的争论，包括确定地球大小的一系列尝试（最早见于亚里士多德的记载），后来则由托勒密的《地理学》为代表，此书极大地依赖于诸如埃拉托斯特奈斯和希帕库斯那样的早期作者，并且一开始就系统地阐述了诸如经线与纬线对地球的划分以及地图的制作原理等问题。最后，尽管力学的某些领域，尤其是动力学，可以作为希腊人没能提出一种定量性、数学性的现象分析之范例加以引证，但是，在其他领域，例如静力学和流体静力学，他们却极为成功地做到了这一点。初级的静力学始于被归于亚里士多德名下但可能是他的一名学生写的论文《论力学》，而这方面的代表作则不仅有阿基米德的杰作之一的《论平面的均衡》（它与《论力学》中的动力学进路相反，对于杠杆原理给出了一种纯粹几何学的证明），而且还有后来的希罗和帕普斯的著作；而在流体静力学中，阿基米德的另一篇著作《论浮体》，乃是一系列与复杂的物理现象相关的定理之严格的几何学证明的卓越范例。

在某些情形中，对于经验主义者与理性主义者在有关理论与观察的关系问题上的基本的方法论争论，古代的文献提供了直接或间接的证据。比如在声学中，柏拉图在《理想国》的一个众所周知的段落里让苏格拉底坚决主张，这是一种数量关系的研究，从而与他的某些前辈和同时代人的观点截然对立。苏格拉底轻蔑地提到了那些“测量他们所听到的和声与声音”以及“在这些听到的和声里寻找数”而非研究它们本身的比率的人。这两种对立的方法论一再被提到，例如在阿里斯托克塞努斯和托勒密的《和声学》里，阿里斯托克塞努斯说，他的一帮前辈“认为感觉不准确而加以拒绝”并“虚构了理性的原则”，而他本人则强调“对于音乐科学的学者来说，感官知觉的准确性是一种基本的需要”，托勒密却反过来批评阿里斯托克塞努斯是一种放错了地方的经验主义偏见。

一般说来，古代理论家都被截然分成两个阵营，一方坚决主张和声学、光学等都研究理想的、数学的关系，相对于这些关系而言，现象必然是不可靠的指南；相反，他们的对手则强调感性材料的优先性，而把可以用数学表达的规律仅仅视为从中抽象的结果。双方都可能、也的确都宣称要“拯救现象”，但这一口号掩饰了对于那些现象的地位与有效性所持的不同观点。托勒密的《光学》提供了人们更信任可从数学上确定的关系而非经验的材料的一个著名的例子。他的论文（现存的只有一个从拉丁文译本转译的阿拉伯文本），因为同时描述了肯定基本的反射原理的实验和研究不同媒介物的折射的实验而特别值得一提。然而，尽管没有任何理由怀疑托勒密亲自进行了他所记载的这些研究，但是很显然，在陈述其结果时，他作了调整，使之吻合于他所假定但没有阐明的普遍的折射规律，亦即，$r= ai-bi^{2}$[1]，这里，r 是折射角，i 是入射角，a 和 b 是常数，取决于折射在其间发生的具体媒介物。

我们已经提到的这些工作对于中世纪和文艺复兴时期的影响是相当复杂的，但是希腊科学的每一个领域都具有一种重要的、在某些情形中又是持久的影响。这甚至适用于某些看起来可能最没有前途的方面。例如，开普勒曾使行星之间的间隔可以依据音乐的音程来说明的古代观念适应于太阳中心论体系，那种观念可以在托勒密的《和声学》里找到，而关于后者，开普勒在他自己的《宇宙的和谐》(*Harmonice Mundi*)里专门增加了一个批判性的附录。

从现存的抄本来看，很显然，一大批光学、静力学等领域的希腊著作，或者是希腊原文或者是拉丁文译本，自 11 世纪以来还是可以得到的，尽管并不一定广为人知。有时，古代著作直接被人模仿。某些中世纪的论文，尤其是在静力学或“有关重量的科学”中，不仅严格遵循古代的模式，而且干脆号称是由诸如欧几里得或阿基米德那样的古代作者所作，并且在某些情形中，我们所拥有的 11 或 12 世纪的抄本是不是真正的希腊著作的问题，仍然颇有争议。更经常的是，我们所讨论的与其说是摹本，不如说是对古代观念的广泛同化。比如中世

1 这比假设 i/r 为常数更准确，但没有现代正弦的定律准确；据此定律，在两个介质之间的折射角中，入射角的正弦与折射角的正弦的比值为常数，这一概念系源自 17 世纪荷兰人斯奈尔及其他学者的著述。

纪有关光学的大量论文就是这样，它们讨论了反射原理、虹和许多别的问题，所有作者——诸如12世纪的格罗塞特斯特，13世纪的罗吉尔·培根、佩康、维特洛和弗里堡的西奥多里克——都或者直接或者间接地通过诸如阿儿哈尘那样的阿拉伯作者从希腊著作中获益非浅。格罗塞特斯特、培根和佩康全都引用了在《论反射》（*De Speculis*）的标题之下的伪欧几里得的《反射光学》，而托勒密的《光学》曾相当详尽地为培根所引证，同时，托勒密的折射表在维特洛的著作《透视学》（*Perspectiva*）中也被复制了，其中增加了一些内容，但没有表示任何谢意。一部分中世纪动力学著作很少归功于希腊的观念[1]；然而在这里，一种最初的刺激也是由亚里士多德《物理学》和《论天宇》中的某些段落提供的——早在13世纪阿奎那就已经反对亚里士多德的某些见解，这些见解在14世纪又受到了越来越严苛的批评，著名的有奥瑞斯美。

当物理科学终于完成了更有原创性的工作时[2]，某些初级的古代论文的影响就被那些更高级的著作取代了。阿基米德的静力学和流体静力学在16世纪的重要性是个明显的例子。就流体静力学而言，在阿基米德与斯蒂文之间还没有任何真实的进展，甚至没有任何系统的讨论，而斯蒂文在《流体静力学原理》（1586年）里明确地将阿基米德作为他的模范。在静力学与动力学里，亚里士多德——一般假定他为《论力

1　支持动力理论的古人（斯特拉东、希帕库斯以及菲罗波努斯）著作，布里丹无一得见，尽管他们的一些论证通过阿拉伯语的译文间接地为人所知。

2　在一些相对不多见的情况下，某些研究在中世纪即已开始；这些研究并非或几乎完全未得益于希腊科学。一个值得注意的例证就是对机械的研究——始于贝特鲁斯·贝雷格里努斯的短论（1390年），吉尔伯特的《论机械》（*De magnete*）是为机械研究的顶峰。

学》的作者——最终遭到了塔塔格里亚（在《新科学》里）、伯奈德蒂（在《反亚里士多德和所有哲学家的对称运动方位论证》里）和伽里略的日益广泛的抨击，尽管伽里略自视为“柏拉图式”的阿基米德传统的支持者。

从古代人那里学习这些领域中的最基本的一课——即对物理现象进行一种理想的、数学的分析——在整个 16 和 17 世纪仍然具有核心的意义。正如从伽里略的著作中可以看到的，这一进路的有效性在他那个时代和在古代一样争讼纷纭，为了替他自己的方法辩护，他频繁地求助于阿基米德的例子。比如，在他早期的著作《论运动》（*De Motu*）中，当他捍卫自己的方法并反驳那种认为他假设了本性上不可能的东西的指责时，他引证了“超人”阿基米德先前的态度，并且当他晚年与巴里亚尼通信讨论这个问题时（1639 年），他再次援引了阿基米德。

在古代世界中，数学方法之成功地应用于解释物理现象的最重要的早期范例是天文学。关于诸如天体的相对距离与构成、日月食的原因等问题的思辨，可以追溯到最早探索自然的公元前 6 世纪的米利都学派。从亚里士多德关于地球的位置与形状的讨论中我们知道，在柏拉图之前某些毕达哥拉斯主义者已经将地球从宇宙的中心移开，他们主张那里应该由一团想象中的中心火所占据；但是显然，无论他们还是任何其他公元前 5 世纪或前 4 世纪初的理论家都没有试图对天体的运动在数学的精确方面作出解释。

第一个作这种解释的荣誉归于欧多克苏斯（他在数学上的工作已经谈过了）。通过假定所有的行星、太阳和月亮都是由若干同心球推动的，他不仅能够说明我们所谓的由地球绕轴周日自转和地球绕太阳周年公转所造成的现象，而且还能够对行星的位置与逆行以及它们在纬度上的运动给予某种解释。每一颗行星的最低的两个球的混合运动产生了一种几何图形（马蹄形或 8 字形），当这种图形被加到携行星沿黄道运行的第二个球的运动上时能够接近于诸行星周转的环状运动。尽管到欧多克苏斯的时代，对于太阳与月亮的运转周期已经作过十分准确的估计，但是关于他自己在多大程度上详尽观察了行星的运动过程，仍属于猜测。然而，他似乎将特殊的价值同时赋予了他的各个球体的运转周期和它们的轴相互倾斜的角度，从而阐述了一种全面而又精确的理论。在那个时候它的重要性并无夸大：我们说过，这是一个简单的几何模型解释了某些高度复杂的现象的第一个杰出的范例，从那一刻起天文学被视为论证性科学的最好的实例。不过，欧多克苏斯的各种具体的理论（相对于他的研究方法）对后来的希腊天文学的影响是短暂的。尽管他的同心球学说为卡里普斯所修正，以便解释某些例外，并且亚里士多德还把这个数学的模型转化成物理的术语，可是，它接着就被其他的几何学解释取代了。欧多克苏斯本人的著作已经佚失：现在我们只是从亚里士多德和某些后来的注释者那里去了解他，诚然，欧多克苏斯的体系仅在 19 世纪被详尽地再现过。

公元前 3 世纪与前 2 世纪，希腊天文学产生了两个值得一提的新事物，阿里斯塔库斯的太阳中心论以及——对古代人来说远为重要的——阿波罗尼乌斯的本轮和离心圈模型。要理解阿里斯塔库斯的理论背景，我们必须提到他的某些前辈。正如已经指出的，亚里士多德转述了一种将地球挪出宇宙的中心并视之为行星之一的毕达哥拉斯主义的理论。不过，尽管这不是地心说，却也不是一种日心说，因为太阳也环绕这不可见的中心火。而且，这一理论也并非作为某些天体的运动的一种详尽的说明而造。后来柏拉图在《蒂迈欧篇》的一个晦涩段落里提到了地球的“旋转”，而这无论在古代还是在后世都被认为是意指地球围绕地轴运转。这个问题仍有争议，但显然，柏拉图进一步假定了恒星的轨道也在运动。地球绕轴周日旋转的观念在公元前4世纪得到了检证，因为亚里士多德的注释者辛普里奇乌斯把“地球处于中心并在天宇静止时旋转”的观点归于本都的赫拉克里德斯。但正如这一证据所表明的，赫拉克里德斯依然假定了地心说，并且他究竟在多大程度上尝试了一种详尽的天文学理论也值得怀疑。

因此，尽管16和17世纪的日心说者经常宣称他们的观点已经为某些古代天文学家所预示，但是周日轴转与太阳中心性的结合在阿里斯塔库斯本人之前并没有被发现；作为阿里斯塔库斯稍微年长的同时代人，阿基米德自然是我们了解其理论的原始资料来源。现存阿里斯塔库斯唯一原创性的著作是他的论文《论太阳和月亮的体积与距离》：因为其对那些问题的纯粹几何学处理而偶然引起人们的注意——对于月亮的直径阿里斯塔库斯采用了一个极不准确的值并且显然没有兴趣为距离做真实的估计——但是它没有提及日心说。尽管我们没有阿里斯塔库斯本人的陈述，我们仍然能够从阿里斯塔库斯所涉及的理论中确定这样一些根本的假设:（1）太阳处于中心，（2）太阳与恒星保持不动，（3）地球绕太阳运行，对此还必须加上（4）地球绕轴周日旋转。然而，尚存疑问的是，阿里斯塔库斯究竟在多大程度上依据其一般假设详尽解释了个别行星的运动。

但是日心说是否被详尽地阐述出来的问题却在古代世界遭到了彻

底而一致的否认。诚然，我们注意到，只有一个古代天文学家——塞琉库斯（公元前2世纪）采纳了它。日心说被拒斥的理由相当复杂，并且在天文学圈子之外还有各种宗教的因素，尽管这些因素在古代的作用比之国定的基督教会于16世纪最终拒斥日心说时要小得多。但仅就古代天文学家而言，这一理论被认为面临三个主要的物理学和天文学上的反驳，哥白尼后来重新一一讨论过。首先是来自亚里士多德自然位置学说的论辩，最为托勒密等人所强调：既然一切有重量的物体都自然地向地球中心运动，那就必须假定地球是宇宙中所有有重量的成分的重力中心。其次，大家都承认，如果地球服从于周日轴转，那么地球表面上的某点的速度必然极快，这将对物体在空中的运动产生明显的影响，然而，没有任何诸如此类的影响被观察到。第三，天文学的主要反驳是星体视差的明显缺乏，亦即从地球轨道上的不同的点来看诸星体的位置没有任何变化。对于第二和第三个反驳，古代天文学家显然作过可能的回答。对于第二个反驳的最初反应是，大气与地球一道运行，尽管至少托勒密认为这一回击不够充分。针对第三个反驳，阿里斯塔库斯采纳了这样一个假设，即地球轨道环绕太阳的圆圈与恒星圆圈的比率等于一个球的中心与其表面的比率，这就是说，恒星是无限遥远的，当然，这时候不会有任何星体视差。然而，这些反驳累积起的影响足以削弱作为一个整体的日心说。

从公元前3世纪晚期以后，有助于人们不快地接纳日心说的另一个主要因素是，一个似乎为全面解释天体的所有运动提供基础的交替性模型的有效性。这就是成对的本轮与离心圈模型，最初由阿波罗尼乌斯提出，后来在古代天文学的两大综合体系——公元前2世纪的希帕库斯和公元2世纪的托勒密的体系——那里也都有所应用。这两个模型既假定了地球处于宇宙的中心，又假定了诸天体表面上复杂的轨道可依据简单、齐一的圆圈运动的结合予以说明。或者，天体被想象为在一个其中心本身沿着另一个以地球为中心的圆圈（“输送者”）的周边运行的圆圈（本轮）上运行。或者，天体被假定为沿着一个其中心不与地球的中心重合的离心圈的周边运行。另外，阿波罗尼乌斯本人很有可能承认并论证了这两个模型的几何学上的等价性，也就是说，他已经表明，如果获得适当的参数，那么对于每一个离心圈系统人们都能够建构一个会产生严格相等的结果的本轮系统。如果真是这样，那么离心圈模型与本轮模型之间的选择在任何具体情况下都取决于哪一个模型提供了更为简单的解释，亦即哪一个更易于从数学上加以把握。

这两个模型使一大批天文现象能够极为简便地得以解释。一个简单的例子是四季的不等性，亦即太阳沿着黄道运行的不等性。对于四季的长短，公元前4世纪就已经作过十分精确的估计。然而，如果某人假定太阳环绕一个其中心远离地球的圆圈的周边运行，那么齐一的圆圈运动的学说就能够得到保留，并且用来解释的资料比之任何以同心球为基础的理论（如欧多克苏斯的）要简单得多。这里还有一个与太阳中心性—地球中心性的对立问题不相干的例子。无论在这里还是在月亮理论中，显然都必须假设离心圈或本轮，这一事实无疑强化了这样一种观点，即这两个模型也可适用于诸行星，诚然，在那里，通过一个简单的本轮模型，由静止与逆行现象所带来的难题可以轻而易举地得到解决。

本轮与离心圈模型在古代天文学中的优势与成功不应使我们感到

意外。诚然，人们发现修正是必要的，模型的应用也变得日益精致。希帕库斯在多大程度上修正了这一理论难以确定，因为他的大多数天文学著作已经佚失（类似于阿波罗尼乌斯），并且要重构他的贡献就不得不主要依靠托勒密，他的《天文学大成》遮蔽了几乎所有早期著作，除了某些专门的论文和一般性的天文学导论是例外。然而，托勒密本人还是将几个新的概念引入了天文学理论，特别是"方位"学说和后来所谓的"均衡"学说。在评价托勒密的天文学（通常被视为不可容忍的复杂）的过程中，首先，我们必须充分重视他着手解释的某些材料的复杂性。这尤其适用于他的月亮理论，在那里，他同时运用了"均衡"和方位学说，当然，也是在那里，他对太阳中心性的拒斥却是不切题的。其次，在判断古代人对于本轮与离心圈基本模型的固执态度时，我们应该认识到这两个模型在参数的选择上——例如，本轮的平面与"输送者"的平面之间的角度，或者，那些圆圈的幅度之间的关系——所呈现出来的灵活性[1]。最后，我们不应该忘记，托勒密本人充分意识到许多问题依然没有解决，某些还很严重，并且和亚里士多德一样，比起后来那些宣称要追随他的人来，他更不像个独断论者。

1 有如我们所指出的，尽管物理学上的论据在托勒密对地球具有任何运动的拒斥中起着重要的作用，但在别处，他明显未意识到其针对本轮的大小及月亮的圆形轨迹所选择的参数表现出的物理学上的异议——例如，月亮在其远地点视直径与其近地点直径之间的区别（据其理论）应近乎翻倍地变化。在这一点上，如同在《天文学大成》中普遍见到的，托勒密主要关注的是给出一种数学上计算，一种可以计算天体运动的方法。但是，他最终目的是给出一种解释，此种解释是为一种数学计算，不仅准确，而且在物理术语上同样正确明晰，尤其是在其《行星假设》中，他把天体轨道描绘成球面带并将其运动归因于自身的生命力。

尽管许多荣誉属于他的前辈，但是《天文学大成》中本轮与离心圈模型在天文学问题上的细致应用必须被列为希腊科学最伟大的成就之一。

托勒密体系的颠覆长久以来被视为“科学革命”最典型的历史证据。尽管投入到这一论题上的注意力有时不甚相称，但至少不再为隐含在通常用来指与传统决裂的“哥白尼式的”这一短语中的那类过分简单化辩解。翻译《天文学大成》始于12世纪末，特别是1175年克莱蒙纳的杰拉德的译本。如果说在13世纪托勒密最终被公认为天文学的最高权威，那么这多半归功于他的占星术论文（《论四分》[Tetrabiblos 或 Quadripartitum]）的声望，此文译得比《天文学大成》早但同样频繁。但那时天文学家至少普遍承认本轮与离心圈模型优于在亚里士多德那里找到的同心球模型。因此，在其撰于1262年的《行星理论》(*Theorica Planetarum*)中，诺瓦拉的康帕努斯紧紧追随托勒密，为了捍卫他自己的著作，居然宣称，任何想要攻击它的人必先攻击托勒密，而且，他自己的天文学模型是“以托勒密的无可辩驳的论证为坚实的基础”的。

尽管托勒密的体系最终大体上得到了承认，但仍有人怀疑其中的某些方面，例如春秋分按岁差向前运行的现象，对此，有几个作者相信有必要援引被归于塔比特·本·曲拉的黄道振动学说来纠正托勒密的理论。14世纪末，奥瑞斯美甚至提出许多论据，以表明不可能用经验证明天体都有圆圈运动而地球没有，纵然他自己得出结论说：“然而，人人都强调，我本人也认为，天体都在运动但地球不……我作为消遣或智力练习所说过的话能够以这种方式作为一种有价值的工具，反驳和制止那些想通过论证责难我们的信仰的人。”

就哥白尼本人来说，他与托勒密的关系的密切性现在得到了充分的承认。首先，《天体运行论》（*De Revolutionibus*）直接仿照《天文学大成》依次呈现材料。其次，当哥白尼引证新的天文观测资料时，他一般接受托勒密的那些记录，即使他自己也有所怀疑（因此后来他受到开普勒的严厉谴责）。第三，也是最重要的，哥白尼所用的基本的几何模型，即本轮与离心圈模型，恰好就是托勒密运用在其地心说体系里的那两个。诚然，在这一点上，哥白尼试图回到这两个模型的更纯粹的型式上去。他反对托勒密不仅固执于地心说，而且偏离了齐一运动的假设。对于哥白尼来说，无论均衡学说还是方位理论，都违反了基本的原则，按照这一基本的原则，天体的运动都应该依据规则的圆圈运动的结合来说明。因此他攻击托勒密的月亮理论，其根据就是，它使明显规则的本轮的运动变成了“实际上不规则的”并且与“既定的原则发生冲突”。在地球运动这一关键问题上，哥白尼也不少援引古代权威，他以赫拉克利特、埃克梵图斯、希科塔斯、斐洛劳斯的形式支持他的论辩。诚然，现在我们知道——就像梅朗克松，在《天体运行论》面世后六年，即 1549 年，才试图驳斥它——哥白尼也注意到了阿里斯塔库斯的理论，尽管我们只能猜测，因为他并没有提到阿里斯塔库斯。

这并不是要否定哥白尼的工作的重要性，他不仅为日心说提供了一种清楚的陈述，从而开启了一个多世纪中始终是天文学探究之核心的讨论，而且成了对待古代权威的一种崭新的、更为批判的态度的象征。然而，从希腊人，中经阿拉伯人，到《天体运行论》，天文学理论有一种本质的连续性。哥白尼之后，这一传统的衰微最终被加快了，这不仅由于新材料的积累（第一部引用借助望远镜所获得的观测资料的重要著作是伽里略 1610 年的《星际使者》（*Sidereus Nuncius*），但在此之前泰科·伯拉赫的记录为开普勒提供了实质性的材料），而且还因为新宇宙模型的设计：这里开普勒 1609 年对行星椭圆形轨道的论证标志着与公元前 4 世纪以来弥漫于天文学思辨中之圆圈运动假设的决裂。

然而，如果开普勒是站在古代天文学传统之外，那么他仍然把自己视为古代思想中另一股倾向——柏拉图和毕达哥拉斯的数学哲学——的支持者。今天，他之为人所知主要是因为三条以他命名的行星运动规律：（1）行星轨道都是以太阳为一焦点的椭圆，（2）连接一行星与太阳的直线在相等的时间里扫过相等的面积，（3）诸行星周期的平方等于它们各自与太阳平均距离的立方。然而，假如他把《天文学大成》说成是过时了的，那么我们已经指出他仔细研究了托勒密的《和声学》，并且终其一生都在强调行星之间的数和距离遵循有关五个规则的"柏拉图式的"形体的几何学。六行星（土星、木星、火星、地球、金星、水星）之间的间隔分别相应于立方体、四面体、十二面体、二十面体和八面体的内切球或外切球的比率，并且，在他眼里，这些比率与行星运动规律一样都是他归之于柏拉图的那句格言"神总研究几何学"的例示与证明。

希腊天文学理论影响了探讨诸如元素等问题的宇宙论和一般物理学理论，同时其本身也受到了它们的影响。考虑了希腊人曾尝试过严格的数学解释之物理科学的某些领域后，我们现在必须转向某些其他的领域，在那里，他们的进路更多地属于哲学而非数学。从关于自然的探究的真正开端起，希腊人就产生了无比多样的宇宙论学说。我们已经提到了前苏格拉底诸学派原始资料的残篇性质所造成的那些难题，对他们的观点很大程度上不得不依据后来的希腊作者，尤其是亚里士多德和亚里士多德的注释者们的报道予以重构。然而，由于亚里士多德经常长篇大论他的前辈，那么任何仔细研读过亚里士多德的人都会因此而被引入到一大批早期思想家中间，并且，主要通过这些资料，13 世纪以后的人们才认识到了希腊宇宙论的丰富性。尽管我们的证据不足，但很显然，在前苏格拉底时期，诸如世界是永恒的还是生成的、有一个世界还是有多个世界的问题都已经被明确提出，同时在元素问题上也发展出了各种一元论的和多元论的学说，诸如万物起源于水或气或土、水、气、火，或者起源于诸如肌肉、木头或金子那样的天然物体。

作为第一个坚决主张信任理性而非感性并拒斥“多”和“变”的思想家，巴门尼德的哲学极大地影响了后来公元前 5 世纪所有的宇宙论思辨，尤其是公元前 5 世纪末最负盛名的物理学理论——原子论。最早的希腊原子论者留基波与德谟克里特，假定只有原子和虚空存在。自然客体之间的差异最终全都基于组成它们的原子的形状、排列与位置的变更来予以解释。原子的数目无限并散布于一个无限的虚空中：虚空将原子分离开来而且使它们运动。尽管每一个别原子——像巴门尼德的“一”或“存在”那样——都是非生成、不可毁灭、不可变更、均匀同质、不可分的，但虚空存在的假设却使原子论者能够恢复“多”和运动变化（后者依据原子的结合与分离来理解）。

这样一种理论主要是反思巴门尼德所遗留下来的各种难题的结果，而非依赖于甚或得到经验材料的支持。尽管德谟克里特对于可感性质给予了详尽的论述（比如用尖利有角的原子来说明辣味和酸味），但各种型态的原子论与连续统理论之间的争论——无论在公元前5世纪还是后来——关键在于提出能够支持或反对物质的无限可分性的论证。如是，亚里士多德报道说留基波或德谟克里特以两难的形式提出来的很可能是一个富有原创性的论辩。如果我们假定一物体始终是可分的，那么让我们进一步假定它就这样被分下去。然后还剩下什么？我们不能说是一个量，因为一个量就可以进一步被分下去。然而，如果不是一个量，那么组成这物体的要么是点，要么什么也没有，而这两种情形又都是不可能的。因此我们必须断定物体不是无限可分的。尽管亚里士多德本人拒绝这一结论，并且强调物体只是潜在地而非现实地无限可分的，但是原子论的大旗还是被公元前4世纪末的伊壁鸠鲁重新举了起来——尽管与留基波、德谟克里特不同，伊壁鸠鲁本人的主要兴趣是伦理学，物理学研究仅仅被用来确保心灵的平静。在其他两个方面，古代原子论也采取了与柏拉图、亚里士多德针锋相对的立场，从而无论在古代世界还是在后来都成了反对古代宇宙论主流倾向的核心力量。首先，他们提供了古代有关无数世界的可能性与存在的最清楚的古代表述。据载，德谟克里特的学生梅特洛多鲁斯说过，在无限虚空中只产生一个世界正如在广大的平原上只长出一穗谷一样不可能。其次，无论留基波与德谟克里特还是后来的伊壁鸠鲁与卢克莱修，都或者含蓄或者明确地拒斥世界是目的或设计的产物。

尽管原子论的某些观念在伽利略那里就已经能够找到，但原子论的第一次大规模复兴还得等到17世纪中叶笛卡尔的同时代人和对手伽桑狄。伽桑狄谨慎地割断了与伊壁鸠鲁的神学的联系并重申神主宰宇宙，但另一方面又倡导回到他专意注释过的伊壁鸠鲁主义。然而，无论他们是否接纳原子论的物质观，许多17世纪的作者把古代原子论视为物质与运动是一切自然变化的终极原因这一根本原则的古代支持者。这一原则是一系列诸如笛卡尔本人、波义耳、霍布斯那样在其他方面分歧极大的机械论或微粒论哲学的共同基础。机械论在17世纪末占据了支配地位，从牛顿在其万有引力理论中倡导远距离作用原理在某些领域所招致的诽谤可以看出这一点。

在17世纪，原子论一般被理解为其古代的意义：对于希腊人来说，原子按其定义是不可分的。但是后来的“原子”理论有时除了名字之外，与古代原子论很少有共同点，因为它们偏离了古代原子论——无论是其公元前5世纪的形式还是其公元前4世纪的形式——的一个或多个根本信条。因此，道尔顿的原子论承认不同的基本实体，并且，既然原子无论在理论上还是在实践上都是分裂的，所以现代原子理论完全不是希腊人所承认的那种原子理论。留基波的学说是物质以不连续的微粒的形式存在这一观点的第一次明确的阐述，由此它可以合法地被认为是所有后来的物质结构不连续理论的典范。但另一方面，这些理论在内容上、在其所想解决的问题上、尤其是在建立它们时所使用的方法上显然存在深刻的差异。与此相似，尽管连续统理论的最成熟的古代倡导者斯多葛学派所提出的学说被奉为19世纪势能场概念的先驱，但语境的差异又是根本性的：斯多葛学派的物理学是一种以哲学的论辩为基础、不能用数学的词汇来阐述并且与实验证据无关的质的理论。

柏拉图的影响已经提过几次。尽管他的宇宙论对话《蒂迈欧篇》

在今天不如许多别的作品更受重视，但是在古代和中世纪的很长一段时期，正是由于《蒂迈欧篇》，他才为人所知晓。它所包含的理论涉及物质的构成（在那里柏拉图采用了原子论的一种变体）、人体解剖学和生理学甚至疾病的起因。不过，比这些具体理论更为重要的却是它们在其中得以确立的框架，其中的三个基本要素是神圣的工匠神（造物主）、永恒的理念和模仿它们的感性现象。尽管造物主并没有亲自制造物质，但它是神圣的、仁慈的、有目的的作用者，就其将秩序引入无序的混沌而言它创造了世界。

因此，《蒂迈欧篇》提供了一种关于自然的有力、生动的目的论解释——这种解释很容易为基督教的信仰所接纳——同时也融入了某些基本的存在论和认识论学说。理念是永恒、不变、非物质的模型，相对于它们，变化的生成世界必然是一个不完满的摹本。惟独理念能够被认识：感性现象至多是正确意见的对象。我们已经指出过这种认识论在物理科学中的某些应用。比如就声学与天文学而论，柏拉图在《理想国》里区分了感性现象的研究——必然只是大致接近于可用数学表达的理智的关系——和那些关系本身的研究。无疑，在柏拉图看来，有价值的是后一研究。的确，他的论述方式时时有可能（并且曾经）被认为是暗示了观察不仅低于理性而且全然无用。

当然，柏拉图主义在不同的时代代表了纷繁多样的信念，某些信念远远偏离了柏拉图本人。例如，由格罗塞特斯特和中世纪晚期哲学中的其他人所提出、并且经常与光学的特殊兴趣相关之光的形而上学，就是通过层层中介远远地从柏拉图主义中派生出来的。柏拉图的最重要的影响是在16和17世纪到来的，当时，诸如伽利略那样的人在反对亚里士多德主义时援引了他的名字。他被当作物理学数学化理想的代表，至少就其倡导以数学方法进入天文学与声学而言，这多少有点合理性。那些在数学的重要性上与柏拉图一致的人在其他问题上却截然不同于他的主张。例如，对于柏拉图来说感性现象至多是真意见的对象，但伽利略却强调必然的、确定的论证在物理学中的可能性，这样他就接纳了一种我们认为与柏拉图相左而与亚里士多德相近的观点。

柏拉图一般而言主要代表一种特殊的科学哲学，然而亚里士多德的影响，无论在古代还是在后来，都更为广泛和深入。首先是他的认识论与方法论在某些方面与柏拉图的形成对照。一方面他赞成柏拉图知识是关于形式的观点，但另一方面，对于亚里士多德来说，这些形式并非独立于殊相而存在的超验实体。注意力现在转向了殊相或个别实体本身，尽管不是从它们的特殊性的观点而是从它们所拥有的形式的角度去看的。在逻辑学论文里，他分析了证明的各种条件，并且表明了它是从不可证明的基本前提出发的演绎论证，亦即三段论，在此，他的模型常常是数学。然而，他在以普遍的或“绝对”已知的东西为起点的论证的方法与以“对我们来说”更为熟悉的东西（其性质在不同的语境里各不相同，但包含直接的经验材料）为起点的发现或学习的方法之间作了重要的区分。此外，他还把数学（以及第一哲学和神学）与物理学在准确性上进行了比较。数学的主题事物是抽象的，而感性实体（物理学的领域）却同时拥有形式与质料；数学本质上处理无条件地是真的东西，而物理学却关注“总是或绝大部分”是真的东西。

他的四因说——质料因、形式因、动力因和目的因——鉴别关于任何客体或事件（无论自然的还是人为的）所要考察的问题类型。因此，就自然客体而言，四因相应于对这样四个问题的回答，即，它是由什么构成的，它的本质特性是什么，产生了它的那一变化是由什么开始的，以及它适合什么目的或功能。物理学论文中所采用的程序是一种复杂的方法，一般是从主题事物的定义和所要解决的困难（aporiai）的陈述开始。在解决这些困难的过程中，他粗略地区分了对于论辩（logoi）的诉诸和对于事实（erga）或“现象（phainomena）”的诉诸，但特别的是，这后一术语所包括的东西按照主题事物而变化。在《物理学》对诸如时间和空间那样的论题的辨证讨论中，“现象”一般是共同信念（endoxa）的问题而非观察材料的问题。在其他地方，尤其是动物学著作里，后者显得格外突出。他显然既在理论上推举又亲自实践一种比柏拉图所曾允许的更为重视观察和经验研究的方法，但要夸大其归纳主义倾向却是极其错误的。

他所从事的研究领域是宏大的。当他在《物理学》中一般性地讨论了物理学本身的性质和诸如无限性、虚空、运动等问题之后，他又在《论天宇》、《论生灭》和《气象学》里提出了关于元素、元素的混合模式以及元素所形成的混合物的学说。他的元素理论依次与一种自然运动学说相联系，因为四元素中的两个，土与水，自然地向下运动，而另外两个，气与火，却向上运动，“下”和“上”就是依据朝向或远离地心——被认为是一切重物所趋向的点——的运动来界定的。他对比了自然的运动和受外在作用力强迫的运动，偶尔还评论了时间、距离、力、重量之间的某些均衡性。尽管这些论述影响深远，但亚里士多德并没有想让它们成为一种成熟的动力学理论：在每一种情形里，这些论述的语境并不是对运动规律的任何系统的探究（在亚里士多德这里没有任何诸如此类的探究），而是对诸如虚空的存在这样具体的问题的辨证讨论。

不过，亚里士多德还是将自然运动理论与自然位置理论联系在了一起。在《论天宇》中，他提出证据以表明地球是球状的，又静止地处于宇宙的中心。他的自然运动概念还在很大程度上导致他断言，“地球上的”四元素无论单独地还是联合地都不可能组成诸天体。四元素的运动是直线性的，而诸天体却永恒地（从而自然地）作圆圈运动。因此，它们必然是由第五种具有自然圆周运动性质的元素——以太（aither）构成的。他的广泛的动物学探索也因为他的灵魂学说而与他的物理学研究的其他部分相关。一切生物都是按照它们所拥有的生命机能而分化的，它们属于一个单一的从诸神向无生命元素扩展之存在的等级体系。

他的许多具体学说都建立在早期理论家的基础之上，每当他概括有关他所讨论的各种问题的“共同信念”时，通常都会系统地评论他们的观点。比如，恩培多克勒于公元前5世纪最先清楚地阐述了其他物理客体是由土、水、气、火组成的学说。这里，像往常一样，亚里士多德把早期的观点系统化并加以修正。他认为每一元素本身都能够被分析出两个基本的对立面，热或冷，干或湿，然后他就用对立面的相互更替来说明元素之间的转化，例如，冷为热所替时水（冷而湿）就变成了水汽（被视为气，热而湿）。在别处，尤其是在动物学里，无论他对于诸如出生与繁殖等问题的解决还是他的研究范围与方法，他都显得比通常更像个先驱。他对动物种类的详尽描述，其数目之多是空前的，并且，尽管他肯定不是第一个使用解剖标本的希腊人，但他却是第一个在这方面无所不用其极的希腊人。

这些范围广泛的探索之被联结在一起，不仅因为一种共同的方法论，而且因为某些关键性的学说，特别是形式对于质料的优先性以及目的因在自然中的作用。正如在古代世界和后来所公认的那样，他的物理学和宇宙论提供了一个异常融贯和全面的整体。因此，波义耳并非平白无故地在《怀疑主义化学家》（1661 年）中让亚里士多德主义的代表提米斯提乌斯把亚里士多德的观点比作拱门，在那里，“总体结构的坚实性与完整性充分保证了作为其部分的每一块石头的安全”。

然而，尽管是一个综合者和系统化者，亚里士多德并不像后人有时所理解的那样是一个独断论者。对于留下的难题以及进一步研究的要求的声明，在其《动物学》里尤其（尽管不是唯一地）习以为常。此外，他的观点无论在他去世后不久的那一时期，还是更晚些时候，都决非无可争议。无论塞奥弗拉斯图斯还是斯特拉东——他所建学校接续他的两位首脑，极有才干的原创性科学家——都在根本的问题上批评了他。而在公元前 4 世纪末和前 3 世纪，伊壁鸠鲁主义与斯多阿主义又同时提出了对立的物理学体系，尽管命运公认起伏不定，却也存活到公元 2 世纪。更晚的 6 世纪的亚里士多德主义注释家们有时截然对立，辛普里奇乌斯一般支持他以亚里士多德的观点来表述的东西，但菲罗波努斯有时严厉地攻击它，特别是诸如宇宙的恒久性以及有关自然的和外力强迫的运动的学说等问题。在后一问题上，菲罗波努斯在反驳他认为亚里士多德的论述所隐含的一般规律时预示了 16 世纪使用的某些论辩。特别是，他同时给出理性的和实验的根据来驳斥自由落体的速度与其重量成正比的观点，他先于伽利略一千多年就引证了两个重量悬殊的物体从同一高度下坠时所发生的事实。

然而，攻击甚至驳斥个别的理论是一回事，抛弃整个学说又是另一回事。尽管有对他的某些观念的批判和其他体系与此相对的吸引力，亚里士多德的物理学断断续续地支配了古代思辨思想之始终。例如，在公元 2 世纪，他的四因说同时被盖伦（他相信这应该追溯到希波克拉底）和托勒密所采纳，我们已经看到，托勒密的天文学融入了亚里士多德物理学的某些基本前提，尤其是自然位置学说。如果我们认识到亚里士多德的理论不仅是最全面的物理学体系，而且在许多情形中似乎都有最强有力的论辩和证据支持它，那么这种支配性也就不难解释了。例如，在物质理论的质—量对立这个大问题上，原子论者依据几何形状解释物理属性似乎过于独断，而亚里士多德依据热、冷、干、湿所作的说明有一种直接的优势，那就是，更接近于实际能够观察到的东西。

亚里士多德的物理学，最初以阿拉伯人为中介，一旦其绝大多数著作都有了拉丁文译本，就迅速在欧洲思想中获得了一种支配性的地位。13 世纪对他的观点的兴趣并没有因为教会在 1210 年至 1277 年的一系列谴责中对其某些学说的禁止而受到丝毫的削弱，反而可能有所促进。尽管批评与怀疑在那个世纪就已经有所表露，但削弱其整个体系的基础实际上却用了三百年时间。而对他的诸如动力学论述那样的薄弱方面的攻击，对地心说天文学的抛弃，以及有关元素与合成间的区别的根本问题的提出，全都有助于此。然而，甚至在亚里士多德主义作为一个整体不再是一股重要力量之后，他的观点在某些领域——

尤其是生物学——仍继续发挥着影响。在17与18世纪的预成论和后成论之间的争论中，后成论者C. F. 沃尔夫在其《生殖理论》(*Theoria Generationis*)中宣称，实验已经证明亚里士多德的观点（即新结构在胚胎中有一种真正的形成）是正确的，而亚里士多德的某些详尽的动物学描述，诸如关于胎盘在"平滑的鲨鱼"中的形成的著名论述，不得不等到19世纪中叶才被证实。

至此，我们已经讨论了那些自认为是数学家或（更通常地）哲学家的人的著作。然而，在生命科学中，许多重要的工作是由那些主要以行医谋生的人完成的。当然，也有例外，特别是亚里士多德在动物学中的研究和塞奥弗拉斯图斯在植物学中的研究；而且，在古代有关生殖与遗传的争论中，一种主要的理论，即所谓的泛生论——按照这一理论，身体的每一部分都被体现在种子里——最早可能就是由原子论哲学家德谟克里特提出来的。然而，在《希波克拉底文集》里发表论文的大多数匿名作者，以及希腊化时期和后来生物学领域中的多数主要人物，诸如希罗菲鲁斯、艾拉塞斯特拉图斯、卢弗茨、索拉努斯和盖伦，却是最早和最重要的医学实践者。医生们在其对哲学的态度上远不是一致的。但是在早期，有一些医生却选择了将医学与哲学同时在目标和方法上进行对比。比如，公元前4世纪托名希波克拉底的论文《论古代医学》的作者就攻击哲学方法侵入医学所造成的危害，并且宣称后者是一种具有确定的、以实验为基础的方法的实践技艺，无需任何必须依赖于宇宙论思辨的独断假设。

医学作者提供了丰富的有关希腊科学诸多侧面的信息资料，不过着眼于后来的影响，我们可以集中讨论两组文献:《希波克拉底文集》

里的论文和盖伦的著作。关于“希波克拉底”的影响的记载令人惊奇。我们所知道的《希波克拉底文集》由六十余篇匿名论文组成，主题、文体和年代都有相当大的差异。它们不仅讨论了病理、诊断、预后和疗法，而且还研究了生理学（人的构成）、胚胎学、妇科学、外科学以及医学伦理学。其中一部分是意义明确的整体，例如致医学听众（或外行）的讲演。但许多却是合成品、手稿或笔记，某些著作还出自多人之手。尽管绝大多数撰于约公元前430年和公元前330年之间，某些却是更晚时期的作品；尽管《文集》的主体部分可能是由公元前3世纪亚历山大城的学者汇集而成的，但其他匿名的论文却是后来增加的。

这部文集是一大批属于不同团体或学派并且通常代表对立的观点——不仅在病原学和疗法上，而且在医学本身的目的与方法上——的医学作者的作品。哪些作品出自希波克拉底本人之手，这个问题公元前3世纪末的古代注释者就可能已经开始讨论了，但至今依然争讼纷纭。我们能够得到的证据极为稀少并且多有冲突，现在尚无法确然地（甚或具有极大的可能性）表明哪一篇论文可能出自他手。然而，在缺乏坚实证据的情况下，现代学者，像其古代、中世纪以及文艺复兴时期的同行一样，有时仍然将那些他们自己评价最高的作品归于希波克拉底。

这部文集的异质性使得我们难以作出关于“希波克拉底的医学”的有意义的概括。从希腊科学的一般观点来看，除了已经提到过的方法论上的争论之外，某些论文所表述的因果观念是重要的：它们包括对所有现象都有一原因的强调，对原因与巧合的区别的隐然的承认，以及对疾病中超自然干预观念的明确的拒斥。我们还发现大量的生理学与病理学理论，尤其是那些以体液的重要性观点为基础的理论。比如，论文《论人的本性》提出了一个包含原初的四个对立面、四季、人的年纪的四阶段与四种体液这些相关项的精致的图表，其他著作则提出了其他的学说，但体液的数目、个性与起源却是无人不论的问题。最重要的是，许多著作都承认了观察在医学实践特别是诊断中的重要性。论文《论诊断》详细说明了如何检查病人的症状，而在已知为〈传染病〉的病历集里则记录了持久和刹那的观察。最后这一些为我们提供了观察在早期希腊科学中的某些现存最好的范例。

尽管《希波克拉底文集》中所发现的那些学说在公元前 3 世纪和后来经常遭到批评，但对希波克拉底的崇拜却与日俱增，并且在公元 2 世纪的盖伦那里达到顶峰。盖伦诚然意识到了“希波克拉底问题”；不过他主张大多数论文是名副其实的，那些不是希波克拉底作品的应为其弟子或助手所作，他们是其学术的可靠向导。于是他断定《论人的本性》的构架准确表达了希波克拉底的观点，并且他还将这一篇以及其他论文里的观点融入到他自己的学说中。

对于盖伦来说，希波克拉底无论作为医学实践者还是作为生理学家，都是至高无上的，这个看法影响巨大。因此当后来的希腊、阿拉伯和中世纪的作者把盖伦与希波克拉底树为模范与权威时，他们常常是透过盖伦的眼光来看希波克拉底的。但是，当盖伦本人在解剖学和生理学的声誉遭到诋毁时，希波克拉底的威望却依然如故，尽管现在的理由有所不同。16 世纪，临床学史的复兴者之一德拜娄把《传染病》作为他的典范，17 世纪，苏登哈姆与波儿哈维倡导回到希波克拉底去。

对于苏登哈姆来说，希波克拉底“将医术建立在一个坚实而不可动摇的基础之上”，亦即“我们的本性是疾病的医生”原则和“严格描述本性”的方法。这些人之敬仰希波克拉底，不在于解剖学和生理学，而首先是他对病人整体状况的准确观察，其次是医生无私地献身于患者的理想。这里，诚然，一种影响持续到了今天，因为仍有医学作者恰恰为这两个理由而召唤人们回到希波克拉底去，纵然他们也承认《希波克拉底文集》中所发现的很多东西已经被医学的进步所取代。

在亚历山大城建立后的一个世纪里，医学和生物学在诸如帕拉克萨戈拉斯（脉搏的诊断价值的发现者）、希罗菲鲁斯和艾拉塞斯特拉图斯等人的著作中获得了巨大的进展。后两者是最先解剖（或许还是活体解剖）人体材料的研究者。他们也是最早研究神经系统、鉴别神经本身并区分感觉神经与运动神经的人，而发现心脏的重要性并暗示动脉与静脉相互连接的荣誉就归于艾拉塞斯特拉图斯。然而，正如大多数希腊化时期的天文学都被托勒密所取代那样，希腊化时期的生物学甚至更为彻底地被后来的作者特别是盖伦所遮蔽。伟大的亚历山大城的生物学家们没有一篇完整的论文流传下来。在很大程度上，正是通过盖伦（他详细引用前辈的著作）他们的著作才自盖伦自己的时代起为人所知，而他们在生物学史上的影响也因此与他们的明显的原创性不相称。

尽管在稍早于盖伦的时期有一小部分著作留存下来，包括卢弗茨的初级《解剖学》、狄奥斯克里德斯的《论药材》（*Materia Medica*）和索拉努斯的《妇科学》，但除了“希波克拉底”，医学和生物学方面的其他主要的古代权威就是盖伦自己了。作为古代伟大的博学之士之一，盖伦对于包括逻辑学、伦理学和语言学在内的多门学科都有卷帙浩繁的撰述，尽管其医学之外的作品罕有留存。即使这样，在库恩的辑本中其现存的希腊文论文将近两万页，此外还得加上只以阿拉伯文本存在的其他著作。

他的医学著作涵盖了有关健康与疾病以及人体本性研究的方方面面。某些是导引性的著作；另一些则专门考察其他作者的观点，对“希波克拉底”的广泛注释就是个具体例子，盖伦对其权威给予了特殊的重视。尽管盖伦的物理学在很大程度上既归功于他在《希波克拉底文集》里所发现的东西，也归功于亚里士多德，他的心理学则受惠于柏拉图，但其著作的其他方面的原创性却不应被低估。他提出了一种复杂且多有含糊的生理学，辨别出肝脏、心脏和大脑分别是静脉、动脉和神经的源泉。他最终驳斥了普通希腊人所谓的动脉正常只包含空气的观点（艾拉塞斯特拉图斯支持这种观点）。然而主张肝脏制造了血液、然后发送到静脉与右心室，他就不得不解释血液又是如何到达左心室和动脉的，于是他暗示（部分依据静脉与动脉之间的毛细管的模拟）血液必定穿过了隔膜中的不可见的孔隙。这显然是错误的，然而，其一般生理学中的这些未解的难题在别的地方也有所暴露，例如，他必须说明肺动脉（“动脉状的静脉”）与肺静脉（“静脉状的动脉”）的特征，他对不同种类的 Pneuma（气或精神）——他认为它们要对生命的机能——起源的解释既动摇不定又含糊暧昧。可是，在更具体的生理学语境中，他的成就包括证明了消化管道的蠕动和胃在消化时的收缩——借助于动物的活体解剖。

然而，如果说在理论生理学中他的某些著作是不清楚的，或思辨的，或两者兼而有之，那么作为一个解剖学家他通常是超一流的，即使——与希罗菲鲁斯和艾拉塞斯特拉图斯不同——他不得不主要以动物体工作。在他的包罗万象的解剖学杰作《论解剖的程序》中，我们发现，他强调了解剖的实践，说明了如何克服复杂操作中的各种困难，告诫他的学生不要把工作委派给助手，并且多次重申细心与严谨的必要性。他本人作为一个解剖者的技艺在他为考察神经系统而作的活体解剖中显而易见，在那里，他做了一系列的实验，他把脊柱上的各个不同的点上的脊索或者完全切开，或者切开一半，以便发现每一操作对动物的生命机能产生了什么样的影响。然而，盖伦后来变的如此影响深远主要不是因为这类研究，而是因为他的系统的生理学，他的体液病理学，以及在诸如《论自然的机能》和《论诸部分的使用》等著作中对于解剖学本身之目的论解释的支持。诚然，后一篇论文——在一个著名而常被引用的段落中盖伦称之为“一本作为对我们的造物主的真实赞美诗来撰写的圣书”——明显专注于依次表明身体每一部分的有用的功能。

尽管后来的希腊生物学没有产生任何可与盖伦比肩的人物，但诸如奥里巴西乌斯（4 世纪中叶）、阿米达的阿埃提乌斯、特拉莱斯的亚历山大（两人均属 6 世纪）和埃吉那保罗（7 世纪）等人的现存的大量医学著作，表明他们仍保持了一个相当高的知识水平。然而，尽管研究并未完全停止，可这些作者的努力却日益专注于系统化并总结医学知识而非增加它。原创性的医学论文让位于整理、注释和医学百科全书，而这些百科全书随着时间的推移也变得越来越简明。盖伦就已经广泛使用的对于权威的诉诸最终优于并取代了证据和论证。

和古代科学的其他分支一样，医学的衰微，尽管在东方的希腊偶尔有所抑制，但在西方的拉丁世界却是急转直下，因为在那里，就一个方面而言，医学的地位远不如数学或天文学。初等算术、几何、天文学和音乐形成了“四高等学科”，它们与“三学科”（语法、逻辑与修辞）一起构成了罗马教育的基本课程，并且持续到中世纪初。而医学却不是这七门“文科”之一，而且，那些通俗的拉丁作家，诸如马克罗比乌斯、马尔提亚努斯·卡佩拉和卡西奥多鲁斯——希腊知识的片断通过他们才得以保留——极少以医学为其撰述的题材。不过，医生总是需要的：某种医术始终被实践着，医学教育也随着萨莱诺学院的建立而在西方复兴；这个学院10世纪时就已经以其医生而著称于世，同时也是翻译希腊和阿拉伯医学文献的最早的中心之一，著名的翻译家有11世纪非洲的康斯坦丁。自12世纪起，翻译的步伐加快了，而从13世纪开始，诸如希波克拉底的《格言集》、盖伦的《论医术》和《论治疗的方法》那样的著作，在各大学医学系的必修课程里占据了重要位置。同时，许多伪造的著作，包括有关“神迹”的书籍和占星术论文，也以希波克拉底或盖伦的名义通行。

大约到14世纪中叶，盖伦作为解剖学、生理学和病理学的杰出权威重新获得了支配地位，正如他在古代后期所享有的影响那样。但没过多久，各种支持盖伦的和反对盖伦的宗派就陷入了敌对与争论之中。帕拉凯苏斯之焚烧盖伦的文献在16世纪是戏剧性的，但其效应远不如维萨里乌斯对其理论的批判。他的攻击——既针对盖伦本人也针对当时的盖伦主义者——明确提出了盖伦的权威与第一手观察资料的相对价值的原则问题。他强调解剖的重要性（这的确与盖伦一样，尽管维萨里乌斯现在强调人体实验材料必须用于人的解剖学），并且指责医学专业人员逐渐相信“他们自己的并非无效的视觉和理性的力量”而非盖伦所写的那些东西。然而，众所周知，维萨里乌斯不得不努力使自己摆脱盖伦的假设，他后来对待“血液穿过心脏隔膜”学说的立场就表明了这一点。在《论人体构造》（1543年）第一版中，他接受了盖伦的学说，尽管他指出了“我们被迫敬佩造物主的勤劳”通过那些“躲避视线”的孔隙获得了这一结果，但还没等到第2版（1555年）问世他就表达了与这一理论的分歧。

盖伦的生理学被哈维的血液循环的论证所进一步削弱；不过在对待古代权威的态度上，哈维也是模棱两可。假如说在《论心脏的运动》（1628年）中对于希波克拉底、亚里士多德和盖伦，他经常引用并表明他的敬意，那么这并非纯粹为了避免与当时的盖伦主义者作对，相反，最主要的原因在于他相信那些作者提供了科学方法的典范，并且他共享了他们的目的论的生物学进路。此外，要将哈维著作中盖伦生理学的全部蕴涵普遍地实现出来，还需要很长时间。盖伦的影响在17世纪末（当时盖伦的医学遭到了莫里哀的嘲讽）依然巨大，他的著作在18世纪甚或19世纪的大多数欧洲大学里依然用于医学教学[1]，并且，和希

1 由是，在1713年，维尔茨堡医学系的章程规定，医学学位第二次考试应包括对希波克拉底的《警句》、盖伦的《论复原法》或《致格拉乌孔》中的片段的提问，这些片段应由毕业生从插入到每本书中的页边文字处选出。在1636年牛津大学的章程中（直至1833年未变），申请医学博士学位的人需要在阶梯教室做关于盖伦任何一部著作的六次讲座，或至少三次关于盖伦四部选集的报告，甚至于在1833年的新章程里，又对医学学士考试规定，“古代著作家（希波克拉底、阿莱塔埃乌斯、盖伦以及凯尔苏斯）——其中至少两位是每次考试的内容——应增加到所有考试中去”。

波克拉底主义一样，盖伦主义——被理解为一种在医学中具有构造模型意义的理论——直到本世纪始终是复兴的主题。

我们对于希腊科学的影响的概括必须被理解为处于我们提到过的限制条件之下：我们所能尝试的无非是一种非常一般的、并且在许多问题上只是临时性的解释。如果——以最宽泛的语词来说——西方科学的复兴首先取决于对古代文献的重新发现，然后依赖于对它们的批判，那么古代科学的失而复得在一个重要方面只是在第二阶段才完成的。中世纪对待古代文献的权威性的态度类似于古代晚期；对它们的批判审查，尤其在16和17世纪，更接近于古代主要的科学家们从事研究时所运用的原创精神。

在绝大多数研究领域，希腊、阿拉伯、中世纪和文艺复兴时期的科学之间有一种真实的连续性。从现代观点来看，我们能够主张希腊科学的主要缺点既不在于它们所考察的主题，也不在于他们考察它们所使用的方法，而在于科学工作在其中得以开展的社会的和意识形态的框架，特别是没能为科学的持续成长创造各种必要条件的这一方面。正是在这一点上，17和18世纪开始了根本性的变化，也正是在这一点上，分化出了现代阶段。当然，那现在看起来可能是古代科学的一个缺点的东西，往往是其本质的特征之一。我们可能会说，古代科学从未完全将自身从哲学里解放出来：可是，如果它不曾被视为哲学的一部分的话，人们根本就不会去探究它。

到了一定的时候，绝大多数曾支配了古代思想的具体科学理论都不可避免地被取代了。但是古代科学最持久的遗产在于它所阐述和例示的各种方法论观念，尤其是这样三种观念：（1）一个公理性的演绎体系的观念，（2）数学之应用于自然科学，以及（3）详尽的经验调查的观念。这三种观念各自被贯彻的方式与程度会令希腊人大吃一惊，而我们现在视它们为理所当然，以致很容易就忘记了它们都是古代世界中一种特殊的理智发展的产物。然而，当《希波克拉底文集》的作者们、柏拉图、亚里士多德、欧几里得、阿基米德、托勒密和盖伦等人的具体理论不再是科学讨论的中心之后很久，科学曾经，并且在某些方面现在依然受惠于他们——因为他们的关于科学探究本身的性质与方法的各种观念，也因为他们对其潜在性的最早探察。

Further Reading

Greek Science

Good editions and translations of most of the major extant works of Greek science are readily available, for example, T. L. Heath's *The Thirteen Books of Euclid's Elements* (3 vols., Cambridge,1908; Dover Books, 1956), *Aristarchus of Samos* (Oxford, 1913), *The Works of Archimedes* (Cambridge,1912; Dover Books, n.d.), and *Apollonius of Perga* (Cambridge,1896; Heffer,1961), the translations in the Loeb edn. of Plato (Cambridge, Mass., and London), and *The Works of Aristotle translated into English*, ed. W. D. Ross (Oxford). Greek medicine and late Greek science are, however, less well served. The best translation of the most important Hippocratic treatises is *The Medical Works of Hippocatics,* by J. Chadwick and W. N. Mann (Oxford,1950; Penguin edn., *Hippocratic Writings*, 1978) which can be supplemented by the four-volume Loeb edn. (ed. W. H. S. Jones). There are up-to-date translations of only a handful of Galen's works, for example *Galen, On Anatomical Procedures,The Later Books*, trans. W. L. Duckworth, ed. M. C. Lyons and B. Towers (Cambridge,1962); Ptolemy's

Syntaxis has been translated by R. Catesby Taliaferro (Chicago, 1952), and there is an extented commentary by G. Pederson, *A Survey of the Almagest* (Odense,1974); his *Optics* have been edited by A. Lejeune, *L'Optique de Claude Ptolemee*(Louvain, 1956).

A Source Book in Greek Science, ed. M. R. Cohen and I. E. Drabkin (2nd edn. Cambridge, Mass., 1958) contains a good selection of passages (though not on cosmology) in generally reliable translations, and has an adequate bibligraphy for the available texts and translations up to 1958.

The classic work on Greek mathematics is still T. L. Heath, *A History of Greek Mathematics* (2 vols., Oxford, 1921), that on Greek astronomy is O. Neugebauer, *A History of Ancient Mathematical Astronomy* (3 vols., Berlin, 1975). The most important general discussions of Greek science are S. Sambursky, *The Physical World of the Greeks* (trans. M. Dagut, London, 1956), O. Neugebauer, *The Exact Science in Antiquity* (2nd edn., Provindence R. I., 1957, Harper, 1962), M. Clagett, *Greek Science in Antiquity*(London, 1957), B. Farrington, *Greek Science* (revised one vol. edn., Penguin, 1961) and G. Saton, *A History of Science* (2 vols., London,1953—9). Most of the useful introductory books and some articles are metioned in the brief bibliographies in my *Early Greek Science, Thales to Aristotle* (London, 1970) and *Greek Science after Aristotle* (London, 1973), and there are useful collections of articles on Greek and later science in *The Roots of Scientific Thought*, ed. P. P. Wiener and A. Noland (New York, 1957) and *Scientific Change*, ed. A. C. Crombie (London, 1963).

Medieval, Renaissance, and Modern Debts to Greek Science

On the medieval period, modern scholarship may be said to date from P. Duhem's *Le Systeme du monde* (10 vols., Paris,1914—59) (see also his *Les Origines de la statique*, 2vols., Paris, 1905—6), although many of Duhem's views are now contested. G. Sarton's *Introduction to the History of Science* (3vols., Baltimore, 1927—48) provides indespensable biographical and bibliographical information, which can be supplemented by reffering to the articles in *the Dictionary of Science Biography*, ed. C. C. Gillespie (New York, 1970—8).

The following works provide excellent introductions to the subjects with which they deal (those with particularly extensive bibliographies are marked*): M. Clagett, *The Science of*

Mechanics in the Middle Ages (Medison,1959)*; M. Clagett, *Archimedes in the Middle Ages, vol. 1, The Arabo-Latin Tradition* (Medison, 1964); A. G. Crombie, *Augustine to Galileo* (2 vols., rev.edn. London,1959)*; E. J. Dijksterhuis, *The Mechanization of the World Picture* (trans. C. Dikshoorn, Oxford, 1961)*; E. Grant, *Physical Science in the Middle Ages* (New York, 1971)*; A. R. Hall, *The Scientific Revolution 1500—1800* (2nd edn. London, 1962)*; C. H. Haskins, *Studies in the History of Medieval Science* (new edn. London, 1960); M. Hesse, *Forces and Fields* (London,1961); T. S. Kuhn, *The Copernican Revolution* (Cambridge, Mass., 1957)*; A. G. M. van Melsen, *From Atomos to Atom* (2nd edn. New York, 1960); E. A. Moody and M. Clagett, *The Medieval Science of Weights* (Madison, 1952); J. Needham, *A History of Embryology* (2nd edn. Cambridge, 1959)*; O. Pedersen and M. Pihl, *Early Physics and Astronomy*(London, 1974); H. Rashdall, *The University of Europe in the Middle Ages* (new edn.,ed.F. M. Powicke and A.B.Emden, Oxford,1936); G. Sarton, *The Appreciation of Ancient and Medieval Science during the Renaissance* (Philadelphia, 1955).

第十一章　神话

S. G. 彭布罗克 撰　唐均 译

珀耳修斯和安德洛墨达，赫拉克勒斯和涅墨安之狮，勒达和天鹅——列举一些希腊神话的例子并不难，但要对这些独具特色的具体例子给出一个共同的定义却远非易事，甚至可能走入误区。有一种常常发生的语言现象是，两个词派生自同一词根却采用不同的词形，其中一词可能获得了引申的含义，从而被新词的意义所取代。譬如在英语中，“故事”（story）和“历史”（history）具有相同的词源，均源自希腊语“historia”一词，意为“调查”，这也是希罗多德著作的书名，不过在当时并不一定表示过去的甚至特定的人类活动。这个词的语义直到古代后期才有所限定，但从未有过贬义；然而在我们的语言中，把讲故事的人这一名目强加于历史之父，明显有害无益，片面强调希罗多德历史叙述中的不连贯因素——如果稍加仔细地阅读就会发现，掩盖在这种不连贯因素之下的是对主题词极其细致的选择和组织——不过这一名目从根本上说正是来自希罗多德自己的作品。正如阿奎那所说，词源不等于词义。通过“神话”这个希腊词（mythos），我们可以在一定程度上发现语义的转变过程。在最早的希腊文献中，该词的意义仅仅是指“话语”（speech）或“表达”（utterance），已经被列为“行为”（action）的反义词，正如“logos”（此词在话语的含义上最终取代了 mythos）在修昔底德时代的含义与“事实”相对一样，这两组词分别表示理论与实践。也许还应该注意的是，“logos”一词本身绝不仅仅限于一种简单的用法，因为该词的用法后来经历了一段引人注目的演变过程，它先是作为斯多葛学派的宇宙原理——后来又在《福音书》中被圣约翰解释为与上帝同在的实体。

作为“话语”这一特殊含义，“mythos”逐渐被新的术语所取代。希罗多德的先行者，米利都的赫卡塔埃乌斯，在其作品之开篇就将他要陈述（这里使用了动词形式 mytheitai）的对各种事物的见解对比其他希腊人给出的观点（logoi）。他明确告诉我们，两者的区别并不在于后者更具理性，而在于他自己的见解就是他所笃信的真理，而其他人的观点则纷繁庞杂，荒谬可笑。另一方面，品达将“mythoi”同谬误并列，并与真正的“logos”对立，尽管这还需要详加论述，他却直言不讳这样具有蒙骗性，甚至导致邪恶。希罗多德时而称他的著作是完整的论述（logos），时而又分之为相互独立的“logoi”，但他明确把大洋河环绕世界的传统描述以及埃及人试图将赫拉克勒斯用作人牲的故事看作“mythos”而加以否定。关于大洋河，他补充道，这种描述超出了正常调查的界限，使用“故事”一词可能更为贴切。具有讽刺意味的是，这早于修昔底德所提出的著名论断，修昔底德声称他对希腊史的记述优于以往的任何著作，不管是诗歌形式的还是散文形式的，他所记述的伯罗奔尼撒战争史也具有永恒的价值：散文作家们所使用的普遍流行的传统记述可能经受不住严格的批评，但在时间的长河中要胜于“虚构的成分”，修昔底德也清楚，其作品缺少讲故事的因素（to mythodes），对那些不甚勤勉的读者来说势必会变得没有吸引力。到了柏拉图，“mythos”和“logos”两词实际上已经完全对立了：我们给孩子们讲的故事是假的，因为这些故事并非字字准确（形容词“pseudes”并不能把虚构和谎言区分开来，奥古斯丁却可以区分“ficta”和“mendacia”），但是两者都包含一定的真理——这说明故事需要加以解释，但是他并没有暗示如何着手。

此番对词汇用法的简单考察，虽然难称全面，而且略显吃力，但却足以表明“myth”在过去二百年间的流行用法——还原为单数时就是一种普遍的抽象概念——表示一种思考方式，属于人类社会史前时代心理发展的特定阶段或者特色，是古人并未预料到的一种引申义，不过当然并不因此失效。

要使“mythos”与故事的对等得到承认，还必须进一步说明，以防误解。如果讲故事可以同更为严肃的研究相对立的话，那就是说讲故事所选取的主题随心所欲，不相连贯：一系列故事，无论是主题还是人物都互不衔接，那就根本不能算是艺术，只能算是莎士比亚笔下波顿无尽的梦。而希腊神话的主题却毫不随意，而是严格地甚至（在某一阶段不易精确定位）按时间顺序来划界的，远远不是什么只言片语的堆砌，就像神话之外的另一个系列——伊索的动物寓言一样，希腊神话具有异常的连贯性，至少是内在的连贯性，直到古代晚期仍是希腊人历史观至关重要的一方面。

接下来是一个更大的问题：希腊神话和当时的世界到底有多大联系。荷马在《伊利亚特》中一再强调，其中的人物角色不仅不像当时的人，而且更为优越：一个人能够单手举起那么大的一块石头，而那块石头在今天合两人之力也举不起来。不过，荷马并未如此叙述特洛伊战争：阿喀琉斯的愤怒在战争的第十年只是一个孤立事件，而奥德赛返回伊撒卡也只不过是要在以后的几十年浏览整个希腊世界。希罗多德迈出了关键一步，他首先简要列举了“波斯”方面对希腊人同蛮族之间冲突根源的看法——从公元前5世纪的希波战争直接追溯到伊娥、欧罗巴和海伦的被诱拐——希罗多德对此加以否定，因为公元前6世纪上叶吕底亚王开始了对希腊人的侵略，而在此之前并无先例。

承认神话和历史之间的间断性，这是历史研究成为可能的前提。抛开显然没什么历史重要性的世界观不说，斯多葛学派比以往任何哲学家都更重视偶然性的意义，认为任何个别事件都有其原因，而每个原因都在一个连续的链条中受制于其先行要素，一个没有原因的个别事件足以摧毁整个宇宙。虽然从某种程度上说这也是走向科学时间观的必要前提，但如果将其机械地应用于人类活动，就可能出现任何偏差，甚至导致一种荒谬的结论——15世纪在罗马风行一时——即土耳其人在1453年摧毁君士坦丁堡重演了希腊人摧毁特洛伊城带来的失衡状态。古代的希罗多德暗中对神话与历史所作的区分，后来变得更加明朗甚至有所夸大。罗马的古文物学家瓦罗就沿袭希腊人将过去一分为三的做法：模糊时期（从人类出现到第一次大洪水发生）、“神话时期”（从洪水时期到第一届奥林匹亚运动会［Olympiad］，从公元前776年开始进入了历史时期。这种历史分期法其实不像看表面那样武断和没有根据，对希腊神话的定位大致是准确的，至少对英雄神话的定位是准确的。对神灵诞生的叙述无法与英雄世代相提并论，而是属于完全不同的时间范畴（而英雄世代是计算前奥林匹亚时代的日期的唯一一种可用的方法），不过也有一些例外，譬如狄奥尼苏斯，其母塞墨勒就是凡人，而且先他而去。

据希罗多德所说，是赫西俄德和荷马记述了希腊版的众神诞生传说，并赋予他们名号，区分他们各自的司职和专长，甚至描述出他们的长相。这种看法在今天看来似乎没有当时那么矛盾，因为已知的希腊文献中没有更早的叙述，不过，在荷马史诗记述众神诞生这一点上，必须多加说明，因为荷马史诗只是附带提到了众神的诞生（这里值得注意的是，荷马凡是涉及前特洛伊战争的事件，几乎毫无例外地限定在人类前两代人的范围之内）。赫西俄德《神谱》是一篇更有系统的论述，这在现存完整的同类作品中是独一无二的。不过应当强调的是，该书作者并没有任何官方立场。他在《田功农时》中说自己在优卑亚喀尔基斯岛上举行的安腓达马斯丧礼运动会上得奖，这不仅说明《神谱》可能是因此而创作的赞歌，也可能不是，但却巧妙地象征了他在希腊文学中作为一个成功的竞争者的地位：相反的观点，比如后来的克里特的埃皮摩尼得斯所持的观点，并没有像修昔底德说的那样"胜出"，尽管优先性后来也成为这个过程的一个因素，但如果诗歌没有和当时的观点大致兼容，那就无法解释它最初的成功（他明确宣称，是缪斯神在赫利孔山上现身并把权杖授予了自己，但是很显然，亵渎神明的革新在这点上得到的支持是有限的）。如果排除后人对诸神的变更，或是根本不考虑各类不同观点的释义，无论是赫西俄德的叙述还是荷马笔下的零星记述都难称权威，因而并未排除后人对众神的增添，也没有永远阻挡别人提出不同的论述，希罗多德认为上述两位诗人奠定了希腊神话的基础，事实上这种奠基更多地是预示未来而不是规定未来。

类似的情况也发生已知最早的英雄主义神话记述中——瓦罗三段分期法中的第二段。神灵与英雄之间的鸿沟有时变得模糊不清，比如宙斯惩罚阿波罗到非神非英雄的凡人阿德墨托斯家里提供一段时间的服务，又比如他同海神波塞冬一起屈尊于突如其来的苦工，为特洛伊国王拉奥摩东修筑城墙，而且未能得到自己应得的报酬。更多的情况下这种关系是正式的。因为父或母是神，许多英雄也都是半神。多数情况下父亲是神，有时候是身为神灵的母亲垂青于身为凡人的父亲，最为著名的例子大概就是埃涅阿斯，他的父亲安希塞斯受到阿芙洛狄忒垂青，此外还有很多无名的宁芙仙女爱上了凡人。不过这些是极少数，大多数的情况都是父亲是神，母亲是人。正如荷马史诗所述，神灵的介入常常只是纯粹的人类活动之外的一个额外的维度（例如当雅典娜将力量和勇气赋予狄奥米得斯），所以在神谱中，身为神灵的父亲介入一般不会导致单亲家庭的出现，并且也不会阻止母亲拥有一个身为凡人的丈夫，这样也不至于使孩子有母无父。因此，宙斯虽然是赫拉克勒斯的生父（genitor），但安菲特里翁却是他的父亲，并且事实上已经娶了他未来的母亲阿尔克摩涅，这使宙斯再也没有令人信服的理由去假冒父亲了。希罗多德很奇怪珀耳修斯没有父亲，因为宙斯化作金雨占有了珀耳修斯的母亲达娜厄，目的是使赫拉克勒斯这一代成为整个家系希腊化的转折点，而希罗多德本人则有一个极其异端的观点，认为达娜厄的父亲阿克里修斯是埃及人。

在现存的古典文献中，神话在很大程度上是通过简要的引述保存下来的，要追溯一个特别主题的发展轨迹和论述的变化，就需要对史料仔细整理。此外，文献研究者们都有一个司空见惯的经历，他们经常被感兴趣的非专业人士问到有关希腊神话的问题，他们发现自己不仅不能回答那些问题，而且从来没想过那些问题。古罗马时代的提比略皇帝经常对文法学家们盘根问底，于是就产生此类的尴尬局面：赫库巴的母亲（或者问涅斯托耳的妻子）是谁？海上女妖们唱的是什么歌？通常这些问题有一种临时的、不过经常流于简单的回答，那就是一本神话学手册——“神话学”这个字眼模棱两可，而且用法不明，因为其后缀 -ology 不仅表示“某种科学”（比如“psychology”[心理学]），而且也指“某种系列”（比如“anthology”[选集]）。古代流行着很多诸如此类的神话学手册，其中仅有少数流传至今，最有价值的无疑当推阿波罗德罗斯写于帝国时期的著作《文库》。这部著作的特殊重要性不仅在于它的全面性和综合性，也不仅在于他面对各种传说往往根据名字引用比较早期的史料，而且在于它的组织方式，从众神的诞生开始，然后根据严格的神系顺序叙述各个英雄世代：首先是大洪水的幸存者丢卡利翁的子孙，其中包括他颇负盛名的孙子艾奥鲁斯，其次是伊娥的后代，最后是阿特拉斯家族的庞大谱系。《文库》用单独的一部分记述了雅典诸王，最后大致记述了雅典人提塞斯的英雄事迹——这点一直被认为具有无与伦比的价值，直到 1885 年才有所改变——以及特洛伊战争和希腊人返回家乡。

这些神话学手册少有通俗易懂的，虽然充分记述了希腊神话中的主要事迹——阿哥斯水手之旅、赫拉克勒斯的十二壮举、猎获卡吕多诺斯野猪和忒拜神系——但《文库》一书只适合查询，而不适合连续阅读，原因是经过总结的大量情节不可能一口气理解，而且长长的神谱也不可能通过迷宫般的叙述为现代的读者提供什么引导。不过这确实是早期作品的特色。人们早已熟知一些早期的希腊散文作家基本上也采用了同样的模式，比如雅典的斐雷库得斯、莱斯沃斯的赫拉尼库斯。近来更有一点变得毫无疑问，那就是最早的散文作家都有一个诗人先驱，这位诗人的《妇女名录》大概写于公元前 6 世纪，现已发现四百多块残片，作为拥有神仙母亲的英雄名录，该诗被附录于赫西俄德《神谱》的末尾。这一名录并没有诗歌那么耀眼，但仍不失为一个重大成就，因为它明确地提出了一元化的构思，并非常成功地将庞大的希腊神话简化为一个秩序井然的结构，该结构包括三个主要家庭，每个家庭在特洛伊战争之前都不超过七个世代。这三个家庭进而联姻和个体的迁移（从希腊世界的一部分迁移到另一部分）而互相联系在一起，还有值得注意的就是，除了非希腊人，该名录尽力合并已知的所有相邻民族的个体祖先：伊娥的后裔不仅包括克里特人，还包括祖族同名的腓福尼克斯、阿拉伯人和埃及人，这些民族分布在安纳托利亚的南北海滨。类似的广泛性也反映在吕底亚国王的家族谱系中，其中坎道罗斯被视为赫拉克勒斯的后裔之一，更为惊人的是，一个谱系将波斯人的名祖定为希腊人珀耳修斯和安德洛墨达之子——令人吃惊的是，这两个谱系都出自那位将自己的作品主题定为希腊人和蛮族人之间的冲突的作家——希罗多德。

希腊神话的这方面特点当然没有最大限度引发后代人的想象力，

而是提出了有关其起源的重大问题：神系的背景不一定和它的混杂性质有关，就像半人马和西伦一样，但是说到达娜厄的后人从他们多情的亲人那里逃走的故事，神系背景的因素是不能排除的。希腊神话的这方面特点也反映了希腊人对他们英雄主义历史的态度。在柏拉图对话录的著名一段中，苏格拉底曾问智者西比阿有哪些特长在斯巴达最为抢手。听到西比阿说斯巴达人无心研究天文学，其智商也不足研习数学后，苏格拉底便猜测修辞学和语言研究可能更受欢迎，但斯巴达人似乎对这些也一无所知：他们唯一想听到的就是"英雄和凡人的家族，古老的城市如何建立——他们喜欢一切陈年旧事（archaeologia）"。西比阿还承认，自己之所以在这方面有所造诣，完全是因为这是斯巴达人的嗜好（柏拉图:《大西比阿》，285D）。

有足够证据表明，斯巴达的欣赏口味在整个希腊世界都很普遍，因为将英雄与凡人联系起来，有助于用神话的过去确证希腊人向海外扩散开辟的新殖民地，至少从公元前6世纪开始就有一种一贯的传统，认为小亚细亚的希腊城邦由来自皮洛斯的流犯——先在雅典作短暂停留后——建立于特洛伊战争前后。人们有时也认为这具有一定的历史真实性，但更多的是舆论宣传：我们从一篇铭文中知道，公元前5世纪时米利都上层公民的名字明显具有"美塞尼亚"特色，比如克里斯封忒，而此时美塞尼亚早已被斯巴达占领很久。[1]涅斯托耳父子向波塞冬献祭的场面虽然出现在《奥德赛》的末尾，但对任何需要攀亲认祖的人来说仍然是炙手可热的。诸如此类的舆论宣传源源不断，在希

1 参见 R. Meiggs and D. M. Lewis, *A Selection of Greek Historical Inscription*, No, 43。

腊化时期大放异彩，编写讲究的家谱将塞浦路斯国王希尼拉——《伊利亚特》中的一个不起眼的小角色，他自己甚至都没有参加特洛伊远征——说成是雅典城创建者刻克洛普斯的后裔，从而有助于确立西利西亚的——甚至最近在叙利亚新建的——希腊各邦的历史悠久性和正宗的希腊特性。意大利南部的非希腊民族也逐渐希腊化，这反映在他们自称为斯巴达人的后裔，以及后来利比亚的那萨莫内斯由罗克里斯的那律卡殖民地落到希腊人手中。传统的谱系框架是一个开放性的体系，不断接受着各种增补和修订。从理论上讲，如果一个希腊城邦在英雄主义的过去并非根深蒂固，那么神谱正好表达了这个城邦的希腊特性。最迟到公元 2 世纪，小亚细亚的希腊化城市不仅为自己创建了新的神谱，而且将其形象堂而皇之地铸造在钱币上。

根据赫西俄德的定义，那些英雄的民族是战死在忒拜的人，是那些参加特洛伊远征并遭遇了类似命运的人，这个定义显然过于苛刻，绝对不符合古代宗教活动中极其复杂的英雄崇拜的现实情况。如果深入人心的英雄形象是一个走过生死的异人——一种介乎神人之间、可与圣人比肩的地位，其中神圣并不是必要条件——那么许多崇拜都只是地方性的，其中不一定包括所有英雄或女英雄的事迹，甚至连他们的名字都没有提到。古代后期的批评家们发展了柏拉图《法律篇》（717A）中的修正主义观点，试图证明神灵崇拜和英雄崇拜是互相对立的，并且存在一定的规则，早晨向神灵敬献白色牺牲，下午或者晚间向英雄敬献黑色牺牲。这无疑过于程序化了，因为白昼历来是向不祥之神之外的所有神灵献祭的时间，只有向不祥之神献祭才在晚上，比如奥德赛在冥界入口为死者献祭（严格依照克尔克的详细指令而行）。

英雄被视为城市的保护者，所受尊崇并不次于城邦诸神，英雄也比较容易定位：公元前 6 世纪受神谕的推动，斯巴达人发现了奥瑞斯特斯的骸骨，因而士气大振，一举实现了对阿卡狄亚的提格亚期待已久的胜利，而且正如保桑尼阿斯所说，当遗骨的盛名在罗马帝国的旅游业中经历某种衰落时，雅典人客蒙因为轻而易举地于公元前 476 年在斯库罗斯岛上找到了提秀斯的骸骨并带回了雅典，从而又为自己头上添了不少光彩。

作为一种常见的文学现象，希腊神话一直受到不断的修改和再适应，先是斯提斯柯洛斯被翻案（据说因为擅议海伦而被施以剜目之刑），后来是品达拒绝道破贝勒罗芬的命运，也并未把得墨忒耳表现为因为失去珀耳塞福涅而伤心欲绝，心神恍惚，似乎在享用坦塔罗斯贡献给众神的亲子珀勒普斯的肩膀，以及欧里庇得斯将美狄亚描写成谋杀亲子的凶手——这种创新不足、异端有余的做法（也有人说，他们死于科林斯人之手）。[1] 很难评定亚里士多德《诗学》（1451b25）中有关两类情节的叙述——一种情节是为人所熟知的，另一种是最新创作的，甚至前者也只为少数听众所熟悉——对此我们没有什么证据来加以确证，正如我们无法确证希腊悲剧时代的文化普及率一样。

更令人不安的是，有一种更为广泛层面上的肆意篡改，甚至影响了宗教实践。据修昔底德（5.11）记载，安菲波利斯的人们为了纪念死去的斯巴达首领布拉西达斯，处心积虑要除去卫城的奠基者哈格农留下的所有痕迹，并且为了纪念前者在伯罗奔尼撒战争前十年间为雅典

---

1 参见 Stesichorus: Plato, *Phaedus*, 243A; Pindar, *Olympian*, I, 52。

所作的贡献，将他视为卫城的奠基者，并为他举行各种丧礼运动会和年祭。随后的公元前 3 世纪，英雄崇拜经历了一个根本性的扩展，犹如现代各种机车的普及。各种碑刻铭文显示，大约从公元前 300 年开始，红男绿女们为了名垂千古，纷纷捐款赞助各种宗教组织。同样令人惊诧的是哲人伊壁鸠鲁最后的遗愿，尽管他看待神性的观点极为异端，但他却大力提倡履行相当严格的传统宗教习俗，他的遗愿要求人们对他年年祭月月祭（年祭是在他的生日那天[1]）。靠着这些资助，英雄崇拜进入了平民时代。

这个过渡的时代并非毫无意义，因为只有在亚历山大死去、其帝国随之一分为三之后，托勒密王朝才得以作出第一次系统性的尝试，在亚历山大城建立一座图书馆，在“版权”规模上囊括古典文献中全部的重要著作，每种都至少有一本。参与这一庞大计划的学者都是希腊人，不管各自的生活环境、民族成分多么复杂，阶级分化多么严重，他们仍然不改希腊人的本色，仍然表现得知识渊博，比之他们希腊本土的先祖有过之而无不及。在他们创造性的写作中（不同于学术性的著作），他们不仅聚焦于现成的阳关大道，而且注意到那些无人涉足的小径——当诗人卡里马库斯（《起源》[Aetia]，fr. 1, 21—8）第一次将书板放在自己的双膝上的时候，阿波罗就曾给他指明了道路。这种趋势可能导致的最坏结果就是令人费解的晦涩难懂，比如吕科弗隆的那篇骇人听闻的信使演说“阿勒克珊德拉”（Alexandra），约 1500 行的诗句被安在一个卡珊德拉（Cassandra）身上，其博学并不亚于其阴

1 参见 Diogenes Laertius, 10,18。

森可怖；并且她还用如此讲究的语言预言每个可以预见到的灾难，以至于我们必须借助于比原文长好多倍的拜占庭注释本才能理解。我们可以看到一个更为积极的方面，忒奥克里图斯把独眼巨人波吕斐摩斯从《奥德赛》中的一个吃掉客人、破坏待客之道的食人生番变成了对加拉提娅天真得可爱的、自觉的倾慕者；埃拉托斯特奈斯用娱乐（psychagogia）取代训诫作为诗歌的首要目的；卡里马库斯将文雅弃如敝屣，文艺复兴时期的伟大学者奥杰罗·波利奇亚诺曾对这位诗人备加仰慕并编辑了他的诗集，因此要追溯他对欧洲文学的直接影响就必须从他的一首短诗的多愁善感的译文说起。[1]希腊遗产还包括卡里马库斯的后辈罗德斯的阿波罗尼乌斯的现存作品，关于阿哥斯勇士的全篇记述，这些故事以前仅见于品达的《庇提娅颂之四》，这首诗在故事的高潮即将到来之时嘎然而止，使读者无法知晓期待已久的故事情节，这样有利于品达向其保护人请求应得的放逐。

上述这些作家的艺术做法对欧洲文学来说是一个至关重要的事实，因为贺拉斯所说的用文化传统征服罗马的那个被征服的希腊不是荷马时代的希腊，也不是索福克勒斯时代的希腊，而是亚历山大学者们知识渊博的希腊。从一定程度上说，正因为如此，拉丁诗人们，比如普罗佩提乌斯，所使用的神话典故才经常采取不必要的间接形式，而如果没有诸如科罗封的尼坎得耳的《变形记》[2]做了部分的选材和准备

---

1 参见 Theocritus, *Idyll* 11; Erastosphenes in Strabo, *Geography*, I, 1, 10。Callimuchus 给 Heraclitus（No.2）的诗在 William Cory（1845）的版本中广为流传。

2 鉴于篇幅原因，这里集中讨论的是神话研究及其与史前历史和宗教的关系，而不旁及文学与艺术。了解更多请参阅篇后拓展。

工作，奥维德的《变形记》——大概是希腊神话向西欧传播最重要的一个来源，一部随着文艺复兴时期对早期文献的发现而长盛不衰的著作——就不可能达到这样一种雕琢的形式。

早在卡里马库斯之前，希腊神话就传到了伊达拉里亚人那里，事实上很早就有许多神话（特别是有关特洛伊流亡者的故事，这种流亡者后来成为维吉尔的《埃涅阿斯纪》的中心人物）在意大利半岛流传。不过需要强调的是，到罗马共和国时代晚期，罗马已感到希腊文化强烈冲击力，随之开始一个悠久的传统，即自觉地根据一系列稳固确立的准则来解释神话。不过，很难确定这种思维始自何时。据柏拉图的《费德罗篇》（229C）称，有人问苏格拉底是否相信波雷阿斯（北风之神）拐走俄莱提埃娅一事属实，苏格拉底答道，他为了表现得聪明一点，可以说事实上她是她被一阵飓风从岩石悬崖上刮走，于是他就不得不继续下去，逐一解释那些奇形怪状的东西，比如半人马、戈耳工、喀美拉，而他是没有时间玩弄这些小聪明的。我们还听到有些人希望揭示荷马史诗中的“微言大义”（hyponoiai），也确实有证据表明，人们不仅希望史诗吟诵者们吟诵史诗，而且希望他们加以评论。荷马史诗无疑证实了寓言手法的有效性，因为荷马不仅将梦境人格化，而且将河流和祈祷人格化，有时还称后者为宙斯的女儿们（《伊利亚特》9.502）。其他评注者，特别是斯多葛派更进了一步，认为众神就是气、水、火等自然力量的化身，也就是说，他们把荷马诠释为自家哲学体系的代表者。他们所诠释的众神超出了已有的诠释理论，因而出现了一些令人诧异的雷同：阿波罗和狄奥尼苏斯都被认为是代表太阳，这可以参照 1962 年发现于色撒罗尼卡的得耳维尼的一座墓中的草纸文献，大概属于公元前 3 世纪早期，上面有俄耳甫斯的诗歌评注，其中宙斯不仅代表大洋河和空气，而且代表阿芙洛狄忒和哈耳摩尼娅。[1]

第三种手法涉及被卡里马库斯认为是个作奸犯科的涂鸦者——墨西涅的欧赫墨洛斯。欧赫墨洛斯声称他曾经到过大洋河的一个小岛，在那里他发现一块碑铭，上面记载着众神曾经就是凡人、国王和统治者，他们的真实身份却被后人误解了。罗马早期诗人恩纽斯翻译了欧赫墨洛斯的作品，其残篇保存在基督徒拉克坦提乌斯的论辩作品中，因而得以在古代后期仍然流传，而自然主义的解释和欧赫墨洛斯式的神话历史论解释都保存到了加洛林王朝文艺复兴时期的神话学汇编中。希腊语“寓言”直到西塞罗时代才得以确证，但其后来的演变过程则足以弥补这一迟到的开端。

在一个文化活动受到普遍压制的时代，寓言给人的第一印象似乎是一个允许创新的空间，特别是当解释对象的表象与其真正的内在含义之间出现惊人的鸿沟之时，例如奥德赛的妻子珀涅罗珀被认为是哲学的灵魂，她用三段论将命题结合，又用分析方法将其分解。还有一种自然主义的解释：珀涅罗珀是自然的表现，她在我们坚硬骨骼的织布机上编织转瞬即逝的人类躯体。从根本上说，这种解释武断多过创新，其中的比喻关系多数是纯粹的偶然和无中生有，而不是精挑细选用来变更已有的解释。到了古代后期，这种情形因为基督教与异教之间的论争而更加复杂化：异教徒为了保护传统神话和宗教中的粗糙成

1　参见 S. G. Kapsomenos, *Arch. Deltion* xix（1964），17–25。

分不受篡改——这个目标并不困难，因为对传统神话和宗教的篡改一直是人们的批评对象，这可以从柏拉图追溯歌人色诺法奈斯——主张毕达哥拉斯尴尬而讲求实际的宗教仪式规定中隐含着一定的道德内容，并且将这一秘密准则暗示给那些神秘仪式的参加者。

基督教拥有更多的解释观念可以随意运用，并且把基督教被君士坦丁废除之前的异教徒获取的胜利归结为恶魔居住到了众神的雕像里面。（据说一些新柏拉图主义者涉猎巫术，试图将生命赋予给雕像，这在遥远的美索不达米亚是有先例的，他们在夜间举行仪式，试图使雕像的眼睛和嘴巴张开）。后来基督教获胜，却使异教文献成为不可替代的教育媒介，于是宣称这些文献是基督下凡的预示，或者是经过恶魔歪曲的福音书，这些恶魔被认为像全能的上帝一样可以直接干预人类的言行。

在这种历史背景下，很难想象希腊和罗马神话的研究会有什么进展。中世纪又出现了新的人格化，比如善恶两神。但是相对于柏拉图和奥古斯丁而言，但丁的《美丽的谎言》并没有什么明显的理论进展，薄伽丘《十日谈》的诠释范围也丝毫没有超出古代作品。直到君士坦丁堡陷落（1453 年）前半个世纪，大量古代文献重现于世，西欧的神话研究才开始有真正的进展，此后相当长一段时间内，读者们在很大程度上依赖于这些数量丰富的被扭曲的作品，比如犹太—基督教时期的希腊六步格诗以西比琳神谕的形式出现，又比如教会神甫将公元 2、3 世纪的闭门造车式的论述定为远古之作，甚至比摩西更古老。据说柏拉图本人去过埃及，结交了那里的祭司，听到他们从摩西那里学到的一神论真理，由于对其恩师苏格拉底的命运进行了思索，所以他没有传播这种思想。这方面更深一层的动因大概来自意大利的早期希腊移民：杰米斯图斯·普雷顿（卒于 1452 年）罗列了一个长长的先知者的名单，其中最古老的是琐罗亚斯德，普雷顿把他的时代定在赫拉克勒斯的子孙降生前五千多年。众所周知，维吉尔的《牧歌之四》被认为是基督降世的预言持续了多么长的时间，但更令人吃惊的是，柏拉图著作的产生巨大影响的拉丁文译本虽由科西莫·德·美第奇授命马尔西利奥·斐奇诺进行，但实际上在 1463 年又被其勒令推迟，以便把优先权给予比柏拉图重要三倍的赫耳墨斯的智能。

秘密教旨的另一位导师是传说中的色雷斯诗人俄耳甫斯，他名下有大量六步格诗歌流传在古代（包括一部关于阿哥斯船勇士）的史诗，其最晚时代直到 19 世纪早期才得以确定）。这些闭门造车之作和神谕的真实性最终被大学者艾萨克·卡索彭在其卒年（1614 年）予以了反驳，而俄耳甫斯却继续着他的事业：直到 1738 年，瓦尔布尔通主教仍然宣称（并得到了伏尔泰的声援），埃留西斯圣会上宣布的秘密教条就是俄耳甫斯的一神论教条，而伯罗奔尼撒战争期间赫耳墨斯石柱的毁坏，则是那些从阿尔西比亚德那里获悉神意的饮酒狂欢者们抗议多神教的一种天人感应的表现。

导致宗教混乱的更深的根源是有关希腊外来移民的众多古老的传说。据《伊利亚特》第二部记述，坦塔罗斯之子珀罗普斯是阿伽门农的祖先。因为希腊南部半岛是珀罗普斯的家园，而珀罗普斯的父亲据说来自小亚细亚，所以修昔底德认为阿特琉斯家族是一个入侵王朝，这就使他们来到希腊和诺曼人征服不列颠一样显得重要了。诸如此类的传说在古代都得到了类似的解释，比如“色雷斯人”陪同俄耳甫斯出席了埃留西斯圣会，最过分的是，说忒拜的建城者卡德穆斯是腓尼基王子。

文艺复兴以降，一种流行的爱好是野心勃勃地企图重建史前的历史。在古代，寓言经常得到很不可靠的词源学支持。从 16 世纪开始，希伯来语也被用来研究希腊史前问题，同时也参照《圣经》传说。于是就采用了如此极端的手法，把阿伽门农的女儿伊菲革涅亚等同于耶甫塔的女儿，把丢卡利翁等同于诺亚，并且抛开古代文献的直接叙述，赋予腓尼基人以过分夸大的中间人角色。调和宗教传统和世俗传统的努力在 17 世纪达到了高潮，G. J. 沃斯一类的学者抛开纷繁的古代文献，自以为成功地解决了这个问题。事实上，这个问题是很难解决的，沃斯也许做出了不同的结果，但他的做法是方法上的倒退。对史料的使用变得非常折中，诺亚被等同于罗马的主神雅努斯和萨图尔恩，希罗多德笔下的埃及牛神阿匹斯变成长者约瑟的象征。P. D. 胡厄的《福音书直解》（*Demonstratio evengelica*，1679 年）至少比较系统地历数了从阿波罗到普里阿普斯的每个希腊神灵，以及一系列神话人物，比如泰蕾西娅和俄耳甫斯，他认为这些神灵都只是摩西的变形（希腊人从伽德摩斯那里知道了摩西）。同样，阿哥斯船勇士们的故事后来被认为是源于以色列人从埃及出走至巴勒斯坦的故事。切尔伯雷的赫伯特勋爵比沃斯更为激进，他认为人类天生就具有唯一真神的知识，在一个诡诈的祭司阶层操纵下，这种信仰从一种对上帝的光辉昭显的纯粹象征性的崇拜堕落到庸俗的偶像崇拜——这种观点几乎使基督教成为多余，同时也预示了 18 世纪有关古代神话和宗教众多论述的字里行间明显透露出来的反教权主义。这种情形到了封特内尔那里出现了转折。他曾著文论述神话的起源，首次把神话看作是原始的、在细节上流于肤浅的解释；但是更重要的是他的另一著作《神谕史》（1687年），这部著作明显有所承袭，但是比他先前写的两篇拉丁文论文具有更多的可读性；其中还拒绝用恶魔来解释神谕的实现，从而揭露了祭司们纯粹的欺骗伎俩。

之后的18世纪，大卫·休谟的《宗教自然史》（1757年）推翻了一神论的优先性，认为一神论在世界各地都晚于偶像崇拜或多神论。这种顺序在法国获得了更广泛的认同，因为查尔斯·德·布罗斯几乎全盘承袭了休谟，又在多神论之前加上了一个更早的阶段，即威廉·博斯曼于1704年从西非报道的"拜物教"，一旦被认为具有普遍性，拜物教似乎就包括了埃及的动物崇拜和保桑尼阿斯罗列的非偶像崇拜。在神话的诠释方面，一个非常显著的进展是18世纪下半叶德国重新强调其集体的甚至民族的性格：赫尔德尔反对那种认为所有民族都是盲从的愚民、而祭司或巫师是生活在愚民当中并受愚民的想象力所影响的主宰的说法。1795年，F. A. 沃尔夫发展了英国旅行家罗伯特·伍德（1767年）的一种意见，对荷马实有其人的观点提出质疑（该观点先已遭到姜巴提斯塔·维柯《新科学》的驳斥——该书的最后一版于1744年在那不勒斯刊行，但直到下一个世纪才为意大利之外的人们所知）——使人们对"神话时代"有了全新的认识。作为后继者的卡尔·奥特弗里德·米勒在其著作《科学神话学导言》（1825年，英译本出版于1844年）中事实上否定了神话究竟是集体结晶还是个人创造这一提法有误的问题，原因在于神话的本质就是不自觉的和不可避免的，个人只是民众的代言人。

到了 19 世纪上叶，人们开始重新认识人格化现象，不像希腊人那么肤浅地捏造族祖同名的英雄，而是把人格化现象看作人类理解力的特点之一，认为早期的人类局限于把他所感觉到的存在表达于外，这也是稍后的奥古斯特·孔德所提出的理论。孔德还认为他的读者对这种特点也应该有切身体会，他打了个比方：如果他看到钟摆停了，他直接的本能反应就是视之为一种反复无常的事物的异常行为。这些观点迥然不同于詹姆斯·弗雷泽爵士在《金枝》第一章中提出的关于人类原始心智水平的强硬观点——这种强硬观点后来又和吕西安·列维—布留尔联系到了一起。

经过口述传统的保存，又经过格林兄弟的记述，到了 19 世纪上叶，童话似乎证实了神话的共同本质。不过寓言传统却丝毫没有衰亡之势，在英格兰被理查德·佩因·奈特复兴，在德国则是弗里德里希·格劳策。最后，作为发现印欧语系的一个间接结果，阿达尔伯特·库恩和马克·米勒根据宙斯和朱庇特的天神原型，发现一切神话的真实主题都是一些乌云蔽日之类的天文现象——这是对古代“自然”隐喻的回归，认为神话形成过程中的主要因素不外是误解和遗忘。19 世纪下半叶，以 J. J. 巴霍芬有关“母权”的论述（1861 年）开始的一系列著作引发了对人类社会演进的关注，人们开始注意到希腊神话反映了早期的社会状况和家庭结构。不过，这里讨论的具有古典地位的古代期限相对短暂，并且随着对图腾崇拜问题的兴趣日益增加，人们发现当代民族中存在具有更为直接的价值证据，比如上帝为了惩罚有文化人的罪恶，允许他们发现澳大利亚中部的北方部落。

这一时期的另一个重要进展是对仪式的本质及其与神话的关系重

新产生了兴趣，W. 罗伯逊·史密斯关于早期闪米特宗教的著作为此注入了新鲜血液。对此 K. O. 米勒已经有所阐明：希腊世界的祭司阶层并非全职，不存在任何可以与教会相比的等级组织，更重要的是不同城市的祭司阶层之间缺乏相互联系，这一切都遏制了前一世纪不断高涨的东方传教士移民希腊的浪潮继续下去。希腊并不存在神话和仪式之间一一对应的关系，而用以解释特别仪式和节日的理论，显然只是无稽可查的希腊神话庞大躯体的细枝末节。同时，深入的研究表明，希腊神话中的某些重复出现的主题确实具有仪式的特点，比如将儿童扔进大釜以使其永生的超自然方式，以及两性之间的服饰互换——不仅是阿喀琉斯和狄奥尼苏斯神话般的青春期特征之一，也是希腊世界许多地区流传的婚礼特征之一。

20 世纪关于神话研究的崭新方法在此并不能一一陈述。在心理学领域，最极端的重新诠释就是西格蒙得·弗洛伊德在俄底浦斯的故事中提出的主题——被压抑的乱伦欲望得到了实现，但这并不直接适用于神话的一般模式，比如流亡的英雄成功逃脱他们的祖先；而弗洛伊德在《图腾与禁忌》中所考察的弑父原始行为更多的是现代神话的性质，而非对古代神话的解释。在比较研究中，荣格的集体无意识理论经常得到运用，但是“集体无意识”这个术语模棱两可，有时——根据行为领域的本能理论——指的是针对某些感觉模式的内在倾向，有时也指某种潜在的心理，总之荣格没有彻底解决这个问题。人类学上的野外调查已经为神话在当今社会中的功能、位置以及布局描绘了一幅非常清晰的画卷，而在民间传说研究中，主题索引的编辑，比如斯蒂·汤普森及其同事做的工作，使得更为准确地确定希腊神话和其他社会神话类型的一致性成为可能。如果希腊神话不如先前想象得那么经典和与众不同，那将不利于减少可能存在的问题，但是在过去的四分之一个世纪里，克洛德·列维—施特劳斯对神话进行结构性研究，在分析神话中的动机和模式方面所取得的成功并不比其他社会逊色，这是因为施特劳斯所发展的卢梭的自然文化对立论正是希腊人高度自觉到的。事实上，希腊人在公元前 5 世纪就曾经使用自然和文化的概念对道德的本质展开过激烈的论争。

希腊神话引出的问题应被视为具有普遍性的，这是自然而然的事情，因为希腊的早期历史是研究人类的早期历史（对希腊人自己也是如此）的最合适的着眼点。自从本世纪在特洛伊、迈锡尼和提林斯的考古发掘后，古典希腊作为一个史无前例的文明形象逐渐转变为一个最好用文明重现来解释的社会形象——在此之前是一个更为发达的文明，虽然这个文明类似于同时期的安纳托利亚和美索不达米亚的城邦国家，但却无疑具有希腊的特质。1953 年开始解读的发现于泥板上线形文字 B 的希腊诸神的名字，已经令人满意地总结了以往的考古发现，但是必须明白，泥板本身并非用来向我们传达当时的社会图景。在美索不达米亚已发现无数有关定量配给的文献，而最近在波斯波利斯也发现了一些，年代大概在希波战争前后，但是这些都丝毫无助于研究当时的经济性质或文学面貌；而迈锡尼、克诺索斯以及忒拜出土的文字材料亦毫无年代可考，即使线形文字 A 能够解读成功，其收益也是非常有限的。

另一方面，有关美索不达米亚和安纳托利亚神话的知识一直在不断增加，又因为发现了赫梯（胡里安人）的一则嗣位神话——在这则神话中，众神的王朝更替是通过暴力手段来实现的——整个东方的影响问题被重新提起。现在一般认为，这则神话为赫西俄德《神谱》中的前宙斯王朝提供了原型。这则神话甚至被用来恢复一件文献的信誉，一件作为东西方之间早期关系的证据受到质疑的文献——桑库尼阿松（其人被认为早于特洛伊战争）写的腓尼基历史，据说这部历史是基于一本不知名的神庙档案，于公元 2 世纪被比布洛斯的斐洛译成希腊文。然而应当强调的是，无论这些非希腊的文献（是有关腓尼基的还是埃及的不太清楚，其中还包括一些令人生疑的人物，特别是魔法护神赫耳墨斯，他在斐洛的家乡充任克罗努斯的抄胥）的最终年代是何年何月，其中明显带有希腊化时代影响的痕迹，比如船的“发明者”，盐的使用及其运输所给予的格外注意等等。不过楔形文字最晚保持到了公元 75 年，东西方之间的互动将是一个在各个领域继续引起关注的主题。

1931 年 M. P. 尼尔森在《希腊神话的迈锡尼起源》中将线形文字 B 释读成功之前，人们长期以来就认为，希腊神话总体上始于公元前 2000 年，因为神话当中一贯使用的地理概念在古典时代毫无重要性可言，但在公元前 2000 年却是重要的人口聚居地。这一观点已被广泛接受，但有关神话的严格地方性基础仍然有很多问题。如果公元前 8 世纪的爱奥尼亚诗人不可能创作一整部史诗献给那个家乡远在大陆西海岸之外一个小岛上的英雄，那么在迈锡尼时代，像伊阿宋这样的色撒利英雄的故事是否真的来自色撒利本土，就很值得怀疑了。尤其是因为历险对英雄业绩而言是不可或缺的，而这些历险几乎肯定是发生在海外而非本土。

我们之所以对古典世界里希腊神话发生的地点拥有如此丰富的知

识（这是文学所不能提供的），原因在于大量绘画陶瓶的发现和分类，这些陶瓶大多是公元前6世纪到前5世纪的，上面反映了很多神话事件。由于缺乏来自公元前2000年可资比较的材料，在很多情况下神话的起源问题都很可能无法定论。古典时期的希腊神话丝毫没有表现为另一个时代的残余，相反，一直处在一个不断的成长和适应的过程中，因此为希腊的文学和艺术杰作提供了一个天然的焦点。早期希腊哲学的兴起经常被认为是体现了和传统思维方式的决裂，不过亚里士多德有一封信却并没有反映出这样的冲突，反而使我们有机会一瞥哲人的恬适心情："我支配的时间越多，我越欣赏神话。"[1] 亚里士多德把好奇心视为哲学的起点，并视此为万古不变的真理，而从另一方面也可以看出他对此始终不渝：他常常在论述的间歇从说话人的角色转换到入迷的听众的角色。

Further Reading

Of the ancient sources the *Library* of Apollodorus is available in a Loeb translation by J. G. Frazer (1921), with copious documentation of variant accounts. Peter Levi's Penguin translation of Pausanias' *Guide to Greece* (1971) contains a wealth of local traditions recorded by a learned visitor in the second century A. D. Translators of Ovid's *Metamorphoses* have included Dryden, Congreve, and Pope, while the rhyming version of Arthur Golding (1567, reissued 1965) is known to have been used by Shakespeare. A prose

1 Demetrius, *On Elocution*, 144=Aristole, fr. 15, Plezia; cf. *Metaphysics*, 982b18.

translation by Mary M. Innes (1955) is available in Penguin.

Of the many modern accounts, C. Kerenyi's *The Gods of the Greeks* (1951) and *The Heroes of the Greeks* (1959), both illustrated from ancient vases and now in paperback (Thames and Hudson), take the form of straightforward narratives which adhere closely to ancient sources and are well documented. An excellent general introduction is G. S. Kirk, *The Nature of Greek Myths* (Penguin, 1974). Many theoretical questions and some ancient Near Eastern material are also discussed in his *Myth: its Meaning and Functions* (Cambridge, 1970; also in paperback); on the former see, more briefly, P. S. Cohen, 'Theories of Myth', *Man* n.s. iv (1969), 337—53.

For the interpretation of myths in antiquity and the Middle Ages a useful outline is provided by Jean Seznec, *The Survival of the Pagan Gods* (New Youk, 1953; paperback, Harper Torchbooks, 1961). A detailed survey of the earliest allegorical treatments is made by N. J. Richardson, ' Homeric professors in the age of the sophists', *Proceedings of the Cambridge Philological Society*, n.s. xxi (1975), 65—81. For the history of the study of myths from late antiquity to the beginning of the twentieth century, Otto Gruppe's *Geschichte der klassischen Mythologie und Religionsgeschichte* (1921), originally issued as a supplement to W. H. Roscher's lexicon of Greek and Roman mythology, is the standard work of reference with an exhaustive bibliography and has since been reissued in paperback (Olms, Hildesheim, 1965). For the long history of the misconception of the antiquity of the doctrines of Hermes Trismegistus, Orpheus, and Zoroaster, D. P. Walker, *The Ancient Theology* (London, 1972; also in paperback) is an excellent, carefully documented account from the Church Fathers to the late seventeenth century and beyond; see further Frances A. Yates, *Giordano Bruno and the Hermetic Tradition* (London, 1964), esp. chs. i-iii, xxi. A useful source-book is Burton Feldman and Robert D. Richardson (ed.), *The Rise of Modern Mytholohy 1680—1860* (paperback, Indiana University Press, 1972), with extensive quotation and bibliography. Frank E. Manuel, *The Eighteenth Century Confronts the Gods* (Princeton, 1959) is an excellent account of primitive religion as seen during the Enlightenment, particularly in France. Two writers discussed briefly by Manuel are given a more substantive treatment by Sir Isaiah Berlin, *Vico and Herder* (London, 1976). David Hume's *Natural History of Religion* is now available in a meticulous edition by A. Wayne Colver (Oxford, 1976).

A balanced critique of anthropological theories of the nineteenth and early twentieth centuries is given by E. Evans-Pritchard, *Theories of Primitive Religion* (Oxford, 1965; also available in paperback). A classic study of the typology of myths in a non-literate society is Bronislaw Malinowski's *Myth in Primitive Psychology* (1926), reissued in his *Magic, Science, and Religion* (London, 1974; also in paperback), pp. 93–148. For Stith Thompson's *Motif-Index of Folk-Literature* the revised and enlarged edition (6 vols., Copenhagen, 1955–8) should be consulted.

Claude Levi-Strauss, *Totemism* (London, 1964; Pelican Books, 1969) reduces this notion to its proper size. His own substantive work on myths has largely concentrated on the South American Indians, but in addition to his early article 'The Structural Study of Myth' (1955), reissued in the first volume of his *Structural Anthropology* (London, 1977), pp. 115–268.

On the relationship between myths and the rise of philosophical thinking, particular mention may be made of F. M. Cornford's posthumous *Principium Sapientiae* (Cambridge, 1952), and J.-P. Vernant, *Mythe et pensee chez les grecs* (Paris, 1966). A representative selection (in English) of the work of Vernant, P. Vidal-Naquet, and M. Detienne on Greek myths is forthcoming from Cambridge. H. and H. A. Frankfort (ed.), *The Intellectual Adventure of Ancient Man* (Chicago, 1948; later issued in Penguin under the title *Before Philosophy*) discusses the Eastern background, but the chapter on Greece is unduly influenced by the philosophy of Ernst Cassirer. Oriental precursors of Hesiod are strongly emphasized in the editions of M. L. West (Oxford, 1966, 1978).

E. R. Dodds, 'The religion of the ordinary man in classical Greece', in his *The Ancient Concept of Progress and other Essays* (Oxford, 1973), pp. 140–55, is a masterly short account, while H. W. Parke, *Festivals of the Athenians* (London, 1977) is a concise survey of State religion in the city where this is best known. A useful repertoire of early visual representations is Karl Schfold, *Myth and Legend in Eearly Greek Art* (London, 1966). For the classical period, Jane Henle, *Greek Myths: a Vase Painter's Notebook* (paperback, Indiana University Press, 1973) is a good introduction.

第十二章　希腊文化与犹太人

A. D. 莫米里亚诺 撰　赵沛林 译

一

希腊和希伯来的文献和考古证据表明，至迟从公元前10世纪开始（暂且不说迈锡尼时代），希腊人便已进入巴勒斯坦充当水手、商贾或水手雇佣兵。大卫王可能就雇佣过克里特人作为军士。在撒马利亚出现的希腊陶器早于该城被毁的时间——公元前722年。在叙利亚西部拉塔基亚以南的塔勒苏喀什，有个希腊人定居点，该定居点（其中包括一座庙宇）时断时续地维持了一百多年，直到公元前500年才湮灭。而阿斯卡隆的希腊陶器出现于公元前7世纪，此时该城似乎已经控制在埃及人手中。当埃及大军在公元前7世纪和前6世纪挺进巴勒斯坦时，其成员中就有一部分是希腊雇佣兵。甚至有迹象表明，阿什杜德以北一座似为公元前7世纪晚期的堡垒，就是被一个犹太国王的希腊雇佣兵给占领的。公元前5世纪犹太人从巴比伦流放地返回，与希腊人的交往得以恢复，非利士人的首都阿什杜德也已出土了很多公元前6世纪晚期和前5世纪早期的雅典陶器。公元前4世纪，有部分希腊人居住在阿科，而犹太地区最早的铸币是以雅典铸币为效仿对象的。犹太人同希腊人一样，在充当雇佣兵方面颇有口碑，他们在巴比伦人、埃及人和波斯王的军队里的其他情况也为人熟知。

不过，没有迹象表明，在亚历山大大帝以前希腊人已知道犹太人的名号并了解其政治、宗教特色。希罗多德去过推罗，但没去过耶路撒冷。对他来说，或者对与他同时代或更早的希腊人来说，腓尼基人是一个可以识别的群体，这个民族在诸多发明中尤以发明字母而著称。犹太人的存在情况可能仍旧掩盖在巴勒斯坦的观念之中。犹太文人在希腊化时代和罗马时代竭力从希腊古典文献中搜寻有关犹太人的间接材料，但却往往惊诧于其收获的匮乏。

根据《圣经》来看，犹太人在亚历山大以前对希腊人略有所知但所知不多，他们对希腊人有专门的称谓，该称谓在整个近东广为流行，即“雅完”，就是爱奥尼亚。他们对塞浦路斯居民还有一个特定的称谓，即“基提”（源自城名 Kition），该名称并未局限于指称塞浦路斯岛的腓尼基部分。在《创世记》第10章罗列的国名中，基提是雅完的一个儿子。在巴兰预言中，基提渡海而来，与亚述人发生冲突，却未占到便宜。这或许是希腊人同亚述人之间在公元前8世纪晚期和前7世纪的战斗的余波。在希腊化时代，“基提”一词逐渐被用来泛指希腊人，尤其是指塞琉古人甚至指罗马人。此外，《以西结书》和《约珥书》——引用其名的时间，或在公元前6世纪，或在前5世纪，抑或更晚——认为希腊人是奴隶贩子，四处贩买犹太地区以及耶路撒冷的孩童。《以赛亚书》(公元前6世纪晚期?)末章在提到雅完时曾涉及天国,认为他们也是上帝将予拯救的民族之一。我们没有证据表明,在亚历山大大帝于公元前332年挺进巴勒斯坦以前犹太人既已了解斯巴达和雅典。

二

在波斯人统治下,犹太省份成为半独立地区,隶属第五总督治区(总督治区意即"越河",即跨越了幼发拉底河,这是从波斯方向来看的),其面积达一千平方英里,中心地带是耶路撒冷圣城。大祭司和议事会管理国家,但须听命于波斯总督,还得顾忌留居美索不达米亚的犹太人大社团的影响,顾忌撒马利亚人的敌意,顾忌安曼门诺教派势力强大的犹太谢赫托比教徒,对波斯人的统治事实,犹太人历来就未予置疑。《旧约》传纪文字中与之相关的部分(《以斯帖记》、《犹滴传》和《但以理书》)则不够真实而难以驳倒上述解释。这些部分一直对米底和波斯表示好感:《但以理书》中提及大流士王废食不眠,起因是他迫不得已地将自己的犹太奴仆扔进狮穴,要是耶路撒冷和杰里科真的在公元前350年发生叛乱并受到波斯人惩罚,就像后来的古典文献所暗示的,那么犹太人业已忘怀了,在波斯人治下,犹太人事实上开创了神权政治并成为他们后来固守的理想的立足点。尼希米作为这一过程后面的主事者(公元前450年),建立起一种新的社会平衡关系,其方式则是豁免债务,提高利未人的生活条件,对犹太移民开放耶路撒冷,同时减弱其政敌托比派教徒的影响。此外,通过禁止与非犹太人通婚，他在一定程度上加强了宗教一体化（同时也可能打击了土地贵族政治），因为许多人对此表示认可，不过《路得记》中也反映出间接的批评。在这个崭新的社会中，崇拜耶和华排除了其他一切信仰，研究《圣律》成为祭司阶层以外社会差别的标志之一，虔诚则不再局限于神庙礼仪之中。文士的形象——作为拉比形象的前身——以及犹太会堂建筑，成为流放后犹太教在经典研习、个体崇拜和排他性方面的显著特征。虽然希腊语词 synogogue 用于这一含义是直到公元前 1 世纪才开始的事情，而其同义词 proseuche 在公元前 3 世纪时期的文献中就已出现了，但是犹太人的聚会则无疑早于他们在地中海世界的流散（所谓“diaspora”），这种流散情况开始于公元前 4 世纪末。在犹太地区，对在俗信徒的新式教育大大有利于维持希伯来语的主要文学语言和祈祷用语的地位，而阿拉米语不但是犹太地区的主要口头用语，而且渗透到《旧约》的《以斯拉记》和《但以理书》之中。

排他性从未避免外来思想无意识的或秘密的同化过程。在波斯统治时期，波斯僧侣与普通犹太人之间的联系甚至深入到个人层面上，出自埃及埃勒凡廷地方的一份阿拉米语草纸就表明了这一点。[1] 魔鬼阿斯摩得俄斯在《托比传》里扮演了一个卑劣角色，其渊源显然来自伊朗，而《托比传》可能是由希腊化时代美索不达米亚的一个虔诚犹太人撰写的。苛刻的二元论见诸所谓的《诫律手册》，即死海古卷（公元前 2 世纪？）中的一部分，这种二元论在一定程度上受到了祆教的影响。在《托比传》中，语词“raz”表示神秘性，是个伊朗语词。伊

1　参见 E. G. Kraeling, *Booklyn Museum Aramaic Papyri* (1953), p.175。

朗对犹太教和早期基督教的影响无疑受到了一些学者的夸大，但这影响也决不容忽视，只是时间难以确定而已。或许应当回溯到波斯对巴勒斯坦的统治；或者是祆教僧侣在希腊化世界中影响广泛的一种伴随情况。

三

在亚历山大死后的一百二十年间，埃及的托勒密家族统治巴勒斯坦，犹太人社团在波斯人治下形成了颇能适应新形势震动，以及不经革命性变化即改变自身的特征。托勒密的统治远较波斯人蛮横严苛，其收税官无所不在，征税给托比教徒提供了一个绝好机会，以重新掌握耶路撒冷的权力。希腊军队经常通过这一地区。高级祭司和土地士绅生活得比利未人和下层人士更优越。很多犹太人被劫掠去充当奴隶，还有一些人则充任希腊化诸王（尤其是托勒密诸王）的士卒和军事殖民者。主动移民吸引力增强，从而延缓了尖锐的社会冲突。犹太人遂成为亚历山大城最重要的少数民族之一，但一般情况下他们并不被承认具有亚历山大城人的全部公民权利。他们扩散到整个埃及并沿地中海和黑海海岸建立多个引人注目的共同体。在小亚细亚，他们的定居举动受到了塞琉古人的礼遇。到公元前150年一定还有犹太人去了罗马。流散者大多城市化了，且工作机会很多，但在埃及这个我们最为了解的地区，我们也见到有人当了农民。

希腊式教育甚至在犹太地区也很受欢迎，部分原因是其内在价值，部分原因则在于其同统治者在日常交往中的用处。托比教徒是率先接触希腊教师的人群之一。说希腊语的聚居点借助与当地上层人士同化和殖民而遍布犹太地区的各个狭小区域。希腊学堂开始影响犹太学校（yeshiva）并同犹太会堂有联系。在犹太地区以外，美索不达米亚的希伯来语和阿拉米方言被当作主要口头用语。其余地区的犹太人则采用希腊语。一部分犹太人由于自己的专门研究，另一部分人由于新近从犹太地区迁徙而来，仍在一定程度上了解犹太地区和美索不达米亚的希伯来语和阿拉米语宗教文献，但绝大部分人不能吟诵用原始语言记载的最简单的祈祷书。甚至哲学家斐洛显然也不懂希伯来语。无疑的，后期的众多拉比认为犹太人理当在摩西领导下出埃及，原因是他们在囚禁中曾一直坚持使用自己的语言。

人们把《旧约》的相关章节实时翻译成希腊语，大概是供操希腊语的犹太人在会堂中使用的，就像译成阿拉米语以满足犹太地区和美索不达米亚没文化的人的需要那样。然而，早在公元前3世纪，至少有《旧约》部分章节的书面译文已在埃及使用。公元前2世纪有个传说风行一时，并引发了“亚里斯忒亚之书”的问题。传说把《摩西五经》的翻译归功于七十或七十二个受托勒密二世延请、由大祭司派遣的巴勒斯坦犹太人。其他希腊人或希腊化政府同译经的关系则不得而知（在罗马至少有一件事是清楚的，在那儿对外语文献进行翻译变得更频繁了）。将所谓的埃尔穆波利斯民法典译成希腊语是奥克西林库斯草纸第3285号记载的（出版于1978年），该译文出于不同的指令。该传说解释了七十子译本，但无论如何却没有多少事实基础，这一点可以同斐洛后期认为上帝自己认可翻译的陈述相比较。在大约两个世纪中，《圣经》已有希腊语全译本：最后翻译的部分大概是《以斯帖记》，完成于公元前77年。这个《圣经》全译本（我们过于武断地称之为“七十子译本”）并非译成希腊语的唯一版本——至少我们还知道其他三个版本，译者分别是阿奎拉、西马库斯和斐奥多提昂。但“七十子译本”最为著名。亚历山大城的犹太人为此自豪不已，在基督徒采用这一译本之前他们一直都是如此。他们通过每年一届的节日庆贺该成就，其庆祝的动机在希腊化世界中绝无仅有。该译本的成就也许是独树一帜的，尽管很多传说提到，有大量袄教文献也曾被小心翼翼地译成希腊语。

迁出犹太地区并改操他种语言，似乎说明了为叛教提供有利条件。见诸草纸的公元前3世纪人德里米罗斯之子多西修斯的叛教，在《玛加伯》（第3，I:3）中有所提及，但叛教情况很少，而且劝说教外人士入教的努力也足以补偿其损失而且有余。公元1世纪，甚至美索不达米亚北部的阿迪拜因王朝也接受了犹太教，且在虔诚方面看不出有什么衰落迹象。前往耶路撒冷朝圣可以维持宗教上的联系，而且至少维持了多数会众在仪式中使用希伯来语的能力。每年供奉的钱币送至神庙中。犹太人群居于族人团体之中的习惯有利于保持祖先相沿成习的风俗和信仰。为适应希腊习俗，这些习俗和信仰也曾作出过调整。“第一个希腊犹太人”的引人注意之处在于他是生活在公元前3世纪初的奴隶，只身到彼奥提亚的安菲阿劳斯神谕所求助以重获自由。[1]犹太人频繁取希腊名字，这种情况不仅发生在流散地，而且也见于犹太地区。公元前2世纪早期，有个大祭司名唤墨涅劳斯，还有一个广为人知的

---

1 参见 *Supplememtum Epigraphicum Graecum*, xv. 293。

拉比，其名为（索霍的）安提戈诺斯。通常一个犹太人拥有两个名字，希伯来名字用于共同体内部，而希腊名字则用于外部交往（多半是国内生活在中）。起双名的习惯早已为来自腓尼基的犹太人所知晓。竞技场和剧场对犹太人颇有吸引力。斐洛就是个戏迷。令人奇怪的是，在米利都，至少在罗马统治时期，剧场中就有为犹太人保留的座位。多亏了亚历山大城的克莱门特和恺撒里亚的尤塞比乌斯，我们才得以见到他们保存下的大量关于“出埃及”的悲剧作品片段，那部悲剧是犹太人以西结创作的。由于该剧曾为亚历山大·波利希斯托尔引用过（关于此人的情况请参见第七章），其时代就不可能晚于公元前 1 世纪。这一剧作明显受到欧里庇得斯的影响，但巧妙地运用梦境表现了摩西形象，其依据则是《圣经》时代以后的犹太诠释。同样，犹太人用希腊语创作史诗表现了犹太历史。“混合希腊语”有时也闹笑话，只要看一下波西多尼乌斯宇宙论被克利奥墨得斯（公元 1 世纪?）通俗化，用来贬低伊壁鸠鲁说的话并把他的主张同人们在犹太会堂里听到的加以比较，就会见出可笑之处。然而我们了解的希腊语犹太文献一般都是充斥着希腊语各种修辞，更不必说希腊句法了。

四

在犹太地区，正如在其他地方一样，希腊文化表现出两面性。它对陌生的生活方式是一种挑战，但也能勾起话题，使双方获得知识。希腊人求知欲的最明显局限是在语言方面，希腊人并不怎么用心思去学别的语言，他们就是在面对罗马人时也是这个态度，那时他们已从征服者变为征服对象了。我们还没有证据表明有希腊人掌握希伯来语或另外的东方语言，即便是出于研究东方圣书原文的目的。甚至在这些书籍已适合于翻译时，例如《圣经》，它们也还没有在信奉者圈外得到流行。大多数对《圣经》片段的间接引喻已经由现代学者认出系希腊化时代作者所为，其内涵多是出于想象的。我们在阿布德拉的赫卡塔埃乌斯的著作中见到一处对《次经》第29章第1节的可能暗示，表明其作者熟悉犹太人而不了解《圣经》文本。我们还见到一份不甚可靠的文献涉及《创世记》中的世界创造问题。这篇论证世界本原问题的论文，有人认为作者是毕达哥拉斯学派的奥凯鲁斯·卢卡努斯（公元前2世纪或前1世纪）。最早出自《圣经》的确切引文见于对《创世记》第1章的解释文字，是凯西乌斯·朗吉纳斯所著的《论崇高》，其时间并不早于公元1世纪。熟悉《圣经》的还有犬儒学派的加达拉的赫埃诺墨斯，他与拉比梅尔（公元2世纪初）交好，这一情况在《犹太法典》中已有一定程度的证明。盖伦和公元2世纪晚期新柏拉图派的阿帕米亚的努墨尼乌斯提到的《圣经》典故属于不同的宗教论争环境，这种环境是与基督教的广泛传播相伴随的。《论崇高》中的引文意义重大，其文献价值源于《圣经》之中，这也就是源于某些非希腊文化的作用。但《论崇高》的作者显然十分了解犹太修辞家卡拉克特的凯西留斯（公元1世纪早期）的观点，凯西留斯很可能是为前者提供引文的人。在基督教为《旧约》引进新的读者之前，《圣经》从根本上讲还是属于全体犹太人的世袭遗产的。

人们一定有兴趣知道，是否有人因为读了《旧约》而成为改宗犹太教者。虽然朱文纳尔曾在他描绘的画面中预示了犹太改宗者是熟悉

《摩西五经》的，但是一个改宗者到底了解些什么是很难说的。我们很少听说对犹太改宗者受到过什么指教，更不用说那些对犹太教抱好感却无意成为一个纯粹的犹太人的人，以及那些已知是“敬神者”（拉丁语为“metuentes”）的人了。其实，我们甚至对那些新皈依基督教者有多少《圣经》的知识也没有完整的证据。根据现有证据得出的通常印象是，非犹太教徒无论与信奉《圣经》的民族多么熟悉，这种熟悉都不是由《圣经》造成的。改宗行为最初只是因为受到特定生活方式、特定宗教仪式和特定宗教禁忌的吸引，而在修养层次最高的人群中，特别受到关注的是上帝与世界的创造，这些已经体现在犹太人对异教崇拜的完全排斥之中了。改宗者通过研究《圣经》，学识便丰厚起来，这样就能把《圣经》译成希腊文了，就像哈德良时代的埃奎拉做的那样。改宗者或其子孙实际上也可能成为受人尊敬的拉比，例如拉比·梅厄，有传说认为他是尼禄的后裔（Bal. Talmud, Gittin, 36a），这种传说表明了不同文化间的深刻交往，这也是皈依犹太教的高潮理应做出暗示的含义。

希腊作家在谈到犹太人和犹太教时，依靠的材料是个人观察加主观臆测——或者是道听途说。我们所能期待的最大可能，便是他们依据希腊的人种学分类材料，对犹太教作出一个描述。柏拉图及其诸弟子的工作足以令希腊人领略到东方的智能。当犹太人在公元前 4 世纪末被人们所认识时，他们自然地被视为婆罗门或波斯人之外的新人种。亚里士多德的弟子塞奥弗拉斯图斯将他们视为第一个废除人祭的民族（他大概间接听说过以撒的故事）——一个智能的民族，这个民族凝望星辰，在祈祷文中向众星发出求告，还频繁地实行斋戒。另一位逍遥派哲学家，即索里的克里库斯，在一篇论睡眠的对话录中诱使他的导师亚里士多德谈起其会见（可能是虚构）一个犹太人的情形，说那个犹太人“不但说的是希腊话，而且骨子里就是个希腊人”：这个犹太人无疑说了一些涉及睡眠的趣事，一定会谈到在睡眠中人的灵魂的活动，不过这些间接的引述结束得太早，未能使我们的好奇心得到满足。根据克里库斯的说法，亚里士多德认为犹太人是被称为卡拉特派“Kalanoi”的印度哲学家的后裔。研究印度的权威学者麦伽斯提尼（公元前 3 世纪早期）也曾将犹太人和印度哲人相比较，犹太人作为哲学家的名声是由赫米普斯（公元 3 世纪晚期）传播开的，他宣称毕达哥拉斯曾师从犹太思想家。波西多尼乌斯大致是在庞培侵入犹太地后著书立说的，他也许是强调摩西作为宗教和政治领袖所作训诫的哲学价值的最后一个人。在他的时代，注释学已经丧失了两个半世纪前产生时本来具有的一切功用，而成为当时社会生活中的一种装饰品。

即便是身处公元前 4 世纪晚期理想主义的精神氛围中，阿布德拉的赫卡塔埃乌斯在决意将犹太人引入自己对埃及历史和社会的描绘中时，仍然不得不对其作出格外繁复的说明。犹太人再次成为埃及托勒密一世时代值得重视的一支力量。他们的民族传说将约瑟在埃及执掌权力以及后来雅各的子孙出埃及置于中心地位。我们不知道在赫卡塔埃乌斯以前埃及人是否已对这些传说心存反感，也不知道他们是否将《出埃及记》与推翻喜克索斯人联想在一起。赫卡塔埃乌斯熟悉《出埃及记》，并将它视作埃及清除异邦人的记录。他同情那些异邦人，他把达那乌斯和卡德穆斯也看作这样的异邦人。当摩西率领犹太人在巴勒斯坦停留下来时，达那乌斯和卡德穆斯也抵达了希腊。摩西在犹太正统中占有智王的地位；他建立了耶路撒冷圣殿，制定了律法，均分了土地并禁止将其转让。如果说他制定的律法中带有苛峻和不人道的特点，那么流徙经历便可作出充分的解释。赫卡塔埃乌斯本人承认，他对犹太地的描述与当时的现实情形已不相符，若说还有相符之处，那便是反映了充满冲突的往昔岁月，这种发生在犹太人和埃及人之间的冲突，是犹太人在进行征服战争的马其顿人支持下，在亚历山大城和其他一些地方实行定居所引起的。

弗拉维乌斯·尤塞弗斯在其所写的《驳阿庇昂》(*Contra Apionem*)一文中，曾以大量篇幅阐述“出埃及”问题，驳斥了埃及祭司曼涅陀在埃及史著作中提出的“出埃及”说法，曼涅陀的著作是用希腊语写成的，发表于公元前270年。将犹太人和喜克索斯人分辨开来的问题，由于出现了进一步将犹太人与麻风病人分辨开来的做法而变得更加令人厌烦了。再没有别的古老材料将这些不实之词归咎于曼涅陀，而且在尤塞弗斯的记述中也存在着各种难圆之说。有人会怀疑，尤塞弗斯是否使用了曼涅陀著作中被后人加入的衍文（因为他和另一些为犹太传统声辩的人都曾使用过阿布德拉的赫卡塔埃乌斯著作中的衍文）。如果事情果真如此，那么就是还有一些与《出埃及记》相忤的本子存在于埃及文献中，有待人们的发现。只要犹太人顺理成章地同亚历山大城的希腊居民融洽相处，并得到托勒密王朝的支持，埃及人的敌意就不致造成决定性的影响。在埃及的犹太人面临的诸多危险主要还是身不由己地卷入各种纷争，这些纷争在公元前2世纪和前1世纪导致了马其顿在埃及的独裁统治。

五

总的来看，有证据表明，埃及的犹太人维护了自己的声望，争取到了自身的兴盛，而且，至晚在公元50年前，就发展起自己的一套智力相面术。公元前3世纪时，有一位名叫德米特里乌斯的历史学家，他为希腊语读者提供了当时诸多描述中的一种，即非希腊人被认为应该向希腊人讲述自己的历史。尔后，在公元前2世纪（？），阿特帕努斯撰写了一部摩西的传记，书中的摩西以俄耳甫斯的老师和一个为埃及人立法的立法者形象出现，然后他又成了希伯来人出埃及的领袖。据阿特帕努斯所言，摩西一定曾为埃及人引入了动物崇拜仪式，目的是造福于埃及人。他还推测在埃及国王和摩西之间存在着对峙，但摩西肯定是被普通埃及人和埃塞俄比亚人所熟悉的。就在这个世纪，《阿里斯托斯书》传播了一种说法，即托勒密·费拉德尔福斯组织了“七十子译本”的翻译工作，而且通过友好的论争为埃及王引荐了不少犹太贤士。如果《约瑟和阿色尼斯》的故事（时代难定）确实属于这个时代的话，那么它便以典范的方式将《圣经》时代的新贵约瑟和阿色尼斯之间的情爱理想化了，后者是赫利奥波利斯的大祭司的女儿，这位祭司后来改宗皈依了犹太教。约在公元前160年，阿里斯托布鲁斯运用希腊人的寓言法诠释《圣经》，并将《摩西五经》的诠释献于托勒密六世之前。《马卡比传》卷2把阿里斯托布鲁斯视为托勒密六世之师。阿里斯托布鲁斯相信，毕达哥拉斯、柏拉图及另外一些“古代”诗人——譬如荷马、赫西俄德、俄耳甫斯及阿拉图斯——曾研习过《摩西五经》，当然，那是在亚历山大城的译本出现之前。在“七十子译本”以前业已存在其他译本的情况，《阿里斯托斯书》已作了暗示，因为它指出，历史学家特奥庞普斯（公元前 4 世纪）在试图使用那译本无异于犹如疯了一般。阿里斯托布鲁斯在其现存的著作残篇中表明，有些希腊诗人的作品经过后人的伪撰和修改流行开来，这些诗行证明，那些希腊诗人是熟悉犹太教的。因此，可能的情况是，我们所拥有的这种杜撰作品的其余样品（例如弗西利得斯的一首道德诗）是在埃及产生的。

由于无法确定犹太—希腊化时期文本的来源和产生时代，我们便难以追溯那种通向公元 1 世纪前半期的斐洛哲学的思想传统，就连斐洛本人也只是大略知道几个先哲的思想而已。可以设想的是，在亚历山大城的各犹太教会堂和学校里，一定发生过无数次借助希腊哲学重新解释犹太教义的情形。作为斐洛的先驱者的一个突出代表，便是《所罗门的智能》一书的佚名作者，该书对地上诸王演讲，并邀请他们留意智慧，因为智慧是神与人之间联系的媒介。不过该书倒不大像是一个作者所撰的，对埃及人的猛烈攻击（从第 16 章起）在一个埃及犹太人看来也未免太过。从更广泛的意义上来说，应当看到，将那些发展到斐洛时竟臻于极盛的哲学活动归属于埃及的犹太人，未免不近情理。

六

奠定犹太教的未来发展前景的，是耶路撒冷，而非亚历山大城。

直到安条克四世大迫害（公元前 170 年）的前夕，希腊化在犹太地带来的问题似乎远远少于在埃及犹太人中带来的问题。然而，即使我们将自己限定于两个翻译文本——它们很可能属于希腊文化平静地渗透进犹太地的时期——《传道书》（公元前3世纪晚期？）和便西拉所撰之《便西拉智训》（*Ecclesiasticus*）（公元2世纪早期，第一部有确定作者的希伯来文本）——我们仍会发现颇为深刻的与希腊化相乖违之处，因为其中并未提及希腊人。《传道书》的作者丝毫不怀疑上帝的全知全能——上帝乃是众神之神。但是该作者已失去历史的感觉，或者说已感觉不到各种历史事件中的方向性，而这种历史感和历史方向感恰恰是赋予其他《圣经》文本个性化的东西，或许连《约伯记》也包括在内。他徘徊在思索和解释的迷宫中，要把伊壁鸠鲁主义和怀疑主义的标签贴到这种思索和解释上去是极为容易的。如果这个晦涩的词 Kohelet（“传道书”的希伯来用语）意思是“发言人或召集人”的话，那就可能是暗指希腊化世界的街头发言者。那位编辑了 Kohelet 中各种作品的人，看上去也知道一些 Kohelet 的作者的情况，他将 Kohelet 的作者描绘成一个智者，是“授人知识，审度、搜求并修订谚语”的人（12：9）。但 Kohenet 并不像希腊哲学家那样，传授迥然不同而且更优越生活的准则，因为人“无法发现上帝在太阳之下所做工作的意义”。

便西拉曾仔细思考过《传道书》，他抵制一切外邦世界的诱惑，让自己投身于由承袭了希伯来传统的智者领导的学派所进行的思索中去，这种传统始自以诺，终于新近去世的大祭司西蒙。便西拉对诸神的赞颂在形式上很可能受希腊化传记的影响：它立即使人想到罗马的《传记》和维吉尔的《埃涅阿斯纪》第6卷，尽管便西拉对此也很惊诧。这种赞颂的目的是完全摈弃希腊智能，其中心角色是爱伦，此人是大祭司，他的主张是要协调神庙与犹太会堂之间的关系。在便西拉的著述出现了几年之后，安条克四世在犹太大祭司和相当数量的耶路撒冷犹太上层人士，包括托比教徒的帮助下，将耶路撒冷圣城演变成了一座希腊城邦，其中以体育场的裸体青年为突出特征。便西拉的担忧并非多虑，通过更进一步的演变，耶和华崇拜被希腊化了，变成了奥林匹斯的宙斯崇拜；而安息日（Sabbath）和割礼则遭到禁止，《律法书》（*Torah*）著作也遭到焚毁。

从托勒密王朝到塞琉古统治的过渡，是犹太地发生的这一危机的决定性因素。托勒密诸王从未将希腊化作为国策，实际上，他们倒是乐于利用犹太人来治理埃及。然而塞琉古诸王则一直倚靠（但不十分成功）希腊式的城市定居和希腊式忠诚来维系其庞大的多民族国家。在公元前188年同罗马人结成了灾难性的和平关系以后，塞琉古诸王更加顾虑忠诚问题了，同时，他们也更加需要各处圣殿的财产。在传统的犹太教（正如《尼希米记》[*Nehemiah*]所确立的那样）和希腊化之间进行的转换，对很多犹太人来说都是一个真正的两难境地——这种情况还不仅限于犹太地。我们对于犹太人在小亚细亚和欧洲的定居过程知之甚少，但当弗拉维乌斯·尤塞弗斯向我们出示证据时，我们发现犹太人很难与当地政府和公众舆论和谐相处，原因在于他们不遵从当地的宗教礼法。在流散犹太人中的希腊化者和犹太地的希腊化者一定处于相互激励的关系中。我们从小亚细亚的伊阿苏斯得到一块碑刻，上面的文字告诉我们，耶路撒冷人杰苏斯之子尼基塔斯曾为狄奥尼苏斯酒神节捐赠了100德拉克马（Corp. Inscr. Jud. 749）。不过很显然，犹太地的希腊化只是上层人士所持的态度，事实上社会冲突和群体反抗是十分剧烈的：例如在《传道书》和《便西拉智训》中原本只是存在若干迹象的东西，在后起的材料中却逐渐变成了确定的表述，《以诺书》（2世纪晚期？）94—105节便是这种情形。马卡比兄弟最终对同时代的但以理所说的孤独的可恶状态取得了胜利，那差不多是一场局部的社会革命，在革命中低级祭司取代了高级祭司，一部分贵族只得逃往埃及或其他地方，而巴勒斯坦的叙利亚居民也遭到残酷的攻击，其结局显然是财产和土地易手他人。

由于发生内战，进犯约旦河以外地区、以土买（Idumaea）、加利利以及沿海的希腊城市的政策便无法持久执行了。随着政治独立在罗马人某种程度的帮助下取得成功，罗马本土的反抗也引起了世人瞩目。仅仅是为了形成新的政治联系纽带，就需要在一定程度上接受希腊的生活方式。有个早已存在的传说，述及斯巴达人和犹太人的共同起源，也得到了时人的接受。尤波莱穆斯曾去罗马，代表犹大马卡比谈判结盟之事，此人很可能就是用希腊文写成的犹大诸王行录的作者。这本书提到，是摩西发明了字母，所罗门则采取了哈斯蒙尼王朝式的扩张主义政策。即使是有关马卡比起义的最早纪录，即昔兰尼的雅松（公元前160年）所著的五卷本著作（后来总结为现存的《马卡比传》），就是希腊化的证据；在雅松的著作中，马卡比起义的故事是用希腊语讲述的，表现出流行的感伤式的史著风格。在哈斯蒙尼王朝和接下来的希律王统治时期，希腊的语词、习俗以及思维方法渗透进犹太地的事例是不胜枚举的。在塔木德文献中，关于希腊知识的价值和合理性的问题存在着相互对立的主张，这种情形是被希腊文化在巴勒斯坦的势力和影响的现实所决定的。渊源于希腊传统的经典注释方法被拉比们接受下来，希腊的法律术语也被借用过来，神殿中的仪式用品上也刻上了希腊语的文字，恺撒城的一个犹太会堂用的是希腊语祈祷文。一个著名的塔木德文献（Bab. Sotah, 49f.）片段曾提到，在加马利尔二世（公元 100 年）的学校中，有五百个希腊智人和五百个希伯来智人——这不啻是希腊文化渗透进拉比学校内部的一种标志。不过，马卡比起义的结果并未与起义的反希腊化前提相忤逆。在公元前 150 年—公元 50 年这二百年间的犹太社会的表层之下，仍有两股势力盛行，不管它们是联合还是对峙，都能使犹太教免于希腊化。

第一股势力是启示文化。从通常的《圣经》意义上讲，预言已经完结了：没有一个预言家在马卡比起义期间和其后站出来警示或者指导犹太人的抉择。的确，对预言的怀旧情绪很可能促成了像意义模糊的《西卜林神谕集》那样的替代品的流行。预言的终结是因为新的人生期待极为激进和富于戏剧性，以至于扩展到了死后世界，而这在《圣经》时代的预言家那里是不曾存在过的。启示文献的作者们曾经郑重其事地将自己的教导归结为前人的创造，不管是亚当还是但以理，当然，在《但以理书》、《以诺书》（它本身就是一部百衲本）、《禧年书》、《十二族长遗训》以及包括各种文本的所谓死海古卷等著作的关于未来的想象之间，并不存在一致性。但它们在将历史划分为撒旦统治的“此世”和从属正义的太阳的“来世”时，观点却是基本一致的。对这些著作而言，弥赛亚的观念成了与世界末日相联系的一环，在世界末日，死者将复活并获得最终的报偿。在这些启示著作来说，世界末日往往就是返回到万物创始。死海古卷的发现对于我们认识启示文学大有裨益之处，就是它向我们显示了这类信仰的诸多传播中心之一的情形。这是一个修道群落，其特征是，对耶路撒冷的统治阶层充满强烈的敌意，严格的日常生活规则，以及对世间诸事均持二元论的观点。我们是否将这个群落同艾赛尼派区别开来意义并不大，我们对后者的了解来自弗拉维乌斯·尤塞弗斯和其他人写下的著作。

另一股势力游离于希腊化之外，这便是法利赛主义，它更为接近以斯拉和尼米希时代之后犹太人的生活主流。先是有哈西德派（虔诚的），继而转为法利赛人，成为贵族政治的反对者。随着马卡比起义的渐趋平息，这种贵族政治势力围绕着圣殿再度联合起来，并得名为“撒都该派”。与撒都该派不同，法利赛人相信灵魂不灭和死而复生。他们对于天启的前途并非没有知觉，但他们奉行的却是超越经典的（ante litteram）希勒尔（公元前 1 世纪晚期）的法则，不使自己脱离所属的群体。作为突出特征的是，当他们逐渐控制了犹太人的宗教生活时（此时约当第二圣殿被毁时期），他们保存了所有启示性著作，惟有处于《圣经》律法书之外的《但以理书》不在其列。他们的主要目的是利用犹太会堂和学校，通过繁复的法规将日常生活的神圣性规范化。通过强调口头传说、学术研讨和作品自身的价值，他们同撒都该派区别开来，尽管这些人控制着圣殿，继续对成文律法进行僵死的诠释，也不愿接受新增加的诫律。另一方面，法利赛人一向蔑视“拥土之民”，即那些对经典研究、礼仪圣洁以及严格奉献祭礼漠不关心的犹太人。法利赛人信奉上帝，他们觉得自己也为上帝所信任，因为有律法（Torah）作为自己和上帝之间唯一的、直接的中介。他们也预备着为律法而生、为律法而死。烈士精神得以高度弘扬——这在历史上是第一次——直至一种理想的境界：一种被付诸现实检验的理想。

尽管在法利赛人和“智者”之间并无必然的联系——就是说，无论那些教师和学者以个人身份赢得权威地位，还是以学派身份存在于公元前2世纪到公元2世纪末（以及其后）——但是智者往往是法利赛人，而且智者风范愈来愈同法利赛风范难以区分。智者们对希腊文明的力量和诱惑力很少有估计过低的情形。总的来看，他们甚至并不是粗暴地反对那些向其屈服的人们。大拉比以利沙·本·阿乌雅在公元2世纪初希腊思想的影响下成为叛教者，这在塔木德传统中主要被当作一件憾事，而非一桩耻辱。有一种更真切的说法，他的弟子拉比梅厄从未与之中断友谊。然而由智者们有关神灵、律法、犹太人与犹太人之间、犹太人与非犹太人之间的诸种关系的教导，总体上又归结为一种对希腊文化的否定。这一点从《陶拉》中便可得到验证，“哪怕一个非犹太教徒，只要他履行律法，便与大祭司无异”（Sifra, 86A, ed.Weiss）。

人们无论求助于启示预言家还是求助于服务世人的拉比（需要重申的是，这两类人并不容易区分开来），都会遇到一个与毗邻的非犹太人世界不同的世界。在犹太人和非犹太人之间并没有严重的经济冲突。人们发现，犹太人不管怎样大多还都从事卑贱的职业。在所有的纸草文献中，只出现了一份抱怨犹太借贷者的文书（Corp. Papyr. Jud. 152），这份文献出自公元1世纪。真正的分界线只在于犹太人和非犹太人罢了。若是考虑到希腊人懒于了解异民族的语言和传统，人们可能就不会因为听到越来越多的贬损犹太信仰的说法而感到惊异了。当然，在公元前4世纪末从希腊知识阶层生出的同情态度，后来就被敌对的或至少是嘲讽的暗流所代替了。公元前2世纪的玛纳西斯是我们知道的第一个谈到耶路撒冷圣殿驴崇拜的作者。我们还发现，几乎在同时出现了关于异邦献祭仪式的最早传闻。这两种暗流不久便确切无疑地扩展到了基督教徒中。对犹太人实行人牲祭祀的控诉似乎并未赢得多少听众，但一种怪诞的想法，即认为犹太教的上帝从形象上看很像百首巨人泰丰与亚当之子塞特相结合的形象，甚至得到了一个摩西的崇拜者波西多尼乌斯的信任，而塔西佗则再次记录了这一说法。

七

基督诞生前后两世纪时，巴比伦犹太人在帕提亚人统治下的生活状况很少为后人所知，就我们获悉的少许资料来看，可以设想，他们在很大程度上服从巴勒斯坦犹太人在宗教上的领导，逐渐被灌输以法利赛派教义。尤为引人注目的——对我们的叙述也具有决定意义——是“希腊放逐”中的犹太人，特别是埃及的犹太人的缄默认同态度。

我们知道，巴勒斯坦地区的领袖人物很注意博取埃及犹太人的支持和拥护。长期以来，他们一直需要托勒密诸王的支持——或者至少是中立——以便抗衡塞琉古诸王。当奥尼阿德家族——先前的大祭司们——中有一成员在埃及的勒昂托波利斯建立了一座希伯来圣殿，并将它发展招募埃及军队中的犹太雇佣军的一个中心时，耶路撒冷人势必要扑灭勒昂托波利斯的挑战而又不致冒犯托勒密诸王。在这方面，他们取得了显著的成功。《马卡比传》卷 2 中记载的那些引荐信表明，耶路撒冷当局曾多次努力说服埃及犹太人加入巴勒斯坦阵营，一同庆祝净殿节（Hanukkah），以便在安条克四世毁渎耶路撒冷圣殿以后重新对之加以膜拜。对新节日的这般宣传通常乃是希腊化世界一个为人熟知的特点。巴勒斯坦的智者们接受希腊语为可以翻译《圣经》的一种语言；而且，至少有一位智者相信，希腊语是唯一适合翻译的语言（Mishnah, Megillah, I. 8）。公元前132年左右，有个巴勒斯坦犹太人迁到埃及后将《便西拉智训》译成了希腊语，目的是要让耶路撒冷的保守思想能够为流散的犹太人所知悉。从希伯来语（或是阿拉米语）译成希腊语的工作，成了一种习见的情形：另一个事例便是《马卡比传》卷1的移译，这部书是对马卡比传起义极为忠实的写照，是依照《圣经》的风格，在公元前2世纪末期写成的。

埃及的犹太人看来十分乐意接受巴勒斯坦人的领导。《阿里斯托斯书》强调了耶路撒冷对“七十子译本”的肯定：翻译者本人是由耶路撒冷大祭司挑选的。《马卡比传》卷3（公元前1世纪？）模仿了《马卡比传》卷2，力图表现埃及犹太人同巴勒斯坦犹太人一样，遭受了托勒密四世菲罗帕特的迫害，然而似乎没有多少史实能支持这一说法，不过它倒是埃及犹太人和巴勒斯坦犹太人相互联合的见证。《西卜林神谕集》第3卷——犹太人和埃及人合作的结晶，其中最古老的片段可以追溯到马卡比起义，最晚近的片段下迄奥古斯都时代——佐证了巴勒斯坦的犹太人抗击塞琉古诸王和后来的罗马人，其中并没有什么支持勒昂托波利斯分立圣殿的内容。只要西卜林被说服代表犹太人的利益发话，她显然并非亚历山大城犹太教的拥护者。

八

事实上，很难准确解释亚历山大城（希腊化时期的）犹太教的教义，19 世纪的学者将这种教义与巴勒斯坦（“规范的”）犹太教相对立，并暗示这种对立的后果便是基督教的发展。

尽管流散中的犹太人组织是松散的，我们却要设想到一种广泛而多样化的（个人的、宗派的和地方的）犹太人对待周围世界的态度，当然，这周围世界也决非整齐划一的。我们偶然听说过一件亚历山大城的人记述的事件，说到有两个敌对的犹太人派别曾派遣了两个不同的使团前往罗马（Corp. Papyr. Jud. 153）。不同类型的证据，讲述的必然是不同的往事。人们很难决定，是埃及的勒昂托波利斯墓群中的墓志铭，抑或是犹太人解放文件显示出了更加深刻的希腊化特征，克里米亚的潘迪卡帕库便是由于后者而闻名的。有谁能说清以《马卡比传》卷 4（公元 1 世纪）的名义不用希腊语写成的纪念烈士和殉教者的演讲是否典型（是哪方面的典型）？如果有许多犹太人沉迷于巫术，并在非犹太人中享有擅行巫术的声誉，便推断他们并非正统犹太教徒，那就显得有些愚蠢了。E. R. 古德纳福曾试图为自己对亚历山大城的犹太教教义的看法寻求大量考古学证据的支持，他是在十二卷本的《希腊罗马时代的犹太象征》中收集到这些证据的。他可以证明的极限便是，犹太人并未从整体上避开异教的象征物：就是说，他们毕竟生活在异教世界中。

亚历山大城的斐洛（公元 1 世纪）提出了另外一个问题，该问题并不具有普遍性。他按照自己的理解接受犹太人的律法，即《陶拉》，同时他也倡导律法所要求的仪式。虽然他本人采用了寓言阐释方法来解说律法，但他并不赞同那些将律法中的象征当作借口，以便摆脱严格规范的犹太人（Migrat. Abvah. 88—93）。即便如此，他倒并不热切地赞助犹太律法体系。他读过《摩西五经》，就如看待一纸允诺抵达上帝那儿的行程图。他确实爱戴上帝，也觉得任何善的事物都来自天国的恩赐。他把知识建立在领悟启示的基础上，并且在自己的灵魂通过上帝的话语——圣理念（Logos）[Somn. I. 65ff.] 的中介向上帝提升的过程中，亲身体验启示的发蒙。凡是他所深思熟虑的，他便欣然运用他所钦佩的希腊哲人（柏拉图、斯多葛学派）的话语来描述；他从这种思想和话语的一致中获取到一种自信。对于那些为了了解上帝的旨意或为了向上帝祈祷而阅读《圣经》的犹太人来说，他的做法并没有什么值得欣赏之处。斐洛并不十分关注《圣经》中的《诗篇》和“先知书”，在他的著作中也没有太多引起非犹太人共鸣的东西。非犹太人中那些向往哲学的人拥有一个更适宜、更近便的向往之所，而那些需要拯救的人在他的陈述中是不大可能找到这个所在的。斐洛的阐释形式——对“圣经”文本的一种阐释——对不熟悉《圣经》的读者而言通常是颇为费解的。如果反基督教的凯尔苏斯（公元 2 世纪晚期）读过一些斐洛的著述，他肯定会同基督徒展开辩论。正因为如此，斐洛在写作时，头脑里既装着犹太人，也装着希腊人（但大部分是想着犹太人的），结果他在两边都不讨好。他发现他的读者主要集中在基督徒中间，这种读者或许是以《希伯来书》的作者为先导的。正处于希腊化濡染中的基督徒在他身上见出了他们自己的先行者，那些基督徒曾试图用希腊哲学来支持《启示录》。亚历山大城的克莱门特和奥列金都是斐洛的出色学生。在公元4世纪，尤斯比乌斯（Hist. Eccles. 2. 17. 1）听说过这样一个传说，即斐洛在罗马遇到圣·彼得，并被后者说服而改宗（参见佛提乌斯:《图书集成》，105）。犹太人甚至在忘却希腊语之前便已忘却了斐洛。犹太人重新发现斐洛靠的是一个拉丁文译本，该译本是由意大利犹太人阿扎利亚·迪·罗西在公元16世纪完成的。然而，即使在被重新发现之后，斐洛在希伯来思想领域仍未占据重要地位。

故而我们可以得出结论，就我们所知道的，在操希腊语的犹太人当中，仅有极少数人可以被认作真正的希腊化者，其中之一或许就是昔兰尼的雅松，即为《马卡比传》提供最初史料来源的人。另一个是——并非意料之外——历史学家弗拉维乌斯·尤塞弗斯（公元1世纪）。

弗拉维乌斯·尤塞弗斯是个具有祭司血统的巴勒斯坦犹太人，他最早是用阿拉米语撰写史书，他的希腊语一直掌握得不够好，故而不能脱离他人的协助。他运用了犹太史料——《圣经》方面的和《圣经》方面以外的——并在他的著述中注入了大量涉及犹太口传文化的知识。不过，由于他的目的是撰写犹太历史以供非犹太教者（罗马人）阅读，因而他只能采用希腊的著述方式来实现他的目的。再者，他乐于撰写他的自传，并驳斥某些异教作家关于犹太人的论断：这本身又暗含着希腊著述方式的运用。与斐洛类似，尤塞弗斯也受到基督徒的首肯，但与斐洛不同的是，他在异教人士中还享有一定的声誉（伯尔斐里，于公元3世纪，维吉提乌斯，约公元400年）。他在中世纪的犹太人中还拥有一些间接得到的读者。他的部分作品被引进南意大利一个佚名犹太人在公元10世纪所编撰的文集中（所谓的“Josippon”）。

无论如何，犹太人所从事的希腊哲学和希腊历史学事业的命运在很大程度上际遇一致。随着《陶拉》作为群体和私人生活的基础——同时也作为快乐和神圣的来源——而得到发展，就像希腊人所理解的，哲学和历史学不再对犹太人产生吸引力了。对于历史学而言，还有若干其他因素导致它不为时人所看重，即便在《马卡比传》卷1中保留了它的变形化的《圣经》叙事形式也于事无补。在与其他文化相比较时就会看出，当一个人所属的民族的生活中心和宗教中心遭到摧毁时——就如公元70年犹太人所遭遇的那样——那么他的历史写作的活动就不会获得有力的推动。特别值得注意的是，拉比传统的胜利就意味着神意指导意识的真正消逝，这种意识从最遥远的过去直到拉比传统的确立一直存在着，不仅如此，这种感觉还是《圣经》时代历史的突出特色。拉比们（不像《传道书》那样）还格外注重每年一度对往昔的历史事件作一重新选取和演示，这些往昔事件在过去是一直被犹太人表演着的，拉比们正是凭借这种做法取得了对神意指导意识的胜利。犹太人仍然同他们自己的历史中选出的片段保持着联系，其媒介就是逾越节、订立圣约节、四次同圣殿的第一次被毁相关联的斋戒、净殿节等等。但历史的连续性已告中断，在艰难的时代，这种联系只是一种替代品，即把《圣经》时代历史学家和预言家们所持的困惑而且常常是悲惨的想象换作一种乐观的、冥想的期待，这一点只要观察以下事实就足以明了：希腊哲学在10世纪时通过阿拉伯人回归到犹太人那里，只是希腊历史学还得等到19世纪才能实现同样的回归。

Further Reading

The texts on Judaism by non-Jewish Greek and Roman writers are collected and translated by Th. Reinac, *Textes d'auteurs grecs et romains relatife au Judaisme* (Pairs, 1895; reprint Hildesheim, 1963), and now, with masterly introduction and commentary, by M. Stern, *Greek and Latin Authors on Jews and Judaism*, vol. i (Jerusalem, 1974; vol. ii forthcoming). Fragments of Jewish pseudepigrapha and of historical works in Greek are available in A.-M. Denis, *Fragmenta pseudepigraphicorum quae supersunt Greaeca* (Leiden, 1970, together with *Apocalypsis Henochi Graece*, ed. M. Black). Greek fragments of historians of Judaism, whether Jewish or not, are collected, and partly commented on, in F. Jacoby, *Die Fragmente der griechischen Historiker* (Berlin-Leiden, 1923—58); of special importance is section III C, xii, nos. 722—37.

J. B. Frey, *Corpus Inscriptionum Iudaicarum* (2vols., Rome, 1936—52), must be used with caution [cf. L. Robert, in *Hellenica*, v (1946), 90—108] . V. A. Tcherikover, A. Fuks, and M. Stern, *Corpus Papyrorum Judaicarum* (3 vols., Cambridge, Mass., 1957—64), is masterly. For apocrypha and pseudepigrapha of the Old Testment, the best collection is edited by R. H. Charles (2 vols., Oxford, 1913; reprint 1963). The best edition of the *Oracula Sibyllina* (without commentary) is by J. Geffcken (Leipzig, 1902). The most easily available English translation of the Dead Sea scrolls is by G. Vermes (2nd edn., Harmondsworth, 1975); cf. G. Vermes, *The Dead Sea Scrolls. Qumran in Perspective* (London, 1977). The *Mishnah*is translated by H. Danby (Oxford, 1933); the *Babylonian Talmud* by I. Epstein and others (London, 1935—48). Among the anthologies of Talmudic texts, often misleading, the most useful is J. Bonsirven, *Texts rabbiniques des deux premiers siecles chretiens* (Rome, 1955). Archaeological evidence will be found in E. R. Goodonough, *Jewish Symbols in the Greco-Roman Period* (12 vols., New York, 1953—65).

Essential guides to the evidence are E. Schurer, *Geschichte des judischen Volkes in Zeitalter Jesu Christi* (Leipzig, 1901—9), of which a much-revised version of vols. I—ii has been published in English by G. Vermes and F. Millar, *The History of the Jewish People* (Edinburgh, 1973—9); *The Jewish People in the First Century*, by various authors (2 vols., Assen, 1974—6); V. Tcherikover, *Hellenistic Civilization and the Jews* (2ND edn., Philadelphia, 1961); Morton Smith, *Palestinian Parties and Politics* (New York, 1971), very original and excellently documented; M. Hengel, *Judaism and Hellenism* (2 vols., London, 1974), with an admirable bibliography; E. P. Sanders, *Paul and Palestinian Judaism* (London, 1977).

An excellent choice of modern studies with a bibliographical guide is H. A. Fischel, ed., *Essays in Greco-Roman and Related Talmudic Literature* (New York, 1977). Fundamental are the works of J. Bernays [see his *Gesammelte Abhandlungen* (2 vols., Berlin, 1885) for further bibliography]; E. Bicherman [for instance, *Der Gott der Makkabaer* (Berlin, 1937), and the *Collected Papers*, forhcoming]; D. Flusser [partial bibliography in his *Jesus* (Reinbeck, 1968)]; I. Heinemann [for instance, *Philons griechische und judische Bildung* (Bresla, 1932; reprint Darmstadt, 1962)]; S. Lieberman [for instance, *Greek in Jewish Palestine* (New York, 1942)]; A. D. Nock [see *Essays on Religion and the Ancient World* (2 vols., Oxford, 1972)]; G. Vermes [see *Post-Biblical Jewish Studies* (Leiden, 1975)].

On Jewish apocalyptic, D.S. Russell, *The Method and Message of Jewish Apocalyptic* (London, 1964); K. Koch, *The Rediscovery of Apocalyptic* (London, 1972); on Pharisaism, G. F. Moore, *Judaism* (3 vols., Cambridge, Mass., 1927—30), J. Neusner, *The Rabbinic Traditions about the Pharisees before 70* (3 vols., Leiden, 1971), E. E. Urbach, *The Sages* (Jerusalem, 1975); on anti-Semitism, J. N. Sevenster, *The Roots of Pagan Antisemitism in the Ancient World* (Leiden, 1975); on education, C. H. Dodd, *The Bible and the Greeks* (London, 1935; reprint 1964); J. N. Sevenster, *Do you know Greek?* (Leiden, 1968), B. Th. Viviano, *Study as Worship* (Leiden, 1978); on messianism, L. Landmann (ed.), *Messianism in the Talmudic Era* (New York, 1979).

第十三章　希腊哲学与基督教

A. H. 阿姆斯特朗 撰　翟波 译

如果我们想理解希腊哲学与基督教的交汇，就必须知道古希腊世界传统的宗教祭礼与信仰，以及哲学家对它们的态度；我们还必须明白，从传统的古希腊宗教恭顺与虔敬的角度来看，基督教教会是怎样一种前所未有的古怪与新奇的事物。众所周知，古希腊宗教是一种仪式，而非信条。在那里，真正重要的事情是如何根据古老的传统恰当地举行献祭和其他的圣礼。这一点不论对于对新从埃及或东方传入的诸神的崇拜来说，还是对于围绕希腊旧有神祇和英雄的崇拜来说，都是同样真实的。这些新来的神祇，或者按照他们故土的习俗，或者以一种传统的希腊方式，接受人们的膜拜。

关于诸神的许多故事，尤其是那些与履行特定仪式紧密相关的神祇，在古希腊人的虔敬生活中，决不是无关紧要的（关于神话的详细讨论，请参见本书第十一章）。它们赋与民众的宗教想象以异彩，很有可能，他们受人崇奉一直持续到异教衰亡时期，其流之广要远过于我们熟读少数有教养者的作品所能教给我们的（至于哲学家们如何对待这些神话，我们马上就要谈到）。像荷马与赫西俄德这样一些被普遍认为应受尊敬、充满灵感的诗人，他们所讲的神话应该是最有权威的了，但是，一直到古希腊宗教史上很晚的一个时期，它们才被视为享有圣典的权威。这有一个很重要的原因，即缺少一个职业化的僧团，他们是这些神圣的故事的权威的守护者和阐释者，并且还是教义和伦理的正式教师。古代世界的僧侣是这样一种人，他继承或被公众的权威（或者，有时是他从他的城邦买来的）授以举行某些特殊献祭和仪式的权利与义务，他的权利与义务也就止于此处。讲授教义以及进行道德说教不是他职分以内的事。甚至在埃及或东方那些宏大的寺宇中终身侍奉神灵的僧侣，他们所关心的也只是仪式，而非教义。

除了僧侣之外，还有“manteis”一职，又称“占卜者”或“预言家”。他们以宗教为职业，被众人认为掌握一种特殊技艺，能够解释诸神通过诸种天象和征兆在某些特殊时节显示的意愿和态度。还有可能被多数民众信为真正来自神界的各种神谕，以解释神谕为其职责的人则被称为“先知”和“占士”。但是，尽管在所有重大场合（比如在一场战争之前）中，人们往往征求“manteis”的意见，请求他们洞观天象，担任要职的将军和政治家既可以接受也可以无视他们专门的建议。不论是这些“manteis”还是那些神谕解释者们都无法行使任何有真正持久性的教义或道德上的权威。

还存在着这样一些小教派，如俄耳甫斯秘密教派。他们宣称拥有极为古老的圣书，书中降示了许多不为人知的神话，为人们过一种奉行峻刻仪式的纯洁生活以及为各种特别有益于净化灵魂的仪式规定了戒条。但是，尽管俄耳甫斯教徒有着明确的宗教观念和伦理信条，他们似乎从未成立教会一类的组织，拥有一整套前后一致的教义。尽管他们的思想传布得很广，他们的圣书和教师们却从未在教义问题上被普遍承认享有权威。后来的新柏拉图主义者们虽然将俄耳甫斯教派的诗篇以及《迦勒底神喻》（成书时代大概在公元2世纪）中表述得晦涩而又夸张的那种民间宗教哲学的惊人的大杂烩尊为圣典，以之作为他们的宗教理论和宗教实践的最高权威，但那已是4世纪时的事了。

无论怎么样将占卜者、神谕及其解释者、俄耳甫斯教徒以及他们的圣书作为权威加以重视，人们也无法在古代希腊宗教世界中发现一个类似训世教会的东西。这样一来，任何人只要他没有完全忽视他的宗教仪责，远离任何渎神的不敬之举，那么关于诸神，在一些相当不确定的、只受不同时间和地点的公众意见情况左右的限制内，他愿意信什么就信什么，甚至愿意说什么就说什么[1]。

这与基督教教会形成明显的对比。在教会中，祭礼的发展相当随意，只是在较晚时期才达到高度的成熟。仪式惯例尽管成为备受尊敬的传统的一部分，这种发展有时还相当迅速，而且被当成诸教父信仰的证明，但他们自身却从未变得像在异教中一样神圣不可侵犯。在某些特殊团体中，当仪式上发生了重要变化时，尽管以极端的仪式保守主义为其特点的“守旧派”态度会经常出现，礼拜仪式的新创和更新

1　公元前5世纪晚期雅典人在宗教上表现的极端神经过敏也许并不完全是一种典型情况；但是，千万不要对埃留西斯的得墨忒耳和珀耳塞福涅这两位女神过于放肆地说粗话和表示怀疑，尤其在她们的秘密宗教仪式举行之时。

在基督教教会中还是比在希腊异教中来得容易。诸种圣事和公共礼拜在基督徒的生活中总是占有中心位置。但是，在教堂内外关于礼拜和作为礼拜对象的神以及它的崇拜者所应守的生活方式，所教授的东西，对基督徒来说，就与对古希腊世界的人来说完全不同。这主要是因为，基督教的虔诚是正式地以一种声称是特殊启示的东西为基础的，这种启示记录在一套含有教义和伦理内容的圣书中，根据一个团体的传统由这个团体的僧侣领袖来加以解说，而这些僧侣领袖的职责就是宣讲教义，进行道德说教和规劝，以及举行仪式。在古代世界，宣讲以及传授宗教和道德是哲学家们的任务，他们并不比任何人与仪式的举行有更多的关系，而且从未持有与某种教会团体的权威教师们略有相似之处的职位。一位哲学家除了他的人格和智能所能给予他的一切以外，没有更多的权威。就算他在像雅典学园这样受人尊敬的哲学机构中带薪讲座或出任领袖[1]。

我们现在需要探讨一下，在与我们的研究相关的这个时期（大约从公元 2 世纪到公元 6 世纪），为什么古代哲学家与大多数近代哲学家不同，他们有一大套非常明确的宗教教义和实践伦理教训要向世人讲授，为什么许多受过教育的基督教徒，包括基督教团体中权威性日益增高的无数高级教师即主教们，尽管狂热地反对希腊的祭礼和神话，对自己来自“蛮族”的启示的崇高性却又确信无疑，自 2 世纪以来竟然乐意从独立的希腊异教教师那里接受大量文化上的遗赠，对基督教的未来产生了重要影响。在我们这个时代，哲学通常

1 对于哲学家们的影响和声誉而言，此种处境并未有多大改变。

被认为是一种建立在对现实广泛理解基础上的生活方式。对于那些严肃地接受它的人们来说，它会在道德和心智上对他们作出相当的要求。人们对哲学家有这样的期许（当然，这种期许有时会变成失望），他必须是一个恪行峻德的人，过着一种理智而节制的禁欲生活，而哲学洞见的获得是与美德和远离尘世分不开的。在公元2世纪和3世纪，哲学家生活的目标和哲学家智能的内容变得宗教味越来越浓。这不是一种革命式的进展，而是某些倾向的强化。这些倾向在苏格拉底之前的有些（尽管不是所有的）哲学家中就已明显存在，特别在柏拉图影响深远的后期著作中更有明确的表现。《蒂迈欧篇》和《法律篇》为后来大多数哲学定下了基调。这种发展产生了一种结果，长期以来被人们期许为对道德实践作出指导（不仅思考伦理概念是不够的）的哲学家们，越来越被当作是灵性生活的导师。他们帮助人们寻找通向圣洁生活的道路，他们关于神性的思想也日益成为他们哲学教义的重要部分。

这一点只对于大多数哲学家才是真的，而不是对于所有哲学家。我们研究的这个时期早期精神生活的一个重要特征是，古希腊的怀疑主义传统生命力顽强地幸存下来。它至少一直延续到公元2世纪下半叶，在塞克斯都·恩培里柯的著作中，我们还可以发现对这个传统现存最翔实、最重要的表述。但是，大家不要误解怀疑主义对宗教的态度。就像对于道德原理或其他事情一样，关于神圣的事物，古代的怀疑主义者并不认为可以获得任何明确的或绝对真实的结论。可是，他从这里得到的实际结论却是，既然在这类事物中是不能获得确定性的，人们就应该追随从先人处继承的信仰和习俗，当然也要非教条式地，不要乱下判断[1]。古代世界的怀疑主义是一种保守的、而不是革新的力量。

除了怀疑主义者之外，我们时代的哲学家们宣讲一大套明确的宗教教义，这套教义建立在一种他们对神的实在性的唯理信仰中。在其不从祭仪和神话中获得宗教观念的意义上，他们的各种神学都是独立的，尽管他们不断地想把自己的思想强加在古老的故事和神话上，认为它们不过是对哲学真理的寓言式或象征式的表达。色诺法奈斯和柏拉图对诗人们讲述的关于诸神的故事所施加的猛烈的批判，普罗狄科、德谟克里特或欧伊迈罗斯对同类传统信仰所作的唯理主义的解释，以及亚里士多德在偶尔提到这些古老的故事时表现出的轻蔑态度，均足以使我们这个时代的人相信，那些神话都可以通过一种相当容易的寓言式的解释方法，产生使哲学家们满意的某种宗教含义。这些方法也为犹太教徒和基督教徒以同样的热情使用着，他们试图从《圣经》中意义不太明确的地方引申出合理的、有教益的含义来。但是，对神话和异教的唯理解释更为古老、更有批评性的态度也在载籍中保存下来，它们向基督教辩论家们提供了极好的参考资料，并且使基督徒们感到，希腊哲学本身对于异教并非完全拥护，因为它曾经如此激烈地痛恨异教的仪式和传说。

至于祭仪的仪则，哲学家们之间的态度很不一致。甚至那些批评神话最力的人们，实际上也从未建议取消传统的祭祀和仪式，而用另一种对他们的神学更合适的祭仪取代它们。就连柏拉图也满足于让旧的宗教仪式在他的理想城邦中保持不变（当然，用于公共宗教场合的

1　塞克斯都·恩披里柯，《皮浪主义纲要》，I.24,3,2。

诗篇要受到严厉的检查）。在我们研究的这个时期，我们可以看到，在最重要的哲学流派即柏拉图学派之中，发生了一种态度上的转变。3世纪的普罗提诺曾认为宗教是一种纯粹内在的和属灵的东西，外在的仪式并无任何重要之处，因此就对之持一种略带尊敬的冷淡态度。而到了从公元4世纪到6世纪的扬布利科斯和他的门徒那里，就变成了狂热的异教圣礼主义。基督徒当然更加喜欢前一种态度，至少有的时候，他们之中最有哲学倾向的人奇怪地喜欢这样谈说，仿佛他们自己的宗教是纯粹内在的和属灵的，他们完全没有任何外在的圣礼和礼拜仪式：在基督教于4世纪成为官方宗教以及礼拜仪式得到迅速发展之前的那个时期，这一点尤其显著，在基督教后期的传统中，这个特点也部分地保留了下来。

人们对于哲学和祭礼以及神话之间的关系所论说的，亦可适用于“秘密宗教”和公开祭礼之间的关系[1]秘密宗教没有固有的哲学和神学思想。秘密宗教信徒脑子里的任一种观念很有可能来自通俗哲学，而不是来自智者哲学。像普罗提诺这样的哲学家（还有像斐洛和亚里山大里亚的克莱门特这样的犹太人和基督徒）使用入会仪式、阐释和显圣中使用的神秘语言，象征性地表述灵魂获得灵智的过程。这些至少可能是对往日的某些文学描述，尤其是柏拉图在《会饮篇》中的有关叙述为基础的，当然还有对某些特殊的神秘礼拜的实际经历。

1 在古代世界，一种秘密宗教就是在极为私密的情况里举行的祭礼，若想获准加入它，就得参加入会式，没有参加入会式的人是被严格地排除在外的。

至于秘密礼拜对基督教的影响[1]，它决不会是教义上的，因为秘密宗教没有任何教义。也没有充分的证据表明，神秘仪式对基督教礼拜仪式的发展有任何重要影响。自公元 4 世纪以来，尤其是在东方，对神秘的某种偏爱表现在圣餐礼的举行中，表现在日益增长的敬畏之情中，这种敬畏之情尤其通过从公众的视野中遮盖最神圣行为的倾向表现出来：拉上圣坛前的帷幕，一种后来成圣像屏的屏壁）。而且，十分自然的是，当基督教在地中海世界发展起来、吸引那些受神秘仪式吸引的民族之时，以化身为人的神之死和复活的玄义为中心的基督教虔诚，在情感和虔敬的表达中，与对作为大多数秘密仪式中心的将死的植物神的虔敬有某些相似之处。这些相似处在异教衰亡之后还长期存在，复活节前一周和复活节中所奉行的某些仪式和习惯，向现代的观察者强烈地暗示出中世纪、有时是中世纪晚期存在的阿多尼斯、阿提斯和俄西里斯仪式的某些形式。

我们应该简略地提一下两种特别的对异教祭礼的哲学解释，因为它们与我们论述的希腊哲学和基督教的交涉这个主题关系密切。首先是理论，它可以追溯到柏拉图的学生色诺克拉底（Plutarch, Isis and Osiris, 361B），并且在新柏拉图主义者伯尔斐里论素食主义的文章（De Abstinentia, 2.40–3）中得到这样的阐释，即那些哲学家们厌恶的传统的故事和仪式，应该被归为地位较低的恶灵（daemones）、而不是

1 至于这一争论极多的题目、现存最好的英文导言可能还是 A. D. 诺克的两篇论文：《早期非犹太人的基督教及其希腊化背景》和《希腊化时期的秘密仪式和基督圣礼》，见于也的《论宗教和古代世界》（两卷本，牛律，1972 年）一节中的第 1 卷第 49—133 页和第 2 卷第 791—820 页。

诸神的作品。在异教和基督教论战时期，这种阐释被证明是一种最不幸的方法，它不仅没有挽救异教诸神的名誉，反而被基督徒拿来说明，即使在比较聪明的异教徒看来，这些神其实也不过是基督教意义上的恶魔而已。另一点更为重要，它曾对基督教的教义和实践有积极的影响，这就是对人形神像崇拜的辩护，以反驳斯多葛主义的批评家。这种习俗可以追溯到公元 1 世纪末，后来又被凯尔苏斯（Celsus）、伯尔斐里和其他人用来回答基督徒对偶像崇拜的谴责。最后，大约在公元 6 世纪末，这种习俗又被基督徒接受了回来，他们那时正在放弃对那种圣像崇拜传统的犹太人式的憎恨。[1]

在这时候的基督徒看来，古今的希腊哲学家似乎拥有大量的宗教和伦理教义，它们与异教的祭礼和神话并非无法解开地纠缠在一起，而且对基督教达到其目的并非毫无用处。接下来要考虑的是，接受希腊哲学思想的基督徒想做些什么，哪些思想最吸引他们，或者无意识中对他们发生影响，以及这些思想是怎样在基督教的背景下得到发展的[2]。基督徒们利用希腊哲学以帮助自己理解他们的宗教信仰，将这些信仰传给他人，或者将教义作不同于其他基督教教派的解释。他们所从事的正是其伟大的犹太先驱、亚历山大城的斐洛（与使徒保罗同时但

1　有关基督徒倾向于对圣像的哲学禁令以及有关日后破坏圣像活动，参见 P. J. 亚历山大的《尼塞弗鲁斯教皇》（牛津，1958 年）第 2 章和 A. H. 阿姆斯特朗的《略论圣像神学理论的发展》（《教皇研究》第 9 期，柏林，1966 年）第 117—126 页 .

2　至于基督教对后期希腊异教哲学有无相应的影响，似乎根据不甚充足，尽管普罗提诺的老师、3 世纪时的阿摩尼尼奥斯（Ammonius, “Saccas”），据说曾经是一个背教的基督徒，而且，在 5 世纪和 6 世纪的相当晚期的新柏拉图主义中，某些基督教的影响从未完全消除掉。

略早之人）所做的同样的事业，那位犹太哲人尽管对犹太思想只有很少或者完全没有影响，但是，他对基督教思想家直接或间接的影响是非常大的。他们将自己的《新约》加进犹太圣书中，还把后者包含的宗教启示翻译成（或多或少）受过希腊哲学教育的人们能够看懂和接受的术语。

这种启示对他们来说是至高无上的。《圣经》是衡量真理的标准，而且，就像我们将要看到的那样，任何他们清醒地认识到的与《圣经》中的真理无法协调的东西，都被他们严格地抛弃了。但是，对于那些并非像塔提安和特图良那样的极端信仰主义和反理性主义的受过教育的基督徒来说，同样重要的是将他们的信仰用这样一种方式来表达，使它看上去不仅不是一种野蛮人的蒙昧主义，而是古代意义上的真正的“哲学”，即生活之道和向神之道。这不可避免地意味着希腊哲学语言的使用，同样不可避免的是，希腊哲学思想随语言一道而来，甚至在那些最激烈地声称反对哲学的基督徒心中，当他们试图明明白白地、令人信服地与异教或基督教中的反对者辩论时，我们也能发现这些思想的影响。

基督徒的任务是将他们的宗教转译成希腊语，这个任务由于两个原因而变得特别困难和急迫。一个原因是，他们开创的那种启示当然不是用“普遍的”哲学术语表达的，而是在对上帝在历史中和一个特殊的民族即犹太人以及继承他们精神的基督徒之间所发生事件的记述中得到表现的。基督徒被称为是“新的以色列”，在他们看来，上帝与其立了一个超过了旧约的新约。另一个原因是他们的传教使命感，他们觉得负有使整个人类皈依他们的宗教的责任。这就迫使他们将这个特殊又特别的启示用在他们看来似乎完全合适的最普遍的术语表达出来。

纪元初几个世纪的基督教思想家之所以无往而不胜，也许在很大程度上要归因于他们与其同时代其他思想家共有的某些精神上的局限。像他们时代（以及以后很久）的所有人一样，他们完全缺乏任何批评的历史意识，他们对待需要他们解释的圣书的态度完全不是学术式的。假如诸教父像现代学者一样看待《圣经》和早期教会传统，那么以全欧洲的宗教这种形式最终出现的基督教就永远不会获得发展：这当然就意味着，以现代学术批评的眼光来看，在它的发展的基础中就存在某些弱点。基督徒追随斐洛，将寓言解经的方法用于《圣经》，异教哲学家曾用这种方法解释诗歌和神话的内部隐义。另外，他们还有自己独有的象征论的解经法（在某种程度上以早期犹太人的解经学为基础），使用这种方法，《旧约》中人物的生活和行事都被理解成预示着基督的来临[1]。他们的方法，一般缺乏任何对年代错误的意识，认识不到在古代作家中发现他们自己时代的思想是一件不可能的事。这就使得他们很容易在《圣经》中发现凡是受过希腊哲学训练的人都会轻易地认为是普世智能的某种东西。

还有另一种局限性，使罗马帝国讲希腊语和拉丁语的基督徒更容易把他们接受的的特殊启示说成是一种普遍的东西[2]。这种局限性就是，

---

1 关于寓言与象征论，参见 W. 德 · 布尔《寓言和历史》(《罗马和基督教》，阿姆斯特丹，1973 年）第 15—27 页。最近有很多象征论方面的著述，A. D. 诺克的《希腊化时期的秘密仪式和基督教圣礼》第 805 页有一段很好的导言。

2 我们当然不能忘记庞大的叙利亚基督徒团体的存在，他们跨过帝国的边境，将其教线扩展到东方。他们的观点与众不同：但是，至少在我们这个时期，他们对希腊哲学并不感兴趣，因此，我们在此处就不考虑他们。

他们追求的普遍性是某种十分有限的东西。他们像同时代的其他思想家一样，并未有意认真研究希腊—罗马世界之外伟大的宗教和哲学传统，也未试图发现他们与希腊宗教和哲学传统有多大区别。当然，许多希腊哲学家信仰古代东方的智能，深信它们是希腊思想的本源（就像我们将要看到的，基督徒以这个信仰为自己辩护），但是，他们认为这种思想与希腊哲学是一样的，并且用希腊的术语来解释他们获得的关于波斯和印度宗教信仰的知识——比如把婆罗门说成是毕达哥拉斯主义者，或者将琐罗亚斯德教的二元论解释为毕达哥拉斯主义–柏拉图主义的哲学二元论。这样一来，基督徒追求的普遍性就是表达基督教信仰的一种方式，这种信仰在希腊文为“oecumene”，拉丁文为“orbis terrarum”亦即希腊—罗马文明世界中受过教育的人都是可以理解的、值得信奉的。从现代的观点来看，这个局限性对基督教声称自己是一种真正的普世宗教投下了怀疑，但是，对于欧洲基督教的成功发展也许是一个必要的条件。在3世纪的波斯帝国，我们可以拿它与摩尼所取得的那种更为宽广的观点、但却较为有限的成就相比较[1]。

我们现在得考察吸引过并影响了基督徒的希腊哲学的特殊形式。对基督教影响最为深远的希腊哲学总是柏拉图主义，不仅在公元最初几个世纪，而且一直延续到我们这个时代。斯多葛主义对于早期教会伦理思想也曾发生巨大影响。公元1世纪以降，柏拉图主义的道德学说中就有大量斯多葛主义的因素存在，基督教思想中明显存在的斯多

1 有关摩尼的自我意识宇宙观的一些有趣的描述参观 see Wilfred C. Smith, *The Meaning and End of Religion* (New York. 1962) , pp. 80—90。

葛主义，既可能来自斯多葛主义化的柏拉图主义，也同样可能来自纯粹的斯多葛主义。哲学倾向最强的基督徒厌恶斯多葛主义神学的物质主义，因为它认为神是“一股有理智的火一般的呼吸”[1]，而我们的灵魂则是其物质的成分；尽管反对哲学的特图良十分愿意相信上帝和人类灵魂是斯多葛主义物质形体意义上的那种“spiritus”。[2]（这当然不是说，灵魂构成上帝的部分）。在作为三位一体学说异端的一性论者的各种形式中，也有斯多葛主义的一些影响。这个派别将三个神格当作一位圣神的样式和显现，这个圣神被看作像斯多葛主义的有动力、有形象的上帝一样扩张和收缩。晚一些时候，在5世纪的高卢，也有一个有趣的团体，其领袖是里兹的圣浮斯图斯[3]。他在坚持上帝是无形体的同时，主张人类灵魂和天使的形体性，目的是想保持造物主和造物之间的明显差别。对于这个差别，正统的基督徒，尤其是西方的基督徒，总是特别加以强调。但是总的说来，受希腊哲学影响的基督徒追随柏拉图主义者，相信上帝和受造的精神完全是没有形体的（尽管他们经常想，天使拥有某种以太般的身体，就像柏拉图的精灵［Daemones］），并且将斯多葛主义的形体主义连同斯多葛主义的泛神论一同抛弃了。

在此时期，亚里士多德哲学对基督教思想的影响是有节制的和次要的。它的大部分影响以柏拉图主义为中介，因为罗马帝国时代的柏

1 “呼吸”一词在希腊语中叫作“pneuma”，拉丁文中叫“spiritus”。*Against Praxeas, ch,7; On the Soul,* chs. 7—9。

2 Aguinst Praxeas, ch, 7; On the Soul.chs.7—9。

3 参见 E. L. Fortin, *Chrictianisme et culture philosophique au ciquième\ siècle*（Paris, 1959）。

拉图诸学派吸收了大量亚里士多德主义的东西[1]。自伯尔斐里以来，对亚里士多德逻辑学的学习成了研究柏拉图哲学的不可缺少的基本前提，到 5 世纪时，对整个亚里士多德哲学体系的研究成了新柏拉图主义教程中的一部分。基督徒像异教徒一样研究和使用亚里士多德的逻辑（它经常被认为是“安全的”和中性的，与最后阶段的柏拉图主义形而上学那种危险而好战的异教信仰形成鲜明的对比）。奥古斯丁在他的三位一体神学中也许使用过它，而且从 6 世纪以降，希腊基督教思想中就有一种重要的亚里士多德主义的成分。但是，在我们这个阶段以及以后数个世纪，在基督教思想家中尚无任何非柏拉图化或反柏拉图主义的亚里士多德主义的迹象出现。证明在 4 世纪的一些基督教团体中已经有一种特别强烈的亚里士多德思想影响的存在，就是所谓的“安条克学派”或称阿里安学派的存在，则是没有多大说服力的。

怀疑主义者向基督教论辩家们提供了论据的武库，后者用它们来攻击特殊的哲学理论或一般意义上的哲学本身，但是很自然地，他们却不能对基督教思想作出积极的贡献。基督教神学家们明确地仇视学园派和怀疑派的一切形式的不可知论或中止判断论。因此，在考虑基督教信仰和希腊哲学于纪元最初几个世纪中相互影响的历史时，尽管不是绝对性地，我们必须主要地考虑基督教和柏拉图主义的相互影响。这当然不是使整个故事完全简单化。这两个传统在其初始时期都是十分复杂和晦暗的，允许大量不同的观点和态度存在。在基督教这一边，

1　尽管也存在着强烈的反亚里士多德的倾向，尤其反映在 2 世纪的阿提库斯以及在某种程度上普罗提诺的身上。

这些差异之处经常可以溯源至《新约》文献中已经变得明显的许多不同之处。其中一些差异来自希腊—犹太宗教思辨中的通俗希腊哲学里某些观念的影响，这种思辨是许多《新约》作者的共同背景。

柏拉图主义的一些变种和各种张力会以如下形式出现。但是，在这里试着说一下作为这些变种基础的统一的东西（不可避免地会带有相当个人的和主观的色彩），也许会有些帮助。也许最安全的对柏拉图主义的描述是这样的：它是任何一种由受阅读柏拉图对话录（通常是相当有选择的）的启发而激起的哲学，或者至少是由来自这种阅读、尽管经过了许多中间渠道的观念激起的哲学。任何读过对话录的人都知道它们令人眼花缭乱的多样性和经常的无结论性。但是，也许值得去试试将在柏拉图和大多数柏拉图主义者的作品中，也包括我们研究的这个时期的作品中发现的思想和意图的统一性给予自己的解释。

下面列出的不是任何形式的柏拉图的信经的条文，但是，很难说清楚为什么把一个不信这套东西的人叫做柏拉图主义者会是有用的。（1）有一种超验的非物质的现实，它在某种意义上不同于并且独立于（尽管不是必然地区别于）我们通过感官知觉认识的经验的世界，它给与这个经验世界以它所拥有的现实性和价值，人们普遍地认为它来自现实性和价值的最终源泉，也就是作为其顶点的至善。（2）对此的知识是一种很难获得的直接的洞见，需要全心投入哲学的探求，以及终生进行心智和道德上的训练。它与我们通常称为“理性”的经验的、演绎的或分析的过程不同，尽管后者能够有助于它的证得。（3）人获得这种知识的能力，一般被柏拉图主义者当作一种证据，证明人能够过一种超越肉体生活的生活，这种生活在肉体死亡后依然存在（而且，在异教之中，以及偶尔在基督教柏拉图主义之中，人们认为在新生之始可以没有肉体）。但是，对于柏拉图主义者来说，此后任何完善的生活都要看我们现在如何生活。探求超验知识的主要目的在于发现原则和标准，以及证得一种对现实的真知，它能使我们现在的生活尽可能地好。柏拉图主义显然是一种实践哲学：这一点也适用于那些晚期的柏拉图主义者以及其他类似的人，他们由于历史的原因，没有柏拉图对社会和政治改革的那种关注。

对基督教发生影响的罗马帝国时期的柏拉图主义，与这里大略描写的柏拉图主义是一致的。但是，它失去了柏拉图自己著作中的许多东西，凡是他那些不构成后期柏拉图主义者思想内容的方面一般并不为基督徒所注意，对他们的心灵也未发生任何影响，甚至他们读柏拉图本人的著作时也是这样。在罗马帝国的柏拉图主义和在与它的接触中产生的基督教的各种柏拉图主义之中，只有内在于柏拉图思想中的一类可能性获得了实现。首先，由于变得教条化和体系化，后期的柏拉图主义限制住了自己。当柏拉图的思想被说成是一个教条体系时，它的性质也因为这种表述而获得了根本的改变。它的怀疑的那一面或称苏格拉底的那一面，就是那种将哲学看作总是未完成的事业，对语言缺陷的生动感觉，或者是那种会导致中期学园和新学园的怀疑主义的因素的东西逐渐被淹没了，尽管不是完全地消失：它似乎有助于形成新柏拉图主义的那种对神的不可知性的信仰。这种渐渐增长的教条主义使整个柏拉图主义更易为基督教神学家所接受。又一次，柏拉图哲学中与社会和政治有关的整个方面几乎都消失了。对于罗马帝国的柏拉图主义者来说，与柏拉图不同，哲学家的主要任务不再是试图改造社会，尽管某些后期柏拉图主义者也认为，如果有机会的话，那也是他的责任的一部分。

这一时期的柏拉图主义者仅仅称自己为“柏拉图主义者”。但是，现代学者认为应当作出一种区别，就是把从公元前1世纪到公元3世纪的柏拉图主义哲学称为“中期柏拉图主义”；“中期柏拉图主义”包括从西塞罗时代阿施卡隆的安条库斯在学苑中恢复教义学时期一直到伟大的哲学和宗教思想家普罗提诺（205—270年）重振柏拉图哲学为止所发生的一切。有些与中期柏拉图主义者思想相近的思想家喜欢称自己是“毕达哥拉斯主义者”[1]他们被现代学者称为“新毕达哥拉斯主义者”，这个术语也包括某些哲学性不太强的神秘主义者、神迹实行者以及像提亚纳的阿波罗尼乌斯一样的素食主义者。在考虑希腊哲学对基督教思想的影响时，我们不需要在这里对它们作出清楚的区分。普罗提诺和批评地发展其思想的后继者们的哲学，与更早时期柏拉图主义的诸种形式大有关联，到公元6世纪异教徒毁灭哲学为止，一般都称作是“新柏拉图主义”。

中期柏拉图主义是一种影响基督教思想的柏拉图主义形式（更早的形式曾经影响过菲洛）。这种影响从公元2世纪以来就十分明显。中期柏拉图主义哲学家在他们的观点上和智识的成就上差别很大。与职业哲学家所教授的严肃哲学一起，还混杂着大量大众化的或通俗的柏拉图主义的东西。这些东西以为一般读者所写的各种手册为基础，被有哲学倾向的修辞学家如推罗的马克西姆（2世纪末人）一辈人所传

1　毕达哥拉斯—柏拉图一系的思想在古代晚期就以某些正当的理由被人们当作一个传统看待。

布，它们影响所及，甚至在异教和基督教诺斯替派，还有正统基督教中都可发现其痕迹。但是，中期柏拉图主义的许多变种（以及严肃的新毕达哥拉斯主义）都范围狭窄，下面我们将从使我们感兴趣的角度（宗教和伦理的角度），对它们进行一种不算十分精确的描述。[1]

这个体系最重要的是一个超越的永恒实体和第一原则的概念，希腊人多像使用一个专有名词一样用“theos”称呼它——将它翻译成首字母大写的“神”是合适的；事实上，“theos”一词继续被用于其他次一级的神。这个神的超越性经常被极力强调（尤其是被有毕达哥拉斯主义倾向的思想家强调）。通过否定任何属性可以被用在神的身上，从而强调神的现实性超过我们的思想和想象，“否定的”或“apophatik”（希腊文“否定的”）神学的语言已经以一预示着新柏拉图主义的方式被使用。但尚未清楚的是（就像在新柏拉图主义中一样），神是多于超验心灵和超验存在的某种东西；而且一种相当简单的虔诚的一神论，强调神对世界的善意和关爱，经常可以在中期柏拉图主义中发现，尤其是在1世纪的普卢塔克（他将它混溶在大量的超验主义味道浓厚的语言里）和2世纪的阿提库斯身上看到。柏拉图的形式或理念通常被中期柏拉图主义者们说成是“神的思想”，这是一个我们无法将其精确地追溯到公元前1世纪的观点，但是对于晚期的柏拉图主义者的思想，包括异教徒和基督徒，有着最大的影响。在哲学更为通俗的形式中，神通常被认为是通过许多中介的、次级的神和精灵（daemones）创造和指引着世界，而在较有哲学意趣的形式中（就像在2世纪的阿尔齐

1 参见 J. B. Skemp, “Plato’s Concept cf Deuy”, in *Zetesis* (Antwerp-Utrecht 1973) , pp 115—21。

努斯和努墨尼乌斯），则是通过一个第二心神或神。

中期柏拉图主义者保留了柏拉图的这一信仰，即相信物理的宇宙作为一个整体是善的。但是，他们被困于恶的问题，试图将它的起源归于某种邪恶的、非理性的灵魂，这种灵魂独立于神，在世界中运作。他们在《蒂迈欧篇》和《法律篇》第10卷中找到了柏拉图对这一思想的权威论证。他们对人的概念是以《斐多篇》中明确的身一心二元论为标志的，尽管他们传布的禁欲主义对他们的时代来说显著地是仁慈的和适度的。他们的伦理学说表现出受到斯多葛主义强烈的影响。他们一般都充满生气地严守斯多葛主义的学说，坚信单靠美德就能实现人类的幸福，而外在的善行则无甚紧要。（应该提到的是，斯多葛主义者宣誓信奉一种身一心二元论，至少像柏拉图主义者信奉的一样鲜明：他们相信灵魂的形体性，这使得他们很容易把它当作与肉体完全不同的某种东西，一种纯粹的火一般的理性，只有与低级的实体的接触才能扑灭它，而它的善德是与身体的善行完全不同的。）

这种相对简单的一神论，带有一种高尚的、严苛的道德论调，很容易被基督徒所吸收，而且可能在基督教思想上留下了一切柏拉图主义所能留下的最深刻的影响。受过教育的基督徒证明他们有权使用这种异教哲学的原因有两条。他们坚持说，希腊哲学家们从犹太圣书中盗来了他们最好的一些思想，这些圣书被认为比任何希腊文作品都要古老得多。然后他们把这些思想加以歪曲和增补，再造为异教的东西。这是一种我们在上面提到的对古代东方智能的信仰，这种信仰既可以被用来贬低希腊哲学，也可以被用来证实使用它的合理性。但是，最同情希腊思想的基督徒，特别是2世纪的朱斯丁和亚历山大城的克莱门特，同样也提出了另一个观点，这个观点在后来大行于世间，帮助基督徒把与他们不同的其他的思考方式看作有一定价值。这个思想就是，作为永恒的逻各斯并化身为拿撒勒人耶酥的基督，从创世以来就在人类历史上的作为实施福音而显灵，在所有地方教诲并鼓动善良者和聪明人，既有犹太人，也有异邦人（Gentiles），还包括那些伟大的希腊哲学家。这样一来，哲学就可以像克莱门特和许多后代的思想家所做的一样，被看作神为异邦人接受福音所安排的准备活动。

在基督徒开始严肃地考虑希腊哲学之前的一段时期，基督教团体被一个对基督教的不同解释所扰动，并发生深深的分裂，这就是属于我们称作“悲观的诺斯替主义”的当时那场有力的和与众不同的宗教运动。这是一种与这个世界深深背离的宗教。对诺斯替主义的信奉者来说，整个物质宇宙是一块邪恶的地方，是一座牢狱和一个陷阱，是黑暗势力侵入光明世界后产生的结果，或者是由某个毫无希望的次等的和低级的存在（被认同于犹太人的神）所创造，这个神是某种宇宙创生之前的堕落的产物，与超验的光明世界的神是完全不同的。诺斯替教的救世主，被基督教诺斯替主义者认同于基督，他来到这个邪恶的异化世界，向诺斯替主义者们传授获救的知识或称“诺斯”（gnosis），这种知识能把他们领回到真神和光明世界中他们真正的家园那里。基督徒的主流和2世纪的柏拉图主义哲学家们，尽管受到诺斯替主义思想方式的影响，这种影响有时甚至比他们所承认的还要多，最后他们还是一致地放弃了它。因为对他们两者来说，这个世界中尽管有无数的罪恶，却还是由一个善良的造物主创造的善的世界。

这种共同反对诺斯替主义的态度，也许有助于基督徒更加善意地看待中期柏拉图主义（尽管他们中的一些人，尤其是3世纪的希波里特，倾向于认为一切异端的形成都是由于受到各种希腊哲学的影响），他们在反对诺斯替主义时提出的一套关于那位善神、造物主和善良造物的神学，在许多方面都要归功于中期柏拉图主义的影响。但是，还是有一些重要的区别。基督徒们比大多数异教徒更加强调神和他的造物之间的分离，就是造物主对于他所创造的世界的异在性和分离性。而且，他们坚持说，只有这个迥然分离的神对受造物的存在负责。他们放弃了一个吸引过某些中期柏拉图主义者的思想，这个思想认为，存在一个独立的恶的原则或曰非理性的无序原则，它与永恒的原初物质密切相连，神在创造这个世界时就要以它为材料。在放弃这个对恶的问题的解释方面，基督徒也许在一定程度上受到他们对诺斯替主义强烈憎恨的影响，就像接受这个理论的哲学家（尤其是普鲁塔克）有时受到伊朗的冲突二元论的影响一样。伊朗的学说是某一种诺斯替主义的理论背景，尽管没有被承认为正式的学说，它还是深刻地影响了基督徒看待世界的态度。

基督徒当然激烈地弃绝柏拉图主义中他们认为是偶像崇拜的部分，以及那种对次级神灵和精灵存在的崇拜，那种信仰认为神是通过它们来干预世界并与人类交往的。这不是一种（像基督徒描述的那样）发生在多神论和一神论之间的冲突，而是两种不同形式的一神论之间的冲突。其中一种形式是《圣经》式的，既严酷又排斥异己，相信神完全独立于它所创造的世界，人类只能通过它降示的启示方能接近它。另一种是希腊式的，它认为神的神性遍及于世界及其所有部分，当然还有生存于其中的次级神灵，对于每个人来说，它至少只能间接地被接近，并且所有人还要通过本民族的、地方的宗教传统才能接近它。而且我们还要说的是，基督教传统后来经历了许多改变，使它更加接近于希腊形式的一神教。

基督徒一般（除了已经提到的一些例外）都全身心地接受柏拉图主义关于神绝对非形体性和永恒不变性的学说（尽管后者与《圣经》中许多按字面意义解释的东西很难调和起来）。“神是一种精神”不久就变成意味着“神是无形体的”，而柏拉图学说中一切似乎意味着神有变化的文句都被正统的神学家们强有力地抛弃了。他们通常发现典型的中期柏拉图主义关于神的肯定陈述和否定陈述的混合十分合他们的口味，就像正统基督教神学家自那时以来有意去做的一样。在犹太教思想中，已经有一种趋势，相信神的不可知性，这种趋势加强了中期柏拉图主义中的那种“apophatic”或否定的倾向[1]。另一方面，圣文、教会传统和不断增长的神学争论的压力，迫使神学家们就神说出许多积极的言辞，还把他的自我显示说成是某种有理智的和可以确定的存在者所完成的事情。这种积极的（或称“kataphatic”）倾向被基督徒从中期柏拉图主义借用的最有影响的一个理论所加强，这个理论就是，柏拉图的理念，一切造物永恒的原型或模型，都只是神心灵中的思想。尽管基督徒经常将这些永恒不变的思想与逻各斯——基督的概念紧密相连，他们一般还是无意（甚至当他们在某种程度上接受了逻各斯的次级性时）作出新柏拉图主义者在超验的不可知的太一和首先作为形

1 对神不可知的超越性的信仰，在从至少 2 世纪初期以来巴西里德斯时代的早期诺斯替教中就可以清楚地看到。

式的世界从太一推演出来的神圣现实或称神圣心智之间所作的那种明确的区分（参见下文）。在两种思维方式之间的这种紧张状态，有时是抵牾从未得到解决[1]。

到3世纪为止的基督教神学家通常发现，中期柏拉图主义关于第二心智或第二神灵的观点，与《新约》中的材料十分吻合，于是就把基督描写成逻各斯，当作仅次于圣父的神和创世与启示之间的中保人，尽管他也完全分有圣父的神性。只有通过他的逻各斯[2]，作为圣父的神才能创造世界，也只有在逻各斯中，他才能显示自己，并在一定程度上为人所知。圣灵在这个体系中的位置当然更难确定。基督徒不能简单地把它认同于柏拉图的第三神，即存在于万物之中的世界灵魂。在公元325年举行尼西亚会议（4世纪时在三位一体神学中发生的这一深刻变化会在后面简单地谈到。）之前，它的性质和身份一直相当不明。中期柏拉图主义产生的影响，在尼西亚会议之前最有权威的基督教思想家奥列金（约185—255年）的伟大思辨体系中尤其明显。奥列金本人很可能在普罗提诺的老师阿摩尼乌斯处学习过。除了他对希腊哲学的那种尖锐的批评和独立的态度以外，在他关于圣父如何通过次于他但却是同样神圣和永恒的逻各斯创造了一群自由的、有理智的精灵的学说中，显示出他深受基督教影响的同时，同样多地受到真正柏拉图主义的东西之影响。这个学说认为余下的世界历史都以它们的自由选择和神对它们的反应而定，他们从最初的爱和纯洁性那里堕落的级次不

1　当我们讨论新柏拉图主义的影响时，还会回来再谈到这一点。

2　这个词被不完整地译为“词”——它传达了获得表达的思想是一种活的力量这一思想。

同，因此就按其过失而托生于不同的躯体，像柏拉图的那些去投生的灵魂一样，按照他们依次的选择，在存在的天平上爬上爬下。但是所有这些灵魂都会通过逻各斯身上的那种他们曾从中获得生命的持续的救赎之爱，最终得以回复他们最初的完善（尽管不是没有另一次堕落的可能）。逻各斯在拿撒勒人耶酥身上化成肉身，没有任何造物会被排除在从他获得救赎的希望之外[1]。

在他们关于人和他应该如何生活的实践学说中，这一时代的基督教思想家大体上与柏拉图主义者较为一致，而不是与我们所能期待的某一宗教（该宗教在其降生与复活的教义中，特别强调人体作为人整体中不可缺少的一部分）。当“神学式地”谈论和思考这些教义，以及与它们紧密相联的其他学说、比如圣餐仪式以及人的最终福祉或毁灭时，基督教思想家强烈地为肉体和灵魂的统一性以及肉体的善性辩护，反对柏拉图主义者和其他学派。但是，一旦涉及伦理学说和道德实践，他们就会十分乐意地接受一种身体—灵魂二元论，把它视为一种操作上的原则，并且认为斯多葛—柏拉图主义式的道学禁欲主义很合自己的口味。哲学家们相对仁慈、节制的自励之行，事实上多少冲淡了在受过教育的基督徒中发生过影响的对肉体的极端憎恨。基督徒在实践上的二元主义，在神学上获得了关于人的堕落、以及它引入人性中的腐化和无序的学说的证实（就像异教柏拉图主义者的学说被其关于灵魂从它真正的家园被贬谪凡世的信仰所证明一样）。还有一点应该

1 关于奥列金的体系，参见他的论文《论基本原理》，为便于理解，可参见 H. 巴特沃斯的注释译本（伦敦，1936 年，1967 年再版）。

提到，就是不论异教徒还是基督徒，比起他们怀疑世界是否是一个整体的观点来，他们更加带着怀疑和厌恶的眼光看待自己的肉体。可见宇宙中的善，是一个绝对善良、绝对聪明的造物主创造的优美、有序的功业，这一点受到异教徒和基督教徒共同的热烈拥护，尤其用来反对他们共同的敌人诺斯替教徒，尽管在侧重点上多少有些不同。对于异教徒来说，物质的宇宙是神性的一种可以被领悟的至高的自我显现，回到神的道路至少要自沉思开始。而对于基督徒来说，凡世的宗教的兴趣中心不是宇宙本身，而是基督和他的教会。

从 4 世纪晚期以降，基督教思想家深受一种现代学者称为“新柏拉图主义”的柏拉图主义之影响。这里不可能充分地描述中期柏拉图主义的这场影响深远的发展的所有丰富性及其力量，这场运动首先要归功于希腊宗教哲学家中最伟大的普罗提诺的天才。中期柏拉图主义和新柏拉图主义之间最引人注目的区别可以在关于第一原理的叙述中发现。普洛提诺发展并澄清了在中期柏拉图主义和新毕达哥拉斯主义中已见端倪的一些思想，并且遵行柏拉图在《巴门尼德篇》和《理想国》（6.508–9）中已经在柏拉图学派中很好地建立起来的一条解经的路线，教导世人：现实的本原不是一个至高的存在或至高的心智，而是超越存在和心智的太一或善。对他和他的追随者来说就是，在理智和已经形成的、确定的现实之前，存在一个无限的创造性的善和自由，它不能被思想所发现，因为在它之内（这个阳性代词［原文中是 in him］正与普罗提诺自己的用法一致）思想不能发现任何确定的客体——它既不是“此”，又不是“彼”，它只有在它通过对我们的爱把我们拉向其中的那种神秘的融合中才能被证得。

从此太一中永恒地流出新柏拉图主义者的那个庞大的按等级安排的宇宙的相续状态，越往下去就越缺少统一性以及现实性和善性，但是却没有一物完全落于统一性和善性之外。下至物质宇宙并且包括物质宇宙，每一个事物都在自己这一级上反映和表达它所依靠的较高级的现实性，每一个事物都重返对太一的期望中，并渴望返回其中。在普罗提诺那里，尤其是在他的追随者在某种程度上更加生硬、更为明显和复杂的等级体系中，现实性的各个等级与人的内在经验状态紧密相关。心智或者说真实的存在就是活生生的理念世界（柏拉图的理念），发源于太一中的生命在它返家的过程中永恒地将自身再塑进这个世界中。当我们在这个世界中醒来时，我们发现自己真的回了家，也明白了自己实际上是什么。我们与宇宙灵魂是一体的，尽管不是在要毁灭我们的个体性的意义上。这个宇宙灵魂穿过物质宇宙，把它作为一个整体在其每个部分中构造它、安置它、使它充满活力，我们能够并且应该体验它。新柏拉图主义在很大程度上是一种经验哲学，这种经验是对与太一的神秘合一的经验、对在心智世界中苏醒和生活的经验对与生命的宇宙原则和我们这个世界的合理秩序合一的经验，所有这些经验都能在我们当下的尘世生活中被体验到（当然只是少数人）。甚至有些很少将新柏拉图主义用作形而上学体系的人也发现从心理学的意义上来说它听起来相当真实。尽管旧的二元主义的态度依然存在，新柏拉图主义在它对待物质宇宙的态度上却经常是十分积极的。它把物质宇宙看作是一种神示或神的显现，是与物质宇宙密切联系的概念原型的壮丽的形象。

在思考希腊哲学中最后出现的这一伟大学派对基督教思想的影响

时，我们必须首先忆及这样一个事实，就是只是在普罗提诺去世后很久，新柏拉图主义的影响才完全变得广泛起来。我们所知道的那部由其学生伯尔斐里编定的普罗提诺的著作集《九章集》，只是在4世纪初期才有版本发行：在这之前还有一个老版的《九章集》，是普罗提诺的另一位亲密的朋友和学生欧斯塔修斯刊行的，但是没有证据表明它曾被人广泛地阅读，尽管4世纪的基督教作家恺撒里亚的尤塞比乌斯可能读过它。而雅典伟大的柏拉图学园直到4世纪末期才彻底新柏拉图主义化，亚历山大城的学派也许还要晚些。伟大的雅典和亚历山大城的新柏拉图主义教师和著作家们属于5世纪和6世纪，因此，任何4世纪基督徒接受的正式哲学教育更可能是中期柏拉图主义的，而不是新柏拉图主义的，尽管可以肯定的是，生活在说希腊语的东方的卡帕多西亚诸教父，如恺撒里亚的巴兹尔、纳西昂的格列高里和尼萨的格列高里都读过普罗提诺和伯尔斐里，也许还有4世纪早期伟大的新柏拉图主义者扬布里库斯：而在讲拉丁语的西方，普罗提诺（他曾在罗马讲学）的影响，特别是将其老师的思想通俗化并加以发展的伯尔斐里的影响，在奥古斯丁时期（354—430年）以前就很强大。

在评价严格意义上的新柏拉图主义（就是普罗提诺和他的追随者的柏拉图主义）的影响时，会出现一个特别的困难，这就是最先在中期柏拉图主义中出现的思想会继续出现在后来的异教和基督教柏拉图主义中：在我们研究的这个时期的各种不同形式的柏拉图主义之间，不论是早期的还是晚期的，也不论是基督教的还是异教的，都有许多共同的基础。除非有对普罗提诺和其追随者某些特别观点的接受以外，即使有证据表明有人使用新柏拉图主义的著作，新柏拉图主义的影响也不能被过分夸大。当我们对待新柏拉图主义中最有特点和最有独创性的学说时，很难确定那个作为现实性的第一原则和本原的太一或善超越于存在和思想之上，因而就其本性来说是不可知的。这个学说在普罗提诺的异教学徒那里，甚至受到比普罗提诺本人所作的还要多的强调。就像已经说过的一样，一般地说来，基督教思想在 4 世纪和 5 世纪中以及以后的时期，通常保持着中期柏拉图主义的立场，将对神的不可知性的最强烈的主张与十分积极地把它说成是一个明显在某种方式上可以理解的至高存在的观点调和起来。

这样一来，东方卡帕多西亚的教父们，尤其是尼萨的格列高里，用最强烈的词藻主张神的无限不可知性，甚至还用这个主张作为武器攻击反对他们的极端阿里安派父子不同说派教徒。他们谴责后者信奉希腊的唯理主义，而他们的确也是相信神的本性是可知的和可以定义的。但是，与此同时，尼西亚会议之后的正统三位一体神学的诸种要求，迫使他们对神的实体和位格提出非常积极的（有时在逻辑上是令人奇怪的）主张。对于像西方的奥古斯丁这样一个曾经用最强烈的言辞主张神的不可知性的人来说，关于三位一体中每个神格相互间精确的关系实在知道得太多了。

但是后来，在希腊化的东方，出现了一个很有影响的作家，他十分认真地对待新柏拉图主义者坚持的神的不可知性这一学说。这是一个不知其姓名的人物（也许是一个讲希腊语的叙利亚人），在 4 世纪末和 6 世纪早期之间的某个时候，他写了大批著作，还把它们说成是使徒保罗在雅典劝化的“色雷斯的”狄奥尼修斯（大法官）所著，以赋予它使徒的权威。他的作品清楚地显示了我们从普罗提诺在雅典的继承人——这就是指柏拉图学园的领袖——普罗克洛斯（410—485）的著作中熟悉的那种晚期柏拉图主义的影响。在这种影响的诸种征候里，值得注意的是一种明确有力的对神不可知性论的坚持，这种态度以一种有意作出的悖论的方式，与那种基督教信仰必然要求的将神看作三位一体和创世者的积极主张混合在一起。这种在张力和对比中对神作出肯定和否定陈述的有意坚持，一直是东方基督教的典型思想。""色雷斯的"狄奥尼修斯"的基督教新柏拉图主义，在由希腊基督教最伟大的神学家忏悔者马克西姆开创的一条较为积极、对世界的价值有所认可以及有化身说倾向的方向上，获得了发展并且在一定程度上有所修正，继续对基督教化的东方世界发挥其巨大的影响："色雷斯的"狄奥尼修斯和马克西姆的传统被约翰尼斯·斯各特·爱留根纳（约810—877年）引入西方，并且获得了显著的发展，他的思想的影响持久而强大，尽管一般说来范围有限。

在4世纪基督教和异教新柏拉图主义的思想发展之间有一种有趣的平行，尽管似乎没有证据证明它们相互之间有任何广泛的和决定性的影响。众所周知，4世纪的正统基督教徒在经过无数争执和冲突之后，决心抛弃曩日遵守的从属主义形式的三位一体神学，至少在一个方面，阿里安主义可以被看作是这种神学的一种极端发展。正统基督教徒倾心于诸位格平等的、同一中见三位一体的那种神学。在这种神学中，圣父、圣子和圣灵处在同一个位置上，而不是一个从属于另一个地安排在下降的序列中：这就是尼西亚信经中阐述的神学。同样在4世纪，在异教柏拉图主义中关于太一和心智发生了一种思想趋势，认为不可知和无限的太一在存在、生命和心智这三者中决定着自身，其中的存在与其自身同一。这个思想多少来自普罗提诺，但是与他不同的是，它将太一和心智看作同一个现实不同方面、状态或样式。这种思想也许与他的学生伯尔斐里有关，而且一定深受伯尔斐里对普罗提诺的诠释之影响[1]。它影响了4世纪基督教神哲学家马里乌斯·维柯托里努斯，他将其用于为尼西亚信经中的三位一体学说所作的辩护之中。也许通过马里乌斯·维柯托里努斯，那种思想还影响了奥古斯丁。但是，没有证据表明，从阿塔拿西乌斯以来东方的正统三位一体主义的缔造者和拥护者是否意识到这一点。扬布里库斯和后来的异教新柏拉图主义者们强烈地放弃了将三种理智存在中的第一者认同于超验的太一，尽管三个存在本身是他们体系中的一个重要组成部分。

不管确定在哪些方面真正的柏拉图主义的思想对基督教教义发生过影响、以及影响的程度有多大，是如何地困难，毫无疑问自4世纪中期以来，许多伟大的基督教思想家都阅读过新柏拉图主义者的作品，并深受其影响。在奥古斯丁（354—430年）身上，这一点尤为明确，他坦率和大方地承认自己受惠于普罗提诺和伯尔斐里。他们使他摆脱了摩尼教形体主义的影响，使他确信神和灵魂的精神性。他们还帮助他形成了自己内省式的思维方式，这种方式告诉他，一个人的向神之路就是走向内心之路，在那里他发现了内在于、同时又超越于自己灵魂的神。当然，在奥古斯丁那里，有许多东西不是来自柏拉图主义者。

1 该学说在P.哈多校订的一篇有关柏拉图的《巴门尼德》的佚名注释中得到了完全的表述（《伯尔斐里和维柯托里努斯》，第2卷，巴黎，1968年），是有关该学说的整体发展的一部最为完整和权威的著作。后期的新柏拉图主义者点名批评伯尔斐里持有表面上与此类似的观点。

他晚期宿命学说的《圣经》色彩太浓了，他在《上帝之城》中所阐发的那种有高度独创性的、关于人类历史和社会的学说，似乎并不源于任何希腊哲学。奥古斯丁的个人特色太突出了，他不能被当做是一个典型的基督教柏拉图主义者。如果有一个标准的话，那么，身兼哲学家和政治家的罗马哲人伯埃修斯（480—524年）在其《哲学的安慰》一书中所阐发的那种简单的、高尚的一神论，以及其中表现的对神和它的世界的善良性的信仰，尽管不是一种明显的新柏拉图主义，但是却更加接近于基督教柏拉图主义。基督教柏拉图主义，在我们讨论的这个时代及其以后，一般地是一股反对宗教狂（包括对脱离实际的逻辑性的狂信）的力量，它帮助人们形成对神的神秘感，加强人们对世界的善——一种神性美的反映的信仰。

我们对希腊哲学给予基督教影响的叙述可以到此为止。但是，再强调一下这种影响并不在6世纪时即告终止[1]，是十分必要的。对柏拉图、新柏拉图主义、亚里士多德和（在极少的程度上）斯多葛主义的研究，在后来的数世纪当中经常激起基督教思想的新发展。而且，就像异教的新柏拉图主义不仅影响了基督教思想，而且一直到6世纪提供了一个反对基督教的智识中心一样，对独立的希腊方式的宗教思想的坚持，构成了我们传统遗产的一部分，它经常导致对通常认为是典型基督教的看法，尤其是那些在神和造物、信仰和理性或者教会和世界之间作出明确区分和对立的看法的批评和反抗。

1 由于和主题不太贴近，对此本章不再多作论述。参见 R. T. 沃利斯的《新柏拉图主义》第4、5章。

Further Reading

(Bibliographies relevant to earlier Greek Philosophy and religion will be found in Chapers 8 and 10)

Editions and Translations

(i) *Middle Platonists.* Few serious Middle Platonist or Neo-Pythagorean works survive. The most important is the *Epitome*, (or *Diadaskalikos*) of Aicinous (or Albinus) , which is to be found together with his *Isagoge* in vol. vi of C. F. Hermann's Teubner edition of Plato (*Platonis Dialogi* (Leipzig, 1921—36)) and has been edited separately by P. Louis (Paris, 1945). Many of the essays of Plutarch collected under the title *Moralia* have a serious philosophical content. There is an edition with English translation in the Loeb Classical Library (London, 1927 onwards: in progress). The surviving fragments of Atticus are to be found in Eusebius, *Praeparatio Evangelica*, 11. 1-2 ; 15. 4-12: they have been separately edited by E.des Places (Paris, 1977). The fragments of Numenius have been edited by E.des Places (Bris, 1973).

(ii) Neoplatonists

(a) *Plotinus*. The great critical edition by P. Henry and H. R. Schwyzer is now complete *(Plotini Enneades* 3 vols., Paris and Brussels, 1951—73). An extensively revised *editio minor* is appearing in the Oxford Classical Texts: vols. i and ii have been published, containing *Enneads*, 1—5 (Oxford, 1964 and 1977). The revised Henry-Schwyzer text (with slight modifications) is being published in the Loeb series with an English translation and notes by A. H. Armstrong. Vols. I—v (*Enneads* 1—5) have so far appeared (London, 1966—). There is an excellent edition of the text with German translation and notes by R. Harder, R. Beutler, and W. Theiler (Hamburg, 1956—67: index volume with general survey of Plotinus' philosophy, Hamburg, 1971). There is a complete English translation by S. MacKenna revised by B. S. Page (latest edn. London, 1969). Selections in English translation by A. H. Armstrong (*Plotinus, Religious Classics of East and West* (London, 1953; New York, 1962)).

(b) *Later Neoplatonists.* The best introduction to the thought of the later Neoplatonists is still the edition of Proclus, *Elements of Theology* by E. R. Dodds, with English translation and commentary (2nd edn. Oxford, 1963). There is an excellent edition of the *Platonic Theology* of Proclus by H. D. Saffrey and L. G. Westerink in the Bude Series, with a French translation and a long and valuable introduction (Paris, Book 1, 1968; Book 2, 1974; Book 3, 1978; in progress). For editions and translations of others of the voluminous works of the later Neoplatonists (mostly commentaries on Plato and Aristotle), reference should be made to the bibliographies of the *Cambridge History of Later Greek and Early Mediaeval Philosophy* and R.T. Wallis, *Neoplatonism* (see below).

(iii) *Jewish and Christian Writers.* The best and most easily accessible edition of Philo is that in the Loeb Classical Library by F. H. Colson, G. H. Whitaker and R. Marcus, with English translation (12 vols., London, 1929—62). The Christian writers of our period are numerous and there are too many good editions and translations of their works to be listed here. Reference should be made to the bibliographies in the *Cambridge History* and Danielou (see below) and to the Patrologies of R. Altaner (Eng. tr. Freiburg, Edinburgh, London, 1960) and J. Quasten (Utrecht, Antwerp, 1966). The principal series of Christian texts are J. P. Migne, *Patrologia Latina*, (221 vols., Paris, 1844—55) and *Patrologia Graeca*, (161 vols., Paris, 1857—66), containing editions of very varying quality and appallingly produced but reasonably complete; *Die Griechischen Christlichen Schriftsteller* (Berlin, 1897 onwards); *Corpus Scriptorum Ecclesiasticorum Latinorum* (Vienna, 1866 onwards): *Sources Chretiennes*, an excellent series, all with French translations and often very valuable introductions and commentaries (Paris, 1941 onwards): *Oxford Early Christian Texts*, a new series with English translation, introductions, and notes which promises very well (Oxford, 1971 onwards).

The principal series of English translations are *The Ante-Nicene Christian Library* (24 vols., Edinburgh, 1866—72, supplementary vol. 1897: reprinted as *The Ante Nicene Fathers*, 10 vols., Buffalo, 1884—6); *A Select Library of Nicene and Post-Nicene Fathers*, 28 vols. (Buffalo and New York, 1886—1900); *Ancient Christian Writers*, tolerable translations, often with good introduction and commentaries (Westminster, Maryland, 1946 onwards); *The Fathers of the Church*, originally of poor quality and without adequate introductions and notes, but much improved lately (New York, 1947 onwards).

Modern Works

The Cambridge History of Later Greek and Early Mediaeval Philosophy, ed. A. H. Armstrong (Cambridge, 1967; reprinted with corrections and additional bibliography 1970) covers the subject-matter of this chapter fairly thoroughly in its first six parts, and has moderately extensive bibliographies. John Dillon, *The Middle Platonists* (London, 1977), is a very thorough survey of Middle Platonism with a good short bibliography. The best introduction to Neoplatonism is R. T. Wallis, *Neoplatonism* (London, 1972) , which has good, though brief remarks on Middle Platonism in the first chapter and on the influence of Neoplatonism on Christian thought in its last, and an excellent short bibliography. Very much has been written on Greek philosophy and early Christian thought. A. Harnack's *History of Dogma* is still interesting (4th edn. of German original, Tubingen, 1909—10: English translation of 3rd edition, 2nd edn. New York, 1958). Good recent books are G. L. Prestige, *God in Patristic Thought*, (3rd edn. London, 1952): J. Danielou, *Gospel Message and Hellenistic Culture*, (English translation extensively revised by the author, London, 1972); R. A. Marcus *Christianity in the Roman World* (London, 1974). A. H. Armstrong and R. A. Markus, *Christian Faith and Greek Philosophy* (London, 1960) is still perhaps worth looking at, though the authors have changed and developed many of their opinions since the book was written. Maurice Wiles, *The Making of Chriatian Doctrine*, (Cambridge, 1967) gives a new and important view of Christian doctrinal development in the period considered in this chapter. There is much that is illuminating in A. D. Nock, *Conversion* (Oxford, 1933; paperback edn. 1961) and *Essays on Religion and the Ancient World* (2 vols., Oxford, 1972); Peter Brown, *Augustine of Hippo* (London, 1967) and *The World of Late Antiquity* (London, 1972); and E. R. Dodds, *Pagan and Christian in an Age of Anxiety* (Cambridge, 1965).

第十四章　建筑和城市规划

彼得·基德森 撰　唐均 译

由于数百年来考古学家们的不懈努力，我们认为可知的古代希腊建筑已是不可胜数。而同时，古希腊建筑的命运也像希腊人才能在其他方面的展现一样，已经大大丧失了昔日飞扬的神威。在当代英国建筑师的教育中，古希腊的建筑柱式甚至连象征性的地位都没有了。如果说帕特农神庙尚未丧失其作为世界上最伟大建筑之一的地位，这在很大程度上应该归功于靠炫耀建筑杰作而繁荣的旅游事业，但是旅游业却过于精明，不惜让游客们有时间去思考他们看到的东西。就算还有人认真思考这些事情，他们也不可能看明白帕特农神庙可以比肩于万神庙、圣索非亚、布尔日大教堂这些伟大建筑，也不可能认为值得权衡一下其间有什么可资比较的特点。甚至已经有人提出了更加激进的观点，认为可以把帕特农当作过去不堪回首的一头圣牛而不予尊奉。并非人人都赞同这样的观点；但这个时代已经不利于对此进行防守或反击；即使有利，也可能怀疑是否是一种适度复原的期望。

这种矛盾含义种种，但也并不一定散乱。现在可以说，比起过去，我们具有一个更广泛、更多样、更平衡的基础，用来估量希腊建筑师们的高度成就。希腊建筑所谓的完美性只是一个大神话的一部分，并不比其他更能经受热情的冷却。19世纪有些人试图证实这个宣称，并在文学中产生了最为挑剔的特殊辩论。永远都只有少数长于审美的灵魂真诚迷恋于希腊造型的精妙；人们也会猜疑，更早期有修养的旅行家们感染后人无限之美的狂热，一直都包括不少出格之辞。

当今组团观光的游客虽然可能不像先辈那样有古典学的根基，但也不太可能附庸风雅。尽管游客们来去匆匆，但在某些方面更适合下判断。阿格里琴托庙断柱残垣之后的残阳可以感动游客拍一张照，但他却很少假装此行让他对模数和柱间大开眼界。游客观光拍照之后会很快领会的是，这些希腊神庙在毁坏之前可能彼此很相像，而希腊剧场更是此时游客就很可能开始猜想到的，所有种类的希腊建筑，甚至整个城市，消失湮灭，残存无几，过去可能都差不多。因此游客会进一步在本质上欣赏考古学家们仔细阐明的东西，即希腊建筑更关心功能类型，而不是个性设计；而长期以来备受推崇的艺术性，都一直深深扎根于极其谨慎和保守的建筑业习气中。

这并不意味着精雕细刻现在已经被认为毫无价值了；只是，在一个更为广泛的角度下，精致的重要性并不在于自身显而易见的美感，而在于告诉了我们希腊人觉得什么奇特方式能让美感在建筑中实现，在于告诉我们希腊人实现美感时的古典意识。希腊建筑纯粹的外形特点一直都很明显，并且持久得以强调。这点导致了过去神庙泛滥——不仅出于实用目的，还让留下的东西可供我们研究；因此，即便我们了解更多希腊的世俗或军事建筑，也丝毫无助于我们再出于一种理念精神应和、认识希腊人。现在我们可以看出，即便这是实情，也只适用于早期和希腊历史上凭建筑所知的古风时期；而显然不是希腊化时期；可以想象，这种重心的转移很可能是古典城邦的建筑师之间进行激烈争论的结果。毫无疑问，这种外形上的推动力首先表现在神庙设计中，但无论哪座神庙的状况都不可能让我们深究其根源或者在其他时期的发展。但希腊人很少孤立地构思个别神庙。希腊人从一开始就认识到邻近建筑之间应该彼此制约，不管这建筑是在城邦还是在圣地。考古学家们取得的最伟大成就，也许就是告诉我们这些大型复杂统一体的有意识规划，而在某种意义上，这种规划是希腊设计者的终极目标。现在我们可能看出，这些为神庙装饰而产生的关于外形的观念是如何改变，如何扩展到把城市转换成一件艺术品。多亏考古学家们的不辞劳苦和空中摄影的帮助，几处希腊遗址有望显露古代的布局。但我们仍然要借助形象的和历史的想象，如果我们希望欣赏这一希腊建筑中最难懂的成就的话。

希腊人首先在什么情况下开始进行大规模的建筑，这点已不甚清楚了。因为希腊人来到希腊后几个世纪里，似乎已经修筑了一些设施，而这些设施的特点是不够结实，太短命，没留下什么残迹。然后突然在公元前2000年代的中期，一些抱负远大的首领们开始欣赏一种生活方式，最终就需要大厅、坚固的堡垒以及美轮美奂的陵墓。根据当时真正文明化的观点，希腊正处于外部的黑暗世界的边缘，这就有相当理由推断，希腊最初执著认定建筑的社会和政治推动力是来自东地中海。最邻近的也是最明显的来源是克里特岛；而且迈锡尼时代的希腊人学到的优雅生活观念很可能大多来自克里特和埃及。不过，梯林斯和迈锡尼的种种成熟的堡垒却很明显地受到赫梯伯喀兹克伊工事的启发，虽然希腊人将建筑规模缩小了。原因是希腊人的军事工程方法，以及他们所使用的建筑材料——精致雕刻的巨大圆形石块，这些石块在短时间内形成料石的规则形状。而这些堡垒所环绕的大厅也有着安那托利亚的渊源。特洛伊式的中央大厅比起迈锡尼来早了差不多一千年。因此很明显，圆顶陵墓（tholos）这些迈锡尼的独有建筑，不论是在特洛伊城还是在其他地方，似乎都没有明显的原型。

这些陵墓延伸出的问题引人入胜，令人回味无穷。原因是，一方面，这些陵墓似乎与西欧史前时期的山冢有联系，而另一方面又领先于后来时间长、流布广的一种陵墓建筑传统：即在那些声名赫赫的死者遗体之上竖立圆顶或拱顶以示纪念。迈锡尼的圆顶陵墓，其规模和特点都暗示着一种王朝的惟我独尊，容易使人联想到诸多英雄的大名。不过浮现出的这幅图景仍然是模棱两可的。一方面，我们可以推断出这些野心勃勃的统治者迫不及待地要采用这些建筑装饰以同东方神圣王朝的其他表现相比肩；而另一方面，这个样子似乎无法与东方的任何典范相媲美。迈锡尼建筑中只有堡垒和陵墓是一流的。至于其他建筑，我们只需略加比较皮洛斯或迈锡尼的寝居与克里特、安那托利亚和美索不达米亚的宫殿，就可以一眼看出两者的生活繁简。说句公道话，迈锡尼人从源头那里似乎只借鉴那些对他们有用的建筑类型。如果他们对大殿毫无兴趣，却对大厅印象深刻，这是个选择的问题：反映了荷马史诗中的英雄主义生活方式，而不是皮洛斯墓碑上的琐碎细节。迈锡尼人的传统葬仪似乎原封不动。附加于原始墓穴之外的石头拱顶足以表明他们永垂不朽的尊严。阿伽门农大概渴望跻身于东方的伟大君王之列，但是国内对此有相当顽强的抵制，而事实上这种抵制阻止了任何发展再向前迈进。可能会有人猜想，这种成功的抵制最终集中在希腊宗教的奇特性和维护这些奇特性的韧性之上。

这里我们就涉及神庙的问题。迈锡尼考古一个出人意料的特点就是，虽然已经有关于完整使用宗教圣地的证据，但几乎没发现几个建筑可以信心十足地使用“神庙”这一名称。这并不是说迈锡尼时代的希腊没有神庙，而是神庙在迈锡尼时代从来没有像在古典时代作为神庙那样的明显特征；因此我们就必须得出结论：神庙在迈锡尼时代的宗教仪式中并非必不可缺。在这方面迈锡尼似乎与克里特类似，两者都判然有别于埃及和西亚。

和大多数原始民族一样，希腊人首先承认神会在自然力量和自然的高处显灵。就是我们，也不难理解为什么希腊人会认为众神居住在奥林匹斯山，德尔菲神圣不可侵犯，苏尼昂很危险，每一眼泉水都很神圣很离奇。对希腊人来说，一年里过度的旱灾或者丰收都预示着某个或恶或善的神祇在主动干预；由此扩展开来，人一生中的所有事情，无论正常还是异常，都可以用同样的道理来解释。但是不管人的遭遇如何，恰当的反应都是献祭。这样所需的一切就是一座露天的祭坛——神庙。以神庙的形式为神提供一处久居之所，为的是把神限定在一个祭坛里，这个主意好像是苏美尔人首先想到的。苏美尔人认为这样就预示着人与神的关系立刻亲密起来、按部就班了，而这个设想则为希腊人的品位完全填充。此外还需要一种专门掌管有关神的知识的司祭人员制度，这点希腊人也力图避免。稍加回溯就可以看到，任何决定了神庙建筑在中东发展的实际需要都很难适用于希腊。这些实际需要很有助于解释希腊宗教建筑完全不同的特点，尤其是希腊宗教建筑对纯粹的形式设计的偏爱。

到底何时、何种情况下希腊人开始建造神庙，仍是一个不解之谜。经常听说神庙源自荷马史诗中描述的迈锡尼式中央大厅，就是雅典娜在埃莱克塞乌斯龛室内的居所。在某种意义上这是对的，但这种建筑功能上的根本变化是如何产生的，仍是悬而未解。可能有人会贸然猜测到漂洋过海的经历——特别是移居爱奥尼亚的殖民运动，促进希腊人与那些习惯于建造神庙的民族发生交流。除了伯里克利时代的雅典，希腊的殖民地无论在神庙的规模上还是在标准上，都几乎一直领先于希腊母邦。至于神庙来源于中央大厅的理论，可以承认，从我们观察希腊神庙一开始，就以中央大厅为其核心。这点在希腊人建造神庙的全过程中都保持不变。不管希腊人想如何创新，他们从来都没有背弃这个庄严的立足点。创新一直都是一种改善、添加或精练。如此强烈地固守传统形式，不仅是一种民族性格，而且表明希腊人一直都认为中央位置适合神庙营造。不过这很难解释希腊人如何使用中央大厅，我们可以假定这是一种表面现象。这样才可以把神庙追溯到迈锡尼时代，那时中央大厅是希腊人所知最辉煌的建筑类型。但也有可能的是，希腊人第二次借用这种类型是在黑暗时代来自西亚的，那里的腓尼基人，比如所罗门王，认为他们的神庙建造中央大厅颇为合适。

无论对其起源作何解释，希腊神庙始建之后的历史被归结为对神宅形式的研究。其间存在着一些基本的假设。神庙内部多多少少属神专有。因为民众对于神的需要被认为是无条件而又不可改变的，所以虽历经沧桑，这方面除了规模上却基本没有变化。正是这点使希腊宗教建筑与亚洲或埃及形成极其鲜明的反差。希腊神庙不过是人们注意力所集中的祭坛圣地的明显装饰。而至关重要的是神庙的外形、规模、颜色——简而言之就是希腊人需要有能力为宗教仪式提供庄严肃穆的场地。希腊人需要从他们东面的邻居那里借鉴的全部都是细枝末节：借鉴埃及人的刻有凹槽的柱子和鹰头造型，借鉴西亚的螺旋形柱头。不过，这种自我设定的限制并非作茧自缚。希腊人将中央大厅转换为古典的神庙，这在五百年内一直属于心血来潮，但是历史地看，这个过程有些类似生物进化的必然性。希腊人把神的寝室升高到一个平台上，并增加一个或多个门廊来渲染寝室的庄严，还在走廊两边增加柱廊，用以延展屋顶和保护墙壁。这些发展最明显的影响，就是柱子成为一个具有特殊重要性的装饰元素；而这明显触发了研究柱子正确形式的整整一条新思路：柱子彼此之间应该如何排列，柱子与其所保护的墙壁之间如何搭配，柱子与其所支撑的屋顶如何协调。更为重要的是，希腊人渴望全用石头建造神庙。这就产生静力学的问题，而这是先辈们的木结构建筑所无法回答的，因此一个关于检错的新领域遂由此开创。

在最为广泛的意义上，这一系列试验一直持续到公元前5世纪，大大丰富了建筑形式的选择余地，其中大多数有纯粹的美学性质。这也反过来必然决定如何去搭配。希腊人的独特之处是，不管他们之前有过什么样的柱子，他们也只创造了两个主要类型：高而瘦的爱奥尼亚式或是矮而胖的多利亚式；而且他们还总是自寻烦恼地考虑是否应该加上凹槽，以及每根柱子适合加上多少凹槽。希腊人最终决定每根柱子上的凹槽之间应该用明显的边缘加以分隔，而其他柱子应该有突出的横饰线；某根柱子需要柱顶和底座，而其他柱子就不需要；当所有柱子应该自下而上逐渐变细的时候，某根柱子应该明显凸出，而其他柱子则应该保持垂直的侧面。类似的倾向也延伸到了柱子所支撑的楣构（entablature）。原则上，希腊神庙建筑非常简单：墙壁和构架（truss），柱子和柱楣（lintel）。人们一直推测，柱子之间的墙壁上的三拢板（triglyph-metope），飞檐装饰（mutule），以及多利亚式的柱楣结构上的珠状饰（guttae, 又名加贝），定然是模仿了早期的木制柱子、柱顶以及屋顶的形象特点。在这个模拟上看，三条竖纹装饰定然是象征了木制构架的横梁顶端，而多利亚式的楣构则源于那种木建筑的剖面图。再从一个相似的模拟上看，这种木建筑的正面也可以产生一种大致近似于多利亚式的楣构效果。但是，就算曾经有过一个时期两种楣构使用在一个建筑中，也没有痕迹可以追寻得到。在有据可查的年代，比如公元前 6 世纪，石头建筑的木制模型早已落伍。而那两种楣构已经多多少少形成各自连续而又相互独立的体系，建筑逻辑已经完全从属于装饰逻辑了。

尽管如此，比组成楣构的实际因素更为重要的是，楣构的大小和重量与柱廊的关系。关键时刻正是以石代木的结构。到目前为止，这个结构产生的时间是在公元前 6 世纪之初。但当时的情况也很不清楚。人们总忍不住把这个变化和僭主的出现联系起来，因为僭主鼓励建造宏大的公共工程，并且通过城邦合并一些宗教崇拜。在这方面科林斯首当其冲，但是最早的证据来自科林斯的各个殖民地：首先是叙拉古和科尔居拉，其后是塞里努斯和帕埃斯图姆，爱奥尼亚不久也迎头赶上。当时的情况是，不论是何背景，多利亚风格和爱奥尼亚风格已开始分道扬镳，各自追求绝然不同的审美效果。由于不知名的原因，已知最早的石制多利亚式楣构还在一个巨型规模上构思，而这彻底扭转了以往在柱子和楣构之间比率问题上的看法。几乎是一种连锁反应，沉重的楣构催生了大量的多利亚式柱子，而这些柱子是我们在现存的纪念性建筑物中所熟知的；随之而来的是所谓的凸肚状设计（bulge 或者 entasis），比柱顶或底座效果更好，抵消了呆板僵硬和毫无生气。然后一条曲线接上另一条曲线，以致到最后很难在一个精密复杂的多利亚式神庙中发现一条直线，比如帕特农神庙等。

所有这些无疑把一种英雄气概赋予古典多利亚式建筑丰碑式的凝重中。但成功并非一蹴而就。沉重的楣构也暴露了自身的内部问题。人人都认为最早的楣构实例太重了；所以到公元前 6 世纪楣构就逐渐减轻了。而同样清楚的是，人们感觉丰碑式的凝重与楣构密切相关，而又不能回到水平和垂直因素的简单对比，因为那只能满足于过去的木制神庙或现在的爱奥尼亚式建筑。所以正是这种境况，而不是希腊本土的建筑师们天生的保守主义，才可以解释为什么柱间壁的三条竖线装饰设计在某些石制神庙中。使支撑沉重的楣构成为可能的是附属的垂线，即那些间隔规则的三条竖线装饰。这种精心的对比还和现在用凹槽来平衡凸面一样。

相反，爱奥尼亚式的建筑师们则感觉没必要在他们的楣构中增加对位的特点。这可能与他们不好起重结构有关，这种态度大概表现出他们对古风时代柱子纤细比例的偏爱。于是他们开始着意装饰亚洲的螺旋形柱头和精美变形的底座，这两者在源头和方向两方面都暗示出一种伸缩性。虽然是爱奥尼亚人首先开发巨大维度的可能性，但他们并未在完美性上向多利亚人让步；二者的美学构架也是难分伯仲。

希腊建筑师们致力于如此精微的视觉效果问题，这一片百折不挠的赤心在建筑史上几乎无人可与比肩。在关心建筑细部关系方面，只有在 12 和 13 世纪的法国北部创造出哥特式建筑的石匠们与他们才有几分相似。但是中世纪的石匠们在整体上缺乏希腊人这种“作茧自缚”的精益求精原则；如果两者之间需要比较，那就必须完全在建筑之外寻求。最容易进入脑海的模拟也许就是巴赫的赋格曲艺术，同样壮美的抽象来自摆弄同样严格的数学规则。

古代建筑的基础就是匀称原则，这一点自从文艺复兴以来就是一种常识，并且对很多 18 和 19 世纪的仰慕者来说，希腊建筑的美学精髓也正在于此。而希腊人自己对这种观点究竟有几分赞成，显然意义重大。不幸的是，所有这些已经染上不少乱言隐语——集中在文艺复兴最为持久的两个神奇之处：一个是古典建筑的数学原则早已在蛮族大入侵中失去，并且在中世纪也无人知晓；另一个是这些晦涩难懂的数学原则被 15、16 世纪的一些博学多才的意大利人重新发现，并以净化建筑学在中世纪的谬误为己任。而现在已经毫无道理再怀疑全部中世纪建筑，和古代或文艺复兴时期一样，蕴含着比例和匀称。在这一点上还需说明的是，完全有理由认为中世纪的建筑数学，和文艺复兴时期的意大利比起来，更加接近于希腊罗马时代；事实上，这里有一条文脉传承——带有讽刺性的是，这种从未间断的传承在一定程度上却被那些自认为在恢复传承的狂热分子们所破坏。这个误解的核心人物是颇具争议的维特鲁威乌斯。

建筑观点以系统化的论文形式保留下来的古代作者仅维特鲁威乌斯一人。关于建筑学的大量零散评论也见于其他史料，比如斯特拉波和保桑尼阿斯的文章，这些都极具价值。但是维特鲁威乌斯提供的专业实践知识是独一无二的，其著作所有内容都具有原始资料价值。而怀疑我们这个仅有的古代权威的价值似乎有点忘恩负义，但这样做肯定会使人起疑心，也就迎合了艺术史家绕过不含其意的材料的做法。尽管如此，在维特鲁威乌斯的论述里，我们都相当有权威。我们可能会充满尊敬地阅读他那个时代的罗马建筑实践，但是他竭力自诩为一个希腊美学理论的大师，这是经不起推敲的。维特鲁威乌斯生活在奥古斯都和阿戈里帕重建罗马城的时期，因此他的著作是献给罗马帝国皇帝的，诚心希望能为自己谋取一个肥差。但很显然，最好的工作都是希腊人做出来的。因此为了显示罗马建筑师丝毫不逊于希腊人，他旁征博引希腊术语，以求语出惊人。但是值得怀疑的是，维特鲁威乌斯是否真正读过希腊人的大作；即使认真读过，实际上也派不上用场。谈到多利亚格式的短处时，他就像一个希腊化时代的老学究，而且，依据建筑手法序列对神庙分门别类，就是百科全书概括性文章的粗浅水平。这也许可以告诉我们，公元之前的两个世纪里，希腊化时代的建筑师们如何看待自身职业，但是把它回溯到希腊建筑形成时期，既无道理也无必要。早期希腊建筑的设计方式根本不是维特鲁威乌斯所描述的那样。把一个建筑的所有维度分为一个一个建筑单位的复合体，这种转换方法肯定是一种整理和简化过程的结果。有功于此的很可能是公元前 4 世纪的爱奥尼亚建筑师们，诸如比特奥斯，他的作品为希腊化时期的神庙提供典范，马其顿东征之后在中东遍地开花。

前维特鲁维乌斯的建筑只能从遗址上推断。这怎么说都不是一件容易的事。证明维特鲁威乌斯的分类法行不通是一回事，再找到更好的替代法是另一回事。我们有两个线索。首先有罗马帝国时代的证据，证明维特鲁威乌斯对此未置可否；其次有希腊数学的证据。罗马人的建筑设计方法很大程度上类似于土地测量员所使用的测量技术。两者有相同的计算方法，也同样感兴趣于长度、形状和比率。比如，120 英尺的 actus 或者 60 英尺的 clima 都是用来测量土地的单位，也可以转用于罗马建筑中，而且经常采取这种边长的正方形的对角线形式。而一个正方形的边长和对角线比率是恒定的，因此只要测量够准确，那么运用一系列这样的方法，就可以达到实用目的：可以既快速而又简单地从已知量算出另一未知量。万事俱备，唯一缺少的就是一个大体的规格，还有一个主要的量度——通常是一个宽度。

正是这些观点流传到了中世纪。但是并无确凿理由认为此乃罗马人首创，因罗马人对数学的贡献是微乎其微的。无论如何，这些观点有着一种明显的毕达哥拉斯学派的味道。在这个数学传统的核心，有着一种对某些无理数的固执偏爱：2、3 以及 5 的平方根，比例中项和比例外项之间的比率（也许人们更熟知的是黄金分割）。这些观点被应用于规则的立方体建筑中。但是，我们在建筑中却总是碰到这些数字的标准近似值，比如说，12 ∶ 17 是 2 的平方根；15 ∶ 26 是 3 的平方根；5 ∶ 8 就是黄金分割，而这些情况，或者说有些情况使我们又回到了久远的巴比伦。如果我们要回答规则的立方体和无理数，以及为了穷尽其根值而玩起了数字游戏——何时进入了建筑学领域——那么回答一定是在数学发展的初级阶段，或者说是在数学发展的早期而不是晚期。

如果我们要问何以建筑师们会沉迷于这些事情，那么似乎很难回避一个结论：建筑师们感觉到这些事情天生就和自己的职业有关。我们知道，规则立方体在毕达哥拉斯学派那里被高调地宣称为具有宇宙观的重要性；而如果人们要完全严肃地对待众神并为之建造神庙，为了追求与尊崇众神的目的相配，只有使用众神的神圣数学，除此之外还有什么更好的办法吗？

当然，在开始考察之前，这一切都是臆测。当问题涉及考古遗址时，在正确测量的前提下，考古学家们会获得一大堆证据。只有胸有成竹地测定神庙内殿的角落和柱子的底座，就总有可能发现一些彼此相关的四边形的简单数值表达式。廊柱和柱顶的楣构也是如此。从来没有发现两个一模一样的神庙，但只要我们能够比较一段时间内的一系列设计，那么形象精炼的过程就可以用一种比率的布局代替另一种来表达。换言之，在视觉上的完美性达到之前，希腊人早已认识到使一个神庙在形式上趋于完美的数学因素；而这些数学因素生命力持久不衰。

这些做法的起始年代已无法准确判断：有一种甄别颇具启发性，也很可能是希腊建筑师们钟爱的一些比率的使用和毕达哥拉斯学派哲学家们对数学的兴趣。在这方面，公元前 6 世纪萨摩斯的赫拉伊昂是一个特别引人注目的人物。其遗作寥寥无几，但早已受到德国考古研究非同寻常的关注，从其出版物中我们可以推断，赫拉伊昂遗作细部和整体的维度简直就是过分迷恋 2 的平方根。这发生在毕达哥拉斯本人在世之时，在他离开岛屿几年之内。赫拉伊昂这个建筑师肯定认识毕达哥拉斯这位哲学家。

但是并不足以推断，建筑师们的灵感得自于这些哲学家，或者局限于这些哲学家所偏爱的比率。研究希腊数学的历史学家们致力于一系列问题，从而解释无理数的问题如何以及何时被认识和解决；建筑史学家们如果不想离题万里，就必须老老实实从神庙遗址中提取一些表面上毫无联系的证据并加以总结。这位赫拉伊昂绝非特例，认为他开同类建筑之先河也是没有道理的。而这些设计也绝对不是局限在爱奥尼亚的。相反，有充分的理由认定，在希腊本土这种设计的传统可以追溯到神庙开始全部用石料建造的时候。这也是希腊人受惠于埃及和美索不达米亚先行者的一方面。不管希腊人是如何学得这种设计的，建筑师们在应用几何方面的经验都在原材料方面滋养了哲学家们的命题。此外，毕达哥拉斯学派的形式即数字的观念对艺术、尤其是建筑艺术影响巨大，远远胜过以其他东西来诠释；而日后许多永恒的哲学术语，比如形式与实质的对立，很明显是来自艺术。

至于多利亚式，公元前 6 世纪可说是一个实验期。但是到了公元前 5 世纪初，神庙之间的差异就不那么明显了，如果说这意味着什么，那一定是意味着建筑师们已经将理想的规范驾轻就熟了。约在五十年间，在希腊本土和希腊化的西方世界，多利亚式的神庙如雨后春笋般涌出，他们之间的雷同令人叹为观止。我们最先明确了解的一处神庙在埃伊纳，但使这种柱式闻名于世的则无疑是奥林匹斯的宙斯神庙，大概建于公元前 470 年。如果说有一种完美达到极致并被认可的话，那就是这所宙斯神庙。这点必须加以强调，如果人们把最完美的多利亚式建筑的头衔赠予帕特农神庙的话。

相比其他种类的建筑，多多了解雅典的多利亚式建筑并无不可，不过偶然幸存下来的遗址却容易歪曲我们对多利亚格式重要性所作的评估。这点在帕特农神庙的情况中尤为明显。即使所有多利亚式神庙都保持得完好无损，我们仍然愿意说帕特农神庙是其中最好的。但考虑到帕特农神庙在多利亚格式发展历程中的地位，我们最好别这样说。帕特农神庙的赫赫声名体现在三个特点上：质地优良；精巧微妙；以及质、量俱佳的雕塑。严格地说，三者之中只有第二者与建筑形式相关。如果说第二项有什么特别的话，那就是它使帕特农神庙在多利亚式风格中不守规矩。帕特农神庙从头到脚都暗示着它的构思包含着一系列的爱奥尼亚因素。我们已经习惯于将爱奥尼亚式风格的埃莱克塞伊昂与之相比较；但几乎忘记了公元前 447 年帕特农神庙建成之时，埃莱克塞乌斯神庙根本还没有问世，而且任何人想都没想过。事实上，如果不理解最初的神祇崇拜的意义，帕特农神庙的架构将是不可理解的，而这种架构不久就影响到了埃莱克塞伊昂。从这个观点出发，帕特农的重要性不在于表现着多利亚式精髓，而在于它是融合多利亚式和爱奥尼亚式的第一座纪念碑式的建筑。出现于公元前 5 世纪的雅典的爱奥尼亚式建筑无疑表达了非常特别的政治涵义；多利亚式和爱奥尼亚式的分野当是习惯性的，但是雅典人似乎不同于希腊本土居民，他们认识到了爱奥尼亚式的价值，并感到有必要合二为一。

还有一个更具技术性的原因可以解释雅典人何以如此。由于雅典人对恰到好处的匀称特别敏感，因此对正统的建筑师们来说，内部的柱子大于外部的廊柱极其面目可憎。但是任何规模较大的神殿，都需要内部有较大的柱子分布规则地支持屋顶构架。解决这个问题的正常办法就是在一样的柱子上多加一排较小型的多利亚式柱子。但是在帕特农神庙的后殿，这个权宜之计并不现实，于是用一种高度和半径比不同的爱奥尼亚式柱子解决了这个问题，从而能够在不扩大规模的情况下高于外部的廊柱。遗憾的是这些柱子并未保存下来；不过在出现类似问题的柱廊，仍然能够在多利亚式柱子中间看见一排爱奥尼亚式柱子，屹立在通向大门的走廊一侧。

雅典卫城的柱廊另有引人注目之处。不假思索就可以发现，神庙建筑的各因素并不适用于一种不独立的巨型建筑物。廊柱多多少少需要一些水平的高台，需要一些相当规范的柱子。屋顶只能有水平的三角楣构。水平面的变化，彼此相邻的高度不一的廊柱，以及与之垂直的屋顶，显出了几乎无法克服的难题。而柱廊却独辟蹊径面对这一切；摩涅西得斯的设计成功地把希腊建筑从作茧自缚的孤立组件中一劳永逸地解放出来。这种解放的彻底性不久也出现在雅典卫城上，在公元前 421 年埃莱克塞乌斯的建筑师接受了同一建筑中的两种不同水平面的挑战。这意味着放弃持续对称的廊柱。我们在这位建筑师那里发现不下四篇关于门廊或正立面的评论，评论各不相同，但都依次选址，虽然适合功能，却没道理可言，亦不时显得有些做作。

在许多方面，公元前 5 世纪后期所建筑的雅典卫城的三个优点彰扬无遗，与传统惯例作了果断决裂。这点在三个建筑共同营造的整体气质中尤为明显。问题不只是融合两种风格，或者利用不同的水平面。人们逐渐感觉到新的审美意义诱发联想，而那是形式对称所不能单独造就的。塞里努斯的神庙简单地排列成行，阿克拉卡斯的神庙像神圣的哨兵一样，错落有致地分布在那个无与伦比的圣地周围，彼此之间距离遥远，以致无法形成整体的视觉印象。而雅典卫城的建筑则十分密集，在形状、规模、水平和细部上也迥乎不同，从而融合了戏剧性和点面感。用神庙与圣坛的不同关系来比拟，这些建筑有意协调卫城的其他部分，也并非什么怪招。在不失传统的圣地气息的前提之下，雅典卫城用心良苦地唤起宗教和政治的寓意。雅典公民们不论是在市场进行贸易，还是在普尼克斯争议政务，雅典卫城的美丽建筑虽然没有干扰他们的注意力，却总是在他们的视野中，提醒他们雅典城邦所追求的崇高理想。在某种意义上是半圣地半战争的纪念馆，这正是一个理想主义的雅典人眼中的雅典。具有讽刺意味的是，雅典卫城的这种效果只是到了帝国崩溃以后才最终实现。即便如此，雅典卫城也是影响深远的。我们可以说，这是建筑师的职责第一次被视为美化城市。神庙设计在尊崇神祇的同时启发公民们的自豪感。万事俱备，只欠东风：市政建设应该和神庙一样受到同等对待，而这种态度将把城市定义为一个审美客体。

以为公元前 5 世纪的雅典人已经有意识地、全身心地将他们的雅典城变成一个适合生活的环境，那就错了。但是对市场的改造已经开始，而当庇拉埃乌斯港开始设计的时候，雅典人不嫌麻烦，请教“棋盘规划”的倡导者米利都的希波达摩斯。意大利南部的图里伊也得益于他的智能。希腊世界部分已经由亚历山大及其后继者打下基本框架，即把具有公共精神的公民从满足于独立的传统外交政策和追求此种荣誉转变为关注生活在规划完善的城市之中的种种现实利益。很容易理解，公元前 5 世纪初反抗波斯失败后，爱奥尼亚人不再有太多壮举，而是首先采取了上述态度，而米利都则毫不意外地成为其中的典型。

但是规划完善的城市还远不止使所有街道互成直角。“棋盘布局”在公元前 5 世纪绝非什么新鲜事。这种规划早已为中东和埃及新王国时期的人们所熟知，他们认为那很适合作劳动力的宿营地；而在希腊殖民地，比如在希腊世界东西两端的斯米尔纳老城和塞里努斯，这种规划也早已司空见惯。棋盘布局之所以能让公元前4世纪以及希腊化时期的建筑师们接受，就在于它可以轻松简单地应用于四方形的公共建筑，应用于城市住房的方形大厅，以及方形院落周围的方形房间。如果我们要衡量棋盘布局形成的地块，比如普里埃涅那样的，那么很明显，街道是以罗马的精度来设计的——这项成就显示了对测量技术相当的掌握。但是毫无理由认为这种效果过于单调乏味，除了某些绝对整齐的遗址，比如帕埃斯图姆。但是希腊城邦一般不是建在平地上，不规则的地貌往往得到了巧妙的利用。在这方面，公元前4世纪普里埃涅的新址似乎是特别精选的。城邦占据了一处广阔的斜坡，从陡峭的山脊一直延伸到当时梅因德尔河口的地方，形成一个极好的天然卫城。街道规划四通八达，似乎对地形毫无妥协，而事实上城邦中比较重要的建筑都集中在一处天然高地上，自然过渡到顶端，而第四面则是通向卫城的斜坡，这个斜坡为剧院提供了理想场所。斜坡中央做成梯田状，并进一步加以合理利用：集市周围的商业区恰好低于议事厅、剧院和主神庙。神庙本身并不大，却显然有意设计为最明显、最美观的城邦建筑。有此目的，“棋盘”布局被打破，许多街道也一涌而至；而主要的街道可能一直通向神庙的正立面。

在普里埃涅、在西亚，可能更普遍的是雅典人进一步取他山之石的做法。爱奥尼亚式在这里似乎仅仅保留在神庙和其他一些宗教建筑里；而多利亚式则遭到了阉割，并被认为适合于世俗建筑。两种风格还有很多方面截然不同。需要两排柱子的时候，外边的一排就设计为多利亚式，里边的一排建筑为爱奥尼亚式。而需要有两层柱子的话，下面就是多利亚式，上面就是爱奥尼亚式。人们会感觉到装饰等级的严格次第不仅多样化，甚至更大胆，还符合不同的建筑形式。神庙之下的所有东西在一定程度上都被弱化，却又全都是为神庙铺砖引路。从这种最广泛的意义上说，各种神庙的风格是完全统一的。不过，像普里埃涅那样使城邦中心直接而鲜明地深入人心，还是廊柱的大规模使用。普里埃涅一定有一些地方，不管从什么角度看，景观都是不同水平和角度的各式柱子围聚而成。形成这种全面效果的更多是柱廊和拱廊，而不是神庙。类似的情形早期希腊人没经历过，不过也许要除开一些规模有限而又没法展开的圣地。

怎样在这些建筑中处理事务，并真切度过生活的大部分呢？因为必须记住，一个希腊化城邦的全权公民进行的活动很少不是置身于专门设计的建筑中。言过其实地宣称这些设计是出于美感和光彩，这是很荒谬、很可笑的。当我们对这些神庙的遗址发思古之幽情时，引人注目、甚至令人感动的是，大多数都只有希腊人预想的简单功能和较小规模，不褊狭的质量。这个规律有一个巨大的例外就是剧院。希腊和罗马剧院的设计者们所设想的观众规模，很少是让现代的游客们惊愕万分的。值得怀疑剧院是否总是座无虚席，即使座无虚席，这样情况是否总是戏剧性的昙花一现。据维特鲁威乌斯的相关论述，古典剧院是包括声学的深奥之事，在剧院设计中扮演重大角色的是理论，而不是对观众人数的估算。抛开剧院不说，有理由认为日常使用的建筑规模是和使用者大致相称的。认为超过规模限度只会贬低人类尊严，这点经常被人们齐声欢呼为希腊建筑的特质，即使这反映出一种德尔菲神谕所告诫希腊的中庸本能。也许事情就是这样。

除了一系列位于边缘殖民地的巨型神庙，以及德伊诺克拉泰斯向亚历山大提出的种种空想计划，并无多少迹象表明希腊人所酷爱的巨大无朋建筑来源于之前的埃及人或巴比伦人，或流传给之后的罗马人。然而，不能天真地假定希腊人的优雅规范绝然对立于蛮族人的低级品味。根本没有证据表明希腊建筑是否显得流于粗野，何人可以对这种粗野负责。地方名流们大张旗鼓地开展公共建设，可以轻松地解释为不止是偏狭的爱国主义；而在另一方面，大多数值得颂扬的希腊化风格公共建筑不仅包含着审美的鉴别，也包含着一种经济节约的因素。而实际上，通常供给这些建筑的金钱并不足以鼓励人们在正规的功能层次上有更高追求。无论如何，希腊化城邦作为一种生活场所，之所以能够令人神往，并不只在于其建筑规模；更在于真正纪念碑性质的较小规模限制之下所达到的境界。如果有足够的柱子，雕花的柱子楣构，漂亮的雕塑，规模并不重要。气象庄严取决于完整性和一致性，而不是用庞然大物来吓人。

憧憬是一回事，领会这些建筑何以在希腊人看来是日常生活必不可少的一部分，是另一回事。不言而喻的原因是这些建筑沁人心脾，满足了他们的自尊，只要城邦之间互相抄袭对方的建筑特点，并老死不予变更。在一定程度上，这种停滞不前可能是因为大量使用石料和大理石，石料经久耐用，减少了提高设计的机会。果真确确实实如此的话，一般地说，只能等到罗马帝国时代才可以有所提高。特别是供给公共喷泉和浴池的供水装置——城市生活中不可或缺的一部分，也许是受到最高重视的奢侈品。抛开罗马人的天才不说，人们有一个公认的希腊城市中心标准，这是毋庸置疑的，在一定程度上这也体现了公民们的意愿。

每当讨论希腊建筑，同样蛊惑人心、不请自来的念头就是再次求解于那种戏剧性风格。这方面绝对不可操之过急。希腊人不一定比其他民族更加自觉地装腔作势；漂亮的廊柱也不太可能使他们感到自己更高大、更优秀。但也不是说他们的生活格调毫不矫饰。许多现代欧洲人体验着一种绝然不同于地中海传统的城市生活，可能会耻于建造柱子，可是希腊人却并不认为自己的柱子有多丢脸。这取决于希腊人如何使用他们的城市，以及他们的生活方式在多大程度上产生了恰当的城邦自尊情操。人们可能会怀疑希腊化时期希腊人的这种协调是否达到了一种完美。他们不仅在公共场所度过大半生；而且公共场所的活动也使他们过着真正有价值的生活——言之不尽。希腊城邦一定为修辞学提供了壮观的场景。

这是一个男人的世界。即使在废墟上，希腊化城市中公共建筑和私人住所之间的强烈对比，也是最惊人不过的了：一方面是外向于光彩夺目的高远抱负，另一方面是家庭独居的自我封闭。希腊男人在其间左右徘徊，希腊女人即便不一定身处牢笼，也一定是独守闺房。住所属于整个家庭。有人认为妇女地位和个人的社会生活水平之间密切相关，而个人的社会生活水平又与家庭建筑密切相关。不过也不能轻率地使用这些贫乏无力的见解，试图从可以重建的少数住所中得出激动人心的推论。迄今为止，还没有发现什么东西可以说明奢侈问题。众所周知的霹雳埃奈住宅，其主体房间令人奇怪地想起了上古的中央大厅；而我们还不清楚这究竟是纯粹的巧合还是深思熟虑的复古，又或是表现了一种一脉相承的传统。至今不能在希腊家庭建筑这一课题上有所总结。一个问题是当个人生活变得富于进取时，绕柱式住宅作为一个起跑线开始了一系列的加工，比如邻近的房舍变得更加亲密无间，房间越来越多，油画和马赛克镶嵌更加频繁地出现。主人在不对住宅和城市之间的关系多加更改的情况下完成了这一切。据我们所知，家庭建筑一直充当着市政建筑的陪衬。

像普里埃涅那样的小型城市之所以使人感兴趣，是因为它们并非另类。正是在这些地方，我们了解了凭借其绝对突出的价值而最终贯穿地中海世界的城市生活方式。即使是罗马帝国的皇帝们，也深感罗马有必要成为一个希腊化城市。

罗马人根本不会过多关注普里埃涅之类的地方。他们所注意的自然是那些伟大的希腊化首府：帕加马、安条克以及出类拔萃的亚历山大城。我们关于希腊建筑知识的缺陷集中在托勒密王朝的亚历山大城，而这种结果又受到塞琉古王朝所剩无几的安条克遗址的推动。这两座城市，再加上底格里斯河畔的塞琉西亚，最有望揭开希腊化时期希腊人从埃及和美索不达米亚建筑那里学到了什么。特别是希腊人如何掌握了石制穹隆的建筑艺术，亚历山大城的希罗对此有所论述，不过早已佚失，真叫人伤心着急。

和这些可能性相比，帕加马的贡献比所提供的东西更少。但是，如果阿塔利斯人曾经与其强大邻邦并驾齐驱的话，那一定完全是用其自己的方式。为了把自己表现为雅典文化的护卫者，他们一定会确保纯粹的希腊元素不致为希腊化的混合体所淹没。曾经屹立在帕加马上城的山头如今也几乎侵蚀掉城市的砖石结构；但多亏 19 世纪的德国考古学家们勘探该地，并做成模型珍藏在柏林的帕格姆博物馆，我们仍可想象这些建筑昔日曾达到了登峰造极的地步。在这种情况下毫无棋盘布局的余地——这里只有一条羊肠小道盘旋而上通到略显凹陷的山顶。这里的剧场是整个设计的焦点所在。剧场后面是四个配有柱廊的庭院，并带有神庙、图书馆和祭坛；每个庭院都有不同的平台和中轴，但整体上多多少少以剧场所在的凹地为同心。这些特点显而易见。庭院之外就是羊肠小道，再往外是朴实的王宫、行政机构以及卫队驻地。整个地区可以和下面的世界隔绝开来，易守难攻：无疑是名副其实的克里姆林宫，并且是费尽心机的理想城市，一如雅典卫城。这种效果显然是自我吹嘘，但其中确实充满自信，而且明显被认为表里如一，这当然也是成功建筑的检验标准之一。

最后要说的一句话是谨慎。我们必须认识到，希腊人是最先认为相对于个人建筑的城市整体设计应由建筑师负责的，这也是希腊人对于建筑的最高要求。除此之外，也除了一些特别的地方外，我们仍然不可能准确而又全面地评估希腊人的建筑成就。各种建筑遗址更易于我们推想希腊人的内在动机，而不是外在成就。我们对希腊人的建筑试验一无所知，也无从得知有可能发生的可怕错误；也无法开始估计他们的成功占到几成。在这种情况下，希腊优越性的神话很容易改善城市规划的方法，与其模糊性相比，这点更加诱人。而这是应当抵制的。

一想到要对如此宏大的努力和经历的遗产进行分门别类，我们就马上感到很困惑。希腊人传承的，或者说后来者可以继承的，可以是任何东西。两者不一定互相一致。希腊人的传承可以认为有两个主题。

一个是希腊建筑所包含的形象模型。这些模型首先包括一系列装饰物术语、雕塑以及风格，多多少少被全盘接收，或者断断续续被使用和废弃。即使失宠，也不能轻率断定它们已经从西方建筑师们的数据库中完全消失了。在更加严格的意义上说，建筑样式也是如此。19世纪早期的新古典主义建筑师千方百计地说服牧师，希腊神庙的形式正好适合于教堂建筑，除非神庙形式已经不可能找到用武之地了。

刻意模仿并不是同情或兴趣的唯一证据。希腊建筑流传于世的第二个方面就是希腊人对建筑的本质的看法。建筑形式几乎总是让人被动地接受，而关于建筑的本质的看法只能意会于心，而不能经常发现于一些显而易见的地方。比如在中世纪的欧洲，人们认为希腊的建筑观点已经完全被人遗忘，然而此时广泛应用的一些设计方法，似乎是自从希腊最早的纪念碑式建筑出现以来就一脉相传的基本原则。人们对此一无所知，但并不要紧。要紧的是，人们知道要恰当设计一个建筑物的维度，就必须遵循一定的数学比例。这种观点是希腊人的，不管是在本质上，还是在选择适当的比例上。这种观点在文艺复兴时期再次现身，有时建筑形式的完美性不厌其烦地重复一些偏爱的形状。这种对称观点成为日后模棱两可风格的主题。仰慕者们开了很多空头支票，很少坚持到底，不像希腊人那样不知疲倦地坚持了好几个世纪。

最后，有一种观点认为建筑是有意识地安排适当的环境。这点不应该与规划相混淆。纽约没有成为一个希腊化的城市，唯一的原因就是它的街道形似棋盘。某些希腊主题无疑渗透到了后世，这主要是罗马人的媒介作用。但是不要傻乎乎地以为希腊人眼中的理想城市与中世纪的欧洲或者美洲原住民的建筑相仿佛，因为大家都明白这和现代化工业城市的人口膨胀有关。如果说自从希腊时代城市规划有所成就的话，那么希腊建筑的成规或典范并未在其中居功多少，而只是在一般意义上克服重重阻碍，花费巨大代价建造他们自己需要的城市；人们认为希腊建筑无与伦比，到头来仍然需要亲自从头做起。我们可以据此得出初步的、也是冷酷的结论：城市建筑只是确切反映了居民的审美标准。在最后关头我们不再关心建筑，从而把我们同自始至终关心建筑的希腊人区别开来。不知道普通的希腊公民们是否喜欢他们的建筑。

Further Reading

S. Adam, *The Technique of Greek Sculpture* (London, 1966).

P. Arias and M. Hirmer, *A History of Greek Vase Painting* (London, 1962).

Good reproductions.

M. Bieber, *The Sculpture of the Hellenistic Age* (revised edn. New York, 1961).

A. Burford, *Craftsmen in Greek and Roman Society* (London, 1972).

A. Furtwangler, *Masterpieces of Greek Sculpture* (London, 1895).

R. Lullies and M. Hirmer, *Greek Sculpture* (revised edn. London, 1960).

Good reproductions.

H. Payne and G. Mackworth Young, *Archaic Marble Sculpture from the Acropolis* (2nd edn. London, 1960).

J. J. Pollitt, *The Ancient View of Greek Art* (New Haven and London, 1974).

J. J. Pollitt, *The Art of Greece 1400-31* B.C. (Englewood Cliffs, 1965).

Sources and documents.

G. Richter, *Korai* (London, 1968).

G. Richter, *Kouroi* (London, 1960).

G. Richter, *The Portraits of the Greeks* (London, 1965).

M. Robertson, *A History of Greek Art* (Cambridge, 1975). By far the best comprehensive account currently available.

第十五章　造像艺术

彼得·基德森 撰　唐均 译

对一个生活在20世纪后半期的有知识的欧洲人来说，他必须经过熟谙历史的相当想象才能认识到，希腊艺术曾几何时也多多少少等同于普遍的艺术。不久之前，大家还公认值得用“艺术”一词来概括的普遍艺术都应该遵循一套放之四海而皆准的不变准则。这些准则最先为希腊人发现，之后流传到罗马人那里，又被蛮族人破坏或否定，再又逐渐在意大利的文艺复兴中重见天日。大概是瓦萨里[1]最先传播了两个密切相关的观念：其一，古代艺术随着历史的发展而逐渐成熟并最终衰微；其二，现代艺术与之密切相关，在某种意义上是前者的重复，至少都关心相同的形式问题，采取相同的完美标准。但是直到18世纪，人们才认真努力探寻希腊对希腊罗马共同遗产的特殊贡献。

1　参见 *Le vite piu eccellente architetti, pittori e scultori italiani de Cimabue insino a tempi nostri* (G. Milanesi, Florence, 1878—85), esp.the preface and introduction。

人们认识到了这两项任务。其一是确定古风时代文学的残篇断简中提到的杰作；其二是领会古人已经宣称的在希腊艺术中发现的发展脉络。有些人的英名永远不会被遗忘：雕刻方面的米隆、菲底亚斯、伯吕克莱托斯、斯科帕斯、普拉克西特莱斯、吕西波斯；以及绘画方面的伯吕格诺多斯、阿波罗德罗斯、宙西斯、帕拉西奥斯、阿佩莱斯。虽然我们不能确知他们的任何作品，老普林尼或者昆体良却在其著作中大加颂扬，说这些人将各自的作品提高到了完美境界，很难想象还能有所超越。所有这些人都生活在希波战争和亚历山大东征之间的那一个半世纪里。这显然是一个黄金时代。含蓄地说，此前已经出现的不完美的艺术可以被看作是见习作品。取精用弦提供了一种欣赏水准。另一方面，无法改善的就只能仿效，从而成为本本主义的牺牲品。似乎是年代上的意外事件，希腊化世界的所有艺术都不可救药地受到了最初衰落的感染，在罗马帝国时期变得异常危急，到了蛮族大侵略开始的时候就结束了。

J. J. 温克尔曼（1717—1768）最先着手于查证这些观点，并促使学术界对此密切关注。温尔克曼有关古代艺术的专著出现于1764年，也就是说，我们现在所熟知的有关希腊原著的丛书，那时基本没有。而这本书的结构及其批判态度，对古典考古学的后继者们影响了整整一百多年。当阿道夫·弗尔特文格尔于1893年完成《希腊雕塑杰作》时，他手头已拥有的可靠材料比温克尔曼多得多；而他的证明方法多少都切中肯綮。这不仅是因为温克尔曼达到了古人的审美境界。在一定程度上他可能并未发觉自己传给后人的信息充满了同情。简言之，他希望有一代读者，特别是在德国，能够主动研究希腊的奇迹，而他的希腊艺术观对这些人来说既恰当又及时。不过他关于艺术的讨论方式更为重要。温克尔曼从遗传学的角度看待艺术风格的演变。不管他是否受惠于那个那不勒斯的哲学家维柯，维柯差不多都是赞成他的方法的。维柯关于社会进步和文化模式自我重复的观点被德国的浪漫主义者接受，并由其 19 世纪的后继者继续发展；一直到这种观点作为一个历史性的单位，带着有机体模型的明显特点进入文化概念体系中。这种思考历史的方式充满生与死，以及生长与成熟、腐朽的术语，全部借自 19 世纪占主导地位的生物学，并应用于人类文化中，如果不是生搬硬套的话，至少也缺乏考虑比喻的适当限制。19 世纪大部分时间里的艺术史研究都有这样的背景，并受到这种观念的影响，因为艺术可以看作是分析一种文化状况的最明显征兆之一。温克尔曼的希腊艺术观非常符合这种情况。只要生物学的模拟存在一天，这种希腊艺术观就盛行一天，一旦这种生物学的模拟遭到批评并显出不足来，这种希腊艺术观也就陷入不名誉之中了。

这种情况发生的环境太过复杂，不能在此细细阐述。实际上，这一过程在温克尔曼著书立说之后不久就开始了。原因是欧洲人不仅好奇于探寻真正的希腊艺术，也好奇于很多别的东西，不久就正面碰到他们承袭下来的批判观点根本不适用于充满想象力的作品。不仅埃及人的艺术不是希腊式的；它也从未发展，至少在任何可以用生物学来解释的方面。美索不达米亚艺术也不是希腊式的。19 世纪比较前卫的欧洲艺术家们觉得自己愈来愈不那么迷惑于古典传统了，于是尽量逃避，不管朝着什么不可思议的方向。

这种离经叛道同时也在思索艺术的真正含义及其在人类经历中的

地位。18世纪之前，艺术理论或多或少是在专门讨论理想概念，一定程度上可以解释为一种世界观。因为这些庄严的——从根本上说是希腊式的——支持这个观点的假设已经逐渐受到自然科学的侵蚀，并发展起来另外一些理论，这些理论多少有点关心审美体验中的主观因素。最初的发展是在崇高的名义下进行的，就是借自朗基努斯论文适合于古典权威的题目，随之而来的是古典主义艺术和浪漫主义艺术之间的对立、艺术美与自然美的分离；认为艺术的本质是富有创造性的表达，音乐即是其典范；最后，肯定艺术的完全自主性。

或许这些主张的最为隐晦的阐述就是里格尔在《艺术的渴望》一书中的学说，此书与弗尔特文格尔的书在同一年问世——1893年。这个概念难以言传；但里格尔心里明白，当艺术家绞尽脑汁的时候，有些风格就会不请自来；艺术家差不多就是其风格的奴仆，甚至有时类似卡夫卡《城堡》中主人公的境遇。这种形而上学的艺术观得出的推论既数量众多又影响深远。在别的情况下，这个概念预示了一种对风格的迥然不同的观点；从而使全世界的劣质艺术大为减少。对早晚阶段的划分不再是风马牛不相及之物的拙劣翻版。风格理所当然地自成一体。这种希腊艺术观所到之处势如破竹。刚刚在几年前，克瓦底亚斯在雅典卫城发掘出一些公元前6世纪的精美大理石少女雕像。这些雕像立刻就被大肆渲染，希腊古风时代艺术价值和风格的独立性值得怀疑之说很快就烟消云散了。

希腊化艺术的复兴几乎发生在同一时期。19世纪70年代，德国考古学家开始着手研究帕加马废墟；并且把从大祭坛周围门楣上取下的石板陆续运回柏林。作为博物馆藏品之一，帕加马的门楣的一丝一毫都像埃尔金的大理石那样引人注目；如果有理论宣称这些门楣过时而且衰退，那么真正过时而且衰退的是这种理论。19 世纪末，德国人对晚期风格异常敏感。他们自己的艺术包括一大批晚期的哥特式和巴罗克式风格，而来自“鼎盛时期”的并不多。这和新建的德意志帝国所采取强硬姿态不太一致；仍然有很多思想没有被张冠李戴。结果就是，到本世纪（20 世纪——译者注）初，晚期古典艺术、晚期哥特艺术和晚期巴洛克艺术得到了空前的共鸣和赏识。

初步评价这些品味的变化可能并不侧重于怎么看重其重要性，而仅仅是一个能否喜欢以前从不喜欢的东西的问题。不过问题并不仅仅涉及个人偏好。首先是，他们仍然认为杰作可能随时出现在任何时代。这种让步使我们不再被迫认为，艺术天才的出现或者实现只能是在一种风格发展过程中的某些有利时刻，某些时代注定要集世界艺术杰作之大成。正是这种看法破坏了艺术与生物学的模拟；瓦萨里—温克尔曼式的艺术史中最为吸引人的先天价值判断体系也随之逝去。更进一步的结果是，艺术风格之间的过渡不再显得正常、自然而又不可避免，就像是成长或是衰老一般。这些事情再也不能受到粉饰或推崇，而变成真正的历史性问题，不久就作为批判性态度的焦点取代了风格成熟的顶峰。

更为深刻的结果是，在平等的地位上比较希腊艺术与其他完全不同的艺术。这不仅打击了那种把完美附加到希腊艺术上的更加不可容忍的做法；并且把希腊艺术有力地拉回到希腊文明的背景中。现在我们就要仔细看看，关于给予形象艺术的高度个性化的手法方面，希腊人的所作所为并未发现关于形象艺术的本质的很多要点。他们对他们所特有的艺术持有一定的见解，只是在他们所体验的世界普遍发生变化的时候，这种见解才有所改变。不过他们也可能在一开始就对自己的艺术家们所提出的种种见解加以认同；他们完全按照自己的方式理解艺术。希腊艺术和文艺复兴的“特殊关系”只是事情的一方面，即使有助于我们了解文艺复兴时期的艺术，也无助于我们了解希腊艺术。事实上，在很大程度上古典研究之退出现代教育，可能不利于我们了解现代世界在多大程度上无法与希腊艺术共鸣，并加深了我们努力接受希腊艺术的困难。希腊艺术在现代世界是否还有立足之地，那是另一回事，最好留在整个主题剖析清楚之后再做回答。

希腊人注定要将纪念碑式的雕像和绘画完全改观，但似乎很明显，直到公元前 7 世纪形象艺术才出现。荷马时代的形象艺术有何创造，对于这个问题，回答几乎是确凿无疑的：无关轻重。没有大型的东西留存下来，即使当时有什么，也不可能完全片瓦无存。荷马的确使用了《伊利亚特》中的一整卷（卷 18）来描绘一件金属制品，那是一种极其精细而复杂的形象制品。如果类似阿喀琉斯之盾那样的物品曾经存在过的话，那一定是早在荷马之前就制造出来的，事实上就是迈锡尼时代那些与瓦斐奥金杯制造者的艺术鉴赏力相匹敌的人制造出来的。迈锡尼艺术随迈锡尼人一起消亡。在荷马自己的时代，对希腊人真正重要的艺术是阿波罗和缪斯主持的艺术——诗歌、歌曲、音乐以及舞蹈——这些艺术在很大程度上受惠于他们宗教意识的内容和特点。没有主持视觉艺术的缪斯女神。工匠们有自己的神祇：赫淮斯托斯，他娶了卡里斯或者是阿芙洛狄忒，因而也就表征着技巧与美丽的统一；但他的社会地位从未等同于阿波罗。出于同样的原因，虽然工匠们有着类似诗人团体的手工业组织，游历国外时又享受着一些特殊待遇，不过一般来说，诗歌的声望是工匠们望尘莫及的。手工业在自由主义艺术和手工艺术的分类中受到的这种轻蔑，一直持续到了希腊化时代之后。

从希腊所谓的“黑暗时代”流传到我们手中的唯一一种艺术作品就是相当数量的陶罐，其镶边大多绘有一些错综复杂的抽象装饰，属于几何学上的设计。这些陶制瓦罐表明，所有希腊艺术的两种永恒特征一开始就存在着：一是高度发展的图案感觉，一是在数学形式方面的天才。但其中有些也给我们提供了——我们首次提到的——希腊人如何构思人体：小巧、概略的形体，倒三角形的躯干、蜂腰以及结实的大腿。来自奥林匹斯和德尔菲的坚实的青铜器供品具有相同的形状，以及大致类似的年代。尽管这些物品规模很小，但其一目了然的风格化特点显然是保持了对公元前7世纪的纪念碑式雕像的介绍。这种雕像的种种痕迹可以发现渗透到古典风格的男性裸体像中。但凭这点，我们就不应该贸然断定，希腊人是在尼罗河三角洲的瑙克拉提斯建立起他们的通商口岸时，从埃及人那里学到了纪念碑式雕像的。

那时希腊人的确特别勇于接受来自地中海东西沿岸的种种影响。最明显的就是希腊人从腓尼基人那里采纳了字母文字。但他们也渴望得到好像棕叶饰那样的新颖装饰；以及模拟各种千奇百怪的动物，譬如狮身鹫首的动物、鸟身女怪、狮身女怪斯芬克斯、蛇发女怪，更不用说狮或豹了。要把这种大型的男性裸体像说成是发生在这种全盘接受的情况下，这是很容易的。最早的希腊雕像所构思的巨型规模，所应用的设计方法、种种姿态、某些发型，所有这一切表明希腊人受惠于他们的埃及先辈。然而任何一个明智的判断者都不可能将任何一件希腊雕像误认为是埃及人的雕像。如果说希腊人对男青年雕像（kouros）的一般概念受惠于埃及人，那么希腊对加诸其上的那些因素是具有高度选择性的，其中许多因素都是希腊式的。这显然关系到制作那些雕像的意图，以及制作动机。

当希腊人从黑暗时代中重见天日时，他们就已摆脱了可能使他们与埃及人相联系的几乎所有政治和宗教体制。随着迈锡尼的没落，任何可能模仿东方模式的神权独裁的倾向也随之消失。到公元前 700 年他们已经切切实实地成为城邦；社会也是贵族政体。至少各统治阶级都在很大程度上自我解放于神权至上而令人窒息的压抑。生活怡然的希腊人，不再有什么死心塌地的宗教虔诚，而是和奥林匹斯众神和平共处（姑且这么说），诗人们认为众神本身就是贵族，享有特权的家族依然可以声称自己是奥林匹斯众神的后代荷马史诗众英雄的后裔。

第一批青年雕像的完成是为了表现荷马史诗中的世界以及高于自然的英雄所组成的社会阶层，这大概并非出于偶然。希腊贵族一直有意识地仿效这一光辉的往昔，不费吹灰之力就能把自己阶层的伟大人物们像文学作品中的主角一样化为崇高形象；当他们注意到既庞大又古老的埃及雕像时，无疑会认为这些雕像可以作为完美的典范应用于自己的目的。人所共知，有些青年雕像是用来庆贺那些得宠于神祇的人们，譬如克雷奥比斯以及比东；或者是一些阵亡者，譬如克洛伊索斯，其雕像发现于阿提卡的阿纳维索斯。或许这整个系列都代表着后期的英雄，但我们对此并不能肯定。已经肯定的是，从一开始文学不仅就以神话形式提供了大量形象艺术使用的主题，而且还对风格有一些基本看法。

这一系列古风时代的青年雕像一直流传至今，极其精确地反映出希腊贵族人士英雄理想的模棱两可性。他们认为自己与众不同，他们保守地看待过去、他们为血统而骄傲、他们有财产和权力，这些人似乎可能和古代东方一样专用某种形象，使用风格化的身体特征表示自己与神亲近的神圣特权。埃及法老以及美索不达米亚的征服者们从来都没有被仅仅刻画为凡人。整个事实的全部要点就是暗示他们是多么地不同凡响。但是荷马笔下的希腊人与此却完全不同。他们的英雄无疑是凡人，只不过得宠于神；与吉尔伽美什不同的是，阿喀琉斯和奥德赛都准备好了接受死神的安排，甚至准备好了拥抱死神。希腊英雄的这种凡人特性使他们与神泾渭分明；这成为希腊人文主义的起点。人文主义赋予希腊人一种独立人格的道德尊严，藉以判断众神无人性和不神圣的方面；神不仅丧失了伤害凡人的能力，而且成为人类完美性的尺度。这种人文主义还给了希腊人足够的余地，为了纯粹的世俗目的而驾驭和引导自己的生活。每个如此行事的希腊人都认同一个观点：最重要的是使生活有价值。因此希腊人毫不惊讶地成为根深蒂固的竞争民族。他们认为城邦是自己的工程，彼此的争斗只是局部的。不满于现实的种种敌对态势，他们发明了人造的竞技冲突。甚至节日庆典上的音乐和戏剧表演也显得火药味十足。但是成功如白驹过隙，除非得到合适的纪念。假如考虑到他们对名声的偏爱，那就很容易理解希腊人是怎样利用种种形象艺术手段，增加自身成就的某种永久性；而运动员和战士们那年轻、健壮的身体又为什么会成为对他们来说至关重要的东西的最令人满意的象征。

所有这一切造成了种种不和谐的艺术因素，从而提出了风格化的问题。当希腊人开始塑造大型雕像的时候，他们理所当然地认为赋予雕像价值的就是它所体现出来的形式。形式实际上就是规则；这些规则代代相传，类似口传规则那样，正如米尔曼·帕里所说，从早期的史诗诗人传到荷马那里。既毫无理由又变化无常的创造是希腊人不提倡的。即使需要作出变化，希腊人也做得很不情愿，却还显得理直气壮。认为以往发生的人类事务中的任何事情都确实重要和关键，这个信念在艺术领域和在希腊人的其他生活领域一样盛行；而如果有人足够无知或大胆，想知道传统形式有什么神圣不可侵犯的话，他一定会被告知，这些形式早在创世之初就由神启示了。至于形象艺术，其形式的秘密的启示者是传说中的半神，比如埃及的伊蒙霍特普或希腊的戴达罗斯。

针对这种保持最初的风格化形式完好无损的倾向，一个同样强烈的信念产生了，即希腊艺术的目的并不支持这样的处理。没有不可言传的无形意义，没有不可表征的来自另一个层次的本体的干涉。战士和运动员的英雄主义特点完全是暂时的和身体上的。其唯一的表达形式是姿势、手势和肌肉力量。相应地，公元前 6 世纪的希腊雕塑家也致力于人体解剖学，其雕像也在确切相似的意义上变得愈加正确。不过这些改善对青年雕像的形式的修改远非意料之中的那么大；要说希腊人用了整个公元前 6 世纪来学习如何使青年雕像形似真人，这是很有误导性的，虽然在某种意义上可能是实情。很明显，如果希腊人全心全意发展自由艺术，他们掌握恰当的技术是会用更少的时间的。这不是一个进展快慢的问题，而是不同审美情趣之间的斗争。

这种进退维谷的处境在整个古风时代都未得到解决。尽管任何解释都可以说明这种事总是变化无常的，不过这不一定是当时的情况。只有那些有后见之明的人才明白表现主义艺术走向何处。这些矛盾因素在任何作品中都有可能达到一种令人满意的平衡。古风艺术何以如此持久，原因主要有两个。其一是保守的贵族政权拥有赞助艺术的垄断权，即使被僭主取代，仍然可以支配社会的艺术趣味。其二是缺乏另一种可供选择的赞助。只要希腊人感到承认传统的程序对建立一件艺术品的可信度来说是必须的，那么过于关心雕像细节上的加工就会显得令人反感或遭到非议。自然主义艺术无疑是自相矛盾。情况在变化，千百年来普遍认同的理所当然的艺术观也要受到质疑、批判，甚至被取代，不仅是为了艺术家自己的满意，也是为了艺术置身和服务于其中的社会的认同和理解。

这件事如期完成；事发之时，希腊艺术转换之迅速、彻底，至今发人深省。一个生于雅典民主制方兴未艾之时的人对形象艺术的印象，其风格观念可能与尼尼微的亚述巴尼拔王宫狩猎浮雕的创作者并无二致。这个人也许可以在有生之年看到帕特农神庙的山墙。尽管这场变革在某种意义上是希腊人在艺术领域影响最为深远的一个贡献，但是对此希腊人却没有留给我们什么论述，除了一些关于变革的倡导者的回顾性的老生常谈。至于其他，我们需要谈的只是一些作品，包括我们从这些作品中得出的推论。而这些并不是可以建造解释大厦的坚实基础。不过这并不意味着古典艺术的根源完全是个谜团。希腊艺术家特别不尚矫饰，但是他们自己对此的看法并不是我们可以听到的唯一来源。事实上值得考虑，其中的关键因素是完全超乎实践艺术家们控制的，因为他们只是抓住了自己时代的潮流。而这种把握有可能走向了另一个极端。多少艺术风格转瞬即逝，如雨后春笋般地响应着当时的社会和政治变革。但是，能够满足严肃的精神需求并经受长期历史考验的艺术风格，无疑需要天才人物积极的想象力。古典艺术风格当然是其中之一；关于其根源，我们可以说出更多的是艺术家职业之外的因素对艺术家的影响，而不是来自其职业之内的影响，这不过是证据流传到我们手中之后反复无常方式的一种反映。

首先要提出的一点事实上涉及技术问题。公元前 6 世纪发明的青铜中空铸模法使金属工匠有可能制造出和石制品一样大小的雕像。从此青铜器的声望就一直盖过了大理石。到 1958 年在比雷埃夫斯发现一些早期的青铜青年雕像时，我们终于有了办法判断青铜器是如何获得这种声望的。我们发现，几乎是在利用原材料的一开始，金属工匠们就引进了大理石上不易实现的动作和手势。这些新颖东西结合而成更加敏锐的表面润化，在一般意义上解释了青铜何以比大理石更适合于表现人体。不过更为重要的是青铜器的制作方法。实际的模型用黏土做成，雕像是一块一块加上去的。这和大理石男青年的制作过程截然不同，石像雕刻家是先在石块表面勾勒轮廓，然后逐渐切削，形成雕像。这种勾勒几乎肯定是为古风艺术所尊奉的传统因素；也正是因为青铜刻工不依赖于这些勾勒，所以从一开始就把自己从石匠们规则的禁锢中解放了出来。

这种变化的含义很容易理解，但也可能被扩大。我们可以想到青铜雕像的声名是如何牵涉到追求一种完全不同的规则，而黏土模型的技术又需要这种规则的表达，以符合人体各部分之间的比例，而不是符合那种预先构思的整体。此外，我们还可以看到，这类规则可以应用于任何姿势的雕像，因此也就成全了在古风艺术中从未设想过的一系列可能性。虽然青铜中空铸模法为一种新规则的出现提供了可能，但是并不是促使其出现的原因。这个原因，我们需要另寻出处。

如果我们能够询问柏拉图《宴饮篇》的宾客，是什么使得伯吕克莱托斯的作品优于以前古风时代的雕像，他们的种种回答中也许就包括了形体美，从而激发了他们著名谈话的主题——爱神。古风艺术雕像可能也是美丽的雕像；但古典艺术雕像的美一如青年充满活力的美，因此古典艺术雕像的美丽和古风艺术的雕像不是一回事。把“同性恋”这个术语当作是希腊贵族生活的特色，似乎扯得太远，无据可考；不过可以肯定的是，正是在这个情景下希腊人遇到了一个怎样达到形体美的问题。希腊人不仅强烈地感受到了美，正如每个人在任何时候都能感受到的那样；希腊人对这种感受还赋予了独一无二的重要性，在这方面他们超出了一般开化民族。长期以来形体美的培养都是上层阶级的特权；只要这点不变，希腊人似乎就不会意识到形体美和艺术之间会有什么特殊联系。不过，在公元前6世纪的关键时刻，重心发生了转移。可以宣称与神“沾亲”的不再只是某些特权家族的特殊血缘关系，而是另一种更为普遍的血缘关系，可以叫做“外形上的血缘关系”。能挑动爱神的不是人的社会阶级，而是人作为人，或者说希腊人的身份；而凡人之美和神的美相比较只不过是九牛一毛。凡人之美无疑转瞬即逝；但是美，即使是一瞬间，也是对神圣的接触。这种高尚的神圣美感在根本上是希腊式的。品达即其代言人；但诗歌并不是美感得以表达的唯一渠道。这些感受和看法的诱人魅力最终瓦解了古风艺术的残余，迎来了古典艺术的诞生。最高的艺术权威不再是诉诸先辈，而是对理想的完美永恒信念；因此艺术的恰适之处就关系到形式问题，形式是艺术与自然和神所共有的。

我们最熟悉的形式概念是在希腊哲学中，主要关系到的理论家有毕达哥拉斯、柏拉图和亚里士多德。但这个术语无疑和很多术语一样，由哲学家借自艺术实践。希腊人说的艺术是 techne 这个词。其含义和英文 art 通常所表达的含义不太一样，尽管 art 源自拉丁文 ars，而拉丁文 ars 是和希腊语 techne 等同的。希腊文 techne 和拉丁文 ars 的含义更接近英文的 technical 或 artfulness，而不是我们所理解的美术（fine art）。该词在古代语言中的中心含义是技巧、工艺甚至狡黠之智；任何产生值得赞美的独创性表现的人类活动领域都可以叫做“艺术”。于是就有医药艺术，战争艺术，对奥维德而言则是一种爱的艺术。柏拉图曾认真探讨过政治家艺术这回事。这些活动的共通之处就是通过适当的技巧产生可以预见的结果。但是主要的实例还是工匠们提供的。希腊人在制作一件艺术品的过程中认识到了两个因素。其一是给定的材料诸如青铜、大理石或者颜料。老普林尼关于形象艺术的论述是我们所赖以了解其细节的主要来源，他兴趣盎然地认识到罗马人用来制作的那些自然物质。[1]一个希腊人或罗马人眼中的艺术家必须完全掌握他所使用的原料；他的才能也受到对原料掌握程度的限制。尽管对艺术家的这种定义持续见于整个古代史中，并为手工艺术和自由艺术之间

---

1 参见 *Natural History*, 34-6, published separately with English translation and appendices by K. Jex-Blake and E. Sellers under the title, *The Elder Pliny's Chapters on the History of Art* (1896)。

的社会区分提供了实践基础，但这种区分并不严格。贺拉斯有句名言曰：“为诗而绘”，事实上同西莫尼德斯一样古老，表明在一定情况下形象艺术家等同于语言艺术家。

第二个因素是形式，就是艺术家加诸其原料之上的形式。每种艺术都有适合其自身的形式。随着悬而未决的艺术范围的改变，其形式也不断增加和改变。但是只要视觉艺术保持在所承袭的传统范围内，其形式就和其他工匠们使用的形式没有根本区别。特别不遵守外在的规范。一旦承认艺术家们运用的形式应该由外在的力量强加给艺术家。这将会发生剧烈变化，因此定义的特征就是 mimesis。这个术语极有弹性，不易把握其确切含义。通常翻译为英文模仿“imitation”，这表示一种拷贝的概念。这在一定程度上已经够确切了。一个雕像和一个真人可能有相同的形式。但是从根本上说，形式属于真人，而不是雕像。雕像只是出于艺术目的借用了真人形式的某些视觉方面。这几乎就是 mimesis 的本意。但其本意逐渐包括了绘画、诗歌以及音乐；而自柏拉图以降的作家认为 mimesis 的概念是把美术从其他艺术中区别开来的一种方式。

不过事情对希腊人来说更加复杂，因为他们认为普通的凡人是世界用一种理想的原型拷贝出来的。这立刻提出了一个问题，艺术家是否在拷贝原型，甚至在拷贝原型的拷贝。关于这个问题我们最熟知的是柏拉图对艺术吹毛求疵的态度，不过值得指出的是后期的柏拉图主义者，比如普罗提诺，在这方面并未遵从柏拉图，事实上他与柏拉图相悖。柏拉图的立场有点摸棱两可。对城邦和平威胁最大的艺术正是诗歌和音乐；但他在《理想国》（10.596A—598B）中对床笫的嘲弄性论证却是针对绘画的。假如《理想国》的所有拷贝都丧失了原作的某些精髓，那么这个论证在这种有限的意义上是正确的：但是mimesis的引申含义显然没有足够的严谨度去针对柏拉图的批评对象。即使这样，柏拉图也非常清楚，形象艺术家以抄袭传业，根本不能直接达到理想原型。他心里的念头可能是一种含糊的论证，可以在画家宙西斯的著名典故中得到阐释。该故事的一个版本（西塞罗:《论智能》，2.1）中，克罗东的居民托人绘制特洛伊的海伦画像；另一版本:（普林尼:《自然史》，35.61）中，对象是阿克拉卡斯城的女神赫拉。对这些传说中的人物而言，不可能找到胜任的模特。于是宙西斯集中了全城五个最美丽的女孩，将每个人最美丽的特征合而为一。在柏拉图看来，宙西斯把几个女孩合成为一个女孩，与直接摹画一个女孩并无二致。而对宙西斯而言，区别是至关重要的。整个故事的全部要点就是，画家认为自己通过消除特例中明显的缺点，就可以使自己的艺术更加接近理想原型的本体水平。而有些艺术家有时宣称自己已经达到理想原型的境界，这正是柏拉图批评艺术的假设前提。

此事如何发生尚须深思。熟识原型的折衷性办法正是宙西斯所展示的事实，当然这并不是他的首创。古风艺术的规则声名狼藉时，理想原型就独占鳌头了。问题在于如何确认。毫无疑问神知道，希望为美丽的人制作美丽形象的雕刻家和画家神思飞扬时也可能认为自己在通达神的意念。实际上，他们把神看作和自己一样的工匠，而人类就是神的典范手工艺品，因此从统计学上计算神的制作能力就显得很合理。并且，用亚里士多德式的话来说，把形式的本质同例外区别开来也显得很合理了。毫无疑问，工匠在以亚里士多德的方式理解本质。

他们关心形状，而在他们的经验里形状总是用数学方法来定义的。因此他们对问题的解决就很类似那些认为形式等同于数字的毕达哥拉斯派哲学家。说雕刻家们运用这派神秘莫测的哲学家宣称的诸如“10是人的数字”的教条，这也许并不过分。出于并不太模糊的原因，公认的青铜中空铸模法的发明者提奥多罗斯和罗科斯，是萨摩斯岛上和毕达哥拉斯同时代的人。这可能只是个巧合。不过可以肯定，习惯于认为形式是数字的人是艺术家。和先辈的古风艺术规则一样，形式即数字的思想也被编纂为规则。不幸的是，我们对这些必不可少的资料知之甚少。唯一对此有些讨论的古代文献是伯吕克莱托斯的作品，体现在名为“规则”的著名雕像中。[1]但除了认为人体各部分之间存在着数学比例的原则之外，其他的都是臆测。不像神庙，雕像很少留下什么已经由比例确定的坐标痕迹；值得怀疑，是否有人可以成功地重建伯吕克莱托斯或者什么人的人体各部的标准。

不过在某种意义上这无关紧要。我们知道有规则这样的东西就足够了；只要这些规则与哲学家的思索有关，我们就可以认识到艺术的形而上学主张可能根本不是柏拉图所想象的那样完全是子虚乌有。在柏拉图的时代里，数学的发展已经把关于形式的严肃讨论提高到逻辑层次上了；而柏拉图也被迫屈尊看待明智的形式。但是在早期，人们强调的重心一定在别的方面。数学可以解释明智的形式，这个事实表现了一种可取的见解，并且促进了古典艺术的登陆。

1　这尊雕像之所以如此命名，是因为它是为了阐明伯吕克莱托斯在一篇名为《规则》的论著中表达的思想。我们通过罗马复制品知道，持矛者（Doryphoros）也经常被视为体现了古风艺术的规则。

古典艺术风格在于把理想原型等同于美，又把规则等同于理想原型。因此希腊人用他们的一种特有方式解决了艺术兼具自然性和宗教性的两难问题。这有助于希腊人，事实上迫使希腊人去重建众神的形象。古典艺术形式下的众神成为人类的一系列理想原型：寿命更长，青春更美，老人更受尊敬；有时神还成为行为举止光辉动人的典范。作为人类素质的变相圆满，众神发挥着亚里士多德式终极动力的角色；而当面对高踞于帕特农神庙门楣的奥林匹斯众神令人讨厌的无动于衷态度时，我们自然想到了亚里士多德的描述：神是人类不可推动的推动者。

在一个更为广泛的意义上，古典艺术的主题一直来自神话。艺术和神话的区别在于，艺术用更加逼真的形式重新演绎了神话。古典艺术和另一种模仿艺术戏剧同时出现绝非偶然。绘画和雕刻经常用以模拟，绘画和悲剧也经常用以模拟。悲剧是所有模仿艺术表演中最为完善和压倒性的一种，这在亚里士多德的《诗学》中不言而喻；只差一步就达到了一种观点：形象艺术应该表现戏剧表演中的人物研究或静态画面。围绕着这些观点，我们可以重建古典艺术风格的命运和变化。

原则上说，模仿艺术需要什么并无限制。不过实际上，希腊人停止了完全的幻想；而倾向于毕其功于一役。

首要的任务就是从文字的和物理的意义上掌握形式。公元前5世纪上半叶的所谓“严肃风格”，明显是着重于解剖学和动作问题，而经常忽视了其他一切。其结果有时显得荒唐，例如在奥林匹斯西部的山墙，用一些完全没有面部表情的雕像来表现极为暴力的场面。因此许多雕刻家更喜欢间接处理其主题，并且在表现力量前后选择静态。但又不可能无限期地推迟感情问题的处理。因为表现雕像主题的情绪上的激烈和悲伤而出名的第一位希腊艺术家是生活于公元前4世纪中叶的雕刻家斯科帕斯。不过这也不意味着他是第一个吃螃蟹的人。表现人物形象的尝试也是相同方式中的一例。问题的在于，兴趣从神的形式完美转移到了人类心理的细节上。神不具有人所具有的感情和性格；而只要艺术家的首要考虑是使神现形于人类面前，人类纯粹人性方面的特点就会受到完全的忽视。菲底亚斯或许就是此中绝顶高手，也是其中的最后一个高手。公元前5世纪后期，雅典的文化变革转移到了剧作家、智者学派和哲学家的手中，这些人使变革有了一种不虔诚的变化。前卫的观点不再认真对待传统的神祇。要是欧里庇得斯的悲剧将人性坚定地放在观众注意力的中心，画家和雕刻家们就不可能浪费掉整个世纪中最好的光阴，去等待观察周围的世界发生了什么。对通常所称希腊化艺术的开端来说，这点很重要。

认为亚历山大的事业终结于希腊世界事务的一种完整的状态，并为另一种完整状态所取代，这无疑是极其方便省事的。不过却没什么证据表明艺术也受到很大影响。从古典艺术风格到希腊化艺术风格的转变，与从古风艺术风格到古典艺术风格的转变并不是同一种方式。如果可以证明这个区别的话，这个证明就在古典艺术传统内部；而如果这个区别需要用外部事件来解释的话，这个事件不是亚历山大的横空出世，而是奥林匹斯众神的衰落。

宗教中的任何变化，和希腊语一样有可视化趋势的变化，一定会在艺术领域有所反响。模仿艺术的价值完全取决于其主题的价值。一旦神话的可信度以及与之密切相关的宗教信仰受到质疑，艺术也会面临一种困境：其传统主题将会降到虚构的地位。当柏拉图不久之后继续自己对欺骗的控诉时，情况一定是很危急的了。整个问题在整个公元前 4 世纪显然受到美学经院和亚里士多德派学术圈的大量讨论。现存的唯一实质性的材料就是亚里士多德的《诗学》；而此书却很少论及视觉艺术。不过，亚里士多德所阐明的一点就是在一个有所变化的世界里为模仿艺术辩护，而且在一定程度上他关于诗歌的论述也同样适用于绘画和雕刻。亚里士多德使诗歌变得高尚，理由是诗歌处理的主题具有典型性，因此也就具有普遍的重要性。从这个观点出发，神话可以被看作是人类处境的原型。但是重心已经转移。亚里士多德只是自然而然认为诗歌很重要，因为它涉及人类生活的实质。模仿艺术的首要对象是行动中的人，正在进行或经历的人。

模仿艺术的恰当主题，认为人不是什么形式上的抽象概念，而是具有丰富而具体的经验的人，这个观念为一切革新敞开了大门。也许第一个征兆就是关于美本身的妥协。公元前 5 世纪末出现了一种新型的美，当然不为严肃的形而上学理论所支持，但是显然非常诱人。这种美持续到了罗马时代。公元前 4 世纪已经有一些艺术家准备好了篡改古典艺术风格的规则，不是因为他们可以作出更好的统计学，而是因为他们发现，有时候刻意的歪曲比传统形式更适合表达他们所要表达的东西。他们也开始探索人物形象塑造。肖像画法因此得到练习和体验。到公元前 4 世纪，希腊人对运动员和战士的迷恋开始日趋衰微。身体素质不再是一个人的价值的唯一衡量尺度。亚里士多德甚至想到禁止对体育的过分崇拜（《政治学》，1338b9—1339a10）。另一方面，人们开始要求描绘一些伟大人物的肖像画，比如演说家、诗人、政治家和哲人。肖像画观念在某种意义上与理想艺术的原则不兼容；但对于价值突出的人除外。抛开确切的相似性问题不说，肖像画经常挥洒自如地使人的脸上布满皱纹或者使眼睛深深凹进，实际上有很多妥协。出自理想风格画廊的模式化的“贵族老人”肖像经常被指责为有一种实际的相似性，这种相似性暗示着肖像主题的伟大和个性特点。人们甚至给诸如荷马那样年代久远、不可能记录下来肖像特点的人虚构肖像。还有一些次要的人用其他方法处理。亚里士多德就知道有些画家专门善于描绘资质平平甚至低下的人（《诗学》，1448a6）。似乎如果理想化才是特点的标记的话，讽刺画就是其对立面。

雕像在一种更加雄心勃勃的层次上被组合为群雕。这方面的第一批严肃论述是关于神庙的山墙。山墙上的雕塑可以追溯到公元前6世纪，但是和有关雕塑的所有观念一样，在公元前5世纪被完全转换为适合模仿艺术的规则。山墙对过于伸长的三角架的严格要求在很多方面都显得极难控制。特别困难的是用一种内部一致的设计把三角架连接到中心。此外，还有一种潜在的矛盾，三角架的作用是使雕刻向前面的观众突出，而戏剧化情景有效发挥的内在逻辑又要求雕刻之间彼此引导。

公元前5世纪里，爱琴、奥林匹斯和帕特农的雕刻家们相继致力于解决这些问题。他们开始利用姿势倚靠或躺卧的河神和落马的战士来填充角落，而在解剖学上属于长背或高头的动物，比如马和半人马，就用于中心地带。他们学会了怎样调整戏剧的高潮，把情节集中在中心，并渐渐拉开距离。他们发现了倾斜角度的价值，学会了指挥观众的注意力要使用工具、手势和扫视，有时就用突然的强调，有时就用邻近角色之间渐进的和相继的动作。他们发挥互相缠绕的肢体或衣饰的可能性，作为一种手段来把角色约束在一起或者创造一个重点。在他们的深入研究下，希腊雕刻已经掌握了大型形象作品的大部分基本原则。在这方面最令人兴奋的就是，把帕特农神庙山墙上卡莱的绘画同列奥那多·达·芬奇的《最后的晚餐》或是拉斐尔的《争执》等相比较。

但是山墙并没有穷尽群雕的可能性。受着自身结构的局限，群雕基本上仍然是二维的。在公元前 4 世纪群雕是独立于建筑的。有些群雕完全是孤立的；其他的群雕明显有一种适合显现其优势的精心设计的环境。不过全部群雕都已残缺不全了；但有关描述表明，这些群雕的作者具有相当程度的理论天才。他们既是舞台导演也是雕刻家。

这些伟大作品的损失使得我们了解后古典时代的希腊人对形象艺术所作的期待显得更加困难。但是，如果当时的环境果真高度发展的话，也许可以合理地认为艺术的走向是和当时的城市规划趋势相联系的，甚至可以认为两者是互相补充的。独立的群雕在某种意义上是建立在想象的空间里，在另一种意义上则建立在真实的空间里。模糊两者之间的鲜明界线，把雕像的戏剧性真实扩展到公共展示中，因此群雕就融合于公民处理日常事物所处的人为建筑环境，从而暗示城邦的美好生活不过是神话和历史世界里的九牛一毛，这些如果没有更加明朗的特点，单凭魅力本身是不太可能完成这样一种影响的。因此我们可以认为这些作品中包括模仿艺术每个可以想象得到的成分，从而留给批评家一个无以复加的感觉。老普林尼关于阿派莱斯主题的列表，已经超出了展示对英雄主义、神话和神圣的伪装下人类形式爱好的程度，对态度和环境几乎只字未提。人们想知道的是，这些绘画是否提供了一种完全等同于日常体验的东西，而这种东西正是文艺复兴时期艺术家所致力追求的。文艺复兴时期的绘画是真正的改造，观者通过画框可以看到一个与现实世界完全一致的形象化世界，甚至对彼处发生的事情感到身临其境。这种效果得以实现的两个手段是模型和透视法。这种艺术如此勾勒轮廓，以求达到一种形体的真实性，这对希腊人来说是何其熟悉。这也是帕拉西奥斯出类拔萃的成就。另一方面，希腊画家在多大程度上掌握透视法理论还不太确定。在某种意义上，任何一个成功的立体雕像加工都产生自己的透视图；而对人体形式的优先考虑可能甚至使这种对主题的研究显得多余；人们甚至想过贬低宙西斯和阿佩莱斯所擅长的悲剧性情绪和风格的重要性。直到后期希腊画家才稍稍重视风景问题；即使他们有所注意，吸引他们的也是空中透视图的气氛性作用，而不是线性建筑。后来的罗马时代也一样，亚历山大城的数学家们研究光学，并应用于小型自动剧院的建造中，一定很清楚投影点的原则；但是他们的理论是否建立在画家的经验上，这一点并不为人所知。

阿佩莱斯是亚历山大的宫廷画家。换句话说，他所认为的关系到绘画的每件事都完成于希腊化时期之前。因此我们就要得出结论说日后三百年里的希腊艺术一无是处吗？如果这个问题意味着三百年来没有伟大的艺术家或艺术作品，那么回答是绝对的。三百年来，天才从未死去，展示天才的机会从不缺乏。也不必认为三百年来艺术变得再三重复。如果拉奥孔雕塑群像是典型的，那么群雕就不仅是巨大的，而且是错综复杂的。罗德斯岛一百英尺高的青铜巨人不仅是技术上的杰作；而且必然在城市和纪念碑之间创造了一个崭新的关系。人们感到希腊艺术中的新技术和新效果需要无休无止的探究。皮拉埃科斯因擅长描写下层民众的生活而闻名。风景，作为一个独立的类型，其首创权归功于一个和奥古斯都同时代的人。一系列的丰富生活，从早期绘画大师们的复制到情欲的快感，很好地表现在庞贝、赫尔库拉纽姆和波斯科雷阿勒古城遗留下来的绘画和马赛克镶嵌图案中。

不过人们只需要参考这样一个诗文选集，因为，尽管有多样性的情况，希腊化时期的艺术家仍然不愿意和公元前4世纪制定的规则背离太多。没有人真正质疑模仿艺术所基于的理论结构。希腊艺术家只是精益求精地致力于把概念挤压到最后一点细微的差别。因此也许在一定意义上可以很合理地认为，希腊化时期的艺术可以被看作是作出了前代艺术家陈述各种前提假设的一系列推论。

从赞助者的观点出发考虑问题可以有更多收获。如果希腊化时期的艺术有什么明确的特征和往日的城邦时代区别开来的话，那就是认为自己可以使艺术有价值的人们的数量和多样性。艺术在传统上的宗教和纪念功用只能随着新城市的兴建而不断增加，而不是变得累赘多余；而希腊化时期的统治者们宣称的神圣地位一定为理想化肖像画的发展提供了特殊动力。但这些多少只是艺术曾经扮演的一些传统角色。一个崭新的现象出现，即私人赞助者和收藏家，这些人极少或根本不关心艺术品用于庆祝的场合，但却极其关心艺术品之所以有趣和美丽的特点。艺术成为商品，进入市场。其中包括两种对立却相关的方式。一方面，收藏家的品味受到批评家和史学家的教育。这个过程的终级产品就是绘画大师和杰作，翻版工业的发展，以及最重要的一个结果，可以传播的最好的艺术单向交流地集大成于罗马。另一方面，也有一种“消费者把艺术叫做曲调”的情况。希腊化和罗马时代的休业商人，虽然能够购买雕像或者雕檐画壁，却很难欣赏高尚的神话。他们所需要的和所经常得到的，是色情描写。人们可以用不太相同的方式想象，私人的宗教团体自由地使用和艺术相同的主题，也许甚至还有经受时间考验的神话主题。罗马时代也是这样。帝国的建立并未真正使艺术改变。罗马帝国仅仅是加入到希腊化时期艺术赞助者的行列中；并且确保自己的需要得到满足。

希腊化时期的艺术成为面对所有人的所有需要，人们不禁有点想知道其中是否充满矛盾。但是其中之一需要特别讨论。虽然艺术可能空前地繁荣，但其生命力也并非无所限制。艺术所来自的理想因素倾向于萎缩。艺术所塑造的形象，最初一定是深刻的宗教或形而上学的直觉，现在正有一种被减低到官方宣传的空壳的地位的危险。被认为是公共和普遍的形式观念渐渐成为少数欣赏过去有学识的鉴赏家深奥难懂的矫揉造作。希腊化时期的美学中包含多少好古癖很难确定。但是只要品位掌握在学者的手中，正如亚历山大城的情况，这种品位就很可能盛行；此时艺术当然是为了罗马市场而复兴古风艺术风格的一种工具。

不过，在一个更有诗意的层面上，我们也许会发现好古癖存在于一种虚华的自高自大中，比如哈德良大约在公元 130 年为自己在提沃利修建的皇家别墅。为了延伸希腊化时期的艺术而把哈德良包括进去，无疑是无视一种确定的术语。可能哈德良对过去的态度已经更多地和文艺复兴时代而不是和古代的开明君主相同。尽管如此，利用所有视觉艺术：建筑、雕刻、绘画、甚至还有园艺法，去创造一种单一、广阔的和全面的体验，一种真实和幻觉的因素不可避免地融合在一起的体验，并不仅在于希腊化时期的艺术的精神中，而且是几个世纪以来致力于 mimesis 艺术有价值的圆满。提沃利当然是虚假的极致。但它完全是个人的、私人的，一个受过教育的、敏感的和孤立的个体的回顾性幻想。后人可能对此漠不关心。唯一已知的关于别墅在未来的用途是作为囚禁泽诺比亚的监狱。类似的不理解命运最终也侵袭了提沃利所属的整个传统。

最高的本体非人的理性理解力所能到达，这个逐渐占领古代世界的信念，与其对立面的衍生物一样，对形象艺术影响深远。模仿艺术的手段无助于显现未知之事。如果要完全无助，模仿艺术需要回归到象征语言和风格化；而当艺术家认真致力于这项任务时，古典的艺术观就在一切动机和目的上死去了。

19 世纪早期，黑格尔发现有必要警示当时满腔热情的希腊学者，不管古典艺术多么陶冶情操，它已经一去不复返了。而现在，警告再也不需要了。假如希腊人对模仿艺术的观点在我们的艺术上留下什么印记的话，我们只须看看好莱坞电影的欢快观念，在那里理想美被等同于性感，幻想服务于逃避现实。这种娱乐无非是希腊化时期艺术某些显著特点生动活泼的版本，不需要再用其他标准衡量。另一方面，最好的希腊艺术，虽然不再受严肃艺术家的重视，却可能比以往更受到仰慕。这种明显的自相矛盾并不难解释。人们倾向于把过去伟大的宗教和人文主义的艺术拿来，当作针对现代世界诸多不可接受方面的预防针；这个习惯是否合理，是否局限于那些在形而上学还未被完全消除之前的世界中的年长之辈，那些宁愿麻醉自己而不愿面对现实的年长之辈：也许现在就下定论还为时过早。

Further Reading

S. Adam, *The Technique of Greek Sculpture* (London, 1966).

P. Arias and M. Hirmer, *A History of Greek Vase Painting* (London, 1962).

Good reproductions.

M. Bieber, *The Sculpture of the Hellenistic Age* (revised edn. New York, 1961).

A. Burford, *Craftsmen in Greek and Roman Society* (London, 1972).

A. Furtwangler, *Masterpieces of Greek Sculpture* (London, 1895).

R. Lullies and M. Hirmer, *Greek Sculpture* (revised edn. London, 1960).

Good reproductions.

H. Payne and G. Mackworth Young, *Archaic Marble Sculpture from the Acropolis* (2nd edn. London, 1960).

J. J. Pollitt, *The Ancient View of Greek Art* (New Haven and London, 1974).

J. J. Pollitt, *The Art of Greece* 1400—31 B.C. (Englewood Cliffs, 1965).

Sources and documents.

G. Richter, *Korai* (London, 1968).

G. Richter, *Kouroi* (London, 1960).

G. Richter, *The Portraits of the Greeks* (London, 1965).

M. Robertson, *A History of Greek Art* (Cambridge, 1975). By far the best comprehensive account currently available.

第十六章　希腊的传统

R. R. 博尔加 撰　张强 译

罗　马

受益于希腊的不仅仅是罗马。埃及、小亚细亚、叙利亚在其之前也是如此。但罗马是唯一学习希腊人而得其要领的，也是唯一在学习的同时不仅在艺术与技术领域而且在文学与思想领域建立起一种独立而富有活力的文化的。

一种精奥的文化对质朴近邻的吸引，其性质难以确定。对此，须考虑到功利主义的论述。人总是渴望他们并不拥有的舒适或实用的物品，并总是希望从其他民族的实用技能中获益。在此种背景下，非理性的渴望可能也会起到重要的影响。我们看到，质朴的民族犹如精明的民族有着某种揭示生命奥秘的能力一样，受到求知欲的推动；质朴的民族同样也渴望优雅的肉体享乐，他们认为，与此相伴而来的将会是更大的奢华与放纵。如果说文化借鉴的目的常常是复杂的，那么借鉴所使用的方法也是如此。最初，借鉴者会获得所要的物品并借鉴所需的技能。但是，被某种外来文化产品包围的人，不可避免地会逐渐接受这种文化所包含的生活方式；这样就进入了借鉴的最后的也是重要的阶段，此时的模仿取代了借鉴，质朴的民族开始自己生产产品并使精明民族的技能为己所用。

罗马人对希腊文化的兴趣始于公元前3世纪中叶。他们从希腊进口商品并引进生产工艺，稍后，罗马文学家开始以希腊模式创作。文学作品是一种异邦公众不可能欣赏其原型的产品。要品味新喜剧，罗马得有普劳图斯，所以对希腊成就的模仿始于文学领域也就不足为奇了。而后，在公元前2世纪早期，学习希腊演说术的念头吸引着罗马人，因为演说术在具有协商性质的公民大会与法庭所主导的社会中有着明显的用途。这就意味着需要按照希腊的模式创建学校；而且，在希腊，如同在大多数文明国家一样，学校课程是作为对当时传统文化的导论而开设的。事实上，以演说术为中心的教育并未对此有什么改变。演说家要想令人信服，就得求助于广为接受的政治与道德准则。他们必须接触各种各样的论题，并且，他们常常得按照希腊人的方式对文学与历史加以比较。当罗马人决意学习修辞学时，他们为希腊文化的涌入敞开了大门，这也即是老加图极力呼吁从罗马驱逐希腊教师的缘故。但为时已晚，不能有任何改变；而在西塞罗还是青年人的那个时代，在罗马师从于希腊教师，而后负笈雅典或罗德斯，已是司空见惯的事。

在公元前200年到前133年间，当罗马卷入对东部的征服时，它不能容忍由自己垄断政治与军事权力而由希腊垄断文化成就的格局。

这有伤于罗马的自尊，但自尊并不仅仅是唯一的原因。希腊人不仅精通诸如医学、建筑、天文等学科，而且他们的论证艺术、他们的能言善辩、他们对复杂问题更为敏锐的理解力均有着实用价值。在希腊化时代的诸帝国中，对青年所实施的教育并无任何旨在培养行政官员的系统方式；但是，在学校接受过语法与修辞训练的人在处理日常事务时似乎有着一定的优势，至少能够熟练地把握词汇与论点。倘若罗马人在保持与希腊世界的接触时抛弃了希腊式的教育，他们便会冒着成为依附于希腊的属国而大权旁落的危险。

罗马若想有效地控制希腊世界，就不得不吸收希腊文化；而那些使地中海盆地东西两部分分离的势力被蓄意消除。在第二次三头联盟期间，这些势力曾被视为一种威胁，但亚克兴之役注定了它们的灭亡。奥古斯都鼓励东西部的接触，欢迎希腊人在意大利定居，同时极力强调发展拉丁文化与希腊文化的竞争。这一政策——同样为奥古斯都大多数后继者所采纳——被延续以抵制具有希腊背景的文化对社会更低层的渗透。那些接受过希腊教育生而自由的移民、自由人和奴隶在自由职业中、在艺术及奢侈品的贸易中表现不凡。他们扮演着秘书、家庭教师、优伶及附庸的角色。因此，在弗拉维王朝及安东尼王朝的治下，我们最终并不惊奇地看到：一方面，祖籍希腊的人在社会的各个领域与罗马人比肩并行，另一方面，拉丁文学与拉丁教育体系成功地模仿了希腊文学与希腊的教育体系。

希腊文化这种新形式的出现是以另外一种语言为载体的，这大概是罗马试图统一地中海世界最为重要的结果。罗马人的模仿涵盖了相当广泛的领域，特别是文学、思想、科学及艺术。从李维乌斯·安德罗尼库斯到白银时代，拉丁著作家首先措意于模仿、改编希腊人的模式。他们再现了希腊文学中的大量典型题材以及一个极富想象力的大千世界——部分取材于希腊的现实生活、部分取材于神话与小说的大千世界。他们把这些外来的东西与拉丁因素相混合，由此产生的混合体——正如我们所见——可在希腊传统中以及明显的创新中辨认出来。他们同样接受了希腊人曾用以诠释人性与物质世界的诸多范畴；从公元前1世纪起，他们力图将希腊知识以拉丁语的形式表现出来。瓦罗与西塞罗对此起到了决定性的作用，尤其在语法、修辞、哲学领域。他们对科学涉猎不深，老普林尼的论述则较为详尽。在工艺学领域，克鲁美拉、弗隆提努斯、维特鲁威乌斯实际上提高了他们再版的资料价值。在医学方面，凯尔苏斯移译了一部具有重要价值的希腊著作（作者不详）。后来，阿普雷乌斯发现把希腊教科书译成拉丁文更为可取；再后来，当无人再措意于模仿希腊文学著作时，马尔提亚努斯·卡佩拉、卡西奥多鲁斯及伊西多尔等著作家继续出版尚存的（多半为希腊的）知识概略，这些著作后来传到了中世纪。

除法学外，罗马对这一文化遗产的贡献是鲜见的；其法学主要概念的形成多少独立于希腊模式。但当我们论及美术时，则会看到一种我们在文学方面所见的并行发展。对此，希腊化时代诸帝国是希腊—罗马世界天然的继承者，而且它们在保持所继承的传统的过程中发生了变化。评价这些所发生的变化的意义势必会引起诸多麻烦。这些变化究竟是罗马人对现实主义与建筑原理特殊偏爱而引起的呢？还是我们在希腊传统中所见的诸多变化仅仅应归因于时间的流逝？在一个充满生机的社会，没有任何一种艺术形式会一成不变地延续下来；但在此背景下，回答这些问题已无任何重要性。要之，显而易见的是，罗马艺术得益于希腊艺术，而且其作品（直至上个世纪比之希腊原作更为知名）在希腊工艺方法流传于后世的过程中起着重要的作用。

探究希腊传统的延续，应注意到罗马，因为它是这一传统传到现代欧洲的主要渠道之一。评价罗马获益于希腊的准确程度需要大量的篇幅，因为即使是普通罗马人在帝国时代常用的墓志铭也是取自希腊的模式！本篇短论无疑不足以阐述如此重大的命题，在此只需证明此种获益是巨大的即已足矣。然而，关乎获益实质的若干思考还是值得一提。首先，显而易见的事实是，罗马文学与科学在任何时候均未包括希腊所提供的全部知识，而且流传至今的拉丁著作当然也未能做到这一点。其次，须切记罗马人并不满足于模仿，他们致力于在其所接受的传统中创新。普劳图斯的戏剧情节取材于新喜剧，然其所描述的社会不仅包括希腊的特征，而且亦包括罗马的特征。奥维德的传奇文学可能取材自伯埃乌斯、巴尔特尼乌斯及尼坎德尔的作品，模仿的是卡里马库斯笔调的多样性，但他的《变形记》在构思的广度、对不同素材因素的综合以及叙述节奏等方面却有其独到之处。再者，倘若罗马人对个别作品的借鉴是有选择的话，那么他们对作为总体的希腊文化的汲取也是有选择的。拉丁著作家传授给我们的是大量有关希腊文学、修辞学以及哲学方面的知识。在其他领域，如史学、医学、科学或技术，他们承传下来的东西不过是其所掌握的片语只言。提图斯·李维并非修昔底德，老普林尼留给我们的也只是其所阅所引的成千书卷中的平庸思想。

最后——而且这是一个我们应与前三个因素加以对比的因素——

我们不应忘记，希腊知识的基本部分是以拉丁文为载体得以流传下来的，而底本则已亡佚。很多希腊哲学家的著作均已佚失，他们的学说经西塞罗的传播而流传至今；奥古斯都时期的作家所模仿的希腊化时代诸多诗人也是如此。佩特罗尼乌斯的林神剧是否汲取了一部希腊原著的内容，我们对此无以作答，正如我们无法复原阿普雷乌斯所采用的米利都传说一样。我们从罗马所知的希腊是一个被篡改了的希腊，是一个经过巧妙补充但常常被歪曲了的希腊，但往往又是一个不见于任何其他资料的希腊。

早期基督教传统

共同体昔日共赴险境所激发的斗志的消失以及帝国规模（问题显而易见，但无人知道如何解决）所导致的无助感，在纪元初的三个世纪里使得越来越多的人转向了哲学与宗教，这些哲学与宗教主张的是，服从于一种超自然目的的人生。由是，阿普雷乌斯提倡对伊西斯的崇拜。提亚拿人阿波罗尼乌斯的传奇文学则鼓吹新毕达哥拉斯主义的禁欲观。对太阳神的崇拜也风行于3世纪并且反映在赫里奥多鲁斯的《埃塞俄比亚的故事》（*Aethiopica*）中。普罗提诺则要把人类的神与万物的神合而为一。

被视为一种社会现象的基督教，原本为诸多超自然的信仰体系之一，目的是摆脱无求无欲的世界。它对救世的许诺是通过一个或系列历史事件——耶稣的生与死——来实证的，经犹太教反哲学的、神学方法的诠释，一个或系列历史故事是向人们提供福音故事来作为其宗教经验的有力参照点。但在早期帝国的社会——当时受过教育的人过于沉迷对哲学的思辨——一种宗教信仰不可能离开神学而存在，神学应适合于这一时代的批评需要。基督徒不得不反对斯多葛学派、伊壁鸠鲁学派、柏拉图学派以及逍遥学派的信奉者来维护自己的信仰，而且他们还得把他们的信仰纳入到这些哲学家所运用的范畴中去，因为没有其他的哲学家可适用于他们的目的。从殉道者朱斯丁到奥古斯丁等一批基督教卫道士因而提出了一种神学，一种很大程度上受益于异教的神学。

但应明确指出的是，在希腊哲学中，只有理性主义——笛卡尔与黑格尔在此意义上是理性主义者——在基督教的综合中被完整地体现出来。在此可以发现柏拉图、亚里士多德、晚期斯多葛派、新学园派以及新柏拉图派所重复的论据；然而，带有伊壁鸠鲁主义或怀疑主义偏见的训诲只保留在构成对其驳斥的辩驳部分。正是基督教神学严格选择的这一特点才适于解释后来那场运动（我们称之为“文艺复兴”）的真正性质。由是，我们所看到的已不是对全部古典文化的重新发现，因为其中大部分并未亡佚；更确切地说，是对基督教传统在其开始时所排斥的那部分古典文化的重新发现。

除神学领域外，基督徒对其异教遗产模棱两可的态度是显而易见的。所有从事教会圣师著作研究的作家，甚至那些大体上赞同阅读古代著作的人，对异教传统均表现出强烈的怀疑态度，并且惯于夸大堕落或无信仰的危险。当人们阅读他们的抨击性文章时会问，异教典籍继基督徒掌权后为什么在学校里没有马上被禁止。的确，异教典籍并未被查禁，虽然朱利安死后（363 年）对学校的整顿以及他试图驱逐基督教教师的失败似乎为此提供了良机。而且，半个世纪后，在奥古斯丁实施基督教教育的计划时，他也同样放弃了提倡全面的改革。

这一政策（或缺少政策）背后的动机令人迷惑。从事教会圣师著作研究的著作家论述教育时证实，在学校课程中保留他们认为有危害的异教文献，其理由是这些文献对正确教授语法、解释课文及修辞是必不可少的。但是，这在奥古斯丁时代不是一个有说服力的证据。奥古斯丁自己告诉我们，《圣经》包括一个人掌握文法、修辞所需的一切；而且，即使不是这样，到5世纪时，基督徒已拥有了大量属于自己的文学。西奈西乌斯的《赞美诗》（曾为伊丽莎白·巴雷特·布朗宁所赏识），巴兹尔、约翰·克里索斯托姆以及格列高里·纳齐昂的《书简与布道》，抑或普鲁丹提乌斯用拉丁语写的诗文，拉克坦提乌斯用拉丁文写的散文，大概均未达到异教著述的水准。但明显的是，这些诗文可为学校提供好的阅读材料。从纯功利主义观点上言之，异教经典并不是不可或缺的。

人们可以这样认为，早期基督教徒重视异教经典作品的原因是他们不能够或不愿意通过书面言明。在不得已言明的情况下，他们才提及学习写作时拥有范例的益处。但巴兹尔在其文艺复兴时代被称之为《致青年》（*Ad adolescentes*）并广为流传的短论中指出，异教文学对基督教青年所予良多[1]。不过，当奥古斯丁提出基督徒应向异教徒学习他们认为全部有用的东西这一著名的理论时，他对那些可以归在这一范

1 参见 Luzi Schucan, *Das Nachleben von Basilius Magnus 'ad Adolescentes'*, Travaux d'Humanisme et Renaissance 133 (Geneva, 1973)。

畴的因素却相当模糊。一种文学，如果展示的是一种不同文明的概貌（此种文明并非无视琐碎的日常生活），那它最终是珍贵的，人们不会无法挽回地加以排斥。

因此，当异教在5世纪最终瓦解之时，所出现的独立的基督教文化必定深深地得益于此前的文化，这并不令人惊奇。人们承认，这一文化中的大部分被忽略、被遗忘甚或不复存在：饱受战火的文明已无法再利用享乐主义者与怀疑主义者的著述，无法再利用一大批难以计数的诗文、戏剧和小说以及西部大量的科学与技术知识。但是，理性主义哲学却经受住了考验，其思想与论证被融入新的神学中。古代政治思想的重要因素残存在奥古斯丁的《上帝之城》中，而且古典史家的传统方法被尤塞比乌斯及其门徒用于记述新世纪的事件。业已成型的散文形式（自传、对话及书简）为宗教的实践所采用；诺努斯运用它编写异教最后一部史诗所获得的技巧，用诗体的形式注疏了《福音书》。《新约全书》的拉丁文译本用的是古典六步韵体，而被本特利称之为“基督徒的贺拉斯与维吉尔”的普鲁丹提乌斯所创作的《招魂占卜》（*Psychomachia*），其人性化的善与恶进行着荷马式的肉搏战。而且更为重要的是，赞美诗作者无论是用希腊文还是用拉丁文，甚至在运用新格律时，他们比人们通常所意识到的要更为广泛地模仿古典时代的诗歌措辞与修辞技巧。

希腊的影响同样表现在更为大众化的层面上。对基督徒墓志铭的研究表明，死亡通常被归因于命运之神，归因于噩运之神，归因于众神的嫉妒，甚至归因于卡戎的贪婪！基督徒的灵魂被描述成逃离永远被它抛弃的躯体，而且是去星辰寻找归宿。人们所得到的慰藉不是对灵魂复活的希望，而是源自坟墓或亡者名声的永恒。这些墓志铭大概由专业人士撰写，他们通常要因循一些久已确立的习俗；但是，类似对异教主题的依赖还表现在反映基督教圣徒行传的传说中。希腊从爱奥尼亚时代起，大量的逸闻秘史口口相传，经世代嬗变而丰富并被爱情小说、新喜剧作家所用，最终为圣徒传记提供了情节与题材。例如，在《伪福音》中，圣·泰克拉的人物形象就有着与赫里奥多鲁斯、以弗所的色诺芬笔下女主人公相同的特征，而且我们发现，关于美纳埃克米人故事的不同版本使伪克雷曼提纳《知恩》中的神学有了生机。

因此，我们可以看到，即使人们从5世纪起放弃了对古典文学的研究，基督教文化也势必会传播古代希腊初期的大量遗产。然而，其结果却是，对每一代人来说，上文所提及的因素由于在学校或其他地方直接地获取一些至少是古代经典而得以加强，因此，流传下来的知识的总和同时得到增加。那些被排斥的东西存在于同基督教信仰相悖的思想及理想中，存在于物质落后的世界不能再利用的知识中。

中世纪早期的西部

6世纪是一个分水岭。当时罗马帝国彻底分裂为不可调和的两个部分，以至于从那时起出现了基督教拉丁语的西部与基督教希腊语的东部，其区分不仅仅表现在语言及权力之争，还在于东部与西部的文明程度。它们各自有着截然不同的历史，需分开加以研究。

西部在蛮族征服的猛击之下迅速瓦解。战争与入侵所引起的混乱因无经验的统治者的无能而加重，这些统治者不知道如何保留他们征服的文明，也无心去做。乡村人口减少，土地荒芜，城市缩变成村落，商业与工业凋敝。只有意大利保存下来一小部分世俗教育。及至7世纪中叶左右，余下的只有修道院在一个刚刚从部落城邦脱胎而来的社会里捍卫着知识。

拉丁语依旧是西部教堂的正式语文。以大批说希腊语人为主的东部教堂则允许传教士在做弥撒与传教时使用古斯拉夫语，因为当时不存在新教会受怂恿而摆脱旧教会的危险。但在西部蛮族王国中，从基督教派生出来的教会在数量上却大大超过了罗马原有的虔诚教会。如果每个教会都使用自己的语言，它们之间的联系就很容易破裂。因此，罗马基督教墨守着帝国昔日的语言。拉丁语知识对于了解其传统极为重要；而且，当这种知识的普遍程度不足时，如同在7世纪和8世纪那样，人们便会毫不犹豫地努力加以提高。学习拉丁语的必要导致了对古典语法家的研究，而这些语法家在当时看来也仍是最出色的；这反过来又激起了对语法家所介绍的古典著作家的兴趣。加洛林王朝逐步的知识复兴——其时拉丁文手写本被大量抄写而且诗人们模仿维吉尔与奥维德的诗篇——是这一变化的高峰。

但是，这些受过教育或一知半解的修道士对希腊文化究竟了解多少呢？在最为黑暗的无知时代，希腊语的声望依然显赫，被视为开启最高智能的钥匙。最为奇异之书《西班牙箴言》（*Hisperica Famina*）大概成书于6世纪或7世纪的不列颠西部，其经篡改的语言包括大量希腊文术语，或意为希腊文的术语，而且人们甚至猜测，珍藏在凯尔特人修道院中的希腊语词汇表（重新抄写得并不完善）被用于该书的写作[1]。但无论是喜欢吹嘘自己知识的爱尔兰学者、还是他们的后继者，直到12世纪皆少有良机去学习他们真正可以运用的希腊语。

在此期间，人们与东部帝国的接触是希望在知性上有所丰富，但这仅仅局限在意大利，在那里，这两种文明在1071年巴里陷落之前有着共同的边界。塔尔索斯的狄奥多莱（卒于690年）是唯一一位饱学多识的东部移民，他定居罗马，后被派往坎特伯雷出任大主教。他的同僚——南部意大利人、修道院院长哈德良也通晓希腊语；在罗马，直到9世纪末，曾有过一群说希腊语的修道士，他们大概是南部意大利人，几封流传下来的希腊文教皇信函大概就是出自他们之手。那时确实也有一些来自意大利各港口的商人游历过地中海东部。穿越拜占庭领土到圣地去朝拜的香客一定也需要翻译的襄助。日耳曼帝国与拜占庭宫廷保持着外交关系，这种关系的巅峰是972年奥托二世与狄奥法诺公主的联姻。但这些偶尔的交流并无任何结果。拜占庭人面对西部近邻根本未意识到其民族的文化遗产，拉丁人与其生意往来也并未准备从域外文化中获益。

阿尔德海姆、诺特克或杰伯特等少数几位水平相当的学者似乎有着粗浅的希腊语知识，大概是哈德良教授的，或是从书本中得来的。但是，只有苏格兰人约翰（约810—875年）可以被视为对希腊语融会贯通的人；但他学从何来还是个谜。另外，西部的图书馆在这一时期藏有少量的希腊文传抄本：一些《圣诗》抄本，一些《新约》（通常为残本）抄本，仅此而已。直接源自希腊资料的希腊文化知识微不足道。

1　参见 Francis John Henry Jenkinson, *The hisperica Famina* (Cambridge, 1908)。

然而，当我们把目光转向可能存在的拉丁语资料时，情形就迥然不同了。当时已有一些希腊著作的拉丁文译本，其中包括《伪福音》，特别是尼科底姆的《福音书》、海尔梅斯的《牧师显圣》、伪克雷曼提纳的《知恩》、尤塞弗斯与尤塞比乌斯的历史著述以及《历史三部曲》（*Historia Tripartita*）；而且还有恺撒里亚人巴兹尔、亚历山大城人西里尔、格列高里·纳齐昂、约翰·克里索斯托姆、奥利金以及帕拉迪乌斯等人著述的拉丁文译本（尽管罕见）。异教教育同样具有代表性，较为著名的有凯尔西迪乌斯翻译的《提马埃乌斯》、伯埃修斯对《乐器》的若干旧译以及维柯多里努斯所翻译的伯尔斐里的《范畴引论》。

没有一位学者——尽管有天赋——能逐一研究这些著作，这是人所共识的，因为当时著作的抄本极为少见。但是人们还是可以得到那些研究、抄袭或模仿希腊文学的众多著作家（无论是异教徒还是基督徒）的著述。首先是圣奥古斯丁，再就是杰罗姆与格列高里一世，卡西奥多鲁斯的《政治制度》以及伊西多尔的《词源学》有助于传播那些基督教传统所吸收的希腊思想，那些不为基督教所吸收的思想也并未亡佚，它们通过异教而得以传播：西塞罗的《论发明》与其修辞学的箴言以及对里沃的阿埃尔雷德（卒于1167年）影响极大的《论友谊》；而西塞罗在《图斯库卢姆辩论》中的哲学学说后被伯埃修斯的《论安慰》所完善。那些不能阅读希腊史家翻译作品的学者，可以通过萨鲁斯特与苏埃多尼乌斯极富活力的范文来学习古代史学。史诗传统以《埃涅阿斯纪》和《法撒里亚》为代表；田园诗以维吉尔的《田园诗》为代表；泰伦斯代表着新喜剧的发展，而修女罗斯维塔也感到非模仿他不可。由于这些著作家——他们皆受益于希腊——中世纪早期的人才接触到希腊文化的重要部分，即使他们可能并未意识到这一事实。

我们所赞赏的中世纪早期文化成就均有着传统特点。这些成就依赖于过去。如果希腊—罗马遗产未提供典范与资料，就不会出现加洛林王朝诗人们的古典诗篇，就不会出现爱因哈特的《查里曼传》、《瓦塔里乌斯》中关于宿命错综复杂的论争，就不会出现苏格兰人约翰的新柏拉图主义以及最终在11世纪时人们对逻辑学兴趣的日益增长；而且这一遗产不仅通过异教，而且通过基督教各派从希腊得到了最初的启迪。

这一时期的拉丁文化如同拜占庭或文艺复兴时期的文化一样也深深地植根于希腊文化，只是拉丁文化在一个重要的方面有所不同。它与其说是建立在这一遗产之上，不如说是由此发展而来。由于受制于不利的经济与社会条件，它充其量只能是重新组织所继承的东西。

拜占庭

我们可以在拉丁世界辨别出希腊文化的影响。在阿拉伯人那里我们也会辨别出这一影响。但对希腊文化的保存主要还是拜占庭人的功绩。东部避免了席卷西部的可怕灾难，所以拜占庭帝国未受大灾难的冲击而在罗马的基础上崛起。拜占庭至少在官方文献与文学上成功地保留了对古代希腊语的运用。希腊语被完好地保留下来，而且在一定范围内由于重新抄写的一大批古籍而面目一新；而且，最为重要的是，它在上层及中层阶级中维系着一定的教育水平，而这使得很多人可以接触到该文化遗产，以至于昔日传统保持着一种活力。

最初，罗马帝国的分裂可追溯到戴克里先。但是，在5世纪罗马帝国的东西两部分的联系开始是以一种令人不安的速度减缓，直至6世纪完全中断。这一转变时期（其间新秩序粗具规模）的特征是努力拯救一部分昔日遗产，但是，在西部这些努力局限于少数天才之人，如伯埃修斯、卡西奥多鲁斯以及后来的伊西多尔，在东部这一运动的规模则较为广泛。

在此背景下，古典史家注意到异教的长期存在。新柏拉图主义哲学以5、6世纪的几位学者为代表，他们中有普罗克鲁斯、阿莫尼乌斯、辛普里奇乌斯，后者曾移居波斯，而昔日的诗学传统则由于诺努斯学派的出现最终繁荣起来。但在思想与表达上保持如此明显的异教方式是一种征兆，而不是古代知识在东部帝国发展中所应起的决定作用的要因。最为重要的是这一时期基督徒的毅力，他们自己致力于研究其前辈著作。除了包括直接引起异教崇拜或明显与神学信仰相冲突的观念外，他们似乎已准备全部据为己有。

正如人们所期待的，这些努力尤其表现在实用知识领域。汲取这些知识是一项细致的任务。散见于大批书籍中的资料须以一种便于查找与保存的方式收集起来。这种方式在法律方面（《查士丁尼法典》）取得了特别的成就；在医学方面，有奥里巴西乌斯、阿埃提乌斯以及特拉莱斯的亚历山大的摘要；兽医学方面，有5世纪的希波克拉底；在动物学方面，有加沙的提莫特乌斯；在农业方面，有4世纪或5世纪的狄迪穆斯与10世纪的巴苏斯；在语法方面，有6世纪的约翰·菲劳波努斯与约翰·查拉克斯。

哲学提出了一些独特的问题。令基督教社会感兴趣的是那些具有神学寓意的问题，因此人们不得不凭直觉与想象去把握相关的古典理论。这种解释方法的基本原理是由卡帕多西亚人——恺撒里亚的巴兹尔及其支持者——提出的，他们曾致力于以柏拉图主义者能够理解的术语阐述基督教教义。或许在5世纪，神秘的“色雷斯的”“色雷斯的”狄奥尼修斯（大法官）继承了他们的衣钵，其信仰倾向于普罗克鲁斯的新柏拉图主义，并在7世纪为忏悔者马克西姆斯所继承，他把亚里士多德与伯尔斐里的思想与基督教思想融为一体。一个世纪后，大马士革的约翰使亚里士多德的思想观点与基督教神学得以进一步调和。我们注意到，选择的过程无论怎样均极为审慎：一些理论被详尽阐述而得以发展，另一些则被忽视了。这些发展当其出现时，表现出的却是拜占庭思想家高度的哲学悟性。在这一引起他们浓厚兴趣的领域，他们至少能够做出独创的贡献。

拜占庭人的文学成就略为逊色。但在历史、修辞学以及警句这三种形式中，他们基本实现了公开宣称的目标：创造一种排除异教价值与信仰的文学。普罗考比乌斯、阿加西阿斯、塞奥菲拉克特图斯·西莫克拉泰斯这些6世纪的史家在撰述同时代的政治与军事事件时，都模仿修昔底德与波利比阿，都力求事件的准确性及对原因、人的行为动机的分析，并常常通过杜撰的演说词来概括这些事件。这即是基督教史学的开端，它并未远远滞后于古典史学的标准。

在修辞学方面，克里索斯托姆（344/7—409年）的口才为演说家在宗教题材方面提供了典范，这些典范被认为堪与德谟斯提尼或伊索克拉底的演说相媲美。拜占庭人长于撰写宗教仪式上的训诫、颂词以及葬礼演说；同样以 4 世纪模式为基础的书简，虽为次要的写作技巧，但亦有所成就。

在诗学方面，试图复兴史诗体经证明是失败的。但是，查士丁尼的御前大臣沉默者保尔与史家阿加西阿斯所写的短诗却堪与希腊最优秀的诗篇媲美。

把对这些特殊题材的模仿仅仅视为冰山的一角那可就错了。古代文学对拜占庭文化的影响同时有着更为广泛、更为深入、更为稳固的作用，远远超过了古代知识地方化的成功。以不同领域的两个例证为例，大概足以说明这一问题。圣徒传记不断汲取古代流行故事的素材，一如从前赫里奥多鲁斯的读者，基督徒在阅读圣徒传记时对劫掠或海难中的大难不死、神奇般地复活与野兽被突然驯服的描述同样喜闻乐见。男童在参加关于古代范文的修辞课时，并未间断做赫尔摩格奈斯与阿弗多尼乌斯编订的习题；而且他们所学的东西影响到语言交流的所有形式。他们的才能受到约束，但能力却得到了普遍的保证。

拜占庭文化的希腊—罗马根基在拜占庭帝国早期就已牢固确立下来。在 650 年后接着便是一个被史学家视为与西部同样的黑暗时代。文化活动的突然衰落，在某种程度上，可以解释为是阿拉伯人对罗马东部腹地叙利亚与埃及的征服所致，也可以解释为是威胁拜占庭本身的危险及内乱所致。破坏圣像的皇帝们对希腊文化（他们视为东正教的起因）的敌视以及利奥三世（717—741 年在位）下令对教长学校的关闭，对此也起着某种推波助澜的作用。

但是，尽管如此，不应夸大这一假定的“黑暗时代”的黑暗。这是一个具有大批神学作品问世的时代，在颂歌与圣徒传方面堪与盛世媲美。所有绝对正统的修道院继续着它们的教育。只有世俗世界变得庸俗，而且无人能说明庸俗到何种程度。在巴尔达斯（约850年）重建高等学府之前很长一段时间里，我们发现教长在世俗教育不同的分支中超群出众，如编年史家乔治·辛塞鲁斯，还有语法学家甚至于诗人。佛提乌斯大概生于810年，无疑是在破坏圣像的皇帝们的治下接受教育，他治学广博，是一个致力于古典研究群体中的核心人物。当他们重新措意于古代文化时，拜占庭人无须再从零开始。

马其顿王朝（867—1057年）时代继破坏圣像的冲突平息后，代表着拜占庭势力的顶峰；但在文学与教育方面，它还不过是一个在模仿上取得成就与巩固的时期。其价值较高的作品有佛提乌斯的《词典》及《图书集成》、凯法拉斯的《文选》、君士坦丁七世普尔菲罗格尼图斯（912—959）撰写或命人撰写的教程、美塔弗拉斯泰斯的《圣徒传记集》以及所谓的《苏达》百科词典。真正具有创造性的著述则罕见。藏书颇丰的拜占庭图书馆提供了大量有关昔日的知识，但由于杂乱无章，没有人——无论如何勤勉——能够掌握这些知识。佛提乌斯对这一状况所提出的问题是门外之见。他在《图书集成》（1卷本）中的评介不过是与其兄弟交流几个月间的阅读收获。这本书对我们来说，其价值在于评介中论及很多均以失传的图书。君士坦丁七世所为属于更为审慎的一类，在其庇护之下完成的论着目的是取代原始资料。但是，如果佛提乌斯是门外汉，那么君士坦丁的合作者则是无能的。他们轻率地简化了古代知识，某些概述也毫无实用价值。就我们所感兴趣的而言，至少，只有文选编辑者做得比较出色。凯法拉斯的短诗集以及美塔弗拉斯泰斯的圣徒传挽救了大量的基本材料，否则可能会亡佚。

但是，对于这一稳固之举最有趣的部分而言，我们应该转向佛提乌斯或其他人关于词汇学以及文学史的研究成果。这些研究成果为拜占庭最不可思议的成功奠定了基础，而且经证明对西部文化的未来最具决定意义：古典语文与古典写作方法在一种相对适宜的状况下得以保存下来。

继马其顿时代之后，11 世纪中叶经历了常常被描绘为“复兴”的东西，这应归功于迈克尔·普塞罗斯（1018—1078）。这一时期与 15 世纪的意大利全然不可相比，因为难于证明 1050 年以后的学者比之他们的前辈对古代了解得更多。他们并未推动知识的真正进步。他们只是有所发展而已。但在这一过程中发生了转变，一种具有重要意义的转变。人们对于古典传统所持的实用、单调的兴致转变成了狂热崇拜。柏拉图主义的研究活动由于自身的价值而赢得了一席之地。普塞罗斯本人是一位能力平平的文体学家，但他特别强调有意识地模仿古代著作家；当词典编撰学家及语法学家为阿提卡语更为准确的使用铺平了道路时，他对教育体系的热情宣传发生了决定性作用。由于采用了各种手段，其中包括对古代著作的语法分析与研究（progymnasmata），在拜占庭的学校发展了以准确的古典希腊语文写作为目的的教育。

继普塞罗斯之后是科穆宁时代。他们的百年统治（1081—1185 年）在政治上标志着一个倒退与衰落的时代，但是，就拜占庭廷人文主义而言却是一个黄金时代。由于这一时期的历史学家（其中安娜·科穆宁娜的著作流传最广）、修辞学家多克索普拉泰斯与迈克尔·阿克米拿图斯、抑扬格诗人米提林的克里斯托弗以及琉善的机智仿作者普罗德罗穆斯的出现，那些后来主导意大利文艺复兴文化生活的拉丁语学者并不逊于先前的希腊语学者。

埃乌斯塔提乌斯约卒于1192年，死时为我们留下了卷帙浩繁的古代研究文献，是其他拜占庭学者无法比拟的，当时对他歌功颂德的人称他为“黄金时代最后一位幸存者”；仅此一次夸张得恰如其分，因为下一个世纪始于灾难。法兰克十字军1204年对君士坦丁堡的浩劫大概是知识或艺术湮灭的原因，它超过了其他人为灾难所造成的损失；而后来的拉丁王国在文化上成就贫乏。即使拉丁王国在西部肩负着传播希腊知识的使命——它也有能力胜任完成——但并未付诸实践。

1261年拉丁人被驱逐也未给拜占庭的势力带来复兴。巴列奥略帝国一直持续到1453年，但它已摇摇欲坠，处于毁灭的边缘。正是由于这一原因，拜占庭才赞同与西部的交流，这也是自4世纪以来这两种主要的欧洲文化首次致力于严肃的思想交流。希腊人由于受到亚里士多德在西部所引起的狂热崇拜的刺激，开始对哲学产生了兴趣。一个名叫德米特里乌斯·西多奈斯的人移译了阿奎那的《神学大全》，从而自然而然地引发了柏拉图主义的复兴。自普塞罗斯时代以来，柏拉图主义一直影响着拜占庭人的思想。柏拉图的主要拥护者杰米斯图斯·普雷顿（1355—1450年）是个行为古怪之人，他公开表明希望恢复古代希腊的神祇。值得一提的是，他信奉异教并未给他带来伤害。事实上，他曾随拜占庭代表团赴佛罗伦萨参加宗教会议，并在那些崇拜他的人文主义者面前谈论美学；其谈话极大地促进了佛罗伦萨柏拉图主义的发展。

1204年灾难的另一个影响是使拜占庭人意识到保存其文学遗产的需要。巴列奥略王朝的学者是些勤勉的抄胥；对此我们应该感谢他们，因为这使得文艺复兴时代的文献收集者们可以把希腊文化的瑰宝顺利地带到西部。这一时期，出现在普拉努戴斯、莫斯科普罗斯以及托马斯·马基斯戴尔笔下的大量词汇、语法以及导读——目的是帮助学生掌握一种对使用者来说业已陌生的希腊方言——后来不仅用于教授西部人希腊语，而且同样成为教授拉丁著作的范例。

拜占庭在传播古典文献方面所起的作用体现在大批注疏文献的出现，但并非所有的注疏都令人满意。拜占庭的学者“迂腐、枯燥乏味且笨拙”——如果弗雷德里克·哈里森的话可信的话——“对于我们来说，他们唯一的优点是从未有所创新，抑或出类拔萃”[1]；而《拜占庭的过错》(*vitium Byzantinum*)一书中的文献考证表明，这些学者具有改变诗的韵律以适应拜占庭规则的倾向。但事实毕竟是，如果东部帝国未曾延续下来的话，我们关于古代希腊的大部分知识便会不复存在。所以，把拜占庭仅仅视为古典文化的传播者有悖于情理。在这一文化之上，拜占庭建立起一个强大的国家——这个国家在近千年中使其敌人不能接近——建立起动荡时期一种灿若明珠般的文明。如此巨大的成就值得注意。了解拜占庭是如何利用希腊遗产的，这一问题本身就十分诱人。它享有所继承的实用知识、军事与行政制度，是一个无可质疑的事实。但是，它在思想、语言以及艺术领域所继承的是什么？它珍视这些吗？而且，若是，又是如何继承的？它选择了哪些方面加以利用？它改变了什么、在受益时又发展了什么？这些问题的大多数还有待于回答。

---

1 见于1900年在里德的研讨会上的发言；引自约翰·埃德温·桑兹《古典学术史》卷1（剑桥，1913年）第427页。

中世纪阿拉伯文化

当阿拉伯人在 7 世纪征服中东、北非时，为了便于征收赋税、利用新臣民的先进技能，他们更愿意在可能的地方保留原有的政府机构。这种宽容的政策获得了极佳的效果。在接下来的两个世纪里，被征服者渐渐接受了统治者的信仰及语言。他们的知识在统治者的要求下被移译成阿拉伯语，而阿拉伯人则吸收了异域知识，并融入了他们的贡献（几乎皆源自希腊原始资料），从而开始了使异域知识适合于伊斯兰神学的艰苦工作。

希腊的影响本身首先表现在军事科学及行政管理上，阿拉伯人不失时机地在这些方面模仿拜占庭人的做法，而后模仿的才是宗教。伊斯兰教当时尚无完备的神学体系。其信徒愿与基督护教者就基本教义论战，而基督教神学从希腊哲学中汲取的实体与偶然性等范畴以及永恒与最后的创世等概念，则开辟了一条诠释《古兰经》的途径。

研究的其他领域只是在后来到了 8 世纪末才得以展开，而且，在这些领域里，希腊知识最初是通过阿拉米语传给阿拉伯人的，阿拉米语曾是被统治的罗马东部语言。我们知道，阿拉米语的翻译早在 4 世纪就已出现，特别是对神学著作的翻译。有人推测，叙利亚教士曾受怂恿而使基督教思想更容易地为他们的基督教徒所接受。然而，461 年负责此项工作的埃德萨的一所学校被关闭，原因是该校具有景教倾向，其教师逃亡波斯宫廷，与来自雅典学校的新柏拉图主义者会合。继阿拉伯人征服后，阿拉米人的共同体在波斯的生活顺遂，并传播着他们对哲学与科学的翻译作品。他们在贡德沙普尔的书院以医学知识著名，以至于9世纪当哈里发对希腊文化发生兴趣时，亚里士多德与盖伦著作最早的阿拉伯语译本竟是根据阿拉米语移译的。稍后，著名的“智慧宫”成立（833年），这是一个依据希腊原文把一大批古代科学哲学著作移译成阿拉伯语及阿拉米语以勘定忠实译本的翻译机构。

翻译之后便是消化理解。第一个阿拉伯“哲学家”肯迪（约卒于850年）是主要的普及者。他传播了亚里士多德与盖伦的理论，但接下来一个世纪，其后继者的探究却属于另一范畴。拉齐斯是经验主义者，他相信理性，试图批判包括亚里士多德与《古兰经》在内的所有权威。从总结古代资料到记录自己的临床观察，拉齐斯的经验主义方法在医学方面显示出极大的优越性。他首次作出了麻疹与天花的区分。他的晚辈法拉比是一个更为特殊的纯理论思想家。他从柏拉图那里借鉴了哲学王的理论，而其物理学说则是从亚里士多德那里借鉴而来的。

这两个人建立了后来成为穆斯林思想鲜明特点的东西：穆斯林的思想浩如烟海，每个著作家著述等身；它博大精深，涵盖了哲学与科学的所有分支；它熟悉亚里士多德、柏拉图、希波克拉底、盖伦、欧几里得、托勒密等古代著作家的著述；最后是它对这一遗产发扬光大的意愿。他们在10世纪所取得的成就为11世纪阿拉伯最伟大的思想家伊本·西拿（拉丁语写作Avicenna）铺平了道路。伊本·西拿不仅是一个医生，还是一位哲学家，他收集了数量可观的医学文献，其中的观察与实验补充了希腊人的学说。在哲学方面，他接受了亚里士多德的思想，但也保留了若干不属于晚期亚里士多德信徒（他了解他们的著述）的学说：诸如灵魂不灭、本质先于存在，以及（先于笛卡尔）人对其自身具有天生的意识等学说。

伊本·西拿对哲学与宗教间的关系并无特殊兴趣，而此种关系却是后来的哲学家们极为措意的问题。伽扎里批判了伊本·西拿的某些学说，因为这些学说有悖于伊斯兰教的信仰。伊本·鲁世德（拉丁语写作Averroe, 1126—1198）详细注释了一些亚里士多德的著作，他主张宗教与哲学可以通过不同途径到达同一个真理，但与比他年长的两个同时代人伊本·巴伽（卒于1138年）与伊本·图法伊尔（卒于1185年）完全一样，他对文化精英与普通人作出了区分：前者具有思辨能力，但应为自身保留思辨的结果；后者最好是任其单纯的信仰不受干扰。

任何评价阿拉伯人受益于希腊人的尝试都应注意到这样一个事实，即这一受益几乎只局限于哲学与科学领域，唯一的例外是小说，诸如《天方夜谭》的系列故事在很大程度上取材于希腊。阿拉伯人对过去的兴趣比之拜占庭人更为有限，但在这一有限的范围内却做得更为深入；而且，它不仅仅囿于模仿或重复。阿拉伯人在其所学基础上有所建树。在哲学方面，他们提出了一些为古代人所不知的问题，这些问题对后来宗教信仰盛行的年代产生了重要影响。在数学方面及自然科学方面，他们在利用从希腊人那里借鉴的理论框架的同时，取得了诸多不甚重要的进展；而我们对这些成就的整体情况尚不了解。

中世纪晚期的西部

12世纪，西部文明已取得了长足的进步。商业、社会财富及教育皆发展起来。城市人口增多，更强有力的制度保障了公共秩序。西部居民不再被幽禁在修道院与战火洗劫的村落，他们渴望更多地了解医学、数学、工艺知识，了解亚里士多德的著作；对逻辑的酷爱教会他们仰慕亚里士多德。他们所渴望获得的知识几乎绝大多数均源自希腊。他们不再像从前那样与世隔绝。他们与阿拉伯世界及拜占庭（两种对希腊遗产有所了解的文化）保持着接触。阿拉伯人的文化在当时诺曼底人治下的西西里、在卡斯蒂尔与莱昂王国重新征服的西班牙部分地区被保存下来。安那托利亚失之于土耳其人的统治，为拜占庭打开了西部文化渗透的大门。意大利的商人们则从大宗贸易的商机中获益。关于教会联盟的争论——历代皇帝希望利用联盟来赢得军事帮助——直至 1204 年拉丁人的征服而最终使拜占庭归于西部的治下才告消歇。如果说需要希腊语知识，人们也有办法来满足。

拜占庭比之阿拉伯人所给予的要多。拜占庭更接近古代；然而，由于不可思议的机缘，这一时期人们对古代世界的大部分了解是通过阿拉伯语实现的。据我们所知，最早的翻译家是非洲人君士坦丁（卒于 1087 年），他为萨勒诺医学院把希波克拉底及盖伦的著作移译成拉丁文。而后，在整整下一个世纪，克莱蒙纳的杰拉德及其他翻译家大多数为犹太人及皈依伊斯兰教的人，他们在被征服不久的西班牙托莱多城工作，把百余种科学、医学著作翻译成拉丁文，其中包括先前被翻译成阿拉伯文的希腊文献以及概括了希腊语知识的阿拉伯语教科书；而 1200 年后，在西西里宫廷完成的亚里士多德论自然史以及伊本·世德在西班牙出版的对亚里士多德的一些注释对上述工作做了补充。在这一时期，人们已拥有足够的知识，以使亚里士多德学派在 13 世纪复兴并促使数学及医学的长足进步。其间，业已融入阿拉伯世界小说主流中的希腊传说间接地在不同方面重又寻找到通往欧洲之路，我们则再也无法发现其回返的踪迹。阿拉伯世界所吸收的大部分东西又以崭新的面貌重归西部。

西部与拜占庭交往的成果较少。尽管这些交往在12世纪由寡及多，但对古典知识的贡献却不大。语言方面的情况尤为复杂。商人、兵士及传教士通常所学的通俗希腊语更多地用于传播技术知识。而用于书面及演说的正规语言才是解读昔日遗产的钥匙，但它仅仅为少数人所掌握。另外，懂得希腊语（世俗的或古典的）的拉丁人并不是那些乐于接触文学或希腊科学的诗人及学者，而是商人、兵士、外交官及神学家，他们对古代知识并没有直接的兴趣。比萨的布尔贡底奥是个例外，他在12世纪把希波克拉底的《箴言》及盖伦的一些论述加到其对《希腊教父》的翻译中；西西里的阿里斯提普斯在翻译《斐多篇》及《美诺篇》时也是如此。大学学者的博学世界与那些开发地中海东部冒险家的世界之间存在着鸿沟，这一隔阂甚至在拉丁人的征服及法兰克公国在希腊建立之后亦未改变。拜占庭的珍宝被带到西部。人们在拜占庭的艺术、技术方面多有学习，但却忽视了希腊文化遗产。在这一领域，大概最大的收获是发现了阿基米德及亚里士多德的写本，从而使阿奎那的同时代人默尔贝克的威廉（1215—1258）可以完成其新的正确译本。

但是，当我们不仅审视拜占庭而且审视阿拉伯世界时，在审视我们从它们那里所学习到的东西时，我们发现，人文主义者指责其前辈愚昧无知是站不住脚的。中世纪晚期的人研究过大批希腊语、异教与基督教的著作。他们直接或间接地对希腊的过去所学良多。他们奠定了基础，没有这些基础，就没有文艺复兴的辉煌。在我们明确他们从古代世界受益的性质前，有两点需要明确，一是他们所借鉴东西的特色，二是他们接受异域文化时的方法。

他们所借鉴的东西有着实用的特点，并限于他们认为可以解决重要问题的东西；而且他们的兴趣只涉及若干领域：技术、科学、医学、逻辑、形而上学及神学；对神学他们特别关注与教会联合相关的问题。他们是些注重实用的人，而且，正因如此，他们对其所学竭力吸收。经过八十余年的艰苦努力，亚里士多德的形而上学、宇宙学与出现在阿奎那著述中的基督教信仰一并被纳入这一综合之中。不适宜的则被扬弃。托勒密、盖伦的学说被全盘接受，但无人领会他们的治学态度、强烈的好奇心以及习于观察的重要意义，而这些有助于收集论据——他们学说的根本所在。科学领域的研究者们对所继承的东西，除在知识方面的解释外鲜有创见；而且他们对现象的解释采用的是定义及演绎法。

在这一方面，古典时代曾有过先例。但中世纪的学者偏却重于理论，他们改变了古典时代实践与理论间的平衡。当人们试图分析13世纪是如何利用其遗产时，就会认同对人文主义者的抱怨之词。中世纪晚期的这些人见树不见林；而且，对他们来说，一棵树不过是一块木料而已。他们是有选择的：文学、历史的真实性、哲学中较为诗化的形式被排除在他们的选择之外。他们与极大地受益于希腊文化遗产的拜占庭文明接触，却不关心拜占庭人的学说。他们把其人工制品据为己有，却无视其精神。

文艺复兴

人们从对科学（抑或被视为科学的）知识的兴趣转移到文学、道德与政治上，这是文艺复兴时期与中世纪在希腊研究方面的区别。

最初，14 世纪沿袭了 13 世纪的模式。与拜占庭的联系为商业与基督教会的利益所控制。人们不断地要求建立教授希腊语的学校，但这些请求，如同被经常提及的维也纳宗教会议（1312 年）的第十一条教规（在五所大学设置希腊语的教职）一样，仅仅反映出教团需要人向拜占庭的教徒布道。这里还谈不上对古典语文的研究。

但在此期间，人们开始重新对古代成就发生兴趣。对此的最初迹象可回溯到 13 世纪的最后二十五年；而且，不久之后，彼特拉克作为诗学与雄辩术的成功鼓吹者脱颖而出。在西部，人们长久以来对一些希腊著作家的名字有所了解，特别是荷马与柏拉图，而且本能地认识到他们的威望；但彼特拉克是第一个清醒地意识到荷马与柏拉图作为天才作家的含义。阅读他们著作的渴望使他尝试着学习希腊文。彼特拉克第一次曾拜巴尔拉姆为师，后者是一位杰出的学者和神学家，而且卓有成就地论述过斯多葛主义及代数学。但彼特拉克并未发现他的教诲有什么帮助。二十年之后，他又投到拜占庭雷奥尼提乌斯·彼拉图斯的门下，而这次尝试同样无果而终。彼特拉克的传记作者曾哀叹他时运不济，未找到一位良师；但错可能在他自己，他大概缺少耐心。无论如何，他最终促使彼拉图斯翻译《伊利亚特》而了其心愿。

彼拉图斯逐字的移译令彼特拉克大失所望；该书最终以希腊文对照本出版，其翻译同样令后来的学者大失所望。马尔苏比尼（约 1450 年）

及埃奥巴努斯·赫苏斯（1540年）诗体的翻译也不尽人意；人文主义者最终意识到错误不完全在于翻译。他们曾希望《伊利亚特》在更高水平上表现出《埃涅阿斯纪》的特性；但是，荷马对日常生活中普通事件的描写以此标准来衡量就显得粗略多了。他们发现荷马缺少表现重大的政治主题，而且其笔下的英雄缺少道德观念，他们即不是骑士亦非基督徒。荷马仍被视为一位伟大的诗人，但他的史诗却很少有人阅读，即使有人阅读，亦不被赏识与理解。

其他一些不甚著名的著作家则较受欢迎。14世纪晚期左右，拜占庭神学家西蒙·阿图马诺逐字逐句翻译了普鲁塔克的《论制怒》（*De cohibenta ira*）。当时最著名的人文主义者萨鲁塔提指责该书语言为半希腊语的（semigraeca），但其著作的内容给他留下的印象足以使他宣称，比之无所事事，他宁愿阅读普鲁塔克糟糕的拉丁语。几乎在同时，有人采用希腊方言翻译了《希腊罗马名人传记》中的十一篇传记，后又由希腊方言移译成加泰罗尼亚语；这些翻译令阿拉贡王朝（1387—1395年）的约翰一世极为高兴。他是一个值得我们关注的人。在这一方面他是一个强有力的君王，唯一的愿望是学习“希腊人辉煌的业绩”。约翰不是一位学者。他对加泰罗尼亚语的热衷甚于拉丁语。但他对古代所表现出的热忱大概会使其中世纪的前辈愕然。

此种热忱是14世纪的一个特点。最初是如何发展起来的还是个谜。但是，大约在1396年，马努埃尔·克里索罗拉斯却从中获益。像很多其他拜占庭人一样，他因外交使命而到了意大利；佛罗伦萨人当时正热衷于学习希腊语，以至于两个年轻的贵族专程到威尼斯去拜会他并说服城中长老动用城中的经费邀请他到佛罗伦萨讲学，克里索罗拉斯三年所为成就斐然。

随后的半个世纪，克里索罗拉斯的门徒以及几个确实在拜占庭从事研究、喜欢冒险的学者支配着意大利的希腊研究。这些人中的大多数是收藏家。他们把对古典抄本的嗜好转移到希腊语，这种对抄本的嗜好曾使拉丁语领域的重大发现成为可能。两种语言所处的境况确实不同。波焦对《贝特罗尼乌斯》或《布鲁图斯》抄本的发现，代表着同时代知识的迅速扩展。在希腊语方面，有待获取的东西更多：某种意义上的全部文献，而不仅仅是遗失了的著作；而且希腊文献更难以理解，以至于很多希腊抄本可能被存在私人图书馆里，被所有者束之高阁或只是部分被阅读。然而，收集这一遗产的事实对未来本身就是功绩；而其数量是惊人的。据推测，仅只阿乌里斯帕一人就于 1417 年从东部带回了近三百卷抄本，其中大部分属于古典时期；其他人带回的有三十卷、四十卷或五十卷。截止到 15 世纪中叶，希腊最著名作家的大部分著作已出现在意大利。也有例外，尤其是在科学领域，但出于实用目的的移植任务业已告成。

“克里索罗拉斯一代”在其他方面的成就相对黯然。这一代人意识到有必要把希腊著作翻译成拉丁文；但是他们在翻译方面的努力尽管无畏而持久，但还是几乎一以贯之地局限于较短的散文作品，包括论文、对话或演讲。当翻译较长的作品时，这时的人文主义者更喜欢意译，而且只有 5 部作品在 15 世纪中叶以前被完整地翻译成拉丁文。他们同样局限于题材的选择：除《伊利亚特》（1—16）外，他们并不顾及诗人，而且对史家的研究亦显不足。他们感兴趣的主要是道德哲学及政治思想。这些早期人文主义者的大部分在公共事务中身居显位，所以他们措意于古典著作的目的是从中汲取公民行为的教训并不令人惊奇。

1450年前的时期实质上是一准备期。希腊研究还未取得足够的进步以产生明显的结果；人文主义者通过希腊语真正学到的唯一的而且后来证实给他们运动带来持久作用的东西不是来自古代世界而是来自拜占庭。古阿里诺在其导师克里索罗拉斯死后撰文赞美他复活了拉丁语的研究。[1]粗心的读者怀疑是否出现了偶然的印刷错误。但是，应严肃对待这一断言。克里索罗拉斯把拜占庭的模仿方法传授给他的门徒：运用词典检查词汇，运用语法检查句法，选择特定的文学模式然后专心模仿。他希望教授他们用希腊语写作，但他们把他的训诫运用到了拉丁语上。由于缺乏所需的帮助，他们起初曾遇到了困难，但后来得到了帮助。罗兰佐·瓦拉的《优雅》(于1471年出版)在古典拉丁语方面成为他们正确模仿的导读，并奠定了西塞罗文风的基础。

这即是15世纪前半叶的局势，在接下来的百年里发生了根本的改变：一批被放逐的学者从拜占庭纷至沓来，人文主义遍布北方，人文主义所倡导的教育遍及整个欧洲，印刷一术创出。在此之前，与拉丁语关系不大的方言文学显露出取拉丁语而代之的趋势。这些相互独立又相互依存的发展改变了希腊语研究，如同它们在西方文化中改变那么多的东西一样。那些有望获得复兴的东西孕育着一场革命。

拜占庭学者抵达意大利的另一高潮发生在1430年到1460年间。

1 参见 Guarinus Veronensis, *Epistolario*, ed.R.Sabbadini (Venice, 1915-1919), ii.580-581, 583, 588。

他们是些二三十岁的青年人，不是像克里索罗拉斯那样杰出的出访者，而是要借助希腊语以及希腊文化的知识以谋生为目的的移民。但不幸的是，他们到达的时候正赶上一个世纪以来极力主张学习说希腊语的教会失去兴趣的时候，因为当时东部已经对传教活动关闭了大门。这些新来者其实更适于促进当地对其故土现存文化的关注，但他们不得不寄希望于对其故土历史刚刚出现的狂热崇拜；应承认他们成功地做到了这一点。除了一个名叫迈克尔·阿波斯多里奥斯的人外（此人因无法适应时局而为人所知），他们并没有把教育建立在他们平时所说的语言基础之上。他们措意于更接近阿提卡方言的书面语，而且是拜占庭教学方法所要传授的书面语。他们像其意大利同事教授拉丁语一样教授希腊语，并满足于坚持正确的发音。

然而在另一方面，这些新来者还是做出了新的贡献。他们不像早期人文主义者那样致力于希腊语研究，因为他们希望发现解决问题的办法，而这些问题是他们另外所关注的。由于他们个人的命运取决于他们所研究的主题能否被推广，因而他们视这种推广为一种目标，而非一种方法，而且这一态度——被他们的意大利同事所接受——削弱了起初存在于希腊语研究与当下趣味之间的联系。这种学术研究把通往过去的大门敞得更宽，代价是愈加远离现实。

在尼古拉斯五世任教皇期间（1447—1455 年在位），向越来越多读者群传播希腊知识的工作突飞猛进。由于尼古拉斯雇佣了当时所有的著名人文主义者并让他们从事大量历史与哲学文献研究，所以翻译问题中最困难的工作得以顺利进行。下一代的学者完成了他的事业，而且在 15 世纪末，拉丁读者已经可以阅读到最优秀的希腊散文。

其间，发生了一起比之任何其他事件都使学术研究更革命化的大事。印刷术于1465年出现在意大利。然而希腊文献的出版遇到了一些特殊的困难，速度放慢；但到1535年时，几乎所有重要的古代著作家的作品均有了印刷品。

一部多种抄本渊源同一的著作，势必有别于只有单一写本著作的价值。这样的著作一经出现，便可能被视为标准文本；而学者们面对这一挑战所作出的反应如何，显然是个时代问题。当14世纪的拜占庭人——他们竭力从拉丁征服所造成的亡佚中获益——试图增加他们所喜欢的著作家的文本时，他们主要的目的是普及同时代人可以接受的文献；而且，由于以可读性作为他们的主要标准，他们便常常凭借没有任何根据的假设来取舍。出版《古代希腊文献集要》(*Editiones Principes*)的编者们在此之前就有过这一先例，而且使很多人受其影响。例如，荷马史诗的查尔孔提莱斯本——曾备受推赏——可能是在其实际出版前一百年在拜占庭编辑的。

然而，在此期间，也可以感受到其他的影响。瓦拉在研究拉丁语用法的同时，并未忘记文学模仿的需要。但是，他所获得的知识向他表明，如果不遵守语言的规则，对原文的揣摩便毫无用处。他在校勘提图斯·李维的《罗马建城以来史》时制订了这一批评原则，并且在半个世纪后，我们发现这一原则被波里提安（1454—1494）所采纳。学者们终于认识到，并非所有抄本都具有同等的价值，而且模棱两可的解释需要用全部证据构成的体系来评价。渐渐地，早期校勘的原始方法让位于较高的专业知识，尽管所取得的进步有限。例如，为阿尔德书社校勘文献的穆苏鲁斯是一位极有造诣的学者，但他的校勘是以其广博的阅读以及对希腊语准确的知识为基础的。由于缺少准确的图书目录，加之在旅行尚面临危险的世界里，人们不可能完成更多的东西。

如果说印刷术的发明对人文主义有着巨大影响的话，那么从意大利到欧洲北部的知识传播也是如此。15世纪的意大利人曾试图像古人那样写作，但他们在尝试过程中，也只是局限于惯例及文风。有着同样目的的北方人走得更远。他们认识到准确的模仿不仅要包括形式也要包括内容，这就涉及得出自己对古代阐释文献的分类，整理出古代关于宇宙的理论以及古人为支持或阐述他们的观点所引述的事实。他们把“大量的东西”（copia rerum）加入“大量的词汇”（copia verbarum）中，而且这种努力的成功成了他们自我教育驱动力的主要特征。

埃拉斯穆斯建议未来的著作家浏览古典作品，并记录下他们认为在写作时可资利用的东西。但与此同时，为使这一艰苦的治学方法得以简化，他比任何人都做得多。在其《格言》一书中他发表了自己阅读时的笔记成果，这是一部从希腊拉丁资料中摘录的谚语与警句的丰富汇编，表现出极大的通俗性，并成为16世纪一系列同类著作的楷模。《格言》使古典文学的内容——其中一些可能是文艺复兴时期的作家所需用的因素——为所有人所接受，而且很多作家，如拉伯雷、加斯克瓦涅、琼生等均受益良多。

在这一点上，应考虑到民族方言的提高。15世纪所作出的像古人那样用拉丁文写作的努力，只影响到地位显赫、人数很少的有教养的阶层。而像古人那样用意大利文、法文、英文以及用西班牙文写作的类似努力，势必有着更深远、更持久的影响。这些人的努力使我们可以衡量人文主义者所作的宣传取得了怎样的成功。而那些取得成功的人，无论成就大小，凭借的都是业已发展的技巧而使模仿更为易行。当时有课本，也有新的教育体系。对模仿的崇拜支配着人文主义学校的所有课程，新教徒与耶稣会会士的虔诚使这些课程传播到了整个欧洲。年轻人学习像西塞罗那样写作。在课本中所能达到的范围内，他们学习像西塞罗那样思考，或至少像古人那样。

古典文学影响对方言文学的渗透表现在诸多方面。希腊拉丁词汇被赋予了现代的词形。人们模仿西塞罗式的和谐复合句以及塞内卡跳跃式的风格。人们尝试创作品达风格的赞美诗、马尔提亚尔式的短诗，也尝试创作古典时代的悲喜剧、演说词及书简。英国与法国作家采用了一种典雅的用词风格，从而将他们的俗语韵文改变成纯正的诗篇。但是，比这些明显外来词汇更重要的是通过吸收古典神学、历史与小说、哲学与政治思想来传播方言著作的内容，这种传播是巧妙的，但规模却大。由于这种传播，欧洲文学获得了新的内涵，从此沿着一条成就更加辉煌的新方向发展起来。

概述这些发展的同时，我们应把希腊语与拉丁语合而观之，因为这两种语言在人的思想中未被分开；而且很多通过古典拉丁语传播的东西都有着希腊语的渊源。评价文艺复兴直接从希腊语或从希腊语翻译的作品所学多少会是一件不可能完成的任务。对希腊语的了解确实起着某种作用；阿尔伯特与埃拉斯穆斯在写作讽刺小说前无疑阅读过琉善的作品。龙沙在写作其颂歌前阅读过品达的作品；拉辛阅读过欧里庇得斯的原著。渴望学习的学者，如约翰·弥尔顿熟知希腊著作家的作品；但是，对他们那些能力稍差的同事以及对大多数学生来说，从希腊语获益之处就极少了。他们的学习范围包括借助拉丁语间接译本阅读的若干希腊文献，目的是获取在他们作文时可以利用的素材。但这只是自我教育取代学校教育的一个方面，而翻译家的热情大大弥补了学校的欠缺。为使希腊文学为方言读者所接受而作出的努力虽然及至1500年才开始，但在这种热情的推动之下，到15世纪末，较为重要的希腊著作家的作品已被移译成至少一种或两种欧洲的主要语文。

但是，具有影响的并不仅仅是最为广义上的希腊语，影响更大的还有某些著作家。费奇诺的翻译作品出版后（1482年），柏拉图主义便赢得了一大批追随者。费奇诺在介绍性魅力作为探索完美的一个阶段（最终被超越）的同时，其译文对色欲提供了辩词、对易变提供了托词。人们同样继续阅读亚里士多德的著作，尽管人文主义者表达了对其门徒的蔑视态度，而当三十人议事会确立托马斯主义作为罗马教廷的官方哲学时，亚里士多德重又获得新的声望。他也因《诗学》突然流行而赢得了一大批拥护者。在1536年原文及拉丁语译文出版之前，这部著作一直未被重视。从1561年起出现了另外三种版本，老斯卡利杰把亚里士多德描绘成“美好艺术永恒的独裁者”（bonarum atrium dictator perpetuus）。“dictator”一词的选用意味深长。这一时期把《诗学》视为标准论述，其概括性语言被奉为圭臬。亚里士多德在这部著作中对时间的统一性进行了模糊的讨论，意大利批评家卡斯托尔维特罗（1505—1571）却以最严肃的态度宣称，舞台演出的时间应等同于情节展开的时间。同时，西塞罗风格的并行发展——当人们运用一个并未出现在尼佐里《西塞罗词典》里的词语时，学者们大惊小怪！——让我们想象到16世纪存在着一种对指令性规定的渴求。但为什么会这样，仍是个有待于探讨的问题。

《诗学》的另一影响是改变了人们对小说的态度。此前，批评家曾视小说的叙述近似于谎言，他们对这类作品的容忍只是鉴于其所有消遣作用。但同时又承认，诗中的虚构故事属于寓言，并把显然是传说的东西作为历史来接受，他们的做法平复了他们对虚构故事的尖刻态度。但是，即使这样，他们仍难以把讲故事归类为一种高雅的艺术形式。小说所表现的是有可能发生的事情，而且它在某种意义上可被视为比历史更为真实，亚里士多德的这一理论一出，即被采用并使小说艺术在后来的发展中成为可能。

琉善是另一位值得关注的、有影响的希腊著作家。其对话的简洁使他受到初级翻译者的欢迎，但在一段时间里，人们并未捕捉到其作品中的讽刺寓意。是莱昂·巴提斯塔·阿尔伯提，一位建筑家、学者与艺术家发现了真正的琉善，并模仿其似是而非的语言以及对戏谑的运用。琉善的讽刺技巧成为欧洲遗产的一部分。埃拉斯穆斯在其《愚人颂》中运用了这一技巧，取得了明显的效果。这一技巧在拉伯雷、本·琼生、塞万提斯的作品中均留下痕迹。《一个真实的故事》（*Vera Historia*）讲述的是旅行家去访问月球及幸福岛的故事，从而引发了大量模仿作品的出现，其中以《格列佛游记》的影响最大。

普鲁塔克——在其采用直接叙述的地方琉善采用了间接的叙述——吸引了喜欢直接叙述的读者。普鲁塔克的《论操行》（*Moralia*）为蒙田的创作奠定了基础。《希腊罗马名人传》点燃了莎士比亚的灵感。这里还应提到一部尚未引起专业学者重视的著作。赫里奥多鲁斯的《埃塞俄比亚的故事》出版于1534年，与拜占庭的其他宝典一同开辟了一条通往梵蒂冈图书馆之路；十三年后，该书由于阿尔米欧的法译本而名声大噪。该书的出版正赶上阅读小说的大众开始厌倦那些中世纪晚期充斥于大众文学中的骑士、巨人、魔术师。大众需要激情浪漫但又带些现实主义矫饰的作品，而赫里奥多鲁斯满足了这种需求，其影响可从西德尼的《阿卡狄亚》到斯居代里的《克雷里》以及《居鲁士大帝》等一系列作品中看出。

而且，希腊知识对科学的进步也做出了贡献，这一贡献逐渐显示出极大的重要性。由于意大利学者的苦心经营，复原阿基米德与欧几里得原著的研究成果开辟了伽里略的发现之路。狄奥梵图斯的研究使数学新的发展成为可能。16 世纪的植物学家们在狄奥斯考里德斯所创建的基础上创立了他们自己的体系。在其他更为实用的领域，荷兰军队的训练源自拜占庭教程，后来它自身又为其他国家所效仿，而拜占庭教程中的箴言记录又是希腊化时代与罗马的经验。

文艺复兴在我们的历史中是一段与古代有联系的时期，这一时期的研究在不同领域对文化的发展作出了贡献。如果我们深入了解当时人们对古代的迷恋所掩盖的东西，我们便会看到希腊语知识事实上是以缓慢而稳固的速度发展的。古代著作家的作品得以普及，语法与词汇被编辑出版，为数更多的学者学习希腊语，而且每一代人的接受程度都胜过上一代。但是，这一缓慢的发展由于对特殊著作家的热衷而变得复杂——人们阅读他们的译著——而他们著作最终产生的影响与当时希腊研究的真实状况并无关联。迄至 17 世纪初叶，尽管古典学研究更为辉煌的诸多成就还有待于未来，但欧洲应从希腊所学的大部分东西业已在人所能及的范围之内。

古典教育时代

近三百年的时间里，欧洲拜倒在古代希腊的脚下。它掌握了从直接阅读希腊思想家及诗人作品可以学到的东西；而沿着久经检验的模仿与吸收的路线进一步前进，则显得愈加困难了。在希腊研究方面，18 世纪标志着一个新时代的开始。从古典资料中发现新的信息已不再是文化进步的先决条件。雅典、亚历山大城及拜占庭可贡献出的哲学与科学概念、文学、数学及技术，业已被欧洲传统所吸收，而且包容着诸多新思想、新技术的上层建筑也是在古代社会提供的基础上兴起的。在此种业已变化的情况下，希腊最终被视为远离我们的世界，其伦理观念对于现代社会的不完善构成了一种挑战。

17 世纪末，这种与过去时代的新关联在对荷马价值的著名论争中表现出来。如前所述，荷马曾使文艺复兴时代的学者们感到失望。他们所期待的是一个伟大的维吉尔，然而，当他们感到明显地徒劳无望时，随之便失去了对这位希腊诗人的兴趣，或者，根据赫苏斯译作所留下的印象，他们试图使荷马尽可能地成为维吉尔式的人物。人们普遍认为，查普曼（约 1559—1634）曾竭力把握荷马原文的风格，但是，德莱顿即使有了在他之前的这一例子，几乎在一个世纪后，他还是赋予了赫克托耳与安德罗马克的故事以明显的维吉尔式特点。只是在第二次翻译尝试过程中，即当他开始翻译《伊利亚特》卷 1 时，他才最终意识到荷马所应提供的东西。而德莱顿并非这一时期有此洞察力的代表人物。以法国的拉莫特、英国的蒲柏为代表的流行观点认为，《奥德赛》与《伊利亚特》作为人类早期发展的作品，恢弘但粗糙，应润色以适应文明人的口味。达西埃太太为荷马辩护反对拉莫特，虽然这个杰出的才女也认为史诗具有原始性，但她不同于拉莫特的是，这种原始面貌具有某种价值。

自从哥伦布发现美洲以来，对远古民族的兴趣日益增长；到 17 世纪末，对原始时代具有高尚品德的初民的狂热崇拜盛行一时。当西班牙人文主义者塞普尔维塔论证印第安人为亚里士多德所说的“天然奴隶”时[1]，希腊知识早已为这一领域的研究作出了贡献;而后便是对荷马史诗的论证。本特利于 1713 年声称，《伊利亚特》最初是由独立章节组成的，而维柯在1730年进一步论证称，这些章节出自不同人的手笔。五年后，阿伯丁的托马斯 · 布莱克威尔教授发表了一项重要的研究，在其研究中，荷马的世界被视为一种原始文化的概貌。学者们努力把《伊利亚特》和《奥德赛》与产生它们的社会紧密联系起来。然而，原始社会资料的粗糙性引起了 18 世纪学者们的厌倦，进而阻碍了此项研究的进一步发展，甚至使得拉莫特及蒲柏提议应该重写荷马史诗，尽管其作品卓越昭彰。

这一阻碍在下一代被铲除，主要是源于一件成功的赝品。1762 年，布莱克威尔的门徒詹姆斯 · 麦克弗森发表了他所宣称的盖尔人史诗的翻译，而且他的《奥西昂》成为当时最流行的著作之一。其措辞与附带内容大多模仿的是荷马史诗，而这种措辞与内容正是人们期待从朴素的吟游诗人那里学习的东西。但他笔下的英雄在道德上通常值得仰慕，不似荷马笔下相对应的人物，而且他的描述手法相对细腻。这是一本

1 参见 Lewis Hanke, *Aristotle and the American Indians* (Bloomington and London, 1959)。

那个时代迎合原始审美而无任何顾忌的书。另外，麦克弗森是一位活跃的爱国志士，他对盖尔部落摘述的目的是为苏格兰文化的历史起源增添光彩。他建立了原始主义与民族主义志向之间的联系，这种联系日后成为浪漫主义时代的特性。

那些相信《奥西昂》可靠性的批评家最终认为，只有年轻的原始文化——如盖尔文化或荷马文化——才能产生真正伟大的诗篇。赫尔德尔告诉世人，每一个种族均有自己独特的语言，因此每一民族均有自己独特的诗歌形式，而民谣是其最好的例证；F.A. 沃尔夫在其《荷马引论》（*Prolegomena*）中把《伊利亚特》与行吟传统联系起来，此书的出版（1795 年）为 19 世纪民间艺术、人种起源及早期社会的研究奠定了基础。

18 世纪的特征难以加以概括。这一时期的学者探索了荷马世界，因为他们醉心于远古文化；作家与文学批评家们则探索了诗的活力与达到最高境界的可能性，因为朗吉努斯的卓见给他们留下了深刻印象。孟德斯鸠仔细搜寻了古代历史可供他分析政府之本质的史料。美国建国之父们曾研究过希腊联盟作为联邦国家的模式。但这些不同的尝试——其中每一种对欧洲文化的发展均起着特殊的作用——皆因世纪末对古代志趣的新形式而失去了光彩。

启蒙运动的倡导者对于古代世界所怀有的景仰，让人想起前几代人对《圣经》的顶礼膜拜。他们为了表述心中的目标，喜欢引用古代的先例。反抗乔治三世的美洲殖民地以及后来法国的雅各宾派，皆展示出对斯巴达的倾心仰慕。我们发现，他们把斯巴达人的简朴及恪守纪律视为当时人应遵循的榜样。

在此期间，其他领域研究的学者发现了希腊对人类来说具有传达美学信息的一面。考古学家从15世纪起耐心收集古代艺术的遗存；而后，在18世纪的最初几十年里，收藏家逐渐取代了考古学家。像教皇克莱门特十一世（1649—1721）、他的侄子红衣主教阿尔巴尼以及法国盖鲁男爵等，均大量收购文物并建立展馆展示他们的宝藏。不幸的是，这些宝藏大部分是罗马晚期对希腊化时代作品的复制品，以至于当J. J. 温克尔曼这一古怪的天才意欲普及希腊艺术并定居在罗马（1755年）时，人们指责他所酷爱的古物不过是些二流作品。

就是这个温克尔曼提出了一个著名的定义，即希腊人的天赋是以简朴而宁静的庄重为特征，这种只言中了一半的定义却甚为风行。他提出，希腊人被强烈的激情所驱动，但他们却克制并达到平静的状态；而在我们看来极为奇怪的是，温克尔曼竟主张拉奥孔雕塑群像乃是这种克制的典范。博学的莱辛批驳了他的这些观点，指出他的观点并不适用于文学，因为希腊悲剧中的主角常常远离宁静。但温克尔曼观点的魅力如此之大，以至于理性的论据难于驳倒。赫尔德尔为温克尔曼辩护，还有歌德，由于他试图驾驭年轻人的激情，也赞同赫尔德尔的意见。他的《伊菲革涅亚》（1783年）把欧里庇得斯笔下无忧无虑的女主人公变成了灵魂高尚的年轻女子，成为情绪控制的完美化身。

歌德可能是温克尔曼最优秀的门徒，但不是唯一的。在法国，对古代的膜拜启发了很多平庸的诗人；同时，像维安、J. L. 大卫等画家，卡诺瓦和他的英国模仿者诺尔肯斯及弗拉克斯曼等雕塑家，在他们追求恢弘而简朴的作品中均试图体现温克尔曼的思想。他们创造了19世纪大众视为古典艺术的东西：某种冷静、失真及浮夸的东西。至于在大卫那里，这一艺术由于掺进了艺术家的政治目的而获得了另外一种人为的因素。大卫是法国大革命坚定的拥护者，他的许多大型油画不加掩饰地表现出对自由的追求。

在考察这一切时，人们可能会得出这样的结论，即温克尔曼的影响总体上是有害的，其实这是不公允的。他对希腊的论述也许有误导作用，但他所激发的热情却并非没有价值，而且正是这一热情奠定了19 世纪希腊文化研究的基础。

我们在一首对希腊诸神怀旧的诗中初次发现了希腊文化研究新开端的暗示，该诗是歌德的同时代人席勒在 1788 年完成的。这首关于阿卡狄亚的诗是对希腊的黄金时代的哀诉，那个时代的人可以满足本能以及对美的倾慕；继抒怀之后是其批评性论文《论质朴的诗与伤感的诗》（1794—1795 年发表），文中的荷马被描绘成朴实的典范，他敏于自然，风格简洁简约而直白。几乎在同时，法国诗人安德烈·谢尼埃（其母亲为希腊人）不仅极为准确地捕捉到古代诗人文体的明晰，而且还有他们诗中所表现的声色与忧郁。他对快乐尽管短暂但却是生活的真正目的的坚信弥补了温克尔曼时代华而不实的希腊文化所缺乏的人性因素。谢尼埃的诗文直到 1819 年才发表，但在此期间，席勒关于现代人对古代希腊所发表的意见，在两个著作家的作品中发生了影响，一个是失去理智的不幸的霍尔德林，另一个是令人想不到的晚年歌德。他们对美均怀有想象力，即美不仅仅是形态的，而且含有极为明显的肉体感觉因素；他们渴望看到这种美在他们周围的世界实现，又承认其实现是不可能的。歌德当年写作《伊菲革涅亚》时曾力图体现温克尔曼所提倡的简明与宁静，晚年时则把希腊人对美感所带有的更加肉欲的意识与对肉欲短暂特征的认识联系在一起。

这些早期浪漫主义者的努力奠定了希腊文化知识上的基础，他们的后继者们——那些在精神及情感方面境界不高的人——可以随之任意采用。这一希腊文化存在于对黄金时代的梦想，或多或少地与希腊的最初起源（那一接近本性的年代）相混淆，当时人的本性尚能得到自由的满足，而且美无处不在。一些人认为，如果人回归到更为简朴的生活方式，便可回归到黄金时代，另一些人则认为那才是带有忧郁色彩的理想，而且不可溯及了。

这一局面是由希腊文化因素构成的，但它与专业学者从阅读古典著作中所得出的结果不大相似，与埃拉斯穆斯所梦想的希腊也不大相似。在19世纪，古典教育体制及知识分子对希腊文化的研究存在着分歧。“希腊语，”约翰逊博士曾言，“如同精美的饰带，人们都想尽可能多地拥有它”。在学校里，18世纪的教师，如约瑟夫·沃顿，曾给高年级的学生阅读希腊悲剧来奖赏他们，一个名叫塞缪尔·帕尔的人则在斯坦莫尔任职的学校让学生演出《特拉琴妇女》与《俄狄浦斯王》。但在19世纪下半叶，那种把希腊语珍视为优雅但又并非重要成就的态度止于一种截然不同的观点。剑桥大学在一段时间里曾为精通古典研究的人颁发各类奖牌与奖金，而且翻译开始在考生的考试中起着重要的作用。以德谟斯提尼的风格重写伯克作品的片段、以修昔底德的文风重写休谟著作的能力成为大学毕业的标准；而且这种对能力的测试在1800年牛津大学的新章程中、在剑桥大学新的古典荣誉学位考试中（1824年）均被采纳。首先在少数的学校里，如在苏斯伯里的塞缪尔·巴特勒学校，而后几乎在所有的学校，当时的古典教育成了所谓以“作文”为主的东西，也就是说，把英文译成拉丁文或希腊文。这样的练习易于评定。练习的成功几乎是对智力、勤勉及学生遵循既定方针进行学习的证明。人们可以对这些耗费在准备工作中的努力所取得的教育价值心存怀疑，但几乎无可置疑的是，在遴选有能力的学生方面，这些手段却比以往任何一种方法都更为有效。随着国务的拓展，遴选有能力的人为其服务已变得日益重要。于是，使这种遴选得以顺利进行的培养方式自然也就得到了振兴；而在 1680 年后近一百年的时间内——当拉丁语弃而不用时——行将衰亡了的古典教育又呈现出新的特征与生机。

探讨引发 19 世纪古典研究与科学研究之间讨论的论战，具有启发意义。古典主义的拥护者——马修·阿诺德是一个明显的例证——称赏古典文学的价值，但对如何教授却言之不多。他们的对手集中于对他们的教学环节进行批评，因为他们视其为无用、狭隘。这两个阵营找不到共同点，因为他们在思想中没有同样的行动纲领。阅读希腊著作家作品所能获得的最大益处是什么，在本杰明·霍尔·肯尼迪的保护下所能得到的是什么，这两者之间没有任何可比之处。

而传授古典教育的学校用于遴选时，文学意义上的希腊文化则继续传播着我们认同其价值的理想，但维护这些理想的人大多对所追求的理想有何意义缺乏思考。事实上，马修·阿诺德在 1849 年的论述中认识到自然美不能满足人最深层的需求，并试图解决由此而引发的问题。其《恩培多克勒论埃特纳》一书（1852 年）中的主人公超越了自然所赋予的幸福，其途径便是服务于更崇高的目标，这一目标似乎与创造力紧密相关。但阿诺德毕竟是个例外。总的来说，源于席勒的流行观念在其充满怀旧与感性冲动的诗文中表达了出来，如同像斯温伯恩对希腊悲剧的模仿以及马拉尔美的《一群气味相投的家伙的下午》一样——这些作品旨在要求情感而非理解力。但是，随着世纪末的来临，一种新的志趣开始显露出来。

在维多利亚时代，探险兴起；到19世纪70年代，人们已掌握了关于原始社会足够的资料，为人种学这样一个新的科学提供了依据。由业余爱好者收集的这些资料主要集中在原始生活的直观表现方面。宗教仪式成为备受关注的主题，而且这是古典学研究贡献斐然的领域。人们很快就对灵魂、神灵以及死而复生等古老的信仰进行了系统的分析。J. G. 弗雷泽把它们与其他文化传统中相似材料联系起来，阐明了不少的共同点，而且他的《金枝》（1890年）吸引了公众的注意。弗雷泽对神话价值所作的研究得到弗洛伊德进一步发展。1905年，弗洛伊德提出了我们今天人人皆知的假设，即男孩儿愿意接近母亲而嫉妒父亲，而且成年的精神疾病大多源于此种经历。他称这一机械论包括“恋母情结”，还强调说，人们在古代一个极为著名的传说中可以找到普遍的排斥冲动。后来，他运用纳尔西苏斯的形象来举例说明性本能的另一种畸变现象。同时，他的同事与对手卡尔·荣格认为，神话中的人物形象均源于这种集体的无意识。

对斯温伯恩来说，神话只是令人愉悦的民间故事而已。但对一个20世纪初期的作家而言，这些故事提供的是更为严肃的外观。他们认为，故事表达的是人类不同的经历——隐藏在作者的意识之中。当时，根据古代题材创作现代作品成为一种时尚。像让·科克托（其《炸弹装置》一书以俄底浦斯的传说为基础）等作家保留了原作的特点与背景，但他们引入了现代的主题，并通过夜总会的错觉以及现代俗语的运用，使传说超越了时代。其他人则把希腊故事移植到更为现代的背景之下。尤金·奥尼尔的《哀悼厄勒克特拉》(1930年)把《奥瑞斯特斯》这出古典剧目，移植到美国内战结束时新英格兰的一个港口。阿努伊把其《欧律狄刻》表现在今日的法国。让·吉罗杜在《特洛伊战争不会发生》中借用了荷马笔下的人物，并且虚构出《伊利亚特》序幕所反映的内容；而最为奇特的尝试是，詹姆斯·乔伊斯根据俄底浦斯的传说为其小说《尤利西斯》(1922年)创造了一个虚构的框架，在史诗与都柏林一天的事件之间建立了一系列不稳定的对应关系。

也许比运用神话的不同方法更为重要的是利用神话以求达到的目的。奥尼尔利用《奥瑞斯特斯》的故事是来表现弗洛伊德的恋母情结，T.S. 艾略特的《家庭集会》(1939年)是为了鼓吹基督徒的忏悔，J.-P. 萨特的《苍蝇》是为了鼓吹存在主义。法国人 H. R. 莱诺芒(《亚洲》，1931年)及美国人谢尔伍德·安德森(《无翼的胜利》，1936年)是用美狄亚的传说来抨击种族偏见。吉罗杜的《特洛伊战争不会发生》是对第二次世界大战迫在眉睫所作的哀歌。这些作品的大部分并未达到古代传说与现代题旨的严格配合。最近一次古典复兴的作品明了易懂，不乏触目惊心之作，但在最后却又使我们如鲠在喉。这一特殊的形式最终在50年代后消歇，并不令人惊奇。

在此期间，作为学校教育的古典研究在20世纪经历了衰落。这种衰落在第二次世界大战前速度还较为缓慢，人们的兴趣逐渐转移到现代课题与科学上来。从1945年起，这种衰落的速度加快。在所有的研究形式中，拉丁语与希腊语最少获益于战后中学教育的飞速发展。从前根据普遍能力遴选的统治阶级渐渐为专家能人统治所取代，而能人统治的人选自然支持那些向专业知识敞开大门的学科，如科学、数学、经济学、社会学及管理学等。

然而，自相矛盾的是，这一衰落发生在我们对古代了解更为深入的年代。从19世纪初起，学术研究取得了长足的进步，尤其在那些相关的领域，其研究成果极大地促进了希腊文化的研究。文献批评家、铭文学家、古钱币学家、考古学家均已完善了他们学科的技术，并收集了他们赖以成功的大批参考文献。比较文学的文献学专家以及艺术史家开辟了一个新的成果丰富的研究领域。文学与历史研究者，特别是文化史研究者开始认识到，他们是如何迫切地需要了解古代语文及古代世界。希腊语不再是约翰逊博士所称的“精美的饰带”，不再是所有人尽其所能在渴望的东西，也不再是通往社会上层的通行证。但未来的教育体制应为它保留一席之地；而希腊文学也会继续影响那些阅读它的人。

如果审视我们从古代希腊所得到的收益，我们会为从它那里借鉴来的因素的多样性而震惊。它们包括：形而上学与伦理学；数学公式；文学、艺术技巧以及实用技能；史实；从寓意深刻到毫无意义的小说。普罗提诺的“实在”，斯多葛派的“适当的行动”、毕达哥拉斯的定理、戏剧的三一律、建筑的三种类型、用于兵营的口令、俄底浦斯的传说、以弗所主妇的故事，所有这些形式均属于希腊遗产的一部分。对希腊遗产所发生的兴趣在几个世纪过程中从一个领域转移到另外一个领域，此种方式同样令我们震惊。对古代科学与技术知识的忽视，到欧洲人准备利用它们之前，一直都显得较为正常。但是，对怀疑主义及伊壁鸠鲁主义的忽视持续到15世纪，对荷马相应的忽视持续到17世纪，对赫里奥多鲁斯短暂的崇拜，文艺复兴时期普鲁塔克及琉善所具有的名望以及随后从重要作家名录中的消失，所有这些都是谜一般的现象。兴趣转移的原因始终不明，但唯一可以肯定的事实是，对每一代人来说，希腊均有着不同的面貌，没有任何理由可以认为我们业已穷尽了其所有的变化形式。

Further Reading

F. B. Artz, *The Mind of the Middle Ages* (New York, 1954).

T. W. Baldwin, *Shakespeare's small Latine and lesse Greeke* (2 vols., Urbana, 1944).

M. Boas, *The Scientific Renaissance* (London, 1962).

R. R. Bolgar, ed., *Classical Influences on European Culture* 1500—1700 (Cambridge, 1971).

G. W. Bowersock, *Greek Sophists in the Roman Empire* (Oxford, 1969).

N. T. Burns and C. Reagan, eds., *Concepts of the Hero in the Middle Ages and the Renaissance* (Albany, 1975).

M. L. Clarke, *Classical Education in Britain 1500—1900* (Cambridge, 1959).

C. N. Cochrane, *Christianity and Classical Culture* (Oxford, 1940).

P. Courcelle, *Les Lettres grecques en Occident* (Paris, 1948).

D. Hay, *The Italian Renaissance* (Cambridge, 1970).

J. M. Hussey, *Church and Learning in the Byzantine Empire* (Oxford, 1957).

G. L. Laing, *Survivals of Roman Religion* (New York, 1931).

W. G. Langlois, ed., *The Persistent Voice: Essays on Hellenism in French Literature since the 18th Century* (Geneva, 1971).

P. O. Kristeller, *Renaissance Thought: the Classic, Scholastic, and Humanist Strains* (New York,

1961).

P. O. Kristeller, *Renaissance Concepts of Man* (New York, 1972).

K. Krumbacher, *Geschichte der byzantinischen Literatur* (2nd edn. Munich, 1897).

M. Manitius, *Gerschichte der lateinischen Literatur des Mittelalters* (3 vols., Munich, 1911—31).

D. L. O'Leary, *How Greek Science passed to the Arabs* (London, 1949).

H. Peyre, *L'Influence des letteratures antiques sur la letterature francaise monderne* (New Haven and Oxford, 1941).

F. J. W. Raby, *History of Christian Latin Poetry* (Oxford, 1937).

F. J. W. Raby, *History of Secular Latin Poetry in the Middle Ages* (Oxford, 1934).

L. D. Reynolds and N. G. Wilson, *Scribes and Scholars* (Oxford, 1968).

R. Sabbadini, *Le scoperte dei codici latini e greci ne'secoli XIV e XV* (2 vols., Florence, 1905, 1914).

J. E. Sandys, *A History of Classical Scholarship* (3 vols., Cambridge, 1908).

J. Seznec, *La Survivance des dieux antiques*, Warburg Inst. Studies xi (London, 1940; English trn. New York, 1953).

J. W. Thompson, *The Medieval Library* (Chicago, 1939).

H. Trevelyan, *Goethe and the Greeks* (Cambridge, 1941).

C. Vasoli, *La retorica e la dialettica del umanesimo* (Milan, 1968).

G. Voigt, *Die Wiederbelebung des classischen Altertums* (3rd edn. 2vols., Berlin, 1893).

J. H. Whitfield, *Petrarch and the Renascence* (Oxford, 1943).

译名对照表

阿埃尔雷德 Aelred
阿埃提乌斯 Aetius
阿庇安 Appian
阿庇昂 Apion
阿波利内尔 Apollinaire
阿波罗 Apollo
阿波罗德罗斯 Apollodoros
阿波罗尼乌斯 Apollonius
阿布德拉 Abdera
阿达尔伯特·库恩 Adalbert Kuhn
阿戴芒图斯 Adeimantus
阿道夫·弗尔特文格尔 Adolf Fuertwangler
阿德拉斯托斯 Adrastus
阿德墨托斯 Ademetus
阿多尼斯 Adonis
阿尔巴尼 Albani
阿尔比 Albee
阿尔伯特 Alberti
阿尔伯特·马格努斯 Albertus Magnus
阿尔德海姆 Aldhelm
阿尔费里 Alfieri
阿尔哈尖 Alhazen
阿尔基洛科斯 Atchilochus
阿尔喀罗霍斯 Archilochus
阿尔喀努斯 Alicinous
阿尔凯奥斯 Alcaeus
阿尔克曼 Alcman
阿尔克摩涅 Alcmene
阿尔克塞达马斯 Alcidamas
阿尔克提斯 Alcestis
阿尔纳多·莫米里亚诺 Arnaldo Momigliano
阿尔齐努斯 Alcinous
阿尔塞斯特 Alceste
阿尔忒弥斯 Artemis
阿尔特米多鲁斯 Artemidorus
阿尔特米塔 Artemita
阿尔西比亚德 Alcibiades
阿弗多尼乌斯 Aphthonius
阿芙洛狄忒 Aphrodite
阿伽门农 Agamemnon
阿戈里帕 Agrripa
阿哥斯 Argos
阿格夫 Agave
阿格里琴托 Agrigento
阿格西拉乌斯 Agesilaus
阿基米德 Archimedes
阿吉多 Agido
阿加西阿斯 Agathias
阿喀琉斯 Achillles
阿卡德摩 Academy
阿卡狄亚 Arcadia
阿卡塔尔西德斯 Agatharchides
阿凯西劳 Arcesilaus
阿科 Acco
阿克拉卡斯 Acragas
阿克里修斯 Acrisius
阿库塔斯 Archytas
阿奎拉 Aquila

阿莱塔埃乌斯 Aretaeus
阿里安 Arrian
阿里斯塔尔库斯 Aristarchus
阿里斯提普斯 Aristippus
阿里斯托布鲁斯 Aristobulus
阿里斯托芬 Aristophanes
阿里斯托克塞努斯 Aristoxenus
阿里斯托斯 Aristeus
阿米安努斯 Ammianus
阿米达 Amida
阿摩尼乌斯·萨卡斯 Ammonius Saccas
阿莫尼乌斯 Ammonius
阿姆斯特朗 Armstrong A.H.
阿拿克莱翁 Anacreon
阿那克萨戈拉 Anaxagoras
阿那克西曼德 Anaximander
阿那克西美尼 Anaximenes
阿纳维索斯 Anavysos
阿尼多斯 Anytus
阿努伊 Anouilh
阿诺德 Arnold
阿帕米亚 Apamea
阿佩莱斯 Apelles
阿普雷乌斯 Apuleius
阿瑞斯 Ares
阿瑞翁 Arion
阿色尼斯 Aseneth
阿瑟·米勒 Arthur Miller
阿什杜德 Ashdod
阿斯卡隆 Ascalon
阿斯克雷比亚德 Asclepiades
阿斯摩得俄斯 Asmodeus
阿塔拿西乌斯 Athanasius
阿特琉斯 Atreus
阿特帕努斯 Artapanus
阿提卡 Attica
阿提库斯 Atticus
阿托德 Artaud
阿韦罗 Averroes
阿乌里斯帕 Aurispa
阿扎利亚·迪·罗西 Azariah de' Rossi
埃阿斯 Ajax
埃奥巴努斯·赫苏斯 Eobanus Hessus
埃奥鲁斯 Aeolus
埃奥内斯科 Ionesco
埃德萨 Edessa
埃尔姆波利斯 Hermopolis
埃弗鲁斯 Ephorus
埃及 Egypt
埃吉那 Aegina
埃吉斯琐斯 Aegisthus
埃克梵图斯 Ecphantus
埃拉斯穆斯 Erasmus
埃拉托斯特奈斯 Eratosthenes
埃莱克塞乌斯神庙 Erechtheion
埃莱克塞乌斯 Erechtheus
埃里斯 Eris
埃里乌斯·阿里斯提德斯 Aelius Aristides
埃利奥特 Elyot
埃利克·本特利 Eric Bentley
埃利斯 Elis
埃留西斯 Eleusis
埃涅阿斯 Aeneas
埃皮摩尼得斯 Epimenides
埃萨克·卡索彭 Isaac Casaubon
埃斯奇奈斯 Aeschines
埃斯特 Aster
埃特纳 Etna
埃瓦格拉斯 Euagoras
埃乌斯塔提乌斯 Eustathius
艾迪生 Addison
艾菲亚尔特 Ephialtes
艾弗里曼 Everyman
艾格尼丝·伯纳尔 Agnes Bernauer
艾拉塞斯特拉乌斯 Erasistratus
艾里希·奥尔巴赫 Erich Auerbach
艾略特 Eliot
艾谢伍德 Isherwood

"爱兄弟者"托勒密 Ptolemy Philadelphus
爱奥尼亚 Ionia
爱德蒙得·哈雷 Edmund Halley
爱伦 Aaron
安德烈·谢尼埃 André Chénier
安德鲁·朗格 Andrew Lang
安德罗马克 Andromache
安德罗尼库斯 Andronicus
安德洛墨达 Andromeda
安东尼 Antonie
安菲阿劳斯 Amphiaraus
安菲波利斯 Amphipolis
安菲特里翁 Amphitryon
安腓达马斯 Amphidamas
安娜·科穆宁娜 Anna Comnena
安塞姆 Anselm
安提丰 Antiphon
安提戈涅 Antigone
安提戈努斯 Antigonus
安条克 Antioch
安条库斯 Antiochus
安托尼 Antoine
安希塞斯 Anchises
奥德赛 Odysseus
奥登 Auden
奥尔比亚 Olbia
奥古斯丁 Augustine
奥古斯都 Augustus
奥古斯特·孔德 August Comte
奥杰罗·波利奇亚诺 Augelo Polizziano
奥凯鲁斯·卢卡努斯 Ocellus Lucanus
奥克西林库斯 Oxyrhynchus
奥拉奇奥 Orazio
奥雷斯美 Oresme
奥里巴西乌斯 Oribasius
奥列金 Origen
奥罗修斯 Orosius
奥奈西克里图斯 Onesicritus
奥尼尔 O'neill
奥瑞斯特斯 Orestes
奥赛罗 Othello
奥托卡 Ottokar
奥威尔 Orwell
奥维德 Ovid
奥乌鲁斯·盖里乌斯 Aulus Gellius
巴尔达斯 Bardas
巴尔拉姆 Barlaam
巴尔特尼乌斯 Parthenius
巴赫 Bach
巴霍芬 Bachofen J. J.
巴库里德斯 Bacchylides
巴勒 Bayle
巴里亚尼 Baliani
巴门尼德 Parmenides
巴苏斯 Bassus
巴西里德斯 Basilides
巴兹尔 Basil
白里欧 Bieux
柏拉图 Plato
柏萨特 Besate
"博学者"亚历山大 Alexander Polyhistor
拜伦 Byron
拜占庭 Byzantium
保罗 Paul
保桑尼阿斯 Pausanias
贝尔奈 Burnet
贝克莱 Berkeley
贝克特 Beckett
贝勒罗芬 Belerophon
贝蕾妮丝 Berenice
贝伦杰尔 Berenger
贝罗苏斯 Berossus
贝特鲁斯·贝雷格里努斯 Petrus Peregrius
本布尔宾山 Ben Bulben
本都 Pontus
本杰明·霍尔·肯尼迪 Benjamin Hall Kennedy
本西拉 Ben Sira
比布罗斯 Byblus

比德 Bede
比东 Biton
比尔·金特 Peer Gunt
比萨 Pisa
比特奥斯 Pytheos
比翁 Bion
彼奥提亚 Boeotia
彼得·布鲁克 Peter Brook
彼得·基德森 Peter Kidson
彼得·松迪 Peter Szondi
彼得拉克 Petrarch
彼拉图斯 Pilatus
毕达哥拉斯 Pythagoras
毕希纳 Buchner
庇拉埃乌斯 Piraeus
波丹 Bodin
波德金 Bodkin
波顿 Botton
波儿哈维 Boerhaave
波尔萨埃乌斯 Persaeus
波菲里 Prophyry
波焦 Poggio
波勒蒙 Polemon
波里德乌克斯 Polydeuces
波里提安 Politian
波利比阿 Polybius
波吕斐摩斯 Polyphemus
波吕克拉底 Polycrates
波蒙特 Beaumont
波普尔 Popper
波塞冬 Poseidon
波斯 Persia
波斯波利斯 Persepolis
波斯克雷阿勒 Boscoreale
波西多尼乌斯 Posidonius
波义耳 Boyle
伯埃乌斯 Boeus
伯埃修斯 Boethius
伯尔斐里 Porphyry
伯克兹克伊 Boghazkoy
伯里克利 Pericles
伯吕格诺多斯 Polygnotos
伯吕克莱托斯 Polykleitos
伯纳德·威廉姆斯 Bernard Williams
伯奈德蒂 Benedetti
博蒙 Beaumon
博伊兰 Boylan
薄伽丘 Boccaccio
布尔东 Boulton
布尔贡底奥 Burgundio
布拉德雷 Bradley F.H.
布莱希特 Brecht
布兰德 Brand
布朗宁 Browning
布里丹 Buridan
布利克斯 Brieux
布鲁图斯 Brutus
布切尔 Butcher
查尔孔提莱斯 Chalcondyles
查尔斯·德·布罗斯 Charles de Brosses
查尔斯·皮劳特 Charles Perrault
查普曼 Chapman
查士丁尼 Justinian
达尔达努斯 Dardanus
达佛涅斯 Daphnis
达那乌斯 Danaus
达娜厄 Danae
达尼埃尔 Daniel
达维拉 Davila
达西埃 Dacier
大马士革 Damaschus
大卫·休谟 David Hume
大夏 Bactria
戴达罗斯 Daedalus
戴茜 Daisy
但丁 Dante
得耳维尼 Dervini
得墨忒耳 Demeter

德拜娄 De Baillou
德彪西 Debussy
德尔菲 Delphi
德克西普斯 Dexippus
德拉姆克利夫 Drumcliff
德莱顿 Dryden
德米特里乌斯·西多奈斯 Demetrius Cydones
德谟多克斯 Demodocus
德谟克里特 Democritus
德谟斯提尼 Demosthenes
德莫特里乌斯 Demetrius
德伊诺克拉泰斯 Deinocrates
狄安娜 Diana
狄奥·卡西乌斯 Dio Cassius
狄奥·克里索斯托姆 Dio Chrysostom
狄奥多莱 Theodore
狄奥多图斯 Diodotus
狄奥梵图斯 Diophantus
狄奥米得斯 Diomedes
狄奥尼苏斯 Dionysus
狄奥斯考里德斯 Dioscorides
狄迪穆斯 Didymus
狄多 Dido
狄奥尼修斯 Dionysius
迪卡埃阿尔库斯 Dicaerchus
迪伦马特 Durrenmatt
迪那尔库斯 Dinarchus
迪农 Dinon
迪平 Depping
迪沃尔 Thirlwall
笛卡尔 Descartes
蒂奥多哥奈斯 Diotogenes
丁尼生 Tennyson
丢卡利翁 Deucalion
都铎 Tudor
杜卡斯 Dukas
杜里斯 Duris
多克索普拉泰斯 Doxoprates
多鲁斯 Dorus
多西修斯 Dositheus
俄底浦斯 Oedipus
俄耳甫斯 Orpheus
俄莱提埃亚 Oreithyaia
厄勒克特拉 Electra
恩纽斯 Ennius
恩培多克勒 Empedocles
伐翁 Phaon
法比乌斯·皮克托 Fabius Pictor
法勒鲁姆 Phalerum
埃勒凡廷 Elephantine
菲茨格拉德 Fitzgerald
菲底亚斯 Pheidias
菲尔丁 Fieding
菲尔古森 Fergusson
菲雷库得斯 Pherecydes
菲力斯图斯 Philistus
菲罗波努斯 Philoponus
菲罗克忒特斯 Philoctetes
菲罗帕特 Philopator
菲罗斯特拉图斯 Philostratus
菲罗斯托尔基乌斯 Philostorgius
菲洛 Philo
腓力 Philip
斐奥多提昂 Theodotion
斐洛劳斯 Philolaus
费马 Fermat
费奇诺 Ficino
费西斯 Phasis
封特内尔 Fontenelle
佛罗伦萨 Florence
弗拉基米尔 Vladimir
弗拉克斯曼 Flaxman
弗拉维奥·比昂多 Flavio Biondo
弗拉维乌斯·尤塞弗斯 Flavius Josephus
弗兰西斯·纽曼 Francis Newman
弗兰西斯·培根 Francis Bacon
弗朗索瓦·德·奥比尼克 François d'Aubignac
弗雷德里克·哈里森 Frederic Harrison

弗里堡 Fribourg
弗里德里希·格劳策 Friedrich Creuzer
弗隆提努斯 Frontinus
弗西利得斯 Phocylides
福科·格里威尔 Fulke Greville
伽利略 Galileo
伽桑狄 Gassendi
伽扎里 Al-Ghazali
盖鲁 Caylus
盖伦 Galen
高尔吉亚 Gorgias
高乃依 Corneille
戈登·格雷格 Gordon Craig
戈尔多尼 Goldoni
戈耳工 Gorgons
戈内里 Goneril
哥伦布 Columbus
歌德 Goethe
格拉乌孔 Glaucon
格莱斯通 Gladstone
格雷 Cowley
格雷 Gray
格雷塞 Gresset
格里尔帕策 Grillparzer
格列佛 Gulliver
格列高里 Gregory
格罗塞特斯特 Gerossetste
格罗特 Grote
龚古拉 Gongula
古阿里诺 Guarino
瓜里尼 Guarini
广州 Canton
哈代 Hardy
哈德良 Hadrian
哈耳摩尼娅 Harmonia
哈格农 Hagnon
哈勒昆 Harlquin
哈里卡尔那苏斯 Halicarnassus
哈姆雷特 Hamlet
哈维 Harvey
海达·加布勒 Hedda Gabler
海德格尔 Heidegger
海蒂 Haidée
海尔梅斯 Hermas
海伦 Helen
汉谟拉比 Hammurabi
豪普特曼 Hauptmann
荷马 Homer
贺拉斯 Horace
赫埃诺墨斯 Oenomaus
赫伯特 Herbert
赫布卢斯 Hebrus
赫尔德尔 Herder
赫尔库拉纽姆 Herculaneum
赫尔库勒斯 Hercules
赫尔摩格奈斯 Hermogenes
赫尔维迪乌斯·普里斯库斯 Helvidius Priscus
赫淮斯托斯 Hephaestus
赫卡柏 Hecuba
赫卡塔埃乌斯 Hecataeus
赫克托耳 Hector
赫拉 Hera
赫拉克勒斯 Heracles
赫拉克勒斯城 Heraclea
赫拉克里德斯 Heraclides
赫拉克里斯 Heraclitus
赫拉克利特 Heracleitus
赫拉尼库斯 Hellanicus
赫拉斯 Hellas
赫拉斯 Hellas
赫拉伊昂 Heraion
赫楞 Hellen
赫里奥多鲁斯 Heliodorus
赫里克 Herrick
赫利奥波利斯 Heliopolis
赫斯提娅 Hestia
赫西俄德 Hesiod
胡厄 Huet

霍布斯 Hobbes
霍尔德林 Holderlin
霍尔杰·路易·博尔杰斯 Jorge Luis Borges
霍夫曼斯塔尔 Hofmannsthal
霍赫胡特 Hochhuth
霍洛维茨 Horovitz
霍普金斯 Hopkins
基德 Kyd
吉卜林 Kipling
吉尔伯特 Gilbert
吉尔伽美什 Gilgamesh
吉罗杜 Giraudoux
纪利 Gillies
济慈 Keats
加布里埃尔 Gabriel
加达拉 Gadara
加拉提娅 Calatea
加利利 Galilee
加马利尔 Gamaliel
加尼埃 Garnier
加沙 Gaza
加斯克瓦涅 Gascoigne
加图 Cato
姜巴提斯塔·维柯 Giambattista Vico
杰伯特 Gerbert
杰恩 Jean
杰拉德 Gerard
杰利 Jarry
杰利米·科利尔 Jeremy Collier
杰罗姆 Jerome
杰米斯图斯·普雷顿 Gemistus Plethon
杰苏斯 Jasus
喀尔基斯 Chacis
喀美拉 Chimaeras
卡德穆斯 Cadmus
卡迪亚 Cardia
卡尔·奥特弗里德·米勒 Karl Otfried Muller
卡尔·荣格 Carl Jung
卡尔德隆 Calderon
卡夫卡 Kafka
卡拉克特 Calacte
卡莱 Carrey
卡里克莱斯 Calicles
卡里马库斯 Callimachus
卡里斯 Charis
卡里斯蒂尼 Callisthenes
卡里亚达 Caryanda
卡利努斯 Callinus
卡纳德斯 Carneades
卡诺瓦 Canova
卡戎 Charon
卡斯托尔 Castor
卡斯托尔维特罗 Castelvetro
卡图鲁斯 Catullus
卡瓦里哀利 Cavalieri
卡西奥多鲁斯 Cassiodorus
开俄斯 Chios
开普勒 Kepler
凯尔苏斯 Celsus
凯尔西迪乌斯 Chalcidius
凯法拉斯 Cephalas
恺撒城 Caesarea
凯西留斯 Caecilius
凯西乌斯·朗吉纳斯 Cassius Longinus
恺撒 Caesar
坎道罗斯 Candaules
坎特伯雷 Canterbury
康德 Kant
康格里夫 Congreve
康帕努斯 Campanus
康斯坦丁 Constantine
柯南 Kernan
科尔居拉 Corcyra
科尔奈留斯·内波斯 Cornelius Nepos
科利 Cory
科林斯 Corinth
科特希阿斯 Ctesias
科西莫·德·美第奇 Cosimo de'Medici

克尔克 Circe
克拉庇隆 Crébillon
克拉伦登 Clarendon
克拉太斯 Grates
克拉提普斯 Cratippus
克莱尔·扎克纳辛 Claire Zachanassian
克莱门特 Clement
克莱蒙纳 Cremona
克莱斯特 Kleist
克劳德尔 Claudel
克勒安泰斯 Cleantes
克雷奥比斯 Cleobis
克雷比永 Crébillon
克雷曼提纳 Clementine
克里昂 Cleon
克里库斯 Clearchus
克里斯封忒 Cresphontes
克里斯托弗 Chritopher
克里索斯托姆 Chrysostom
克里塔尔库斯 Clitarchus
克里西布斯 Chrysppus
克利奥墨得斯 Cleomedes
克利奥帕特拉 Cleopatre
克利甘 Kerrigan
克鲁美拉 Columella
克律塞伊斯 Chryseis
克罗东 Kroton
克罗顿 Croton
克罗封 Colophon
克洛德·列维—施特劳斯 Claude Levi Strauss
克洛伊索斯 Croesus
克奈姆·狄格巴 Kenelm Digby
克尼多斯 Cnidos
克诺索斯 Cnossos
克瑞翁 Creon
克瑞西达 Cressida
克桑图斯 Xantus
克苏图斯 Xuthus
克瓦底亚斯 Kavvadias
刻克罗普斯 Cecrops
客蒙 Cimon
肯迪 Al-Kindi
肯尼迪·提南 Kenneth Tynan
孔芒蒂诺 Commandino
库尔努斯 Cyrnus
库迈 Cume
昆体良 Quintilian
拉奥摩东 Laomedon
拉比·梅厄 Rabbi Meir
拉伯雷 Rabelais
拉蒂莫尔 Lattimore
拉丁姆 Latium
拉菲尔 Laphae
拉斐尔 Raphael
拉克坦提乌斯 Lactantius
拉莫特 La Motte
拉姆普撒古斯 Lampsacus
拉齐斯 Al-Razi
拉辛 Racine
“拉尔特的”狄奥根尼 Diogenes Laertius
莱昂·巴提斯塔·阿尔伯提 Leon Battista Alberti
莱贝多斯 Lebedos
莱布尼茨 Leibniz
莱利奥 Lelio
莱诺芒 Lenormand H.R.
莱斯沃斯 Lesbos
莱翁提尼 Leotini
莱辛 Lessin
兰德尔 Landor
兰克 Ranke
兰姆 Lamb
勒昂托波利斯 Leontopolis
勒达 Leda
勒基乌姆 Rhegium
黎贾特 Lydgate
李尔 Lear
李维乌斯·安德罗尼库斯 Livius Andronicus
里格尔 Riegl

里耶沃尔 Rievaulx
理查德 Richard I. A
理查德·爱德华 Richard Edwarde
理查德·汉内 Richard Hannay
理查德·佩因·奈特 Richard Payne Knight
理查兹 Richards I. A.
利奥 Leo
利奥帕尔迪 Leopardi
利奥坡德·布卢姆 Leopold Bloom
利甫 Leaf
利努斯 Linus
利西德乌斯 Lisideus
列奥·埃里奥 Leone Ehreo
林都斯 Lindus
留基波 Leucippus
琉善 Lucian
龙沙 Ronsard
卢弗茨 Rufus
卢卡斯 Lucas
卢克莱修 Lucretius
卢梭 Rousseau
卢修斯·卡利 Lucius Cary
路得 Ruth
吕底亚 Lydia
吕科弗隆 Lycophron
吕库斯 Lycus
吕西安·列维-布留尔 Lucien Levy Bruhl
吕西波斯 Lysippos
罗伯特·弗鲁德 Robert Fludd
罗伯特·伍德 Robert Wood
罗伯逊·史密斯 Robertson Smith W.
罗德斯 Rhodes
罗吉尔·培根 Roger Bacon
罗科斯 Rhoikos
罗克里斯 Locris
罗兰·巴特 Roland Barthes
罗兰佐·瓦拉 Lorenzo Valla
罗森迈尔 Rosenmeyer T. G.
罗斯特·多伊斯特斯 Roister Doisters
罗素 Russell
洛夫雷斯 Lovelace
马埃努尔·克里索罗拉斯 Manuel Chrysoloras
马尔库斯·奥列里乌斯 Marcus Aurelius
马尔苏比尼 Marsuppini
马尔提亚努斯·卡佩拉 Martianus Capella
马尔西利奥·斐奇诺 Marsilio Ficino
马基亚维里 Machiavelli
马克·米勒 Max Muller
马克弗尔森 Macpherson
马克罗比乌斯 Macrobius
马克西姆 Maximus
马奎斯·冯·波萨 Marquis von Posa
马拉尔美 Mallarmé
马拉松 Marathon
马莱特 Mairet
马勒布朗克 Malebranche
马里乌斯·维柯托里努斯 Marius Victorinus
马娄 Marlowe
马鲁 Marrou H.-I
马其顿 Macedon
马修·阿诺德 Matthew Arnold
玛丽安 Mariamne
玛利亚·玛德莱娜 Maria Magdalena
玛纳西斯 Mnaseas
迈尔斯 Myers
迈克尔·阿波斯多里奥斯 Michael Apostolios
迈克尔·阿克米拿图斯 Michael Acominatus
迈克尔·普塞卢斯 Micheal Psellus
迈克尔·文特里斯 Michal Ventris
迈纳尔德·马克 Maynard Mack
迈锡尼 Mycenae
麦伽斯提尼 Megasthenes
麦西拿 Messina
曼涅陀 Manetho
梅厄 Meir
梅朗克松 Melanchthon
梅利杰尔 Meleager
梅纳德·麦克 Maynard Mack

梅农 Memnon
梅特林克 Maetelinck
梅特洛多鲁斯 Metrodorus
美塞尼亚 Messenia
美索不达米亚 Mesopotamia
美塔弗拉斯泰斯 Metaphrastes
蒙克莱斯丁 Monchrestien
蒙克雷斯蒂安 Monchretien
蒙茅斯 Monmouth
蒙泰朗 Montherlant
蒙特马尔 Montemayor
蒙特马约尔 Montermayor
蒙田 Montaigne
孟德斯鸠 Montesquieu
米尔顿 Milton
米尔雷亚 Myrleia
米尔曼 · 帕里 Milman Parry
米勒 Muller K. O.
米利都 Miletus
米隆 Myron
米姆奈尔穆斯 Mimnermus
米南德 Menander
米特福德 Mitford
密尔 Mill J. S.
缪斯 Muse
摩尔 Moore G. E.
摩丽 Molly
摩涅西得斯 Mnesides
摩斯科斯 Moschus
摩西 Moses
莫尔 More
莫里哀 Molière
莫米里亚诺 Momigliano A.
莫斯科普罗斯 Moschopoulos
墨勒阿格罗斯 Meleager
墨涅劳斯 Menelaus
墨西涅 Messene
默尔贝克 Moerbeke
穆苏鲁斯 Musurus
拿乌西帕奈斯 Nausiphanes
那律卡 Naryca
那萨莫奈斯 Nasamones
纳西昂 Nazianzen
瑙克拉提斯 Naukratis
瑙西卡 Nausicca
尼采 Nietzsche
尼尔森 Nilsson
尼古拉斯 · 罗伊 Nicholas Rowe
尼基塔斯 Niketas
尼坎德尔 Nicander
尼科底姆 Nicodemus
尼米希 Nemehiah
尼萨 Nyssa
涅俄布勒 Neoboule
涅斯托耳 Nestor
牛顿 Newton
努墨尼乌斯 Numenius
诺尔肯斯 Nollekens
诺特克 Notker
诺瓦拉 Novara
诺亚 Noah
欧多克苏斯 Eudoxus
欧赫墨洛斯 Euhemerus
欧几里得 Euclid
欧里庇得斯 Euripides
欧律狄刻 Eurydice
欧罗巴 Europa
欧脱西乌斯 Eutocius
帕埃斯图姆 Paestum
帕尔福涅 Persephone
帕尔忒尔 Parterre
帕加马 Pergamum
帕拉凯苏斯 Paracelsus
帕拉克萨戈拉斯 Praxagoras
帕拉西奥斯 Parrhasios
帕勒莫 Polemo
帕里斯 Paris
帕罗斯 Paros

帕拿埃提乌斯 Panaetius
帕普斯 Pappus
帕特洛克罗斯 Patroclus
帕提亚 Parthia
派西斯特拉东斯 Peisistratus
潘达鲁斯 Pandarus
庞贝 Pompeii
庞德 Pound
庞塞雷 Poncelet
佩尔吉 Perge
佩康 Pecham
佩罗 Perrault
佩特罗尼乌斯 Petronius
彭布罗克 Pembroke S. G.
彭透斯 Pentheus
皮埃里阿 Pieria
皮拉埃科斯 Piraeicus
皮拉库斯 Pylarchus
皮拉斯古斯 Pelasgus
皮兰德娄 Pirandello
皮浪 Pyrrho
皮洛斯 Pylos
皮斯卡托尔 Piscator
品达 Pindar
品特 Pinter
珀耳修斯 Perseus
珀琉斯 Peleus
珀涅罗珀 Penelope
蒲柏 Pope
普尔菲罗格尼图斯 Porphyrogenitus
普拉克西特莱斯 Praxiteles
普拉努戴斯 Planudes
普莱阿德 Pléiade
普莱尔 Prior
普劳图斯 Plautus
普里阿摩 Priam
普里阿普斯 Priapus
普里埃涅 Priene
普鲁丹提乌斯 Prudentius
普鲁塔克 Plutarch
普罗德罗穆斯 Prodromos
普罗狄科 Prodicus
普罗考比乌斯 Procopius
普罗克鲁斯 Proclus
普罗米修斯 Prometheus
普罗佩提乌斯 Propertius
普罗泰哥拉 Protagoras
普罗提诺 Plotinus
普尼克斯 Pnyx
普塞罗斯 Psellus
奇亚布莱拉 Chiabrera
契可夫 Chakhow
契提乌 Citium
乔弗雷 Geoffrey
乔叟 Chaucer
乔治·巴恩威尔 George Barnwell
乔治·利洛 George Lillo
乔治·卢卡契 Georg Lukács
乔治·路易·鲍吉斯 Jorge Luis Borges
乔治·辛塞鲁斯 George Syncellus
切尔伯雷 Cherbury
琼生 Jonson
让·科克托 Jean Cocteau
饶伊斯忒·道伊斯忒 Roister Doisters
撒旦 Satan
撒马利亚 Samaria
萨尔佩冬 Sarpedon
萨福 Sappho
萨鲁塔提 Salustati
萨摩斯 Samos
萨摩斯拉斯 Samothrace
萨特 Sartre J.-P.
萨图尔恩 Saturn
塞奥菲拉克特图斯·西莫克拉泰斯 Theophylactus Simocrates
塞奥弗拉斯图斯 Theophrastus
塞布尔维塔 Sepúlveda
塞克斯都·恩披里柯 Sextus Empiricus

塞里努斯 Selinus
塞琉库斯 Seleucus
塞缪尔 · 巴特勒 Samuel Butler
塞缪尔 · 帕尔 Samuel Parr
塞莫尼德斯 Semonides
塞墨勒 Semele
塞内卡 Seneca
塞浦路斯 Cyprus
塞万提斯 Cervantes
赛亚努斯 Sejanus
桑地尼 Santini
桑库尼阿松 Sanchuniathon
桑纳扎罗 Sannazzaro
色诺法奈斯 Xenophanes
色诺芬 Xenophon
色诺克拉底 Xenocrates
色撒罗尼卡 Thessalonica
色萨利 Thessaly
"色雷斯的" 狄奥尼修斯 Dionysius Thrax
莎士比亚 Shakespeare
圣奥古斯丁 St.Augustine
圣埃弗雷蒙 Saint-Evrémond
施特劳斯 Strauss
斯巴达 Sparta
斯宾诺莎 Spinoza
斯宾塞 Spenser
斯蒂 · 汤普森 Stith Thompson
斯蒂芬 · 戴达卢斯 Stephen Dedalus
斯蒂西霍鲁斯 Stemonides
斯法埃鲁斯 Sphaerus
斯基拉克斯 Scylax
斯居代里 Scudécry
斯科里布勒鲁斯 · 塞昆杜斯 Scriblerus Secundus
斯科特 Scott
斯克帕斯 Skopas
斯库罗斯 Scyros
斯米尔纳 Smyrna
斯奈尔 Snell
斯塔尔 Stael，Mme de
斯塔提乌斯 Statius
斯坦莫尔 Stanmore
斯坦尼斯拉夫斯基 Stanislavsky
斯特拉波 Strabo
斯特拉东 Straton
斯特林堡 Strindberg
斯特尼达斯 Sthenidas
斯特西克鲁斯 Stesichorus
斯图尔特 · 米尔 John Stuart Mill
斯威夫特 Swift
斯温伯恩 Swinburne
苏埃多尼乌斯 Suetonius
苏登哈姆 Sydenham
苏尔奈斯 Solness
苏格拉底 Socrates
苏尼昂 Sounion
苏尼乌姆 Sunium
梭伦 Solon
所罗门 Solomon
索福克勒斯 Sophocles
索霍 Socho
索拉努斯 Soranus
索里 Soli
索妮娅 Sonya
索佐美努斯 Sozomenus
琐罗亚斯德 Zoroaster
塔比特 · 本 · 曲拉 Thabit ben Qurra
塔尔索斯 Tarsus
塔拉基亚 Talakia
塔勒苏喀什 Tall Sukas
塔马斯泰斯 Damastes
塔木德 Talmudic
塔索 Tasso
塔塔格里亚 Tartaglia
塔提安 Tatian
苔丝蒂蒙娜 Desdemona
泰阿太德 Theaetetus
泰尔潘德尔 Terpander
泰科 · 伯拉赫 Tycho Brahe

泰克拉 Thekla
泰勒斯 Thales
泰蕾西娅 Teiresias
泰伦斯 Terence
坦塔罗斯 Tantalus
汤姆生 Thomson
唐璜 Don Juan
忒奥克里图斯 Theocritus
忒拜 Thebes
忒提斯 Thetis
塞隆 Theron
特阿格奈斯 Theagenes
特奥多雷图斯 Theodoretus
特奥庞普斯 Theopompus
特奥斯 Teos
特拉莱斯 Tralles
特拉塞阿·帕埃图斯 Thrasea Paetus
特拉西马库斯 Thrasymachus
特勒玛霍斯 Telemachus
特罗古斯·庞培 Trogus Pompeius
特洛伊 Troy
特提克斯 Tettichos
特图良 Tertullian
梯林斯 Tiryns
提埃斯忒斯 Thyestes
提奥多罗斯 Theodoros
提奥格尼斯 Theognis
提奥克里先 Theocritean
提比略 Tiberius
提布鲁斯 Tibullus
提尔泰乌斯 Tyrtaeus
提尔西斯 Thyrsis
提尔雅德 Tillyard
提格亚 Tegea
提莱西亚斯 Tiresias
提蒙 Timon
提米斯提乌斯 Themistius
提莫特乌斯 Timotheus
提图斯·李维 Titus Livius
提秀斯 Theseus
提亚纳 Tyana
田纳西·威廉姆斯 Tennessee Williams
条塞尔 Teucer
图尔 Tours
图尔内 Tourneur
图尔努斯 Turnus
图里伊 Thurii
推罗 Tyre
托比 Tobit
托尔斯泰 Tolstoy
托莱多 Toledo
托勒密 Ptolemy
托里斯利 Torricelli
托马斯·阿奎那 Thomas Aquinas
托马斯·布莱克威尔 Thomas Blackwell
托马斯·哈代 Thomas Hardy
托马斯·马基斯戴尔 Thomas Magister
瓦尔布尔通 Warburton
瓦格纳 Wagner
瓦罗 Varro
瓦萨里 Vasari
威尔森·奈特 Wilson Knight
威拉莫茨 Wilamowitz
威廉 William
威廉·博斯曼 William Bosman
维爱塔 Vieta
维安 Vien
维德金德 Wedekind
维尔茨堡 Wurzburg
维吉尔 Virgil
维吉提乌斯 Vegetius
维柯 Vico
维柯多里努斯 Victorinus
维拉 Vilar
维萨里乌斯 Vesalius
维特根斯坦 Wittgenstein
维特鲁威乌斯 Virtruvius
维特洛 Witelo

魏斯 Weiss
温克尔曼 Winckelmann J.J.
沃 ippias
西比琳 Sybilline
西德尼 Sidney
西尔那伊卡 Cyrenaica
西格蒙得·弗洛伊德 Sigmund Freud
西格乌姆 Sigeum
西利西亚 Cilicia
西琉斯 Silius
西伦 Silens
西马库斯 Symmachus
西蒙·斯蒂文 Simon Stevin
西莫尼德斯 Simonides
西奈西乌斯 Synesius
西诺贝 Sinope
西塞罗 Cicero
西西里 Sicily
希贝尔 Hebbel
希贝尔 Cibber
希波达摩斯 Hippodamus
希波克拉底 Hippocrates
希波孔 Hippocoon
希波里特 Hyppolytus
希波纳克斯 Hipponax
希克塔斯 Hicetas
希腊 Greece
希勒尔 Hillel
希律 Herod
希罗 Hero
希罗底安 Herodian
希罗多德 Herodotus
希罗菲鲁斯 Herophilus
希罗尼穆斯 Hieronymus
希尼拉斯 Cinyras
希帕库斯 Hipparchus
希塞托 Cytherea
昔兰尼 Cyrene
席勒 Schiller
萧伯纳 Bernard Shaw
小亚细亚 Asia minor
谢尔伍德·安德森 Sherwood Anderson
谢里曼 Schliemann
谢尼埃 Chénier
谢瓦利埃 Chevalier
辛普里奇乌斯 Simplicius
欣葛 Synge
修昔底德 Thucydides
叙拉古 Syracuse
叙利亚 Syria
雅典 Athenes
雅典娜 Athene
雅努斯 Janus
雅斯贝尔斯 Jaspers
雅松 Jason
雅忒 Ate
雅完 Yawan
亚伯拉罕·考莱 Abraham Cowley
亚当 Adam
亚克兴 Actium
亚里士多德 Aristotle
亚历山大 Alexander
亚历山大城 Alexandaria
亚姆伯里库斯 Iamblichus
亚述 Assyria
扬布利科斯 Iamblichus
耶甫塔 Jephthah
耶和华 Yahweh
耶路撒冷 Jerusalem
叶芝 Yeats
伊阿宋 Jason
伊阿苏斯 Iasus
伊本·巴伽 Ibn Bajjia
伊本·鲁世德 Ibn Rushd
伊本·图法伊尔 Ibn Tufayl
伊本·西拿 Ibn Sina
伊比库斯 Ibycus
伊壁鸠鲁 Epicurus

伊娥 Io
伊菲革涅亚 Iphigeneia
伊利乌姆 Ilium
伊蒙霍特普 Imhotep
伊撒卡 Ithaca
伊斯拉埃尔·霍罗维茨 Israel Horovitz
伊索克拉底 Isocrates
伊万·伊利斯 Ivan Illich
伊翁 Ion
伊西多尔 Isidore
以弗所 Ephesus
以利沙·本·阿乌雅 Elisha ben Avuyah
以诺 Enoch
以斯拉 Ezra
以土买 Idumaea
易卜生 Ibsen
优卑亚 Euboea
优那皮乌斯 Eunapius
尤阿格利乌斯 Euagrius
尤波莱穆斯 Eupolemus
尤金·奥尼尔 Eugene O'Neill
尤利西斯 Ulysses
尤内斯库 Ionesco
尤塞比乌斯 Eusebius
尤斯托修斯 Eustochius
犹大·亚巴伯内尔 Judah abarbanel
约翰·布坎 John Buchan
约翰·查德威克 John Chadwick
约翰·查拉克斯 John Charax
约翰·菲劳波努斯 John Philoponus
约翰·克里索斯托姆 John Chrysostom
约翰尼斯·斯各特·爱留根纳 Johannes Scottus Eriugena
约卡斯塔 Jocasta
约瑟 Joseph
约瑟夫·沃顿 Joseph Warton
泽诺比亚 Zenobia
詹姆斯·弗雷泽 James Frazer
詹姆斯·麦克弗森 James Macpherson
詹姆斯·乔伊斯 James Joyce
芝诺 Zeno
宙斯 Zeus
宙滕 Zeuthen
宙西斯 Zeuxis
朱丽 Julie
朱利安 Julian
朱斯丁 Justin
朱文纳尔 Juvenal
卓西穆斯 Zosimus
左拉 Zola

文
景

社科新知　文艺新潮

Horizon

希腊的遗产

[英] M. I. 芬利 主编　张强等 译

出品人：姚映然
责任编辑：周官雨希
装帧设计：储　平

出　　品：北京世纪文景文化传播有限责任公司
(北京朝阳区东土城路8号林达大厦A座4A　100013)
出版发行：上海人民出版社
印　　刷：山东临沂新华印刷物流集团有限责任公司
制　　版：北京大观世纪文化传媒有限公司

开本：820mm×1280mm　1/32
印张：18.5　　字数：368,000　　插页：2
2016年1月第1版　　2020年2月第5次印刷
定价：89.00元
ISBN：978-7-208-13066-1 / K·2371

图书在版编目（CIP）数据

希腊的遗产 /（英）芬利（Finley, M. I.）主编；张强等译. —上海：上海人民出版社，2015
书名原文：The Legacy of Greece: A New Appraisal
ISBN 978-7-208-13066-1

Ⅰ.①希… Ⅱ.①芬… ②张… Ⅲ.①文化史－希腊 Ⅳ.①K545.03

中国版本图书馆CIP数据核字（2015）第130230号

THE LEGACY OF GREECE: A NEW APPRAISAL, FIRST EDITION

Originally published in English in 1984.

This translation is published by arrangement with Oxford University Press.